Gedanken
in und an
Deutschland

Erich Fried

Gedanken in und an Deutschland

Essays und Reden

Herausgegeben von Michael Lewin

Europaverlag
Wien · Zürich

Inhalt

Vorwort

Dieses Buch enthält eine Auswahl von Reden und Essays Erich Frieds über Menschen und Vorgänge in Deutschland, über deutsche Kultur und Unkultur. Die Texte wurden im Einvernehmen mit Erich Fried ausgewählt.

Obwohl Fried immer betont, daß seine Heimat Österreich ist, und obwohl er sich für bessere Verhaltensmuster, besseres Lernen aus der Geschichte und bessere Literatur, Kunst und Politik in Österreich einsetzt, kommt er häufiger auf Deutschland als auf Österreich zu sprechen, auf beide Teile Deutschlands, besonders aber auf die Bundesrepublik. Nach seinem Wohnort London hält er sich am häufigsten in der Bundesrepublik auf. Dort finden seine meisten Lesungen statt, seine Reden, Podiumsdiskussionen, Fernsehsendungen.

Als einen der Hauptgründe dafür gibt er an, daß ihn von Jugend an die Entwicklung Deutschlands, die ja auch für Österreich zum Schicksal wurde, und das nach dem Zweiten Weltkrieg zum stärksten Land der europäischen Gemeinschaft wurde, besonders interessiert hat, weil die politischen Entwicklungen und die kulturellen Strömungen Deutschlands, die ihrerseits auch das politische Klima beeinflussen können, ebenso wie sie von ihm beeinflußt werden, von Bedeutung für das Los Europas, ja vielleicht der Welt sein können. Außerdem hat Fried als Schriftsteller bei aller Anerkennung von Sonderentwicklungen der österreichischen Literatur den Einfluß der deutschen Dichtung auf die des kleineren Nachbarlandes nie unterschätzt.

Dem entspricht, daß in der Lyrik und Prosa Frieds weit mehr Texte sich mit Deutschland – mit beiden deutschen Staaten – als mit Österreich befassen. Seine Reden und Essays zum Thema Deutschland stehen häufiger als die zum Thema Österreich auch in direkter Verbindung zu seinem dichterischen Werk und auch zu seinen politischen Aktivitäten in Deutschland. Die hier veröffentlichten Texte sind ein Teil von Frieds Bemühungen, altes und neues Unrecht, die Zählebigkeit faschistoider Verhaltensweisen und jede Entfremdung zu bekämpfen.

Im Gegensatz zum Band *Nicht verdrängen, nicht gewöhnen* (Texte zum Thema Österreich, Europa-Verlag, 1987) wurden hier die einzelnen Arbeiten in chronologischer Reihenfolge geordnet, damit man den nahen Zusammenhang zwischen Zeitereignissen und Frieds Texten deutlich erkennen kann. So wird auch der Umstand, daß sich gewisse Themen in den verschiedenen Texten wiederholen, besser verständlich. Jede politische Praxis, ebenso wie jede konkrete Stellungnahme für oder gegen etwas, bedarf der Wiederholung, um ihrem Ziel näherzukommen. Fried selbst hat diese Notwendigkeit ständiger Wiederholung bei Bemühungen um die Durchsetzung dessen, woran einem liegt, immer wieder bedauert, hat aber ihre Unvermeidlichkeit anerkannt.

In diesen Texten selbst geht es um Anprangerung von Unrecht (zum Beispiel ungerechte Urteile, Verfolgung von Unschuldigen, polizeiliche Todesschüsse), aber auch um Analyse dichterischer Werke und Förderung von unbekannten Kollegen sowie um Synthesen von Gedanken und Erfahrungen aus verschiedenen Bereichen, wobei Frieds Interesse für die Psychologie, namentlich für gesellschaftskritische Weiterentwicklungen der Psychoanalyse wie die Ethnopsychoanalyse, eine wichtige Rolle spielt.

Fried beschränkt sich nicht darauf, zu reagieren, sondern macht auch Vorschläge. Die Texte dieses Bandes bringen Beispiele aus der Zeit der sechziger Jahre, als Fried einem breiteren Publikum bekannt zu werden begann, bis 1987. Aus Aktualitätsgründen wurden vorzugsweise Texte aus den letzten Jahren aufgenommen, bis hin zu der mittlerweile berühmt gewordenen *Büchner-Preis-Rede,* die, wenn man sich die Mühe nimmt, sie wirklich zu lesen, keineswegs bloße Agitation ist und viel mehr mit wirklichem Verständnis für Georg Büchner zu tun hat, als die gar nicht so unabhängige Berichterstattung in der deutschen bürgerlichen Presse uns glauben machen wollte.

Erich Fried lesen stand einmal auf einem Plakat des Wagenbach-Verlags, der die meisten von Frieds Werken veröffentlicht hat. Auch der hier vorliegende Teil der literarischen Produktion Frieds sollte gelesen werden. Er stellt eine wichtige Ergänzung und Fortführung des lyrischen und erzählerischen Werks dar.

Wien, Januar 1988 Michael Lewin

Schriftsteller, Erfolg und Wohlstandsgesellschaft

Rede, Universität Princeton, New Jersey, 28. Tagung der Gruppe 47, 22.–24. 4. 1966.

Der Erfolg oder sein materieller Lohn ist nicht nur die wirtschaftliche Grundlage eines Schriftstellers, eine Notwendigkeit, wenn er nicht von Haus aus vermögend ist oder über einen Nebenerwerb verfügt – wie in meinem Fall meine Shakespeare-Übersetzungen. Nein, der Erfolg ist dem Schriftsteller auch die Bestätigung, daß er nicht isoliert ist – nicht der schlecht angepaßte Sonderling, für den er selbst sich zuweilen hält –, sondern daß er sein Publikum gefunden hat.

Deshalb sind die meisten Autoren, auch wohlhabende Schriftsteller, erfolgssüchtig und sind, ebenso wie andere Süchtige, durch das, wonach sie streben, korrumpierbar. In einer Gesellschaft, die dazu neigt, den Wert eines Menschen nach seinen Erfolgen zu messen, können wir diese Wertungsmethode hassen, finden es aber nahezu unmöglich, ihr gleichgültig gegenüberzustehen. Sogar Menschen, die den Erfolg verachten, müssen sich unter Umständen überreden, daß sie Erfolg haben könnten, wenn sie wirklich wollten.

So sind wir tatsächlich korrumpierbar, besonders wenn wir keinen anderen Wertmaßstab haben – und ich meine einen wirklichen, nicht nur einen erheuchelten. Und auch unsere Versucher und Zensoren – Redakteure und maßgebliche Rundfunk- und Fernsehleute – werden dadurch, daß auch ihnen oft ein anderer Maßstab fehlt, manchmal in ihren Forderungen bestärkt, daß wir uns dem anpassen sollen, was sie um des Erfolgs willen für nötig halten.

Das gilt auch nicht nur für Amerika, wo solche materialistischen Wertmaßstäbe vielleicht nur weniger verstohlen angelegt werden als in einigen anderen Ländern. Die Bundesrepublik hat nach dem wohlverdienten Zusammenbruch einiger der hochtrabenden »traditionellen deutschen Werte« mehr von dieser Haltung übernommen, als sie sich vielleicht selbst eingestehen würde. Sogar etliche, wenn auch keineswegs alle, sozialistische Länder finden, daß einige ihrer offiziell verkündeten Werte sich nur sehr langsam von ihrer Diffamierung durch die Stalinära erholen. So macht sich dort ein geheimer Materialismus breit, der mit dialektischem und historischem Materialismus nicht das geringste zu tun hat, obgleich es natürlich Unsinn ist, zu behaupten, diese Tatsache widerlege den Marxismus. Eine der Regeln für den *Erfolgsschriftsteller* ist, Gedanken und Gefühle so zu gestalten, daß die Leser fühlen, der Autor habe gesagt, was sie selbst gerne gesagt hätten, nur habe er es viel besser gesagt. Der Autor aber, der Gedanken und Gefühle gestaltet, die der Leser *nicht* schon sozusagen auf der Zunge hatte, hat viel weniger Hoffnung, einen Bestseller zu schreiben. Die meisten Leser wehren sich gegen zu hohe intellektuelle Anforderungen, aber noch ungleich mehr gegen jeden Versuch, sie ernstlich aus ihrem Gefühlsmuster zu entwurzeln. Kreuzworträtsel, selbst schwere, wie das englische *Times Crossword Puzzle,* finden ein williges Publikum. Sie stellen Anforderungen an die Intelligenz, aber nicht an das Gefühlsleben. Ja, indem sie sich an die Intelligenz wenden, ermöglichen sie es dem Konsumenten, sich von seinen Gefühlsproblemen und von der wirklichen Umwelt abzuwenden und sich so zu entspannen, obwohl er sich konzentriert. Die Wirksamkeit guter Literatur aber ist ganz anders. Rilke beendet ein Gedicht über einen archaischen Torso Apollos und seine heutigen Betrachter mit den Worten:

...Denn da ist keine Stelle
Die dich nicht sieht. Du mußt dein Leben ändern.

Er meint eine ziemlich gründliche Änderung. Aber die Wohlstandsgesellschaft erzieht ihre Bürger nicht dazu, eine gründliche Änderung ihres Lebens zu wollen. Hoffnungen auf berufliches Vorankommen erstreben keine gründliche Änderung, sondern eher größere und bessere Portionen derselben Mahlzeit.

Dem aber scheint eine bekannte Tatsache zu widersprechen. Selbst die größten Konformisten verschlingen Bücher, wohl auch Dramen, die sie schockieren und unbehaglich machen wollen. Brechts *Dreigroschenoper* war ein Beispiel, neuere deutsche Beispiele sind die Romane von Günter Grass. Dieser scheinbare Widerspruch ist sehr lehrreich. Der konformistische Bürger unserer Gesellschaft ist kein Dummkopf, er ist weder völlig unsensibel noch ohne allen Wirklichkeitssinn. Man kann sich darauf verlassen: Er weiß, daß nicht alles zum besten steht. Da wirkt jedes Buch, das ihn kritisiert und enthüllt, ohne ihn aber unwiderruflich aus seinen Gefühlsmustern herauszusprengen, als Sicherheitsventil, auch wenn es das gar nicht beabsichtigt. Es verringert die Spannung zwischen seiner Lebensweise und seiner Kritik an ihr; es ermöglicht ihm, seine Aufgeschlossenheit, sein Wirklichkeitsbewußtsein zu beweisen; seinen Willen, politischen Argumenten Gehör zu schenken. Darin erinnert es einigermaßen an eine gutgemeinte, aber unwirksame Predigt, die, sagen wir, in Wien oder in Paris vor etlichen Jahrhunderten vor wohlhabenden Kirchgängern gehalten wurde. Ergebnis: ein gewisses Gruseln, aber nicht der tiefe Aufruhr, den ein Savonarola oder einer der anderen großen Bußprediger bewirkt hätte. Wir sprechen oft vom Masochismus unseres Publikums, aber eine der glänzenden Theorien des Masochismus behauptet, Masochismus sei in Wirklichkeit keine *einfache* psychische Reaktion, ein Mann, der in den Kindheitsstadien seiner Libidolaufbahn bestraft und bedroht wurde, freue sich der Prügel, die er erhält, vielleicht deshalb, weil er empfindet, eigentlich solle er kastriert werden und komme daher sehr gut weg, indem er *nur* gepeitscht werde. Wie immer man dazu stehen mag: Wenn man den sogenannten Masochismus des Kunst- und Literaturpublikums unserer Wohlstandsgesellschaften erklären will, stimmt das sicher.

Tatsächlich haben sogar die erschütterndsten Bücher, Filme, Dramen und Gedichte über die atomare Katastrophe eine Doppelwirkung. Sie warnen uns nicht nur, sondern gleichzeitig gewöhnen sie uns an den Gedanken an einen Atomkrieg und alles, was dazugehört; ganz ähnlich, wie modernes Kinderspielzeug die Kinder dazu anhält, Langstreckenraketen und dergleichen als selbstverständlich zu betrachten. Selbst ein Film wie die Atomtodvision *Dr. Seltsam* verpackt das eigentliche Grauen in so viel Unterhaltung, daß die Gesamtmischung leichtverdaulich, ja angenehm wird. So wird uns die Bombe, die uns gut unterhalten hat, vertraut, fast eine Art freundliches Ungeheuer.

Literarische Massenkommunikationsmittel in alter Zeit waren Predigten und Mysterienspiele. Ihr Publikum hatte nichts dagegen, unterhalten zu werden, hätte es aber als Gotteslästerung empfunden, sie hauptsächlich nach ihrem Unterhaltungswert zu beurteilen. Die heutige zahlende Kundschaft aber ist zur Meinung erzogen worden, daß sie immer im Recht sei. Sie wird daher unter Umständen damit drohen, ihr Geld anderswo hinzutragen, wenn ihr nicht genau das vorgesetzt wird, was sie mag.

Selbst in England und Westdeutschland, wo Funk und Fernsehen nicht vorwiegend kommerziellen Charakter haben, sondern von Anstalten des öffentlichen Rechtes getragen werden, die nicht auf Profit ausgehen, ist der ziffernmäßige Publikumserfolg von größter Bedeutung. Ein Sender, der einen Teil seines Publikums verliert, ist dann, falls er Angriffsziel von Zeitungen oder von Politikern wird, entsprechend hilfloser. Ein Programm, das kein zahlenmäßiger Publikumserfolg ist, muß befürchten, daß ihm die zur Verfügung stehenden Mittel gekürzt werden, wenn man es nicht überhaupt fallen läßt. Der Redakteur kämpft also auch um seine eigene Selbsterhaltung und seinen eigenen Status, wenn er versucht, seine Autoren in bestimmter Richtung zu beeinflussen oder zu veranlassen, nicht jene Kreise zu Feinden zu machen, die dem Programm schaden könnten. In solchen Zusammenhängen muß man die Absetzung des britischen Fernsehfilms *The War Game* (Das Kriegsspiel) oder des westdeutschen Programms *Hallo Nachbarn!* sehen.

Schranken sind nicht minder wirksam, weil sie entweder unbewußt sind oder nicht von bösartigen Tyrannen, sondern von vernünftigen, freundlichen Leuten bemannt sind, die sich entschuldigen. Eine nichttyrannische Zensur, die mehr oder minder durch Überredung im Interesse des schließlichen Erfolgs funktioniert, ist in mancher Hinsicht noch gefährlicher als die rohe, engstirnige Unterdrückung. Mit roher Unterdrückung stoßen wir geradlinig einfach zusammen, Kopf gegen Kopf. Die andere Zensurform aber erweckt die Hoffnung, durch Lavieren zuletzt den rechten Kurs halten zu können. Deshalb ist des Schriftstellers Wunsch nach Kommunikation ebenso gefährlich wie löblich. Denn zu jeder Kommunikation gehört eine Bereitwilligkeit, zu einem Einverständnis zu kommen. In vielen Ländern kann das sogar bedeuten, daß man sich über die Verwendung und Nicht-Verwendung von *Worten* einigt. In der Bundesrepublik zum Beispiel lassen viele Funk- und Fernsehredakteure niemanden – vielleicht mit Ausnahme einiger Stars, die ihre eigenen Regeln bestimmen – Ostdeutschland nur als *Deutsche Demokratische Republik* oder DDR bezeichnen, denn dieses Land wird nicht anerkannt. Nun ist es interessant, daß eine solche Regelung sogar die Intentionen, auf Grund deren man sie aufrechterhält, schädigt. Politische Sendungen oder kulturkritische Kommentare an die Bürger der DDR verlieren viel von ihrer Wirkung, wenn die Sprecher den Ausdruck, mit dem die Menschen, die drüben wohnen (selbst die größten Kritiker und Feinde ihres Regimes!), ihr eigenes Land beschreiben, nicht benutzen dürfen. Als Zugeständnis darf man den Ausdruck benutzen: *die sogenannte DDR*. Darüber witzeln Hörer aus der östlichen Hälfte Deutschlands, auch entschiedene Kritiker ihres

Regimes, indem sie vom *sogenannten Leipzig* sprechen, vom *sogenannten Brandenburger Tor* und vom *sogenannten Walter Ulbricht*. Ich frage mich, ob in amerikanischen Rundfunksendungen in Vietnam das Wort *Nationale Befreiungsarmee* nicht ähnlichen Tabus unterliegt. Ich will hier gar nicht über die moralische Berechtigung solcher Zensur sprechen, die sich besonders in unseren Massenkommunikationsmitteln findet. Natürlich kann man darüber streiten, ob die *Deutsche Demokratische Republik* wirklich demokratisch ist, aber man kann auch darüber streiten, ob die *Vereinigten Staaten von Amerika* wirklich die vereinigten Staaten von *Amerika* sind oder nur die vereinigten Staaten eines verhältnismäßig kleinen Teiles von Amerika. Namen von Staaten und Organisationen sind aus historischen Gründen nicht immer logisch zu rechtfertigen, aber wenn man zu den Angehörigen eines Staates oder einer Organisation anders spricht, als indem man den gebräuchlichen Namen dieser Organisation oder des Staates gebraucht, dann errichtet man um des Erfolgs im eigenen Sender – um des Friedens in der eigenen Redaktion – willen Schranken zwischen sich und dem angesprochenen Hörer.

Aber, um zum Erfolg zurückzukehren, der den Schriftsteller in Versuchung führt, so ist die Versuchung desto größer, weil unsere Versucher uns nur selten in *böser Absicht* oder auch nur *bewußt* in Versuchung führen. Die meisten dieser Zensoren glauben vielleicht sogar ehrlich, daß es ihnen nicht im Traum einfallen würde, irgendeinen Gedanken oder irgendeine Idee zu zensurieren. Wirklich, sie glauben an Gedankenfreiheit, und sie sind sich nicht voll dessen bewußt, daß es oft nur Gedankenfreiheit innerhalb ihrer eigenen emotionellen und intellektuellen Tabus ist. Da aber der Schriftsteller selbst auch nicht frei von ähnlichen Tabus, sondern ebenso wie sein Publikum weitgehend von seiner Zivilisation bestimmt ist, sind die Faktoren, die ihn zum Kollaborateur machen – und das heißt korrumpieren –, fast übermächtig und fast automatisch.

Außerdem sind wir von Kindesbeinen an gewöhnt, zu unseren »Tyrannen« und »Zensoren« ambivalente Beziehungen zu unterhalten – angefangen von unseren eigenen Eltern – und zu versuchen, uns an ihre Stelle zu versetzen. Das bedeutet auch, daß wir sie in uns aufnehmen und ihnen gestatten, befestigte Stellungen in unserem Geist zu besetzen. Nur die brutalsten Tyrannen können da manchmal erfrischende Klärung schaffen, indem sie uns aus der Ambivalenz zu einem Zustand der eindeutigen Opposition von ganzem Herzen befreien. Ein solcher Fall war Hitler; deshalb sagte einst Thomas Mann – vom Standpunkt eines Hitlergegners sprechend –, der Zweite Weltkrieg sei als Kampf gegen Hitler eine *moralisch gute Zeit* gewesen. Aber wir können nicht immer einen Hitler haben, obgleich einige seiner Schüler, wie Marschall My, der Premierminister von Südvietnam, der gesagt hat, er wolle Hitler nachahmen, uns durch ihr tapferes Bekenntnis zu ihren großen Vorbildern helfen, uns wenigstens von jeder Unklarheit unserer Einstellung zu *ihnen* zu befreien.

Nun ja, es gibt einige ungeheuerliche Fälle von Tyrannei, recht ebenmäßig verteilt über unseren Planeten. Um *dagegen* zu protestieren, muß man nur ein guter Liberaler sein – aber nicht ein besonders tiefschürfender Schriftsteller. Wenn wir nicht darüber hinausgehen, gelegentlich unserem Abscheu vor Morden an Mitgliedern der bürgerlichen Freiheitsbewegung in den amerikanischen Südstaaten Ausdruck zu verleihen oder über Dr. Verwoerds Handlungsweise in Südafrika, dann werden wir selbst mit unseren Massenkommunikationsmitteln nicht zu viele Schwierigkeiten haben. (Ich spreche aus englischer Sicht.)

Das ist gut, aber vielleicht nicht gut genug. Solche Proteste – besonders in harmloser *Verdünnung* – können leicht Mittelchen zur Beschwichtigung unseres eigenen Gewissens werden, Phrasen, eine Art Heuchelei.

Es versteht sich von selbst, daß gerade der Schriftsteller sich vor Phrasen zu hüten hat, und nicht nur vor Phrasen, sondern vor den Denkgewohnheiten und den Formen des Nichtdenkens, die zu Phrasen führen. Phrasen, untiefes, defensives Denken, Heuchelei – die ja besonders dann blüht, wenn ihre Motive die denkbar edelsten sind – merkt man natürlich immer besonders gut bei Menschen, die einer *anderen* literarischen oder politischen Schule angehören. Aber für den Schriftsteller – und nicht *nur* für den Schriftsteller! – ist es besonders wichtig, die *eigenen* Phrasen und Heucheleien zu bemerken, die eigenen Ungenauigkeiten im Aufbau seines Bewußtseins. Eine besonders subtile Form der Heuchelei ist die Beruhigung des eigenen Gewissens durch Unterbringung peripherer Bestandsaufnahmen der Wirklichkeit oder braver Stellungnahme im eigenen Werk, ob dieses nun aus Geschichten, Dramen, Hörspielen oder Essays besteht. Ich habe zum Beispiel hier in diesem Text ein paar Worte untergebracht, aus denen hervorgeht, daß ich das, was in Vietnam geschieht, verabscheue. Gut und schön, solange ich mir darüber klar bin, daß ich mit solchen Bemerkungen noch lange nicht wirksam genug dagegen ankämpfe! Diese Form der Gewissensbeschwichtigung entspricht ganz besonders der *Dreiviertelfreiheit* einer demokratischen Wohlstandsgesellschaft. Geleistet aber ist damit allein sehr wenig. Besonders in einem Kunstwerk muß ein Inhalt meist nicht nur erwähnt, sondern dramatisch oder episch gestaltet werden, um zur Geltung zu kommen.

Natürlich ist das alles relativ. In anderen Gesellschaftsformen, in denen die Grenzen der Freiheit und Unfreiheit anders und auf ihre Weise oft bedrohlicher für den Schriftsteller gelagert sind, ist schon das Bekenntnis, das Zupapierbringen totgeschwiegener Sachverhalte, oft eine gewaltige Leistung.

Mary McCarthy fragte mich einmal: »Weshalb sind in östlichen Ländern ohne Freiheit die Schriftsteller um so vieles einflußreicher als bei uns im Westen?« Ich antwortete: »Solange dort wirklich keinerlei Freiheit vorhanden war, zu Stalins Zeiten, waren sie nicht einflußreich. Erst der Versuch, unter Bedingungen einer beschränkten Freiheit (aber keineswegs mehr unbeschränkten Unfreiheit!) möglichst gründlich über ihr eigenes Denken und Fühlen Rechenschaft zu geben, hat in Ländern unter kommunistischer Führung die besten Dichter – viele von ihnen selber Kommunisten – so einflußreich gemacht.« Vielleicht auch deshalb, weil das Denken und Fühlen *einzelner Individuen* im Kampf gegen die Entfremdung und gegen ihre charakteristischen Phrasen und Heucheleien schnellere Fortschritte machen kann als die gutgemeinten Bestrebungen größerer Institutionen. Das gilt übrigens für alle Teile unserer Welt. Wenn ein führender Staatsmann eine Rede hält, die nicht ganz analphabetisch ist, sind wir schon hell begeistert, sogar, wenn ihm diese Rede von jemand anderem geschrieben wurde. Von jedem Universitätsprofessor würden wir eine viel bessere Leistung erwarten. Das zeigt die große Entfremdung, die auch bei uns – in mancher Hinsicht sogar besonders bei uns! – zwischen Geist und Macht herrscht und die wir – auch wir Schriftsteller – oft zu leichtfertig akzeptieren, obwohl gerade hier die modernen Massenkommunikationsmittel uns diese Mißstände besonders deutlich vor Augen führen.

Meine Zeit ist fast um. Zum Schluß nur noch einige Hinweise oder Diskussionsvorschläge. Ich habe zuletzt mehrmals das Wort Entfremdung gebraucht. Ich habe nicht Zeit, die Zusammenhänge zwischen Entfremdung und Ablenkung durch die moderne Zerstreuungsindustrie und die Massenkommunikationsmittel, die ihr dienen, zu untersuchen. Das Bestehen dieser Zusammenhänge darf ich als bekannt voraussetzen, ebenso, daß es sich dabei im allgemeinen nicht um *bewußte* Volksverdummung handelt, sondern um tieferliegende, teils unbewußte Verflechtungen. Ich halte natürlich den Kampf gegen die Entfremdung für eine der Hauptaufgaben der heutigen Menschheit, und ich glaube auch, daß die einzige *wirkliche* Originalität in Kunst und Literatur die ist, die die Selbstentfremdung, das Versinken in Automatismen und Konventionen, von immer neuen Seiten her bloßstellt und bekämpft. Andere Arten von Originalität sind selbst oft Entfremdungserscheinungen, womit ich das betreffende literarische Werk oder Kunstwerk allerdings nicht verdammen will, denn die Aufgabe des Künstlers ist auch die Selbstdarstellung als Krankheitssymptom, nicht nur die Rolle des Heilgehilfen. Wovor ich aber nach Kräften warnen möchte, ist das leichtfertige Verfallen in völlig unpsychologisches Moralisieren, wenn wir von Entfremdung sprechen. Es besteht ein äußerst intensiver Zusammenhang zwischen Entfremdung und dem, was wir in der Psychologie Verdrängung nennen. Ohne die Fähigkeit, unliebsame Tatsachen bzw. Zusammenhänge zwischen Tatsachen zu *verdrängen,* könnte es zu den Entfremdungen, wie wir sie in allen Teilen unserer Welt kennen, gar nicht kommen, wenigstens nicht in den uns bekannten oder auch nur annähernd ähnlichen Formen. Die Tendenz zur Verdrängung, obwohl sie zu Katastrophen führen kann und eine wichtige Vorbedingung unserer Neurosen und Psychosen ist, ist aber keine *an sich* krankhafte Tendenz, sondern notwendig zur Selbsterhaltung und Entlastung eines Individuums von immerhin nur sehr begrenzten Kräften. Es besteht ein höchst wichtiger Zusammenhang zwischen Machtlosigkeit, Verdrängung und Entfremdung. Wir sind völlig machtlos gegenüber der Tatsache, daß wir zum Tode geboren sind. Wir wissen zwar gedanklich, daß wir sterben müssen. Aber wir verdrängen das, namentlich als gefühlbegleitetes Wissen, abgesehen von seltenen Augenblicken, so gut wie immer. Wenn wir eine Kontrollgruppe von Menschen hätten, die in denselben Elternhäusern und in denselben Schulen aufgezogen wären wie wir, die aber zum Unterschied von uns nicht sterben müßten, sondern unsterblich wären, dann könnten wir vermutlich bemerken, daß diese Mitmenschen oder Götter in Menschengestalt von *unseren* Entfremdungstendenzen weitgehend frei wären. Denn unsere Entfremdungstendenzen sind nur durch unseren Verdrängungsmechanismus *ermöglicht,* und dieser ist wieder weitgehend vom Muster unseres Verfahrens mit unserem Bewußtsein der Hilflosigkeit gegenüber dem eigenen Tod und den im Zusammenhang damit entstandenen Ängsten geprägt. Genau gesagt, unsere Kontrollgruppe von unsterblichen Mitbürgern müßte nicht nur unsterblich *sein,* sondern sie müßte das auch *wissen.* Sonst würden diese Unsterblichen reagieren wie jeder Sterbliche. Und umgekehrt: Ein sterblicher Mitbürger, der entweder auf Grund religiöser Überzeugungen an seine eigene Unsterblichkeit glaubt oder eine *Theorie des Fortlebens durch Wirkungen und Einflüsse* so intensiv ausgebaut hat, daß sie ihm nicht nur *gedanklich* gültig scheint, sondern ihm in Fleisch und Blut übergegangen ist und auch seine Gefühlsreaktionen mitbestimmt, kann im Kampf gegen Entfremdungen, gegen Verdrängungen und gegen das Ohnmachtsgefühl des kleinen Mannes eine ganze Menge erreichen. Vielleicht kann er sogar erreichen, daß er die Formen seiner Kämpfe und Proteste dagegen nicht selbst entfremden, erstarren und unkritisierbar werden läßt.

Am gefährlichsten ist es freilich – nicht zuletzt für den Schriftsteller –, in diesem Bereich mutiger *erscheinen* zu wollen, als man tatsächlich ist. Nirgends sonst kommen schneller heuchlerische Töne in unseren Stil; Phrasen, die dann wieder einen Teil der Jugend zu totaler Abwehr auch gegen alles Positive veranlassen, das in so angekränkelter Sprache angeboten wird. Und natürlich, totale Abwehr ist wieder Pendelausschlag nach der anderen Seite: wieder eine Entfremdungserscheinung. Symptomatisch dafür, wie schwer uns die Überwindung von Entfremdungen und Verdrängungen wird, ist die Tatsache, daß unser – nun, sagen wir – Vokabular, unser geläufiger Vorrat an Beispielen, die die Verdrängung durchbrechen, selbst an denen, die von einer *Protestgruppe* angeboten werden, sehr *gering* ist. Man redet von Hiroshima – aber Nagasaki wird nur selten erwähnt. Der Durchschnittsbürger hat es vergessen, obwohl selbst die Gründe, die allenfalls noch zur Entschuldigung der Zerstörung von Hiroshima angeführt werden, für Nagasaki meist schon gar nicht mehr gelten! Von Hitlers Konzentrationslagern und Vernichtungslagern hat man in der Welt außerhalb des Bereiches der Mittäterschaft und Mitleidenschaft fast nur von Belsen und später von Auschwitz Genaueres gehört. Diese Namen hatten zwar einerseits die Funktion, uns die dort vorgefallenen Greuel *bekanntzumachen,* andererseits aber auch, uns die unerträgliche Auseinandersetzung mit den überall anderwärts geschehenen Greueln zu *ersparen.* In Südafrika hat das Gemetzel von Sharpeville eine ähnliche Funktion im Bewußtsein der Welt erfüllt, in Vietnam seinerzeit der Tod von 42 Schulkindern im Dorf Man Quan. Derlei Beispiele lassen sich für östliche, westliche und neutrale Länder anführen. Der Schriftsteller kann nicht umhin, sich dieses Vokabulars zu bedienen; wenn er aber über dieses Vokabular nicht *hinaus*kommt, so bleibt er trotz bester Absichten ein Phrasendrescher. Es ist übrigens interessant, daß in mehreren westlichen Demokratien, in Funk und Fernsehen, um nur zwei Massenkommunikationsmittel zu nennen, die Widerstände gegen Texte und Filme, die sich an diese anerkannten und sozusagen privilegierten *Durchbrüche* knüpfen, relativ gering sind. Ein Programm über Hiroshima, über Sharpeville, über Auschwitz ist relativ leicht durchzusetzen. Ein Manuskript über bisher weniger bekannte Greuel, sagen wir in Sachsenhausen oder Ravensbrück, oder an einem wenig bekannten Ort im Kongo, in Südafrika oder in Vietnam, wird viel weniger leicht angenommen. Das ist besonders deshalb interessant, weil der *politische* Akzent ohnehin bei den bekannteren und unbekannteren Namen jeweils der gleiche wäre. Es handelt sich also wirklich um ein Verdrängungs-Entfremdungs-Syndrom.

Nicht ganz Unähnliches erlebte man in der Sowjetunion. Das Buch über einen Tag im Leben des Zwangsarbeiters Iwan Denissowitsch war äußerst erfolgreich; aber die Behörden versuchten, dem Aufkommen *weiterer* Beispiele entgegenzuwirken. Daß es sich dabei nicht *nur* um *politische* Opportunität handelt, sieht man daran, daß es auch in einem auf KZ-Geschichten so sehr eingestellten Land wie England leichter ist, an *bekannte* deutsche KZ-Ereignisse anzuknüpfen, als an bisher *unbekannte.*

Ich habe vorhin gesagt, der unsterbliche Mitbürger, der noch nicht weiß, daß er unsterblich ist, würde sich ähnlich verhalten wie jeder Sterbliche. Ähnliches gilt auch bei Schriftstellern und Publikum vom Hineingezogenwerden in die Entfremdung vom Mitmachen der Verdrängung: Das grassiert besondert dort, wo man (vielleicht durch fehlendes Wissen oder Bewußtsein!) an der Möglichkeit zweifelt, *selbst* etwas ändern zu können. Deshalb ist der *unbequeme* Schriftsteller, der wirklich versucht, etwas zu ändern, besonders wichtig! Ich bin nicht einmal überzeugt, daß er das *nur* in seiner Eigenschaft als Schriftsteller tun soll. Tut er nämlich nichts, als zu schreiben, so wird es ihm vielleicht ähnlich ergehen wie einem schreibenden Menschen, der ausschließlich Gedichte schreibt und sich daher verpflichtet fühlt, alles, was er zu sagen hat, in einem Gedicht zu sagen, auch wenn das Gedicht vielleicht gar nicht die richtige Form dafür ist. So ähnlich kann vielleicht ein Schriftsteller, der sich auch außerhalb seines Schreibens politisch engagiert, sein Schreiben selbst freier von politischen Intentionen erhalten, die er künstlerisch noch nicht integriert hat. So könnte politisches Engagement vielleicht manchmal sogar auch der *un*engagierten Dichtung helfen. Aber hier kommen wir *scheinbar* schon weit vom Thema ab. Nicht in Wirklichkeit freilich, denn das Thema ist erzpolitisch und kann ohne politische Erörterungen gar nicht wirklich behandelt werden. Aber, zu meinem Glück oder zu meinem Unglück, meine Zeit ist um.

1966

In diesem besseren Land

Buchbesprechung, 1967, Gedichte der Deutschen Demokratischen Republik seit 1945

Von der Dichtung der DDR weiß man in der Bundesrepublik, in der Schweiz, in Österreich und in anderen westlichen Ländern noch zu wenig, aber immerhin schon mehr als vor fünf oder zehn Jahren: man weiß wenigstens schon, daß man von dieser Dichtung zu wenig weiß. Vor nicht allzu langer Zeit wurde noch gefragt: »Was, Dichtung? – Gibts denn das dort drüben? Ist das nicht nur Propaganda?« Ausnahmen wurden nur bei Dichtern gemacht, die in der DDR Schwierigkeiten hatten, die die DDR verließen oder die gestorben waren und deshalb der Behauptung, sie seien im Grunde gegen die DDR gewesen, nicht mehr widersprechen konnten. So wurde Bertolt Brecht zum 10. Jahrestag seines Todes in der Bundesrepublik vielfach geradezu als Gegner und Opfer der DDR dargestellt. Er hätte sich über diese Methode nicht gewundert, aber er hätte geantwortet wie 1953, als er denen eine Absage erteilte, die sich seiner Kritik zum Kampf gegen das bedienen wollten, um dessentwillen er Kritik übte. Damals schrieb Brecht sein Gedicht *Nicht so gemeint,* das anfing:

Als die Akademie der Künste von engstirnigen Behörden
Die Freiheit des künstlerischen Ausdrucks forderte
Gab es ein Au! und Gekreisch in ihrer näheren Umgebung
Aber alles überschallend
Kam ein betäubendes Beifallsgeklatsche
Von jenseits der Sektorengrenze.

Freiheit! erscholl es. Freiheit den Künstlern!
Freiheit ringsherum! Freiheit für alle!
Freiheit den Ausbeutern! Freiheit den Kriegstreibern!
Freiheit den Ruhrkartellen! Freiheit den Hitlergenerälen!

Das Gedicht endete:

Sachte, meine Lieben!
Selbst die schmalsten Stirnen

In denen der Friede wohnt
Sind den Künsten willkommener als jener Kunstfreund
Der auch Freund der Kriegskunst ist.

Immerhin, selbst aus der Tatsache, daß DDR-Dichter im Westen bemerkt, zitiert und gelobt wurden, sobald sie mit ihren literarischen oder politischen Gremien in irgendeinen Konflikt gerieten (wie Peter Huchel, Stephan Hermlin, Wolf Biermann, Franz Fühmann und andere), konnte der mißtrauische Bundesbürger unter Umständen den Schluß ziehen, daß es doch auch in der DDR noch einzelne Dichter geben müsse. Allerdings verstiegen sich selbst die Vermutungen dieser Scharfsinnigen selten bis zur Annahme, daß Autoren wie Huchel, Hermlin, Fühmann auch *nach* den Konflikten oder aus der DDR bekanntgewordenen Angriffen auf sie weiterhin veröffentlicht oder kritisch gewürdigt werden. Erst vor wenigen Wochen mußte ich das Büchlein *Deutsche Lyrik nach 1945* von Gerhard Wolf (Volk und Wissen, Volkseigener Verlag Berlin, 1964) und die neue Anthologie *In diesem besseren Land* (Mitteldeutscher Verlag Halle/Saale, 1966) einigen Zweiflern buchstäblich unter die Nase halten, um zu beweisen, daß Peter Huchel nicht ganz und gar zur unveröffentlichbaren Unperson geworden ist. Die Anthologie enthält sogar zehn Gedichte von ihm, mehr als von den meisten anderen Autoren.

An solchen Meinungen ist die DDR zwar nicht ganz schuldlos: Wolf Biermann ist meines Wissens immer noch verpönt und fehlt auch in der neuen Anthologie. Aber ungleich schuldiger am Bestehen solcher Irrtümer ist jene westdeutsche Kulturpolitik, die die DDR um jeden Preis verunglimpfen und deshalb den einzelnen DDR-Dichter höchstens als Ausnahmefall gelten lassen will.

Gewiß, Brecht hat diese Schranken schon lange gesprengt, obwohl der Lyriker Brecht neben dem Dramatiker Brecht bisher weder im Osten noch im Westen in vollem Maß die verdiente Anerkennung gefunden hat. Aber von der Dichtung der DDR im allgemeinen gab es im Westen – trotz einiger kaum bekannter Auswahlbände – noch vor wenigen Jahren so wenig zu sehen, daß manchmal Anthologien, die, teils subventioniert, eigens dem Kalten Krieg dienen sollten und meist ein entsprechend einseitiges und verzerrtes Bild vermittelten, die am leichtesten zugänglichen Informationsquellen waren. Doch selbst noch in einer dahin tendierenden Sammlung *(Gedichte von Drüben,* Lyrik und Propagandaverse aus Mitteldeutschland, herausgegeben von Lothar von Balluseck und Oberstudienrat Karl Heinz Brokerhoff; Hohwacht Verlag, Bad Godesberg, 1963) gibt Karl Heinz Brokerhoff am Anfang seiner Einleitung zu:

In unseren westdeutschen Schulen ist die Literatur der DDR tabu. Sie wird (wenn man von Brecht absieht) weder in den Deutschunterricht einbezogen noch in die Diskussionen des politischen Unterrichts. Kurzgeschichten oder Hörspiele oder Gedichte aus der Ostzone stehen überhaupt nicht in den eingeführten Lesebüchern. Auch in Lyrikbänden taucht sie nur ganz am Rande auf: Als 1962 ein westdeutscher Gymnasiallehrer zwanzig Lyrik-Anthologien nach ostzonalen Gedichten durchforschte, fand er eine einzige (zudem noch anfechtbare) Ausnahme. Und bis heute ist für die Schule noch keine wirklich repräsentative Auswahl mitteldeutscher Lyrik erschienen, ganz zu schweigen von einem breiter angelegten Lesebuch, das auch Prosatexte einbezöge. – Übrigens gilt unser Vorwurf nicht nur der westdeutschen Schule: Dieses Tabu gilt (auch hier bis auf ganz seltene Ausnahmen) genauso für die westdeutsche Literaturwissenschaft und die methodische Literatur der Pädagogen – und weitgehend selbst für unseren Buchhandel!

Dieses Zitat stammt, wie schon die Worte Ostzone, ostzonale Gedichte, Mitteldeutschland und die Anführungszeichen vor und nach DDR zeigen, selbst noch aus einer Veröffentlichung, die – wenn auch keineswegs eine der ärgsten – mit zum Arsenal des Kalten Krieges gehört. – Nun hat sich in letzter Zeit einiges gebessert. So enthält die Anthologie *Panorama moderner Lyrik deutschsprechender Länder* (Sigbert Mohn Verlag) Gedichte von Erich Arendt, Johannes R. Becher, Henryk Berenska, Wolf Biermann, Johannes Bobrowski, Volker Braun, Bertolt Brecht, Franz Fühmann, Stephan Hermlin, Peter Huchel und Heinz Kahlau. Die Anthologie *aussichten, junge lyriker des deutschen sprachraums, vorgestellt von peter hamm* (Biederstein Verlag, München, 1966) enthält noch mehr DDR-Autoren: Kurt Bartsch, Friedemann Berger, Wolf Biermann, Volker Braun, Peter Gosse, Jürgen Henkys, Bernd Jentzsch, Rainer Kirsch, Sarah Kirsch, Wulf Kirsten, Richard Leising, Karl Mickel, Andreas Reimann. Dennoch, eine auch nur annähernd repräsentative Auswahl von Gedichten aus der DDR lag bis zum Erscheinen des Bandes *In diesem besseren Land* weder im Westen noch in der DDR selbst vor. Die neue Anthologie wird von den Herausgebern Adolf Endler (geboren 1930) und Karl Mickel (geboren 1935), beide selbst *Lyriker, die sich auch als Kritiker betätigen,* in ihrer Vorbemerkung charakterisiert: *Ihr*

Ziel war es, die stärksten Gedichte aufzufinden, die seit 1945 auf dem jetzigen Territorium der DDR entstanden sind. Die fünf Seiten lange Vorbemerkung ist aufschlußreich und in vieler Hinsicht erstaunlich, schon durch ihre gediegene, man möchte fast sagen schwerfällig-redliche Ausdrucksweise, hinter der man einen Germanisten vermuten könnte, der etwa so alt ist wie die beiden Herausgeber zusammen. Da diese Vorbemerkung sehr deutsch ist (fast zu deutsch!), verwundert es auch nicht, daß die von den Herausgebern getroffene Auswahl auch noch in fremdsprachiger Übersetzung sofort als deutsche Lyrik zu erkennen wäre, als wesentlicher Teil der »deutschen Nationalliteratur«. Wenn dieses Buch nachweisen wollte, daß in der DDR ein wesentlicher Teil der heutigen deutschen Lyrik geschrieben wird, so ist dieser Beweis geglückt; Herausgeber und Verlag verdienen Dank dafür.

Dank verdienen Endler und Mickel übrigens auch für die großen und kleinen Aufrichtigkeiten ihrer Einleitungsworte, etwa wenn sie versichern, daß sie nicht nur als Lyriker sehr verschiedenen künstlerischen Absichten folgen, sondern demzufolge auch in ihren kunsttheoretischen Ansichten keineswegs in allen Punkten übereinstimmen. – *Demzufolge* ist eine Einsicht, denn die Theorien eines Dichters sind zum großen Teil wirklich Überbau auf der Grundlage seiner eigenen dichterischen Probleme. Sie wissen vielleicht auch, wo möglicherweise ihre eigenen Grenzen liegen, denn sie schreiben: *Was die Herausgeber verband, war eine nicht kleine Unduldsamkeit gegenüber Halbfabrikaten, die als Vorformen interessant sein mögen. Diese Rigorosität schied vor allem zahlreiche Kurzgedichte aus, die von ihren Autoren gern als Intensität bezeichnet werden* (Anmerkung des Rezensenten: Kurzgedichte werden auch von ihren Autoren *nicht* als Intensität bezeichnet! Diese Formulierung ist zu kurz oder zu intensiv!) *und von denen es einige in den letzten Jahren zu Popularität gebracht haben. Statt dessen wird man viele recht lange Gedichte finden. Wer an Autoren wie Fühmann, Hermlin, Maurer, Huchel, Arendt u.a. denkt, wird das kaum als Willkür empfinden können. Es sollte studiert werden, wie solche Dichter Großgedichte regieren. Große Form erheischt einen Kompositionssinn, der hier und da den jüngeren Dichtern verloren zu gehen droht...*

Dieses Bekenntnis zu den eigenen Ansichten und Vorlieben ist zugleich ein vielleicht nicht ganz unbeabsichtigtes Eingeständnis der Begrenzung des eigenen Gesichtskreises, denn natürlich sind auch die vielen scharfen, geglückten Kurzgedichte in der DDR nicht zufällig, nicht ohne ausreichende gesellschaftliche und kulturelle Gründe entstanden und sollten schon deshalb nicht leichthin abgetan werden. Andererseits verdanken wir der Vorliebe der Herausgeber für lange Gedichte eine besonders schöne und informative Auswahl aus selten gesehenen Versen Arendts, Huchels, Hermlins; auch viele bisher wenig bekannte Gedichte von Fühmann, Maurer und anderen werden hier vermittelt.

Ein wenig bedenklich stimmt eine gewisse Naivität mancher Fragen und Klagen Endlers und Mickels. Sie sprechen von *ihrer Hinneigung zu poetischen Gebilden, mit denen deutlich ein bestimmter Ausschnitt der Realität in ihrer vielfältigen Verzahnung zu bewältigen versucht wird* und beklagen sich anschließend: *Gerade das wurde von uns in vielen kurzen Gedichten vermißt, wie sie z. B. durch die Liebeslyrikwelle über uns gekommen sind. Warum nehmen so viele jüngere Dichter ihr Liebesleben nicht ernst, warum bleiben sie so oft im Bereich halb-erotischer Spielereien? Und das im Zeitalter der Frauenemanzipation! Ungeahnte neue Konflikte und Widersprüche treten auf, die vom Liebesgedicht her gestaltet werden könnten! Aber das geschieht so gut wie nie.*

Man kann kaum umhin zu entgegnen, daß Schreiber von Liebesgedichten, auch aufrechte Sozialisten, auch in der DDR, nicht immer die Absicht haben, vom Liebesgedicht her ungeahnte neue Konflikte und Widersprüche zu gestalten, und daß außerdem junge Dichter in der DDR, soweit wir das wissen, ihr Liebesleben keineswegs zu leicht nehmen. Vielleicht wollen sie aber in ihren Versen nicht in den salbungsvollen oder scheinheiligen Ernst noch gar nicht so lange vergangener deutscher Lyrikepochen verfallen, etwa der Nazi-Lyrik.

Aber selbst wenn man die Herausgeber in diesem Punkt oder bei der Erörterung der kurzen Gedichte, die ihnen unzulänglich scheinen, ein wenig professoral findet, handelt es sich um echte literarische Meinungsverschiedenheiten, nicht um Vorurteile aus anderen Bereichen, sondern um Besonderheiten des Geschmacks der Anthologisten. Diesem manchmal recht eigenwilligen Geschmack verdankt die Anthologie andererseits wieder eine ganze Menge: Acht Gedichte des 1903 geborenen Erich Arendt, der übrigens in der Bundesrepublik schon einigermaßen bekannt ist, nicht zuletzt durch seine ausgezeichneten Übersetzungen Pablo Nerudas, und der jetzt bei Rowohlt durch einen repräsentativen Auswahlband (*Unter den Hufen des Winds,* Gedichte aus den Jahren 1926 bis 1965) dem bundesdeutschen Publikum endlich nach Verdienst vorgestellt wird. Obwohl Arendt – ebenso wie Hermlin tatsächlich ein Meister der großen Form – keineswegs zu denen gehört, die die Verbreitung tagespolitischer Losungen als höchste Aufgabe des engagierten Dichters betrachten, ist er seit 1952 Nationalpreisträger und erhielt 1965 den Johannes R. Becher-Preis. Arendts Gedichte, meist Oden und Elegien, beweisen, daß eine von großen Vorbildern beeinflußte Diktion ihrer Herkunft nicht erliegen muß und daß höchst feierliche, ja hymnisch geballte Sprache sehr zeitgemäße Gedanken in Verse fassen kann, ohne die Form bloß zum Werkzeug zu machen oder von ihrem Inhalt gesprengt zu werden. Da heißt es *(Gesang der sieben Inseln):*

Uns trug kein Gott her. Schwarzqualmender Leib unser Schiff
(fette Kohle in Cadix geladen und das Hurenlächeln
seiner Gäßchen). Und eines erdroten Segels Rauschen,
zerschlissen wie Zeit und Glaube, wie hätte das
uns Trost geben sollen... Hier! Wir tranken nicht
den Wein von Chios. Schändende Armut das Gesetz,
eingegraben am Zenitgewölbe, nackennah. Blutschwitzende
Häute wir luden. Und Salpeterglanz in Säcke.
Spät, unter des Südens Armsünderkreuz,
vulkanharte Asche pflügend, die schwarze Schaufel der Nacht.

Stephan Hermlin ist mit zehn Gedichten vertreten, weniger zu Wortballungen neigend, weniger von Expressionismus und Surrealismus beeinflußt als Arendt, aber wie er um Vereinigung von Zeitinhalten und großer Form bemüht, dabei vielleicht sachlicher, voll von verhaltener, disziplinierter, niemals vordergründiger Originalität; voll von genauen Einzelbeobachtungen der Innen- und Außenwelt. Man merkt, wie jedes Wort, jedes Bild von eigener Erfahrung geprägt ist, von notwendigen Gedanken und wesentlichen Empfindungen. Manchmal, wie in der *Ballade nach zwei vergeblichen Sommern,* erinnert etwas im Klang an die besten Gedichte Gottfried Benns, jedoch mit dem großen Unterschied, daß Hermlin sich nicht verführen läßt, weder zum Verzicht auf Gedanken noch auf moralische Verantwortung, und daß er darum dem Schwung der Diktion nie seinen Inhalt opfert. Vielleicht ist es kein Zufall, daß in der *Ballade nach zwei vergeblichen Sommern* die grandiose, völlig beherrschte Kadenz immer wieder durchbrochen wird. Silben stehen da, die eine allzu glatte Diktion verhüten, die Halt gebieten, gewissermaßen von der Form her zum Denken zwingen. Noch deutlicher wird die Originalität Hermlins (der zu Unrecht oft als konventioneller Neo-Klassiker mißverstanden wurde) im Gedicht *Die Jugend.* Hermlin, einer der wenigen, die heute noch überzeugend in Reimen dichten können, vereint hier klassische Sprache und Kadenz mit reimloser Form. Die Reime, bei solcher Versform fast mit Zuversicht erwartet, bleiben aus; der Inhalt drängt sich dadurch noch unabweislicher auf. Das zeigt schon die erste Strophe:

Es ist eine seltsame Nacht,
Da die große Stadt um mich wächst,
Und um die Stadt mein Gefühl,
Und um mein Gefühl diese Nacht.
Es ist ein Schwirren von Schwingen,
Und es schläft ein Ruf am Kanal.
Ich weiß nicht, wohin ich gehe,
Doch ich weiß es allzu gut.

Johannes Bobrowski, in der DDR erst spät entdeckt und zu früh verstorben, ist mit neun Gedichten vertreten, von denen eines, *Holunderblüte,* zu den stärksten Arbeiten des Bandes gehört. Isaak Babel wird beschworen, der die Pogrome des Zaren, nicht aber die Säuberungsaktionen Stalins überlebt hat. Daß Vergeßlichkeit Selbstentfremdung und Tod ist, wird klargemacht; desto zwingender, weil die Erkenntnis unpropagandistisch bleibt, in der Vision schwebend. Nur wir werden von ihr weitergetrieben:

Es kommt
Babel, Isaak.
Er sagt: Bei dem Pogrom,
als ich Kind war,
meiner Taube
riß man den Kopf ab.

Häuser in hölzener Straße,
mit Zäunen, darüber Holunder.
Weiß gescheuert die Schwelle,
die kleine Treppe hinab –
Damals, weißt du,
die Blutspur.

Leute, ihr redet: Vergessen –
Es kommen die jungen Menschen,
ihr Lachen wie Büsche Holunders.
Leute, es möchte der Holunder

sterben
an eurer Vergeßlichkeit.

Dieses ganze Buch *In diesem besseren Land* versucht nicht, die finsteren Zeiten von vorgestern und gestern zu vergessen. Es ist mehr ein Buch des Erinnerns als der Vergeßlichkeit. Dennoch stutzt man beim Lesen einer Gemeinschaftsarbeit von Louis Fürnberg und Kuba, eines langen Bruchstücks aus *Weltliche Hymne*. Da heißt es:

Mutige Lieder erschallen
von Batum zum Weißmeerkanal.
Mützen ab! Kirow gefallen –
Mörder nun sprecht: wer befahl?

Und in den folgenden vierzehn Vierzeilern, alle in der gleichen Diktion, werden die Säuberungsaktionen und Moskauer Prozesse der Jahre 1937 und 1938 geschildert, aber unzulänglich geschildert, stilisiert, zurückgenommen bis zur Zweideutigkeit, so daß man beim ersten Lesen überzeugt ist, das Gedicht sei im Grund eine Verteidigung dieser finsteren Geschehnisse. Bei wiederholtem Lesen findet man auch Stellen, die das Gegenteil bedeuten *können*, aber nicht *müssen*. Doch nichts ist wirklich adäquat gestaltet. Die letzten acht Zeilen lauten:

O bitter! Und nicht zu verbittern.
Verkannt! Und man sorgt und man bangt,
weil ferne die Grenzen gewittern
und die Faust nach der Waffe verlangt.

Viel ist unsrem Feinde gelungen,
nur eins hat er nicht gekonnt:
er hat die Partei nicht bezwungen,
die stählerne leninsche Front.

Auch wenn man nicht wüßte, daß der Parteiname Stalin »der Stählerne« hieß, wäre das – auch dichterisch – unzulänglich. Man sollte in deutschen Landen nicht dichten, daß *die Faust nach der Waffe verlangt*. Zwei Seiten nachher befaßt sich das Gedicht *Den Namenlosen* von Johannes R. Becher zwar sehr zurückhaltend, aber unvergleichlich überzeugender mit demselben durchaus legitimen Thema. Überhaupt sind in dieser Auswahl weder die

Verse Kubas noch die zahlreichen Gedichte Fürnbergs sehr überzeugend. Namentlich, da im Vorwort die gelegentliche Aufnahme älterer Arbeiten ausdrücklich und einleuchtend begründet wird, wären Kuba und Fürnberg mit einigen ihrer Emigrationsgedichte weit würdiger vertreten gewesen als mit manchen ihrer späteren Arbeiten. Dem Entschluß, auch ältere Gedichte aufzunehmen, verdankt der Band unter anderem Brechts *An die Nachgeborenen,* eine der größten Dichtungen unseres Jahrhunderts.

Freilich, wichtiger als alle einzelnen Einwände und Vorzüge ist für den Durchschnittsleser einer Anthologie die Gesamtwirkung, und die ist äußerst erfreulich. *In diesem besseren Land* ist ein sehr dichterisches Buch. Es beweist, daß Engagement und Dichtung nicht nur zusammengehen können, sondern einander brauchen. Es beweist aber auch, daß sie einander nicht in jedem einzelnen Vers, nicht in jedem einzelnen Gedicht brauchen. Die Auswahl ist nämlich viel großzügiger, als man nach einer oder der anderen etwas lehrhaften Formulierung der Einleitung vielleicht geglaubt hätte. Den verschiedenen Formen ist sehr viel Spielraum gelassen, wenn auch konkrete Poesie, Lettrismus und selbstgenügsames Experiment recht rigoros ausgeschlossen wurden. Das Buch als ganzes ist ein höchst interessantes literarisches Dokument und zugleich eine Gedichtsammlung, in die man sich richtig hineinliest.

Das heißt nicht, daß man sich nicht manches wegwünscht oder – weit häufiger – dazuwünscht. Von Peter Hacks und Jens Gerlach findet sich entschieden zu wenig, zu wenig auch von den beiden Herausgebern selbst, viel zu wenig von Volker Braun, einem der besten heute lebenden jungen deutschen Dichter, der nur durch zwei Arbeiten vertreten ist, eine davon freilich die großartige *Selbstverpflichtung,* und die andere, *Flüche in Krummensee,* charakteristisch für Brauns Fähigkeit, das Lebensgefühl junger Menschen in der DDR ohne Beschönigung so darzustellen, daß noch aus den einzelnen Verneinungen die Bejahung des Lebens einer entstehenden Gesellschaft spürbar wird.

Zu wenig auch von Heinz Kahlau, Bernd Jentzsch, Rainer und Sarah Kirsch, zu wenig von der verhaltenen, trotz des deutlichen Brechteinflusses sehr originellen – und sehr wichtigen – Lyrik Günter Kunerts; zu wenig von Richard Leising, dessen Gedichtprosa oder Prosagedicht *Berlin Lottumstraße* zu den interessanteren Experimenten eines wirklichen und nicht nur programmatischen sozialistischen Realismus gehört. (Leider ist es, wie mehrere Gedichte in diesem Band, so ungeschickt gedruckt, daß man es zu früh für beendet halten muß. Derselbe Umbruchfehler zerstört

z. B. auch eines der besten Gedichte des Bandes, *Die Richtung der Märchen* von Franz Fühmann!)

So wichtig es ist, die ungemein klaren und präzisen Gedichte Peter Huchels mit ihren erschütternden Einzelheiten in umfangreicher Auswahl abgedruckt zu finden, so schön, auch noch *in extremis,* Hermlins und Arendts Verse sind, so interessant die Arbeiten Georg Maurers historische Visionen und komplizierte Bewußtseinsvorgänge lebendig machen, so wäre es doch noch besser, solchen Arbeiten auch eine größere Zahl der jungen DDR-Dichter gegenüberzustellen. Die Herausgeber, die es unternehmen zu zeigen, was in der Deutschen Demokratischen Republik seit 1945 gedichtet wurde, werden vielleicht selbst erstaunt sein, in einer neuen westdeutschen Anthologie *(Deutsche Teilung,* Lyrik-Lesebuch aus Ost und West, Limes Verlag, Wiesbaden, herausgegeben von Kurt Morawietz, Nachwort von Reimar Lenz), in der sie beide auch mit eigenen Gedichten vertreten sind, feststellen zu müssen, daß einige der erschütternden Beiträge, in denen die Argumente der DDR eindringlich, ja teils völlig unwiderlegbar gestaltet sind, von jungen DDR-Dichtern stammen, die der Band *In diesem besseren Land* nicht bringt! Daß Wolf Biermann hier nicht zu finden ist, daß Helga Novak und ein, zwei andere fehlen, ist freilich ebenfalls eine schmerzhafte Lücke in der DDR-Anthologie, aber das mag nicht an den Herausgebern liegen, sondern auf Konflikten beruhen, die vielleicht die Möglichkeiten eines Anthologisten übersteigen. Desto mehr ist zu hoffen, daß diese Konflikte möglichst bald beigelegt werden, so daß künftige Auflagen diese Lücken schließen können. Der Titel des Buches wird viel überzeugender klingen, wenn es solche Einschränkungen nicht mehr gibt. Das vorhin erwähnte Sonett von Johannes R. Becher *Den Namenlosen* endet mit den Zeilen:

– ein Fragezeichen. . . ein Gedankenstrich –
Und viele Namen waren ausgestrichen.

Eine solche Anklage, wie Becher sie gegen das erhebt, was zur Zeit seiner Emigration in der Sowjetunion geschah, könnte man natürlich heute gegen die DDR keineswegs erheben. Aber in einer Anthologie muß man sich nicht nur vor dem Ausstreichen, sondern auch vor dem Weglassen oder gar nicht erst Bemerken von Namen und Gedichten hüten, wenn man dem Reichtum und der Vielfalt dessen, was heute in der DDR gedichtet wird, wirklich ganz und gar gerecht werden will. Werner Lindemann, Jochen

Laabs, Reiner Kunze, man könnte leicht noch ein Dutzend DDR-Autoren oder mehr nennen, die man hier gerne gesehen hätte. Freilich schreiben viele von ihnen kurze Gedichte, aber die gehören nicht minder zur Dichtung eines Landes als Großformen und originelle Weiterentwicklung klassischer Möglichkeiten. Diese Kritik (nebst der Kritik am Seitenumbruch, der in einer Neuauflage unbedingt revidiert werden sollte!) kann man der sonst überaus interessanten Anthologie nicht ersparen.

1967

Abschied von der BBC

Zeitungsartikel, nach der englischen Version vom 25. Jänner 1968

Von allen, die mir in den letzten 17 Jahren hier im Funk zugehört haben, möchte ich mich heute verabschieden. Das ist nicht ganz leicht.

Es ist mein eigener Entschluß, hier wegzugehen. Man hat mir keine Schwierigkeiten gemacht, man hat auch nicht versucht, mich einer kleinlichen Zensur zu unterwerfen. Aber in den Jahren, seit ich hier Mitarbeiter wurde, hat sich in der Welt einiges geändert; dem muß ich nun, glaube ich, Rechnung tragen.

Als ich hier im Funk mitzuarbeiten begann, herrschte in der Sowjetunion Stalin; und in Prag wurden Menschen, die ich in der antifaschistischen Emigration der Kriegsjahre in England gut gekannt hatte, unter falschen Anschuldigungen hingerichtet.

Heute sind überlebende Opfer jener Prager Prozesse längst wieder frei und rehabilitiert; die Hingerichteten aber sind wenigstens im Tod rehabilitiert, und man versucht, etwas von dem, was an ihnen begangen wurde, an ihrem Andenken und an ihren Witwen und Waisen gutzumachen.

Das ist nicht nur in der CSSR so: Die Länder unter Führung von Kommunisten, die an jenen Exzessen der Stalinzeit teilhatten, die mich damals so verbitterten, haben sich davon weit mehr entfernt und erholt, als ich es zu jener Zeit für möglich gehalten hätte. Meine Zuversicht in die immanenten Heilkräfte des Systems war zu gering gewesen. Natürlich, auch heute gibt es noch viele Schwächen und Unvollkommenheiten, das heißt praktisch im Einzelfall auch Mißstände und Ungerechtigkeiten; und natürlich ist man ungeduldig nach Besserung. Aber – so wichtig und konstruktiv solche Ungeduld sein kann – ich glaube doch, die Geschichte lehrt uns, daß abstrakter Perfektionismus eine unbillige und unfruchtbare Art ist, solche Vorgänge zu beurteilen. Bertolt Brecht erklärt in seinem Gedicht *Schlechte Zeiten,* daß wir *bessere* Zeiten nur aus dem Material unserer schlechten Zeiten bauen können – *wenn* wir sie wirklich bauen wollen. Deshalb endet sein Gedicht mit den Worten:

Das Haus ist gebaut aus den Steinen, die vorhanden waren.

Der Umsturz wurde gemacht mit den Umstürzlern, die vorhanden waren.
Das Bild wurde gemalt mit den Farben, die vorhanden waren.

Das ist keine Aufforderung, Fehler und Unvollkommenheiten abzuleugnen; aber das heißt – für mich wenigstens – offenbar auch, daß solche Unvollkommenheiten in Ländern, die sich um den Sozialismus bemühen, nicht Grund genug sind, sich als Gegner dieser Länder und ihrer Politiker zu fühlen.

In den letzten 17 Jahren hat sich aber auch im Westen vieles anders entwickelt, als ich gedacht und gehofft hatte. Die Rolle der Vereinigten Staaten in Vietnam und Guatemala, in Santo Domingo, Bolivien und vielen anderen Ländern; das Leben der Neger in Nordamerika, in Südafrika und Rhodesien; die Lage in der Bundesrepublik vom Verbot der KPD bis zur Großen Koalition und zum Versuch einer Änderung des Grundgesetzes; oder auch außen- und innenpolitische Entscheidungen der englischen Labour Party und Labour-Regierung. Ich will das alles jetzt hier gar nicht erörtern, denn ich habe das in den letzten Jahren immer wieder kritisiert, auch hier im Funk, und man hat hier auch nicht versucht, mir das unmöglich zu machen.

Mehr als einmal war ich über diese Freiheit, die mir eingeräumt wurde, selbst überrascht. Ich kann es deshalb eigentlich gut verstehen, daß manche Hörer in der DDR sich das nicht erklären konnten und meinten, da stimme doch etwas nicht, ich müsse ein Agent sein oder etwas dergleichen. Wenn ich den Londoner Rundfunk nicht aus eigener Erfahrung gekannt hätte, hätte ich vielleicht ähnlich gedacht.

Nun, ein Agent war ich freilich nie. Dennoch, wenn ich heute an einiges zurückdenke, was ich in diesen Jahren gesagt – und ehrlich gemeint – habe, bin ich jetzt weder *damit* zufrieden noch mit der Rolle, die ich durch meine Äußerungen objektiv spielte. Zum Beispiel habe ich 1956 János Kádárs Verhalten in Ungarn nicht verstanden und ihm unrecht getan; und im August 1961 hielt ich den Bau der Berliner Mauer für eine Niedertracht und sprach mehr als heftig dagegen. Als ich dann mit der Zeit meine Ansichten in diesen beiden Punkten änderte, habe ich das hier zwar ausdrücklich – und ungehindert – gesagt, aber das war erst viel später.

Ich will Sie auch nicht mit den Einzelheiten meiner Überlegungen aufhalten, ob und wie weit es sinnvoll für einen Sozialisten war und ist, konstruktiv gemeinte Kritik von außen, von London aus, zu geben. Übrigens, ohne die persönliche Toleranz einiger

Menschen hier im Funk, die ganz anders denken als ich, hätte ich mir das kaum so ruhig und so lange überlegen können; man hat es mir im allgemeinen wirklich leicht zu machen versucht, hier als freier Mitarbeiter zu Ihnen zu sprechen. – Und doch kann ich mir nicht verhehlen, daß die meisten, die hier zu Worte kommen, anders denken als ich, auch in Fragen, die für mich so entscheidend sind wie die des Krieges in Vietnam, und daß die Freiheit, die mir hier eingeräumt wurde – meine Narrenfreiheit, Freiheit eines Schriftstellers oder Freiheit des Oppositionellen im Rahmen des Ganzen –, durch dieses doch sehr andersartige Ganze manchmal anders wirken könnte, einen anderen Stellenwert annehmen könnte als meine Worte an sich.

Natürlich habe ich auch andere, private Gründe, die Toleranz der BBC nicht länger auf die Probe zu stellen, zum Beispiel meine Arbeit als Schriftsteller, die immer mehr Zeit und Kraft braucht. Entscheidender aber ist dies: Wie die Dinge heute liegen, wäre ich kaum auf den Gedanken gekommen, zu versuchen, zu Ihnen in der DDR gerade hier, im Londoner Rundfunk, zu sprechen. Nein, das hatte sich eben vor vielen Jahren und seit vielen Jahren so herausgebildet und war – auch mir – schon zur Gewohnheit geworden. Aber seine Gewohnheiten soll man vielleicht von Zeit zu Zeit revidieren. So muß ich nun, finde ich, mit dieser Gewohnheit brechen, obwohl sie mir in mancher Hinsicht lieb geworden ist und obwohl ich hier auch einige politische Gegner persönlich achten und schätzen kann. Deshalb verabschiede ich mich jetzt von Ihnen. Daß Sie in Zukunft manches, was ich schreibe, doch noch lesen, hören oder auf der Bühne sehen werden, kann ich nur hoffen.

1968

Unsere Opposition in den großen Städten

Rede, 17. 2. 1968, Berliner Vietnam-Kongreß

Ich will von Möglichkeiten und einigen Problemen unserer Opposition in den Hauptstädten und großen Städten westlicher Länder im Zusammenhang mit dem Krieg des amerikanischen Imperialismus gegen Vietnam sprechen, kurz, oft nur aufzählend, Probleme nur streifend, selbstverständlich nicht vollständig und auch ohne Versuch, der vielfältigen Verflechtung und Verzahnung dieser Erscheinungen und Probleme durch systematischen Aufbau dessen, was ich sage, ein Gegengewicht zu setzen.

Fast alle größeren Oppositionskundgebungen und Aktionen, die wir im sogenannten »westlichen« Teil Europas und in Nordamerika bisher zu verzeichnen haben, finden entweder in Städten statt, sie entstehen in Städten, und die Kämpfe um sie werden hier, in Metropolen und großen Städten, ausgetragen, oder sie gehen von den Städten aus und kehren meistens in die Städte zurück.

Das ist nicht als Loblied der westlichen Städte gemeint. Daß es bisher nicht gelungen ist, über unsere Städte hinauszukommen, ist eine Schwäche, aber es ist bisher fast überall Tatsache.

In den großen Städten sind Intellektuelle, Künstler, Studenten in größerer Zahl versammelt – ebenso Arbeiter, auch wenn die Verbindung zu diesen – besonders in der Bundesrepublik und Westberlin – erst in einzelnen Ansätzen besteht, die in letzter Zeit desto erfreulicher sind. Also: In den Städten sind jene versammelt, denen ihr Antagonismus zu der Gesellschaftsordnung, unter der sie leben, noch am ehesten klar werden kann – Antagonismus zu einer Gesellschaftsordnung, deren herrschende Klasse auch den Krieg Amerikas in Vietnam offen und auf Schleichwegen unterstützt. Auch die meisten anderen Gruppen jüngerer Menschen, deren Integrierung in die herrschende Gesellschaftsordnung schwerfällt, sammeln sich in den Städten.

Darüber hinaus sind in den Städten die Informationsquellen konzentriert, die Massenmedien, die dank der inneren Widersprüche in den ihnen gesetzten Aufgaben häufig, wenn auch meist verzerrt oder möglichst ungünstig verpackt, doch schon aus Gründen der Sensation, eine ganze Menge von Nachrichten und gelegentlich von Wertungen verbreiten, an deren Verbreitung uns gelegen sein kann – ja, die wir oft selbst erst durch diese Massenmedien erfahren. Konsequent freilich sind auch diese Massenmedien nur im Bestreben, selbst diese ihre eigenen gelegentlichen Sensationsmeldungen wieder harmlos zu machen, auszubalancieren, zu integrieren. Aber immerhin, diese Massenmedien können uns, wenn wir nicht einfach die Nase rümpfen und das Studium der Informations- oder Fehlinformationswege der großen Mehrheit der Bevölkerung für unwichtig halten, wichtige Ansatzpunkte liefern, die ebenso *fruchtbar* sein können, wie sie *furchtbar* sind.

In den großen Städten finden wir also nicht nur die Menschen, nicht nur die *Informationsquellen*, nicht nur eine *Lebensform,* die trotz aller Entfremdungsfaktoren doch viele erst einmal aus dem festeingefahrenen Drucksystem herausgesprengt hat, in dessen Idiotie die Kritik gar nicht heranreifen kann. Nein, wir finden an ihnen auch ein potentielles *Forum*; das Wort selbst bezieht sich auf den Marktplatz der antiken Stadt.

Natürlich: Diese Aussage steht nicht jenseits der Dialektik. Das Forum *Stadt* ist nicht nur unseres, sondern ist ebenso Forum des Feindes. Ja, nicht nur *ebenso,* sondern *mehr* so, solange er herrscht. Wessen das Forum ist, das ist Machtfrage, das ist Kampffrage! – In den großen Städten befinden sich auch die Führungsgremien der herrschenden Klasse und Zusammenballungen ihrer Exekutive, von ihrer legislativen und judiziellen Gewalt verklärt und ergänzt!

Dagegen aber sind die großen Städte auch wieder jene Orte, jene Umschlagplätze und Knotenpunkte, an denen *aller* Augen – und ich meine auch Augen jenseits des Stadtbereiches selbst! – auf diese Unterdrückungsmaschinerie der herrschenden Klasse gerichtet sind. Hier in den großen Städten kann die Unterdrückung ihre Arbeit nicht unter Ausschluß der Öffentlichkeit leisten, und je größer die Stadt, desto weiter über den Machtbereich der an Ort und Stelle bestehenden konkreten Form der Klassenherrschaft reicht diese Öffentlichkeit hinaus.

Auch darin sind die großen Städte zugleich unsere große *Gefahr* und unsere große *Gelegenheit!* Eine Gelegenheit ohne Gefahr gibt es frühestens erst nach Aufhebung der Klassengesellschaft. Hier, in diesem gefährlichen und nicht durch uns, sondern durch die Machenschaften der herrschenden Klasse gefährdeten und sich selbst gefährdenden Westberlin, sollen wir uns übrigens daran erinnern, daß in *anderen* Großstädten, aus konkreten gesellschaftlichen Gründen, die wir sehr wohl kennen, die Umstände in vieler Hinsicht weit günstiger für unsere Opposition sind als gerade hier.

Dazu auch *hier* die Antithese zu finden, das, liebe Genossen, wird – wenigstens zum Teil – von *uns* abhängen. Die Kampfformen kann, außer wenn wir entscheidende Fehler machen, nie die herrschende Klasse allein bestimmen, und wir wissen, daß *unter Umständen* die Gewalt, wenn sie mit organisierter Gewaltlosigkeit konfrontiert wird, hilfloser sein kann, als die Gewaltlosigkeit es der brutalen Gewalt gegenüber ist! Das gilt natürlich nur, solange Gewaltlosigkeit nicht zu einem absoluten, mystischen Prinzip erhoben wird, zu einem Fetisch, sondern revolutionäre Taktik bleibt, abhängig von der jeweils konkreten Situation.

Vieles von unserem Kampf, nicht nur hier in Berlin, ist untrennbar verknüpft mit der Erkenntnis, daß der Geist Macht wird, wenn er die Massen ergreift. Dies zu vergessen, ist eine Unterschätzung des Überbaus, vor der nie genug gewarnt werden kann! Ich wiederhole – *wenn* er die *Massen ergreift!* Das ist zugleich Warnung vor nicht weithin verständlichen Einzelaktionen *und* vor der Selbstgenügsamkeit untätiger Geister, die zwar wissen, daß es nicht genügt, die Welt zu *erkennen,* die aber glauben, für sich und ihre Studenten ihr Teil zu tun, wenn sie sich von ihr verändern *lassen.*

Vieles von unserem Kampf, daß der Geist die Massen ergreife, ist die Verbreitung des *Ergreifenden,* ist der *moralische* Kampf um die Schaffung einer mit dem imperialistischen Völkermord unvereinbaren Moral und um die Demoralisierung der Demoralisierer! In dem Maß, in dem wir durch bittere Erfahrung diesen Kampf richtig führen lernen, fällt jeder blutige, brutale Schlag, den diese demoralisierenden Demoralisierer und ihre irregeleiteten Handlanger gegen uns führen, auf sie selbst zurück. Es ist wichtig, dies hier deutlich auszusprechen, denn es gehört natürlich zum Wesen einer Macht, die keine anderen Argumente mehr hat als die brutale Gewalt und den Bruch aller Freiheitsrechte, durch das Drohen und Protzen mit ihrer nackten Gewalt ihren Gegnern das falsche Bewußtsein der Ohnmacht aufzuzwängen. – Das war schon bei den Christenverfolgungen im alten Rom so. Es ist wichtig, daran zu denken, denn wenn ein unbewaffneter Mensch von durchtrainierten Killern niedergeknüppelt wird, dann fällt es dem sogenannten gesunden Menschenverstand schwer, zu begreifen, daß ein solches Opfer mehr Macht haben kann als die Gewalttäter. Aber nicht nur die Geschichte des Unabhängigkeitskampfes Indiens, sondern viel näherliegende Beispiele zeigen uns, daß der sogenannte gesunde Menschenverstand die großen Zusammenhänge, daher auch die großen Folgen einer solchen Untat außer acht läßt und ein denkbar schlechter Führer zur Erkenntnis ist, der *Sklave der schlechtesten Philosophie,* wie Friedrich Engels einmal gesagt hat!

Wenn wir durch Verbreitung von Fotos und durch Vermittlung von Informationen die Machthaber entlarven, den Krieg des Imperialismus – nicht nur des amerikanischen Imperialismus! – in Vietnam wirklich sichtbar machen, nicht nur im Zerrbild, das der Imperialismus selbst davon gibt, wenn wir mit Karikaturen und Gegenlosungen die Manipulationen des Denkens stören und die unsäglichen Spachregelungen der Völkermörder durchbrechen, dann haben wir begonnen, etwas zu erreichen. Begonnen! – Da sind die Städte unsere Schlüsselstellungen, denn die Information, das Denken, die Skepsis, das Wagen des Widerspruchs, das sind Verhaltensformen, die in hochentwickelten westlichen Staaten vorwiegend von der Stadt her ins Land kommen. – In Paris und London, in New York und Chikago haben nicht nur Demonstrationen stattgefunden, die das Ohnmachtsgefühl dessen, der gegen Völkermord kämpft, überwinden helfen. Nein, in diesen Städten wurden – nicht zuletzt dank der von uns geweckten Stimmung – Aussagen gemacht, die nicht wieder rückgängig zu machen sind. – Gewiß, als die bürgerliche Presse in England den Irrsinn des amerikanischen Krieges in Vietnam zuzugeben begann und bald darauf allgemein zugab, fing sie alsbald auch an, von Präsident Johnsons Friedenssehnsucht und Friedensvorschlägen zu sprechen und dafür zu plädieren, ihm Gehör zu schenken. Aber wenigstens den Völkermordcharakter des amerikanischen Krieges und den Quislingcharakter Kys in Saigon hatte sie zugegeben, und die eigenen ständigen Karikaturisten dieser Presse enthüllten heute schon den wahren Charakter Johnsonscher Friedensangebote und die Beschwichtigungsversuche der englischen Regierung. – Ich denke da an englische Karikaturisten wie Abu und auch Papas, die das Erbe Vickys antraten, den die Gemeinheit des Imperialismus, gegen die er so lange gekämpft hatte, schließlich in die Depression und zum Selbstmord trieb.

In England, im sehr gemäßigtem Blatt *New Statesman*, wurde vor einiger Zeit ein »Witz« veröffentlicht, den sich amerikanische Soldaten in Saigon erzählen und der die konzentrierteste Bankrotterklärung und zugleich das vollkommenste Eingeständnis des Völkermordes ist. *»Es gibt nur eine Lösung für uns in Vietnam«, sagt ein GI zum anderen. »Zuerst die zehn schönsten, intelligentesten, gesündesten vietnamesischen Mädchen und die zehn kräftigsten, intelligentesten, gesündesten vietnamesischen jungen Männer nehmen und auf ein Schiff tun und auf offene See hinausfah-*

ren, weit weg. – Dann ganz Vietnam mit Wasserstoffbomben einebnen – und dann das Schiff versenken.«

Wer diesen »Witz« verstanden hat, dem muß man gar nicht mehr erklären, wie es sich mit den *befriedeten Musterdörfern* in Vietnam in Wirklichkeit verhält. Wenn der Völkermord selbst sich zu Wort meldet, ist der Ton unverkennbar, und wir müssen nur den Inhalt der Wortmeldungen verbreiten. – Oder wenn Robert Kennedy vor wenigen Tagen in Chikago die offiziellen Zahlenangaben der Amerikaner über *Gefallene* der Befreiungsfront und über Gesamtstärke und Reserven der Befreiungsfront und der Demokratischen Republik Vietnam zitierte und dann feststellte: *Aus diesen Zahlenangaben geht hervor: Eigentlich kann in Vietnam niemand mehr gegen uns kämpfen*, so wäre er zu einer solchen Äußerung nie bereit gewesen, wenn der Kampf der amerikanischen antiimperialistischen Jugend nicht die Stimmung dafür geschaffen hätte.

Gewiß, das alles sind *Anfänge*, das alles ist nur ein Teil der möglichen und notwendigen Opposition in den Städten des Westens. Der Kampf der amerikanischen Neger in den Städten selbst, der bei uns unter der Losung *Black Power* bekannt wurde und nicht minder verleumdet wurde als in Westberlin und in der Bundesrepublik der Kampf der Studenten, ist eine Weiterentwicklung des antiimperialistischen Kampfes *im Herzen* der großen Städte, die man hier und in aller Welt noch vor zwei Jahren für unmöglich gehalten hätte und nun mit Worten wie *rassistisch* und *faschistisch* abtun will, um den Mördern der Neger freie Bahn zu schaffen! – Dieser Kampf der Neger, dem sich in einzelnen Fällen auch schon weiße Arbeiter aus Puerto Rico angeschlossen haben, ist übrigens ein Beispiel für jene Verbindung zwischen antiimperialistischen Aktionen von Studenten und von Arbeitern, ohne die die Opposition in den großen Städten eine höhere Form nur schwer erreichen kann. – In Frankreich oder selbst in Dänemark, wo ich vor kurzem war, scheint eine solche Verbindung nicht so fernliegend wie hier, obwohl sich auch in der Bundesrepublik, zum Beispiel in Bremen, erste Anzeichen einer solchen Verbindung zeigten und auch sogleich entscheidend ins Gewicht fielen.

Aber vergessen wir nicht, hierzulande zehren die Kräfte der Unterdrückung immer noch von dem reichen Kapital, das die Hitlerzeit ihnen hinterlassen hat, von einem Begriff der Ruhe und Ordnung, dessen Vorbild das Hitlersche Klassenkampfverbot war – selbst eine Kampfhandlung des Klassenkampfes. Und nur die Abwürgung der Tradition der Arbeiterschaft in den Hitlerjahren machte es möglich, daß in der Bundesrepublik – sehr zum Unterschied etwa von England und Skandinavien – die außerparlamentarische Opposition im Geruch des Illegalen, des Hochverräterischen steht. Auch die KP hätte ohne diese Tradition aus der Hitlerzeit und ohne den Versuch, nach Hitler im Antikommunismus »kulturelle Kontinuität« und Anschluß an die führenden westlichen Imperialisten zu finden, *nicht* verboten werden *können*.

Unsere Opposition in den Städten hat deshalb viele Aufgaben miteinander zu verbinden: Aufklärungsarbeit und Überwindung des falschen Ohnmachtsgefühls, das der Terror der Imperialisten allen potentiellen Gegnern einflößen will; Verbindungen mit der antiimperialistischen Opposition in anderen Ländern aufnehmen und intensivieren; Entlarvung von Denkformen und Denktabus aus der Hitlerzeit; und – bei aller offenen Kritik – die Entfaltung einer umfassenden *Solidarität mit anderen Gruppierungen, die gegen den Mordkrieg in Vietnam kämpfen. Nur* durch Querverbindungen, nur durch Solidarität kann die Gefährdung überwunden werden, die jede Isolierung und ihre geistige Spiegelung auf die Dauer bedeutet.

1968

Während der Rede Erich Frieds kam die Nachricht, daß die Demonstration von der Polizei genehmigt worden war. Er unterbrach die Rede, um dies bekanntzugeben.

Widerstand gegen Faschismus

Rede, Auszüge, 21. 2. 1968, Universität München, Antifaschistische Woche

Man könnte die ersten Sätze des Kommunistischen Manifestes abwandeln: *Ein Gespenst geht um in der Bundesrepublik – das Gespenst des Faschismus... Wo ist die Oppositionspartei, die nicht von ihren regierenden Gegnern als faschistisch verschrien worden wäre, wo die Oppositionspartei, die den fortgeschrittenen Oppositionsleuten sowohl wie ihren reaktionären Gegnern den brandmarkenden Vorwurf des Faschismus nicht zurückgeschleudert hätte?*

Ein solches Spiel ist nicht ohne Gefahren. Die hierzulande interessiert daran sind, Verwirrung zu stiften, arbeiten ohnehin schon längst mit der verleumderischen und grundfalschen Gleichsetzung von Faschismus und Kommunismus. Aber Einsetzung des Wortes Faschismus in die Anfangssätze des Kommunistischen Manifests trifft die Wirklichkeit der heutigen Bundesrepublik leider viel zu genau, als daß wir das sogleich seinlassen könnten. Da ist etwa der Schriftsteller Günter Grass, der weiß Gott nichts für die Nazis übrig hat, der aber mit dem Wort »faschistisch« wahllos um sich wirft und es nicht nur gegen den Springerkonzern gebraucht hat, sondern auch gegen das *Neue Deutschland*, die Zeitung der SED, und gegen die auf der Linken, die fortgeschrittenere Oppositionsleute sind als er selbst. Darin wird Grass von offiziellen Stimmen natürlich bei weitem übertroffen. Die sagen nichts gegen Springer, dafür aber desto mehr gegen Studenten und gegen alle jene, die heute hierzulande im Kampf gegen den Faschismus nicht mehr bereit sind, sich immer nur an jene Spielregeln zu halten, die von wissentlichen oder unwissentlichen Mitläufern des alten und Wegbereitern eines neuen Faschismus aufgestellt werden, um den Widerstand gegen Faschismus einzudämmen, zu verharmlosen, zu integrieren.

Wer sind die Faschisten?

Ich sage das nicht leichthin, nicht aus Schwarzseherei. Heute ist es wieder soweit, daß antifaschistische Studenten auf dem Gelände der Goethe-Universität, Frankfurt am Main, vom Rektor als faschistisch verleumdet werden, um ihre Betätigung dort zu verbieten. Heute bezeichnet das Wort *faschistischer Terror* im Munde von Bundestagsmitgliedern, Mitgliedern des Westberliner Stadtsenats und anderen Personen des öffentlichen Lebens in Wirklichkeit die Versuche von Studenten, Schülern und Arbeitern, den heraufdämmernden faschistischen Terror zu verhindern oder ihm zu begegnen.

Vor wenigen Tagen erst ist im Bundestag das Wort Verbrecherbekämpfung gebraucht worden, um teils gewaltsames, teils verfassungswidriges Vorgehen gegen die antifaschistischen Studenten vorzubereiten – oder zu beschönigen, wo es schon häßliche Tatsache ist. Dasselbe Ziel der Vernebelung wird erreicht, wenn Ermittlungen über die Methoden des Springerkonzerns oder Untersuchungen der amerikanischen Kriegsverbrechen in Vietnam hierzulande als Schauprozesse bezeichnet werden; abermals, nicht nur von bewußten Faschisten, sondern auch ein Günter Grass läßt sich dazu hinreißen, denn die Lügenprogrammierung der Köpfe, die den Faschismus begünstigt, scheint wieder einmal schon soweit gediehen zu sein, daß selbst ein Günter Grass ganz vergißt, daß sich bei einem Schauprozeß die Angeklagten als wehrlose Opfer in den Händen ihrer Kläger befinden. Das trifft – manche werden sagen: leider Gottes – weder auf die Führung des Springerkonzerns zu noch auf die amerikanischen Kriegsverbrecher in Vietnam.

Das war keine Abschweifung, denn den wieder heranreifenden Faschismus kann man auch an seinen Worten erkennen, an dem frechen und hämischen Mißbrauch, den er mit unserer Sprache treibt. Die Methode ist konsequent und geht weit über die Grenzen der Bundesrepublik hinaus. Wenn die, die an die amerikanische Regierung die Forderung stellten, endlich Frieden zu machen, Verführer zu einem neuen München waren, wie in bundesdeutschen Zeitungen zu lesen war, obwohl wir – gerade hier in dieser Stadt – sehr genau wissen, daß das Münchner Treffen Hitlers, Mussolinis, Daladiers und Chamberlains einem völlig entgegengesetzten Zweck diente – und wenn Vizepräsident Ky in Südvietnam ein Vorkämpfer der Demokratie ist –, dann allerdings, dann sind wir hier und die Studenten in Berlin und in der ganzen Bundesrepublik keine Demokraten, sondern Faschisten! Es kommt nur auf den Wortgebrauch an.

Aber in Wirklichkeit ist das Wiedererstarken des Faschismus in diesem Land natürlich kein Sprachproblem. Es ist am Wortgebrauch zwar zu erkennen, aber von da allein aus nicht zu verstehen. Das Aufkommen des Faschismus in diesem Land hat viele und tiefe Ursachen. Nach dem Krieg zeichnete sich sehr bald ein Verhaltensmuster ab, das den Bewohnern der westlichen Besatzungszonen einen in jeder Hinsicht, nicht nur wirtschaftlich, goldenen Weg zur Verwischung der Schranken zwischen Siegern und Besiegten zu bieten schien: Das gemeinsame Ankämpfen gegen Kommunismus. Und hier blühten natürlich die Alibis, hier die Versuche, aufgrund des Antikommunismus eine sogenannte abendländische Kontinuität herzustellen. Wer von uns hat nie die Worte gehört: »Gewiß, Hitler hat furchtbare Fehler gemacht, und er und wir alle mußten dafür bezahlen. Aber er war doch der erste, der die kommunistische Gefahr (– oder die bolschewistische, oder die russische, oder schön allgemein die Gefahr vom Osten –) erkannt hat, und das hat man im Westen nicht genügend gewürdigt.« Je gründlicher im Kalten Krieg der Antikommunismus wurde, desto leichter fanden es die Kämpfer und Mitläufer des Dritten Reiches, zu neuem Ansehen zu kommen. Eltern und Lehrer verniedlichten und verringerten die Verbrechen der Hitlerzeit den Kindern gegenüber, zunächst nicht, um diese Kinder zu Nazis zu machen, sondern um nicht durch das Aufkommen der Wahrheit ihre Autorität zu verlieren, jene Autorität, die in deutschen Landen als pädagogisch völlig unerläßlich gilt und die dann auch prompt eingesetzt wurde, um den alten Werten oder den ewigen Werten, nun, was so die alten Nazis und Mitläufer als Werte betrachteten, weiterhin Geltung zu verschaffen.

Begünstigung durch das Erbe der Hitlerzeit

Und die politischen Marktforscher und Pragmatiker richteten sich nach jener nationalen Welle. Schon vor vielen Jahren wurden im Wahlkampf gegen Männer, die keineswegs selber sehr links waren, gegen einen Brandt und gegen Erler ausgesprochene Naziargumente im Wahlkampf verwendet. Brandt habe als Mitglied einer skandinavischen Widerstandsorganisation auf Deutsche geschossen, hieß es, und Erler könne man nicht wählen, denn das sei ein Zuchthäusler. (Weil er nämlich unter Hitler wegen Hochverrats eingesperrt worden war!) Es gehört zu den traurigen Witzen der Geschichte, daß Brandt und Erler selbst diese Zeichen nicht richtig zu deuten verstanden und weiterhin freundlich zu den Vertretern der Heimatvertriebenen-Organisationen waren und weiterhin alten Nazis zum gemeinsamen Kampf gegen die Linke die Hand gaben.

Und als die neuen Strömungen erstarkt waren, da sprachen in

den Regierungsparteien die Pragmatiker davon, daß man alte Nazis als Kandidaten aufstellen und auch selbst etwas mehr nach rechts schwenken müsse, um den Rechtsradikalen den Wind aus den Segeln zu nehmen. Und so geschah es auch, und die Rechtsradikalen wurden dabei nur stärker.

Natürlich, das alles wurde begünstigt durch das Erbe der Hitlerzeit, durch die zwölfjährige, grausame Unterbrechung der Traditionen der deutschen Arbeiterbewegung und aller fortschrittlichen deutschen Traditionen, so daß nur einige Alte oder eine Minderheit von theoretisch in hohem Maß Geschulten diese Traditionen bewahrten oder neu entdeckten. Ohne diese Hitlerjahre wäre es nicht möglich, daß heute in der Bundesrepublik bei so vielen Menschen der bloße Gedanke an außerparlamentarische Opposition nach etwas Widerrechtlichem, Illegalem, Hochverräterischem klingt, obwohl doch jeder Streik, jede Demonstration, jede Unterschriftensammlung zum Protest gegen irgendwelche Mißstände schon seit Urgroßvaters Zeiten zur notwendigen außerparlamentarischen Opposition gehört hat. Erst Hitler hatte das alles unterdrückt. Es versteht sich, daß derlei Tendenzen durch das Verbot der Kommunistischen Partei nur noch verstärkt wurden. Selbst eine Reminiszenz an die Hitlerjahre, trägt auch dieses Verbot dazu bei, Kriegsdienstverweigerung, Kampf gegen den Krieg in Vietnam, kurz alles, was ein Kommunist fordern würde, nicht nur in Mißkredit zu bringen, sondern vielen schon Angst vor dem bloßen Erörtern solcher Gedanken einzujagen.

Ganz abgesehen davon, soll das Verbot der KPD unter Umständen auch das Verbot des SDS vorbereiten, und, wer weiß, das Verbot vieler anderer Organisationen von Notstandsgegnern und von Gegnern einer Verfassungs- und Wahlrechtverschlechterung, Gegnern des Vietnamkrieges. Wo das einmal anfängt, ist kein Ende abzusehen. Und jene Bürger dieses Landes, die bei jedem Protest gegen irgendeine neue Ungeheuerlichkeit glauben, die eigene Bravheit betonen zu müssen, indem sie sich gleichzeitig mit einer vorschriftsmäßigen Geste des Abscheus von allem abgrenzen, was die DDR tut oder was Kommunisten tun, leisten, oft ohne es zu wissen, der neuen bedrohlichen Entwicklung nur Vorschub, indem sie ihren Protest selbst isolieren und kastrieren. Solchen Protest dulden freilich ihre Gegner dann gern, denn er ist ungefährlich und stellt ihnen ein gutes Zeugnis im Pluralismus aus.

Einigkeit der antifaschistischen Opposition

Natürlich wird den neofaschistischen Tendenzen auch durch die Art Vorschub geleistet, wie die Frage nach der Vergangenheit führender Politiker, vom Bundeskanzler und Bundespräsidenten angefangen bis zu Bundeswirtschaftsminister Schiller, behandelt oder vielmehr nicht behandelt wird. Schon das bloße Vorhandensein solcher Männer an solchen Stellen wäre eine Belastung, sogar wenn in jedem Fall ehrliche Reue nachzuweisen wäre. Aber davon kann gar keine Rede sein. Dies geht weder aus der Art hervor, wie die Vergangenheit behandelt wird, noch aus ihrer gegenwärtigen Politik.

Als die Große Koalition ein Jahr alt war, verbreitete die Bundesregierung, zum Teil als Einlage in Zeitungen, eine Flugschrift. Vorne ein Bild Dr. Kiesingers mit Willy Brandt, darunter die Worte *Zwei Männer, eine Aufgabe – Die Richtung stimmt*. Hinten eine junge Familie, Vater, Mutter, Kind, mit leuchtenden Augen, dazu die Worte: *Vertrauen in die Zukunft: die Richtung stimmt*. Drinnen ein Bild von Autobahnen, dazu die Worte: *Freie Fahrt auf unseren Straßen*. Aber schon Hitlers Autobahnen haben gezeigt, daß die Losung *Die Straße frei* mit demokratischer Freiheit nichts zu tun hatte. Und mitten in dieser Schrift findet sich gar eine gereimte Losung: *Bund und Land, Hand in Hand*, und darunter heißt es: *Das Grundgesetz muß in einigen Punkten geändert werden. Dazu brauchen wir die Mehrheit der Großen Koalition*. Und darüber steht: *So geht es weiter. – So geht es weiter* und *die Richtung stimmt*. Nein. Ich glaube, eine solche Richtung stimmt nicht, und ich glaube, ein Weitergehen in dieser Richtung ist zwangsläufig eine Förderung der faschistischen Wiedererstarkung, auch wenn sich die Akteure einer solchen Entwicklung über die Konsequenz noch nicht alle im klaren sind... Die demokratischen Gegenkräfte, die diese Entwicklung verhindern können, sind deshalb heute in erster Linie die Kräfte der antifaschistischen Opposition. Vom Zueinanderfinden, von der Einigkeit, von der Intensität, der Disziplin und Tapferkeit dieser Opposition wird vieles abhängen...

In Pogromstimmung hineingelogen

Und dann fuhr ich nach Berlin, zum Vietnamkongreß und zur großen Demonstration am Sonntag. Was ich dort selbst gesehen und gehört habe, das machte mir klar, wie dringlich die Frage des wiedererstarkenden Faschismus – oder wie immer Sie die Diktatur der Reaktion nennen wollen – mittlerweile schon geworden ist.

Ich habe in der Berichterstattung der Berliner Zeitungen, im Tonfall des Berliner Bürgermeisters Schütz und in der Wahl seiner Worte gemerkt, wie gegen die Berliner Studenten und ihre Gäste und Freunde, Schüler und Geistliche in Berlin, Arbeiter, Studenten und Intellektuelle aus der Bundesrepublik und aus dem westlichen Ausland eine niederträchtige Pogromstimmung entfacht wurde. Ich habe selbst miterlebt, wie die Studenten fälschlich des Terrors beschuldigt wurden, und ich habe auch gesehen, wer die wirklichen Terroristen, die wirklichen Provokateure waren! Schon das versuchte Verbot einer Demonstration wäre lächerlich gewesen, wenn es nicht so traurig gewesen wäre... Was ich aber für unmöglich gehalten hätte, war der Ton, den Bürgermeister Schütz anschlug, nachdem ein Gerichtsentscheid das Verbot der Demonstration für rechtswidrig und daher ungültig erklärt hatte. Ich kann hier nur wiederholen, was ich auch am Sonntag in Berlin gesagt habe: Auch England, von wo ich herkam, ist ein kapitalistisches Land, NATO-Mitglied und all das. Aber in England würde ein Mann in führender Stellung, der sich nach einem Gerichtsentscheid so äußert, damit politischen Selbstmord begehen und entweder als unzurechnungsfähiger Narr oder als Faschist dastehen. – Daß so etwas in Berlin möglich war, unter dem Beifall der Springerpresse und auch anderer Blätter – finde ich höchst besorgniserregend.

Ich habe die Demonstration miterlebt. Die Selbstdisziplin der Studenten, die nicht einmal den Mann verprügelten, der gleich zu Anfang der Demonstration zwei ihrer Kommilitonen absichtlich mit seinem Wagen anfuhr und zu Boden schleuderte, sondern ihn nur festhielten, um ihn der Polizei zu übergeben, war bewunderswert. Und als sie später, während der Reden auf dem Platz, wo 15.000 Demonstranten standen, nicht nur von vereinzelten Zwischenrufern provoziert wurden, sondern von einigen Männern, die vor ihren Augen oben auf einem Baugerüst Fahnen der Studenten und Rosa Luxemburg-Bilder zerfetzten, anspuckten, mit Füßen traten und verbrannten, auch da kam es nicht zu den von den Provokateuren erhofften Schlägereien, sondern Rudi Dutschke verkündete durchs Mikrophon: *Laßt euch nicht provozieren. Die verstehen es nicht besser. Die Arbeiter, die jetzt unsere Roten Fahnen vom Kran herunterreißen, sind die gleichen Arbeiter, die eines Tages die Rote Fahne auf dem Springerhaus hissen werden.* Und die versammelten Demonstranten applaudierten, lachten und ließen die Provokateure ungeschoren... Gleichzeitig verbreitete nicht nur die Springerpresse, daß der Studententerror den Berlinern nun zuviel sei, sondern Bürgermeister Schütz und seine Freunde im Stadtsenat riefen zu einer Gegendemonstration auf. Bedenken Sie: Die Behörden riefen zum Aufmarsch auf; um es den Studenten mal zu zeigen! Arbeiter und Angestellte erhielten Freizeit – die Verleumdung der Studenten als fanatische, gefährliche Terroristen wurde fortgesetzt. – Diese Hetze ist nicht ohne Folgen geblieben. Die Verantwortung für diese lumpige Mini-Imitation der Reichskristallnacht tragen die Männer und Behörden, die auf diese Weise die seit langem in eine Pogromstimmung hineingelogenen und hineinmanipulierten Berliner aufgehetzt haben.

Meine Damen und Herren, liebe Freunde und Genossen – ich bin sehr auf konkrete Einzelheiten eingegangen, und ich habe sehr harte Worte gebraucht. Ich bedaure das aber keineswegs. Die Wahrheit über das Wiedererstarken der Diktatur, der Reaktion, ist hart – und konkret. Diese Praktiken gehören zu dem, was man mit Recht Faschismus nennt, auch wenn es sich selbst mit den Namen anderer Parteien tarnt, die es dadurch nur beschmutzt oder sich auf die Rettung der Freiheit vor der roten Gefahr herausredet, wie das schon Adolf Hitler mit dem bekannten Erfolg getan hat.

Gegen das, was sich da wieder auftut, ermutigt von allen Kräften der Reaktion und des internationalen Dunkelmännertums, das in Vietnam und in Santo Domingo, in Griechenland und Südafrika gleichermaßen am Werk ist – gestützt auf alle Verwirrung, auf alle Unterbrechung der Traditionen der Arbeiterbewegung, die unser unseliges Erbe aus der Hitlerzeit ist –, das müssen wir mit allen Mitteln bekämpfen. Daß es heute in der Bundesrepublik und in Westberlin schon wieder so stark und aggressiv ist, das ist eine Schande und eine Gefahr.

1968

Bemerkungen zu einem Kult

Kurzer Essay über Ernst Jünger, 1968

Über Ernst Jünger läßt sich viel aussagen: daß er ein Mann ist, für den zeitlebens das Militärische großen Reiz hatte; daß er Gegenstand eines Kultes ist (eine Minoritäts-Subkultur), könnte ein genügend boshafter Kritiker im Soziologenjargon sagen; daß er einen Stoß Bücher von sehr verschiedenem – meist nicht besonders großem – literarischen Wert geschrieben hat; daß er ein Schriftsteller der Rechten war, ein faschistischer Denker, soweit man ihn als Denker gelten lassen will; daß er sich vom offiziellen Naziliteraturbetrieb nicht integrieren lassen wollte und tatsächlich nicht ganz integrieren ließ; daß er beträchtliche Zivilcourage an den Tag legte (bei einem so soldatischen Menschen ein sonderbares Charakteristikum); daß er trotz dieser Zivilcourage und trotz seiner Verbindung zu Militärs des 20. Juli nach Kriegsende aus den zwölf Jahren Hitlerherrschaft nicht allzuviel gelernt hat und in der Folgezeit keineswegs bessere oder wichtigere Bücher schrieb als zuvor; daß er in der Bundesrepublik hohe Ehren empfing, soweit angesichts aller sonst bekannten Umstände eine Ehrung etwa durch Heinrich Lübke als solche gelten kann.

Im Krieg, in England, fand ich *Auf den Marmorklippen* zwar literarisch nicht erheblich, aber tapfer. Es schien wichtig und interessant, daß es derlei gab. Ähnlich reagierte ich auf vieles in den Kriegstagebüchern. Die erste große Enttäuschung war dann nach dem Krieg *Heliopolis*. Ich hatte kein Recht, enttäuscht zu sein; es war nichts anderes zu erwarten gewesen.

Jünger war Faschist und ist es in Entscheidendem geblieben. Daß auch ein Faschist ein Mensch ist, sollte eine Binsenweisheit sein; Jünger gehört sicher nicht zu denen, die sich bemühten, einen das vergessen zu machen. Das spricht für ihn. Daß ein Mensch über interessante Bewußtseinsinhalte verfügen kann, die besonders dann auffallen, wenn die Unmenschlichkeit anderer Mitglieder seines Kollektivs einen wirksamen Kontrasthintergrund abgibt, ist ebenfalls nicht verwunderlich. Antifaschisten, die Humanisten waren (was man heute in der Bundesrepublik oft nur mehr dort vermerkt, wo auch dieses Wort schon als schimpflich gilt), waren so ausgehungert nach den geringsten Zeichen von Menschlichkeit auf der anderen Seite, daß vielleicht deshalb Jünger von vielen jahrelang überschätzt wurde. Männer der Rechten haben ihn – manche erst nach Hitlers Ende – aus ganz anderen Gründen geschätzt und überschätzt: hier boten sich Alibimöglichkeiten!

Als nach dem Attentat auf Hitler Jüngers Leben gefährdet schien, habe ich um ihn gebangt. Als die Alliierten ihm nach Kriegsende keine Publikationserlaubnis erteilen wollten, habe ich protestiert. Beides tut mir nicht leid. Aber heute ist der längst wieder deutliche Jüngerkult als ein gefährlicher Unfug zu erkennen, und viele, die ihm anhängen, halte ich für anrüchig. Ernst Jünger selbst kann man vielleicht am besten verstehen, wenn man an Walter Benjamins Worte von der Ästhetisierung der Politik durch den Faschismus denkt. Die treffen für den Jünger der *Stahlgewitter* ebenso zu wie für den Verfasser der *Marmorklippen,* der *Kriegstagebücher* und der Arbeiten, die auf *Heliopolis* folgten. Von da aus sind seine subjektiv zweifellos echten, ehrlichen und zum Teil mannhaft bestandenen Konflikte zu begreifen und zu bewerten. Als kulturgeschichtliche Erscheinung (oder als Scheinkulturmensch in der Geschichte der Unkultur) ist Jünger von hohem Interesse. Ihn aber heute zu feiern, während ein Walter Benjamin (der 1967 75 Jahre alt geworden wäre, wenn er nicht 1940 auf der Flucht vor der Gestapo Selbstmord begangen hätte) immer noch den meisten Deutschen – und schon gar den meisten, die Jünger feiern – unbekannt bleibt, ist entweder fehl am Platz, oder aber es verrät, daß es gar nicht fehl am Platz ist; dann aber sagt das nur einiges gegen den Platz, nämlich die heutige Bundesrepublik und ihr Kulturleben.

1968

Ja, aber... und...

Der Warencharakter der Kunst ist kein Grund zur Verzweiflung

Zeitungsartikel, Jänner 1969

Hinweise auf den Warencharakter der Kunst sind wichtig, schon damit die Begrenzungen, die der Kunst in unserer Gesellschaft (und nicht nur in ihr) durch Produktions- und Verteilungsverhältnisse, durch Nachfragemanipulation und durch den Konsumstandpunkt der Kritik auferlegt sind, nicht verschleiert werden.

Gängige Literatur- und Kunstkritik geht heute manchmal von abstrakten »ewigen Werten«, also ererbten Mystifikationen aus, meist aber vom Konsumentenstandpunkt. »Das gefällt mir, das nicht«. Sogar begrenzten Nutzen hätte solche Kritik höchstens dann, wenn die Kritiker sich nicht als Normalverbraucher oder als aufgeschlossene Zeitgenossen schlechthin aufspielten, sondern uns Einblick in die – ihnen freilich meist selbst unbekannten – Faktoren gäben, die ihren Geschmack und ihr Urteil vorbestimmt haben.

Deutlich wird der Warencharakter der Kunst auch, wenn einem mißliebig Gewordenen das Weiterarbeiten unmöglich gemacht werden soll. Zur Entfernung Egon Monks vom Schauspielhaus in Hamburg (meines Erachtens einem der abscheulichsten Kapitel der Geschichte der Künste in der Bundesrepublik, über das Presse und Kritik freilich nur schlecht informierten) trug bei »Starschauspielern« und einem Kultursenator wesentlich die laut ausgetrommelte Behauptung bei, das Vertrauen der Konsumenten sei nun erschüttert, und das Theater werde leer bleiben.

Aber in unserer Gesellschaft, in der Kauf und Verkauf für Vermittlung – und, dialektisch, zugleich meist auch für Entfremdung – sorgen, muß praktisch alles den Weg über den Markt nehmen, ein Band Lenin oder Brecht ebenso wie ein Band Carlo Schmid oder Günter Grass. Die Aussage, daß jedes Buch Warencharakter hat, läßt einige der wesentlichsten und sehr verschiedenartigen Funktionen dieser Bücher undefiniert. Verschweigen dieser Tatsache wäre so schädlich wie Verschleierung des Warencharakters.

Motiv der Warenproduktion ist gewöhnlich Maximierung des Profits. Produktion – und Reproduktion – von Kunstwerken ist aber oft ein schon im voraus als solches erkanntes Verlustgeschäft oder bringt höchst geringen Gewinn. Dies gibt zu denken, auch wenn man die Reklamefunktion sogenannter Prestigepublikationen kennt. Das, was die Veröffentlichung solcher Arbeiten, zum Beispiel Gedichtbände, prestigebildend macht, liegt jenseits des Anreizes, verkäufliche Waren herzustellen, und auch meist jenseits der Heilssuche bei fiktiven ewigen Werten.

Das alles verringert gewiß nicht die Gefahren, die sich daraus ergeben, daß Kunst und Literatur dennoch fast immer dem Markt ausgeliefert sind, der sie ausliefert. Immerhin aber zwingen uns schon diese Erwägungen, uns mit Feststellung und Entlarvung des Warencharakters nicht zu begnügen, sondern die Betrachtung zu erweitern und die – oft nicht marxistischen, sondern vulgärmarxistischen – Argumente ins Auge zu fassen, als könne zum Beispiel ein Kunstwerk schon deshalb nicht genügend systemsprengend sein, weil das System sonst seine Veröffentlichung verhindern würde.

Gewiß, solche Verhinderung ist häufig. Aber selbst, als er vom Schreiben unter dem Faschismus sprach, nannte Brecht nur »Schwierigkeiten« beim Schreiben der Wahrheit, nicht Unmöglichkeiten, und hielt sie für überwindbar durch Mut, Klugheit, Kunst, Urteil und List.

Der Glaube an die Unmöglichkeit lohnender Kunst in unserer Gesellschaft ist aber nicht nur resignatorisch, sondern setzt auch die innere Widerspruchsfreiheit der kapitalistischen Produktion voraus und nimmt zum Beispiel fälschlich an, daß jeder »bürgerliche« Verlag das langfristige Interesse der bürgerlichen Produktionsweise höherhalten wird als seinen unmittelbaren Profit und deshalb die Verbreitung systemsprengenden Materials, gleichviel ob Theorie oder Literatur, verweigern wird.

Einer solchen weitblickenden Klassenloyalität befleißigen sich bekanntlich viele deutsche Verleger durchaus nicht. Zwar ist Klasseninteresse keineswegs unwichtig, und man sollte wissen, daß beispielsweise bei einer Änderung der Marktlage einige große Verlage ihre augenblickliche Aufgeschlossenheit für linke Bücher schnell verlieren könnten. Dennoch wäre es irreführend, viele andere Faktoren außer acht zu lassen, ohne deren Berücksichtigung die heutige Verlagswirklichkeit der Bundesrepublik unerklärlich wäre. Dazu gehört auch die Möglichkeit der Abspaltung einzelner Bürger, des Abfalls von den Interessen ihrer Klasse. Dies nicht zu berücksichtigen und zu benützen, wäre eine törichte Vereinfachung der Beziehungen zwischen ökonomischer Basis und geistigem Überbau, wovor schon Marx und Engels gewarnt haben. Jede kulturrevolutionäre Haltung, weit über den engeren Kreis von Maoisten hinaus, muß auch die unmittelbare Wirksamkeit vom Überbau her würdigen, wie dies auch die Projektgruppe *Kultur und Revolution* des SDS Berlin am Schluß ihrer ersten Erklärung in der ZEIT getan hat.

Aus all diesen Gründen ist der Verzicht auf Kunst, die verallgemeinernde Verurteilung der Kunst, auch der engagierten Kunst als nicht genügend systemsprengend, äußerst naiv, Ergebnis falscher oder bis zur Unkenntlichkeit vereinfachter Vorstellungen von den Aufgaben und Möglichkeiten der Kunst sowie von der Sprengung des herrschenden Systems und ihren Vorbedingungen.

Ernesto Che Guevara erklärte in *Sozialismus und Mensch auf Kuba*, Hauptaufgabe der Kunst sei nicht Agitation, sondern Bekämpfung der Entfremdung. Freilich, nicht jedes Kunstwerk, das Entfremdung bekämpft, ja auch nicht jedes agitatorische, liefert uns zugleich eine fertige, narrensichere Gebrauchsanweisung zur Systemsprengung. Systemsprengung ist auch nicht in einem einzigen Arbeitsgang möglich. Derlei zu erwarten, ist in Wirklichkeit eine als revolutionär getarnte Konsumhaltung. Gewohnt, gebrauchsfertige Suppenwürfel oder Konserven zu kaufen, glaubt der vermeintliche Revolutionär, als Konsument der Ware »engagierte Kunst« entsprechende Forderungen stellen zu dürfen und dabei als Kundschaft immer im Recht zu sein. Ist er nicht zufriedengestellt, so verweigert er weiteren Konsum.

In Wirklichkeit kann ein Kunstwerk nur durch Aufhebung von Entfremdungen, durch Denken- und Sehenlehren, durch Fühlbarmachen dessen, wogegen man abgestumpft ist, anregen und eine Chance geben, daraus Konsequenzen zu ziehen. Sicherheit vor Mißbrauch gewährt selbst ein Band Marx oder Lenin nicht, der in der Hand eines Antikommunisten oder Stalinisten als Werkzeug gegen den Sozialismus verwendet werden kann.

So kann auch das Kunstwerk kein vorfabrizierter Leitfaden der gesamten revolutionären Strategie und Taktik mit sechsmonatiger Garantie sein. Durch solche Forderungen hat sich schon der Kulturbetrieb unter Stalin und einigen seiner Erben hervorgetan. So kam es zur Annahme, je häufiger das Thema Aufbau wiederholt werde, desto mehr könne die Kunst den Aufbau fördern, oder größerer Mut sei durch sorgfältige Zensur künstlerischer Auseinandersetzungen mit dem Thema Angst zu erreichen. Nicht nur Stalinisten sind solcher Naivitäten fähig.

Wer meint, daß die Menschheit nur durch Revolution vor zunehmender Entfremdung und Barbarisierung zu retten ist – dies ist auch meine Meinung –, der wird oft dazu neigen, Kunst danach zu beurteilen, welchen Beitrag sie zur Revolution leisten kann. Aber gerade hier muß man sich vor undialektischem Utilitarismus mit zu engem Horizont hüten. Die Bekämpfung unserer Entfremdungen, aber auch, uns alle davor zu bewahren, in der Zeit bis zur Revolution entweder verhärtet und stumpf zu werden oder zusammenzubrechen, ist die wichtigste, oft übersehene Aufgabe von Kunstwerken, angefangen vom Kindermärchen und Kinderbuch. Durch Bekämpfung und Darstellung von Entfremdungsmechanismen kann Kunst auch nachrevolutionäre Entfremdungen vorbeugend bekämpfen und verhindern oder verringern helfen.

Dies ist kein Argument gegen agitatorische Kunst, auch dann nicht, wenn diese (zum Beispiel Protestdichtung) als Ware zunächst oft nur die ohnehin schon Überzeugten erreicht. Auch diese haben ein Recht auf Formulierungshilfe, auf Selbstbestätigung und gelegentliche Erfrischung durch Aufzeigen ungewohnter Gesichtspunkte. Eine Bewegung, die auf alle, die ohnehin schon ihre Anhänger sind, keinerlei Mühe investierte, wäre für eine so unmenschliche Kaderpolitik bald mit dem Verlust vieler dieser Anhänger bestraft.

Schließlich werden Zweifel an Möglichkeit und Daseinsberechtigung der Kunst auch dadurch nicht bestätigt, daß auch Künstler selbst sie äußern. Andererseits beweist solche Äußerung nicht Talentlosigkeit dieser Zweifler. Die inneren und äußeren Widerstände, gegen die künstlerische Tätigkeit anzukämpfen hat, bringen es mit sich, daß schon immer gerade die, die am wenigsten zu bloßen Routiniers wurden, gelegentlich an ihrer eigenen Kunst und an der Kunst überhaupt zweifelten und verzweifelten. Der Warencharakter der Kunst, obwohl kein ausreichender Grund zu solcher Verzweiflung, kann sie einem heute gelegentlich doch sehr nahebringen. Bürgerliche Kritiker aber, die revolutionäre Künstler mit Hilfe solcher Äußerungen einer Phase des Zweifelns oder Verzweifelns desavouieren wollen, werden dadurch nicht Retter der Kunst, sondern vermehren nur die Kräfte, die der Kunst – nicht den marktprogrammierten Machwerken – heute entgegenwirken.

1969

Konflikte und Widersprüche

Überlegungen zum Antisemitismus Ezra Pounds

Essay, anläßlich des Todes von Ezra Pound am 1. 11. 1972

Ezra Pounds Tod am 1. November 1972, zwei Tage nach seinem 87. Geburtstag in einem Krankenhaus in Venedig, hat in England und in Amerika wieder die große Debatte über seinen Rang als Dichter, als Weiser oder Narr der modernen Literatur, als Neuerer und Reaktionär entfacht, die eigentlich nie mehr ganz aufgehört hatte, seit die Amerikaner am Ende des Zweiten Weltkrieges ihren schon 1907 nach Europa entflohenen Dichter als faschistischen Propagandisten Mussolinis festnahmen, viele Wochen lang in Pisa unter freiem Himmel in einem Käfig hielten (die *Pisan Cantos*, die einige der bedeutendsten Passagen seines Spätwerks enthalten, entstanden in diesem Käfig) und als Verräter gefesselt nach den Vereinigten Staaten zurückbrachten, wo ihn ein Irrenhaus, in dem er dreizehn Jahre blieb, vor den Kugeln des Hinrichtungspelotons rettete.

Ezra Pound war der einzige umfassende literarische Neuerer – abgesehen von den eingleisigen und trotz ihrer lauten Manifeste im Vergleich zu ihm geringfügigen und fast pedantischen Futuristen –, der sich zu den Faschisten schlug. Ohne Pound ist die Erneuerung der englischen und amerikanischen Dichtung im ersten Drittel dieses Jahrhunderts undenkbar, nicht nur der Imagismus und T.S. Eliot, sondern auch die entscheidende Entwicklung der späteren Lyrik eines Yeats. Eliot, James Joyce, Wyndham Lewis, Robert Frost und viele andere verdanken ihm ihr erstes Bekanntwerden, die meisten von ihnen auch grundsätzlichen Rat und unermüdliche Einzelkorrekturen. Eliot, der ihn 1922 in seiner berühmten Widmung des *Waste Land* den *besseren Dichter* genannt hat, sagte mir, Pound habe sich bei seinen Korrekturvorschlägen zum *Waste Land* nicht nur als der bessere Architekt eines langen Gedichtes erwiesen, nicht nur als feinfühliger, sondern auch als weit humaner und vorurteilsfreier als er selbst. Der Nobelpreis hätte eigentlich Pound weit mehr als ihm gebührt.

Nach Eliots Tod, als auch die von Pound zusammengestrichene Urfassung des epochemachenden Gedichtes veröffentlicht wurde, zeigte sich, daß Pound tatsächlich dem *Waste Land* überhaupt erst Gestalt gegeben, daß er aber auch antisemitische und andere gehässig-kleinliche Abschnitte rigoros weggestrichen hatte. Diese Kritik hat zweifellos auch Eliots Denken beeinflußt.

Andererseits sind Pounds antisemitische Äußerungen in seinen Rundfunkreden im Zweiten Weltkrieg und seine blutrünstigen Kommentare zum Krieg gegen die Sowjetunion barbarischer als etwa die Äußerungen Mussolinis, ja selbst Himmlers, zu diesen Themen, und auch in seinen *Cantos* finden sich immer wieder antisemitische Äußerungen, die durch nichts zu rechtfertigen oder zu entschuldigen sind.

Vielleicht wegen seines für einen Faschisten höchst ungewöhnlichen, in der Literatur der Hitlerzeit jedenfalls völlig fehlenden Avantgardismus, vielleicht auch wegen seiner vielen dichterisch und menschlich sympathischen Eigenschaften wurde diese Seite Pounds in Deutschland in den letzten 25 Jahren meist taktvoll verschwiegen oder unterbelichtet, und auch die Kritiker, von dem Amerikaner Kenner (dessen Leistung an Prof. Donald Davie, *Ezra Pound: Poet as Sculptor*, nicht heranreicht) bis zu Frau Gerhard, fanden oft gerade in ihrer Eigenschaft als Apologeten und Entschärfer besonderes Gehör. Durch solches Vorgehen aber erweist man weder dem kulturgeschichtlichen Verständnis noch dem, was an Pounds Einfluß und Werk wertvoll ist, einen wirklichen Dienst.

Zunächst muß man vielmehr feststellen, daß Pound trotz einer ausgeprägten romantischen Tendenz seiner früheren Gedichte nicht durch den Konservativismus, sondern durch eine subjektiv ehrliche Rebellion gegen die schlechte und entfremdete bestehende Kultur zum Faschismus gekommen ist. Die ungeheuerlichen Mißverständnisse aber, deren Opfer er während dieser Rebellion wurde, sind weniger erstaunlich, wenn man Pounds Maske umfassender Bildung nicht zu ernst und ihn nicht für den *poeta doctus* nimmt, als den er sich ausgibt.

Sein Interesse für Literatur und Kunst und für ihre gesellschaftlichen Kreuz- und Querverbindungen ist in der Tat umfassend und erstarrte nie, auch nicht gegen Ende seines Lebens. Sein philosophisches, historisches und gesellschaftswissenschaftliches Wissen hingegen war nicht gut fundiert, auch nicht wirklich funktionell, sondern erinnert mit seiner Überschätzung ausgefallener Einzelinformationen oft an ein Kuriositätenkabinett aus alter Zeit.

Wo ein autodidaktisches Bildungskonzept dieser Art mit großer Bereitschaft, Urteile zu fällen, mit großer Zivilcourage und dem Bedürfnis, die Ästhetik zum Kriterium und Zufluchtsort auch für ethische und gesellschaftliche Fragen zu machen, zusammenfällt, dort entsteht – teils durch Ästhetisierung der Politik, wie Walter Benjamin einmal erklärt hat – leicht eine faschistische Haltung, bei uns etwa der Ernst Jüngers zu vergleichen, dessen Geschmack sich so wenig wie der Pounds mit den langweiligen, altbackenen Kunstvorschriften des Nationalsozialismus zufriedengab. Freilich konnte bei Pound wie bei Jünger das konsequente Festhalten an der eigenen Ästhetik die Integrität des Individuums auch manchmal retten, wenn sie auch nicht den Ausweg aus dem verhängnisvollen Fehler der Ästhestisierung der Politik zeigen konnte, der in Pounds Werk schon lange vor seiner manifesten Parteinahme für den Faschismus in seinem großen Gedicht *Hugh Selwyn Mauberley* zutage tritt.

Von Pounds Antisemitismus muß gesagt werden, daß er gewissermaßen abstrakter Art ist, zum Unterschied etwa von Eliot, der – niemand weiß, wie lange, ganz sicher aber in jüngeren Jahren – körperlichen Abscheu vor Juden empfand, eine Eigenschaft, die Pound erschreckte und von ihm kritisiert wurde. Ob von den beiden Freunden nicht Eliot eigentlich der reaktionärere und weniger humane war, wie er gelegentlich selbst angedeutet hat, ist überhaupt noch die Frage. In diesem Fall wäre Pounds offenes Bekenntnis zum Faschismus zum Teil durch sein größeres Draufgängertum, durch seine geringere Rücksicht auf gute Manieren und gesellschaftliche Konventionen zu erklären, wie er sie ja auch in seinem Privatleben gezeigt hat.

Fest steht, daß Pound – zum Unterschied von Eliot – immer auch persönliche Freunde und Schüler hatte, die Juden waren, und daß er ihnen oft geholfen oder zu helfen versucht hat. Was ihn vor allem zu judenfeindlichen Äußerungen veranlaßte, waren nicht jüdische Schwächen oder Eigenarten wie bei Eliot, sondern die fixe Idee, daß Judentum und Wucher *(usury)* gleichzusetzen seien. Wenn von Pound-Apologeten darauf hingewiesen wird, daß sich Ähnliches beim jungen Karl Marx in seinen Äußerungen zur Judenfrage finde, so schneidet bei allen interessanten Einzelheiten eines solchen Vergleichs Ezra Pound dabei doch schlecht ab. Während Marx auf dem Wege zu einer umfassenden gesellschaftlichen Erkenntnis mit beißender Schärfe gegen jede etwaige Voreingenommenheit zugunsten des eigenen Milieus reagiert und dadurch en passant auch die erzreaktionären Grundlagen der Ideologie des Zionismus noch vor dessen Geburt entlarvt, macht Ezra Pound sich aus zwei oder drei Informationsbrocken über die Familie Rothschild (wovon die wichtigste, ein Brief aus dem 19. Jahrhundert, noch dazu falsch war!) ein Teufelsbild und aus Major Douglas' Schwundgeldtheorie vom *Social Credit* eine Heilslehre, die ihn ohne gewissenhafte historische oder philosophische Arbeit schnurstracks zum Faschismus geführt hat. Wäre Pound aus dem jüdischen Milieu eines Marx gekommen, so wäre er zweifellos ein verbissener Zionist geworden (allerdings im guten Glauben, damit eine rebellische Neuererfunktion zu erfüllen).

Die Widersprüche bei Pound werden auch selten dialektisch fruchtbar, sondern zeigen sich als Widersprüche zwischen einer Großzügigkeit und literarischen Feinfühligkeit, die sich gegen die Entfremdungen und Verzerrungen auflehnt, die die Vorurteile einer engstirnigen reaktionären Heilslehre und einer, um mit Ernst Bloch zu sprechen, *schiefen Rebellion* ihnen immer wieder aufzuzwingen suchen. Aber zu einer denkerischen oder dichterischen Auseinandersetzung zwischen diesen Gegensätzen ist es bei Pound nie gekommen, es blieb eine Zerrissenheit, die auch manchmal seine *Cantos* zerstört.

Daß die reaktionäre Kultur einer reaktionären herrschenden Klasse das Werk eines Dichters verzerrt, ist weiter nicht erstaunlich. Auch Eliot und Yeats, auch Rilke und Benn, auch Hamsun und Celine, ja auch Thomas Mann und H.W. Auden sind größeren oder geringeren Verzerrungen dieser Art nicht entgangen. Erstaunlicher ist schon, was von Ezra Pound an wichtigen und brauchbaren Einflüssen übrigbleibt. Jedenfalls unvergleichbar mehr als von einem Benn oder Auden.

1972

Die Halbwahrheiten über Hitler

Zur Hitlernostalgie der westlichen Welt

Zeitungsartikel, August 1973

Hitlerfilme, Hitlerserien in Zeitschriften, Hitlergemälde und -handzeichnungen, Fernsehdiskussionen über Hitlers Charakter, seine Neurose oder seinen Wahnsinn, Pornohefte über das Sexualleben Hitlers und der Seinen, Heil-Hitler-Losungen und Hakenkreuze auf den Lederjacken amerikanischer, manchmal auch englischer Rocker. Läßt sich dieser Rummel – wenn es wirklich nur ein Rummel ist – in den verschiedenen Ländern auf einen gemeinsamen Nenner bringen, etwa Hitler-Nostalgie? Oder haben diese Phänomene in den USA, in der Bundesrepublik, in England ganz verschiedene Ursachen? Stecken gewissenlose Geschäftemacher dahinter? Ist es eine neofaschistische Verschwörung oder eine bloße Mode? – Und was sind die Ursachen einer solchen Mode?

Gelegentlich spricht man von einer Hitlerwelle. Man sollte sie wohl weder unter- noch überschätzen und auch nicht die verschiedenen Ursachen und Aspekte in einen Topf werfen, weder verschiedene Länder zusammenwerfen noch verschiedene Zeiten im selben Land.

Manchmal gibt es natürlich auch klare Fälle: In Brasilien erklärten politische Polizisten einem jungen Linken deutscher Herkunft, bevor sie ihn zu foltern begannen, schon seine Eltern seien Verräter an ihrem Volk, weil sie nicht für Hitler gekämpft haben. Diese Folterknechte, obwohl nicht im Dritten Reich ausgebildet, sondern in Panama von CIA-Experten aus den USA, sind wirklich konsequente, waschechte Faschisten.

Schwieriger ist es schon, wenn nordamerikanische Rocker das Hakenkreuz auf dem Rücken ihrer Lederjacke tragen. Der Faschismus würde ihnen in Wirklichkeit keinerlei Vorteile bringen, sondern sie nur in irgendeinem konterrevolutionären Interventionskrieg verheizen und sie bis dahin möglichst schlechten Arbeitsbedingungen unterwerfen. – Aber diesen Rockern ist die Roheit und Grausamkeit ihrer Zivilisation als männliche Härte und Ungehemmtheit schmackhaft gemacht worden; und da sich der in der Schule gepredigte *American way of life* als wenig glaubhaft erwiesen hat, wurde ihnen dadurch die letzte »große Zeit« vor der eigenen Geburt ebenso wie der alte große Feind der Kriegsfilme, die man noch oft auf dem Bildschirm sieht, automatisch aufgewertet. Hitlerlosungen und Hakenkreuze sind außerdem ein eindrucksvoller Bürgerschreck und bestätigen ihrem Träger grimmiges Draufgängertum. Dazu kommt noch die Ausnützung des Hitlerfaschismus durch die pornographische Massenliteratur, angefangen von Mickey Spillane. Verbrüderungen von US-Besatzungsoffizieren mit alten Nazis im Zeichen des gemeinsamen Antikommunismus zur Zeit des Kalten Krieges haben auch dazu beigetragen, die Hemmungen gegenüber solchem Hitlerkult abzubauen.

Auch englische Arbeiterkinder ahmen amerikanische Rocker nach. Außerdem ist für England noch weit mehr als für die Vereinigten Staaten der Zweite Weltkrieg das bisher letzte Heldenzeitalter, das daher von den Massenmedien unermüdlich immer wieder aufgewärmt wird. England war zwar im Zweiten Weltkrieg noch Sieger, aber die strengen Regeln des Spätkapitalismus, die nur noch Supermächte und deren bevorzugte Schützlinge begünstigen, ließen England keineswegs mehr Sieger im darauffolgenden Frieden sein. Daher gibt es in England günstige Vorbedingungen für echte Nostalgie, was jene »große Zeit« betrifft.

Ganz allgemein, keineswegs nur für – oder gegen – England und Amerika gilt auch, daß ein unbewußtes, dabei aber unter Umständen doch ziemlich reges, sadistisches Interesse sich besonders gut als Interesse an den Untaten eines Feindes rechtfertigen läßt. Massenmörder und besonders Sexualmörder haben beim Publikum der Massenmedien bekanntlich eine ähnliche Funktion. Manches davon gilt natürlich auch für eine bundesdeutsche Hitler-Nostalgiewelle, aber manches ist hier ganz anders. Vor allem ist in England und in den Vereinigten Staaten Hitler und sein Reich ja nicht etwas, was in der eigenen Vergangenheit zu bewältigen ist und bei der Beurteilung der eigenen Großeltern oder Eltern eine schwer belastete und belastende Rolle spielt.

Es gab in der heutigen Bundesrepublik verschiedene Phasen des Versuchs der Auseinandersetzung mit dem Problem Hitler und Hitlerzeit. Kurz nach Kriegsende kamen die Dokumentarfilme über das KZ Belsen und die Versuche der westlichen Besatzungsmächte, im Rahmen ihres (aus guten oder schlechten Gründen sehr unzulänglichen) Faschismusverständnisses, in allen Deutschen ein Bewußtsein kollektiver Schuld zu wecken. Das war nicht sehr erfolgreich, zum Teil, weil man sich anstrengende und unlustbetonte Denkarbeit und psychische Arbeit meist nur von Menschen zumuten läßt, die einen lieben, und nicht von Besatzungsbehörden, namentlich, wenn gleichzeitig der Hunger herrscht. Außerdem verloren die Sieger viel Prestige durch ihre wachsenden Streitigkeiten untereinander und in vielen Fällen durch ihre Unkenntnis von Problemen und Sachlagen, in denen sie Entscheidungen zu fällen hatten, sowie durch die oft nur kleinen, dafür aber auch kleinlichen Ungerechtigkeiten, die sie sich als Sieger und Besatzungstruppen erlaubten. Solche Ungerechtigkeiten und Zwistigkeiten der Sieger aber wurden besonders aufmerksam von denen bemerkt, die etwas auf dem Kerbholz hatten. Nun konnten sie erleichtert feststellen: Die Sieger sind in Wirklichkeit auch nicht viel besser. Gerade weil diese Feststellung ein Körnchen Wahrheit enthielt, machte sie nun ein ganzes Heer von schäbigen Ausreden desto wirksamer und half denen, die es am nötigsten gehabt hätten, ihre Vergangenheit kritisch zu sichten, dieser Auseinandersetzung zu entgehen. Die Umerziehung der Deutschen, von der damals viel die Rede war, konnte die Zöglinge nur schwer bessern und ehrlicher machen, freier von Entfremdung und Verdinglichung, als es die Lehrer selbst in Wirklichkeit waren.

Noch ungünstiger für ein wirkliches Verstehen der Hitlerzeit wurde das geistige Klima in den folgenden Jahren durch den Kalten Krieg. Nun waren auch Deutsche als potentielles Kanonenfutter erwünscht. – Im Ministerialblatt des Bundesministers für Verteidigung, Bonn, 1. September 1956, wird genau angegeben, wie beim Eintritt in die Bundeswehr ein früherer Dienstgrad in Hitlers *Wehrmacht, Polizeivollzugsdienst, Zollgrenzdienst, Reichsarbeitsdienst oder in der Waffen-SS* zu berücksichtigen sei, so daß *die Ernennung mit einem Dienstgrad in der Bundeswehr dem innegehabten Dienstgrad oder Amt entspricht oder nicht um mehr als einen Dienstgrad darüberliegt*. Ein SS-Sturmbannführer zum Beispiel wurde nun mindestens Major. Daß unter solchen Umständen nun auch zum Beispiel gegen einen Willy Brandt wirksam Propaganda gemacht werden konnte, man könne so einen Mann, der im Krieg gegen Deutschland gekämpft habe, unmöglich wählen, ist eigentlich selbstverständlich. Übrigens wurde damals die Bundeswehr noch gegen die Stimmen Brandts und der SPD-Fraktion im Bundestag ins Leben gerufen...

Nicht nur durch solche Maßnahmen und Übernahme von mehr als hundert Hitlergeneralen war der kritische Blick auf Hitler und den Hitlerfaschismus den Bedürfnissen des Kalten Krieges geopfert worden. Nach dem KPD-Verbot wurden alte Kommunisten wieder von alten Nazipolizisten verhaftet und von alten Nazirichtern ins Gefängnis geworfen. Der inhumane Geist, der sich heute an so vielen Stellen des Justiz- und Polizeiwesens, im Strafvollzug und in der Bundeswehr findet, hatte damals eine seiner entscheidenden Überlebenshilfen erhalten. Es ist sehr fraglich, ob die Todesschützen der Polizei (durch welche die offizielle Abschaffung der Todesstrafe gelegentlich umgangen werden kann), das Imdienstbleiben ehemaliger Nazijuristen in höchsten Stellungen, die Folterung politischer Gefangener durch ein ausgeklügeltes Einzelhaftreglement oder Menschenjagden als Notstandsübungen ohne jene Maßnahmen der Kalten Kriegszeit heute überhaupt möglich wären! Wie dadurch jeder wirklich kritische Rückblick auf das Phänomen Hitler und Hitlerfaschismus offiziell ins Bodenlose relativiert wurde, leuchtet ein. Schon daß ein früheres Mitglied der Partei Hitlers Bundeskanzler werden konnte, wäre sonst nicht erklärlich. Die Tatsache dieser Kanzlerschaft muß ihrerseits wieder zur Verdrängung und Verdunklung heikler Probleme beigetragen haben.

Aus der Welt geschafft war das Problem Hitler damit freilich nicht. Ja, das Wirtschaftswunder und die Notwendigkeit der Bundesrepublik für das westliche Lager hatten sogar ein Selbstbewußtsein vom Typ *Wir sind wieder wer* gefördert. Einerseits hatte man mehr Selbstvertrauen als zur Hungerzeit nach Kriegsende, konnte sich also auch wieder an heikle Fragen heranwagen. Andererseits waren die Wurzeln dieses Selbstvertrauens – Wirtschaftswunder und Ehrenplatz im Kalten Krieg – so fragwürdig, daß jedes Bemühen um Einschätzung der Vergangenheit unter solchem Vorzeichen zu falschem Bewußtsein verlockte. Die Integrierung von Hitlerbeamten, Hitlerpolizeioffizieren, Hitlergeneralen in die Bonner Republik machte die Abgrenzung von Hitler wichtig, mehr den Persilschein als die wirkliche weiße Weste. Nicht die Kräfte und Kreise, die Hitler an die Macht gebracht oder vom Hitlerfaschismus profitiert hatten, interessierten nun, sondern Hitler als möglichst isolierbarer Sündenbock! Die Schuld an den Verbrechen des Hitlerfaschismus wurde mehr und mehr nur der obersten Führung in die Schuhe geschoben, am besten nur Adolf Hitler allein! Eine Art negative höhere Gewalt, ähnlich wie Kriege, Wirtschaftskrisen, Inflation und Arbeitslosigkeit, die ja auch mystifiziert werden. Hitler, der Teufel, Hitler, der Wahnsinnige, war der wirklich Schuldige.

Es war keine Analyse eines Faschismus oder einer Gesellschaftsordnung, sondern primitivster Personenkult mit negativen Vorzeichen. Es gibt aus dieser Zeit ein ausgezeichnetes Gedicht von Günter Kunert, das sich über diese angebliche Alleinschuld Hitlers lustig macht.

Hitler, der Teufel in Menschengestalt: Da der Teufel von den Menschen ja eigens erfunden wurde, um das Böse, das sie einander antun, aus dem Blickfeld einer vernünftigen Kritik wegzuzaubern, funktionierte diese Methode vorerst recht gut. Auch die beliebte Gleichsetzung Hitler – Stalin, Nazis gleich Kommunisten, Rechtsextremisten gleich Linksextremisten half bei dieser Mystifikation und Verdummung kräftig mit und blockierte die kritische Auseinandersetzung.

Das größte Hindernis aber, das sich einem wirklichen Verständnis der Rolle Hitlers und des Hitlerfaschismus entgegensetzte und immer noch entgegensetzt, ist die Tatsache, daß die wirtschaftliche Macht und der politische Einfluß, der von ihr ausgeht, noch immer in den Händen derselben herrschenden Kreise, Finanzkapital und Großindustrie, liegt, die seinerzeit Hitler zur Macht verhalfen. Es ist daher geradezu Staatsräson, den Hitlerfaschismus als bloßen Betriebsunfall zu sehen, losgelöst von den Produktionsverhältnissen, die ihn hervorgebracht haben. Es ist bezeichnend, daß auch die Entnazifizierungszeit, die wenigstens in Worten noch die Rolle geißelte, die große Konzerne wie Krupp im Hitlerreich gespielt hatten, nicht bis zur wirklichen Schädigung der großen Konzerne durchdrang. Die nach Kriegsende feierlich verkündeten Entflechtungsprogramme wurden nicht durchgeführt.

Bertolt Brecht beendet sein Hitlerdrama *Arturo Ui* mit den Worten:

So was hätt' einmal fast die Welt regiert!
Die Völker wurden seiner Herr, jedoch
Daß keiner uns zu früh da triumphiert –
Der Schoß ist fruchtbar noch, aus dem das kroch.

Wieso dieser Schoß fruchtbar ist, wie man ihn unfruchtbar für einen neuen Faschismus, dessen Hitler vielleicht ganz anders auftreten würde, machen könnte, das wäre die wahre Frage für wirkliches historisches Interesse am Hitlerfaschismus und seinem Führer. Professor Max Horkheimer, obwohl selbst Bürger und frei von jedem Extremistenverdacht, hat gesagt: *Wer vom Kapitalismus nicht reden will, sollte auch vom Faschismus schweigen.* Der ganze heutige Hitler aber, das ganze Interesse an dem Menschen Adolf Hitler, Teufel in Menschengestalt oder Mensch wie jeder andere, ist gerade dieser Versuch, zwar von Hitler – und manchmal auch von seinem Faschismus – zu reden, aber vom Kapitalismus zu schweigen. Und dieser Versuch kann nicht gelingen. Pikante Einzelinformationen, bisher unveröffentlichte Hitlerbriefe können zu den Quellen beitragen, aber von sich aus ebensowenig Verständnis der historischen Wahrheit vermitteln, wie ein Konversationslexikon zum gebildeten Menschen machen kann. Lexikonverkäufer und Zusammensteller von Bildberichten über Hitler wollen das freilich nicht wahrhaben.

So etwas wie die Hitlerserie im *Spiegel* ist damit allerdings nicht hinlänglich erklärt. Der *Spiegel* will weder für Hitler noch für eine Faschismusrenaissance werben, und auch dem geschäftstüchtigen Autor einer historischen Serie würde er nie soviel Raum zur Verfügung stellen, wenn die Leser für die Hitlerserie nicht wirklich so viel Interesse hätten, daß sich die Sache für den *Spiegel* lohnt. Auch *Spiegel*leser, die gegen die ganze Hitlerwelle sind, haben mir gesagt, sie haben mindestens die ersten Fortsetzungen der Hitlerserie mit großem Interesse gelesen, auch wenn sie Bemühungen um »wertfreie Objektivität« oder gar die Forderung, »Hitler gerecht zu werden«, als falsches Bewußtsein vom Schlag derselben »Wissenschaftlichkeitshaltung« sehen, die uns auch eine wirkliche Erklärung des Syndroms Hitler – Faschismus – Kapitalismus schuldig geblieben ist.

Grund des Publikumsinteresses ist vielleicht, daß auch der Normalverbraucher zu erkennen beginnt, daß Watergate und Reichstagsbrand voneinander nicht so unendlich weit entfernt sind, wie er ehemals glaubte. Und daß My Lai in Vietnam, das Palästinenserdorf Deir Yassin in Israel und Lidice in der Tschechoslowakei im furchtbarsten Sinn des Wortes blutsverwandt sind. Die Hitlerbarbarei als einmaliger Betriebsunfall wird nach und nach als Erklärung unbefriedigend. Vielleicht wird manchem klar, daß auch Hitler, der Teufel in Menschengestalt, als Alleinschuldiger keine richtige Erklärung sein kann. Der an der Nase Herumgeführte wird skeptisch und gerät, da man ihn gehindert hat, politisch denken zu lernen, nun tatsächlich in Versuchung, Adolf Hitler »gerecht werden« zu wollen.

Aber es ist nicht möglich, einem Rollenträger einer ungerechten Gesellschaftsordnung wirklich gerecht zu werden. Das zeigt ein Fall aus allerletzter Zeit. Leutnant William Calley, US-Army, *Der Schlächter von My Lai*. Für sein Gemetzel an den Frauen und Kindern dieses vietnamesischen Dorfes wurde er, als die Sache endlich aufgeflogen war, vor ein Militärgericht gestellt und verurteilt. Dann setzte sich Richard Nixon für ihn ein. Sein Schicksal ist noch immer nicht endgültig entschieden. Nun, ich habe blutwenig Sympathie für den Mann. Aber, wie immer über ihn entschieden wird, vom Todesurteil bis zum Freispruch – das Urteil muß zwangsläufig ungerecht sein. Einerseits hat er sich ärger verhalten als je ein Tier zu seinesgleichen, andererseits ist er zu diesem Verhalten systematisch erzogen, gedrillt und ermutigt worden. Man kann ihm kein gerechtes Urteil fällen, ohne zugleich über die Machthaber zu Gericht zu sitzen, die den Vietnamkrieg geführt und die Menschen dazu programmiert haben, ja mehr noch, ohne über die Gesellschaftsordnung zu Gericht zu sitzen, die diese Machthaber geformt und mit Macht belehnt hat.

Ebensowenig wie William Calley kann man Adolf Hitler gerecht werden, ohne über die ganze Gesellschaftsordnung zu urteilen, die ihn geformt und an die Macht gebracht hat. Diese Gesellschaftsordnung hat Hitler überdauert. *Der Schoß ist fruchtbar noch, aus dem das kroch*. Wer aber von Einzelinformationen aus Adolf Hitlers Leben einen Ersatz für diese Einsicht erhofft, der läßt sich für dumm verkaufen.

1973

Pablo Neruda †

Nachruf, anläßlich seines Todes am 23. 9. 1973

In einem Krankenhaus in Santiago ist am 23. September der 69 Jahre alte Dichter Pablo Neruda gestorben. An Krebs und nicht an den Putschisten, die mit ihren großen Verbrechen und kleinlichen Schikanen nur noch seine letzten Tage verbittern konnten. Andrej Sacharow, der die chilenischen Faschisten anflehte, Neruda gut zu behandeln, hätte sich die Mühe sparen können. Sein gespenstig naives Telegramm warnt: Der Verlust dieses großes Mannes würde auf lange Zeit die Ära der Wiedergeburt und Konsolidierungsversuche verdunkeln, *die Ihre Regierung versprochen hat*. Neruda hätte so etwas nicht geschrieben. Für ihn waren die chilenischen Faschisten keine Regierung, sondern *Raubzeug, Satrapen der New Yorker Bestien, tausendfach Ausverkäufer und Gekaufte, tolle Hunde, Halsabschneider, deren einziges Gesetz die Folter ist*.

So hat er sie in seinem letzten Gedicht genannt, acht Tage vor seinem Tod. Wiedergeburt und Konsolidierung erhoffte Neruda nicht von Appellen an Faschisten, sondern nur von ihrem Sturz und von der Macht der Arbeiter und Bauern. Er war seit mehr als dreißig Jahren Kommunist.

Pablo Neruda war das Kind eines Bahnarbeiters und einer Lehrerin. Seine Mutter starb an Tuberkulose, als er drei jahre alt war, sein Vater an einem Arbeitsunfall, als der Fünfzehnjährige, der Lehrer werden sollte, seine ersten Gedichte veröffentlichte. (Pablo Neruda war ein Pseudonym zu Ehren des linken tschechischen Dichters Neruda.)

Fünf Jahre später machte der Band *Zwanzig Liebeslieder und ein Lied der Verzweiflung* Neruda berühmt, und da es in Chile Brauch war, sich im Ausland durch Dichter vertreten zu lassen, wurde er Diplomat. So kam er 1934 als Konsul nach Spanien. Erst nach Barcelona, dann nach Madrid. Er arbeitete dort mit Lorca und anderen experimentellen Dichtern zusammen.

Als Francos faschistischer Putsch begann, erklärte Neruda, Chile stehe an der Seite der spanischen Republik. Er wußte, daß diese diplomatische Eigenmächtigkeit ihn seine Stelle kosten werde. Er kämpfte und schrieb für die spanische Volksfrontregierung.

Und eines Morgens stiegen Feuer aus der Erde, schrieb er. *Generäle, Verräter: Seht mein totes Haus!* Die faschistischen Verschwörer nannte er: *Schakale – vor denen ein Schakal sich ekeln würde; Giftschlangen, die für Giftschlangen verächtlich wären.*

Jahrzehnte später gilt jedes Wort seiner Anklage und Kampfansage gegen den Franco-Faschismus. An die Stelle Spaniens ist Chile getreten, an die Stelle Deutschlands die USA. Damals wurde der Bohèmien, Surrealist und Genießer Pablo Neruda endgültig zum engagierten Dichter. Das letzte Gedicht seines Lebens stimmt die gleiche Anklage an wie seine ersten völlig engagierten Spanien-Gedichte.

Dazwischen liegen viele einzelne Gedichte und große Zyklen. (Die besten deutschen Übersetzungen stammen aus der DDR, von Erich Arendt, zum Teil auch von Stephan Hermlin.) Neruda war der fruchtbarste Dichter Lateinamerikas. Chile schickte ihn nach Frankreich, als Franco mit Hitlers und Mussolinis Hilfe siegte. Von Frankreich aus verhalf Neruda vielen Hunderten Antifaschisten zur Flucht nach Lateinamerika. Nach dem Zweiten Weltkrieg, als Mitglied des chilenischen Senats, beschuldigte er mit Recht in offenen Briefen Chiles damaligen Präsidenten, Chile an die Vereinigten Staaten zu verschachern. Dafür wurde Neruda des Hochverrats angeklagt, mußte sich versteckt halten, dann nach Mexiko fliehen. Erst 1953, im Todesjahr Stalins, dem er Heldenverehrung zollte, konnte Neruda heimkehren. Dann kam neuerlicher Aufstieg, der Nobelpreis, ein Amt als Botschafter in Frankreich.

Auf einem Dichtertreffen in Rotterdam, 1971, war er der Ehrengast und den Dichtern der neuen Linken, die ihm seine Stalin-Treue und sein etwas herrschaftliches Auftreten verübelten, fast ein heimliches Ärgernis. Aber alle mußten zugeben, daß er sich in seinen Gedichten mehr Sinnenfreudigkeit, mehr vom vollen Leben bewahrt hatte als die meisten Linken, die ihr kritisches Denken und Formulieren oft mit etwas Trockenheit bezahlen müssen, worüber schon Brecht geklagt hat.

Fast die ersten Worte, die Neruda in Rotterdam an mich richtete, waren Klagen über die geringe Publikumsbeteiligung, obwohl wir in einer großen, vollbesetzten Halle lasen: *Wenn ich in Santiago lese, dann lese ich im Fußballstadion.*

In diesem Fußballstadion von Santiago halten jetzt die Faschisten ihre Gefangenen eingepfercht, von dort werden Folterungen und Massenhinrichtungen gemeldet.

Als er im Krankenhaus im Sterben lag, wurde Pablo Nerudas

Wohnung verwüstet, Bücher und Manuskripte wurden verbrannt. Pablo Neruda ist in Bitternis gestorben. Aber er muß gewußt haben, daß seine Gedichte und der Kampf, zu dem sie aufrufen, die Konterrevolution in Chile – und nicht nur in Chile – überleben werden.

1973

Nichts gelernt seit Hitler

Sturmzeichen der deutschen Demokratie

Zeitungsartikel, Frühjahr 1975

Im Mai 1945, heute vor dreißig Jahren, war es mit dem Dritten Reich und mit dem Hitlerkrieg endgültig vorbei. Ich erinnere mich noch an das Aufatmen, damals in London. Von den Nazis vertriebene Flüchtlinge und kriegsgefangene deutsche Soldaten, die Ausgang hatten, umarmten einander auf der Straße; und kurz darauf packten wir, Flüchtlinge und freigestellte Kriegsgefangene, gemeinsam Lebensmittelpakete für Deutschland.

Das war in der Henriette Street, im Haus von Victor Gollancz, einem großen englischen sozialistischen Verleger ungarisch-jüdischer Herkunft, der durch einen Aufruf mit Fotos hungernder deutscher Kinder erreicht hatte, daß die englische Regierung rationierte Lebensmittel nach Deutschland ließ. Der Barockforscher Werner Milch, der mich damals Pakete verschnüren lehrte, starb fünf Jahre später als Professor in Marburg.

Damals agitierten wir gegen den *Morgenthau-Plan,* gegen Vergeltung am deutschen Volk, für Verständnis als Grundlage jeder Erziehung zur Demokratie... War unser Optimismus töricht?

Vor einem halben Jahr, bei der Verleihung der Carl-von-Ossietzky-Medaille durch die Internationale Liga für Menschenrechte, sagte Heinrich Böll in Berlin: *Was hier vor sich geht, in diesem Lande, ist ja Wahnsinn... Zuerst hat man die Linken abgeschossen, in allen Parteien, in allen Differenzierungen – es gibt ja viele. Jetzt sind die Links-Liberalen dran, zu denen ich Gollwitzer und mich zähle... Die nächsten werden die Liberalen sein; sie fangen ja schon an zu schwanken. Schauen Sie sich doch nur die Leitartikel an, nicht nur in der Springer-Presse – vergessen wir die –, sehen wir auf die anderen. Dann kommen die Konservativen dran...* Die Rede erschien im *Neuen Forum* in Wien.

Vermutlich am gleichen Tag, an dem Böll seine Rede hielt, starb in Frankfurt der Richter Dietmar Kupke. Die Umstände sind nicht ganz geklärt und erinnern mich daran, wie vor sieben Jahren, auch in Frankfurt, Generalstaatsanwalt Fritz Bauer starb, den ich persönlich gekannt habe. Fritz Bauer hatte gegen rechtsradikale Tendenzen angekämpft, gegen die Notstandsgesetze und gegen die, wie er mir sagte, automatische Straffreiheit für Polizisten, die im Dienst töten, was dann immer *Notwehr* oder *auf der Flucht erschossen* heiße.

Richter Kupke hatte als Beisitzer in einen Prozeß eingegriffen, weil dieser seiner Meinung nach so geführt wurde, daß wenig Möglichkeit bestand, den Angeklagten für seine wirklichen Taten zur Rechenschaft zu ziehen. Der Prozeß platzte und muß neu geführt werden; wenn der Angeklagte schuldig ist, wird er es jetzt schwerer haben, davonzukommen.

Die Justizverwaltung aber erwog nun, den kritischen Richter für die Kosten des geplatzten Prozesses haftbar zu machen, eine Million einhunderttausend Mark. Dr. Kupke, der Lehrbeauftragter für Mietrecht an der Goethe-Universität Frankfurt und Mitglied der Arbeitsgemeinschaft sozialdemokratischer Juristen war, gab einer Projektgruppe *Mietrecht* noch ein ausführliches Tonbandinterview über seine Erfahrungen und seine Meinung von der gegenwärtigen Justiz. Eine Woche später war er tot, wahrscheinlich Selbstmord.

Eine dritte warnende Stimme: General außer Dienst Johannes Steinhoff, bis vor kurzem Vorsitzender des NATO-Militärausschusses. Am 30. Oktober 1974, im Amerikahaus in München, erklärte er, die Bundesrepublik sei zwar bisher der militärische *Musterschüler* der NATO gewesen, aber er müsse vor deutscher *Selbstgerechtigkeit* warnen, durch die die Bundesrepublik, die heute viel *mehr* Gewicht in der NATO habe, als ursprünglich geplant, zu einer *eminenten außenpolitischen Gefahr* werden könne. – Ein Zuhörer fragte, woher denn solche Befürchtungen? General Steinhoff erwiderte, wenn er das – vor dem Hintergrund der deutschen Geschichte unserer Lebenszeit – auch noch erklären solle, müsse er kapitulieren.

General Steinhoff ist so wenig ein Linksradikaler wie Heinrich Böll ein Anhänger der Baader-Meinhof-Gruppe ist. Bei solchen Warnungen liegt die Frage nahe: Wer sind wir – oder wer werden wir sein –, wenn wir erst, wie immer häufiger zu hören ist, wieder wer sind? Und was ist in diesen dreißig Jahren eigentlich geschehen?

Es gibt Verzweifelte, die erklären die Bundesrepublik und ihre Institutionen einfach für faschistisch. Wenn das stimmte, dann hätten Böll und Gollwitzer in Berlin keine Medaillen mehr bekommen und keine Reden halten können, dann könnte auch ich dies nicht publizieren.

Aber ist es ganz sicher, daß diese Redefreiheit auch noch in zwei, drei Jahren bestehen wird?

Nach dem Untergang des Dritten Reiches prägte irgendein schlauer Nazipropagandist die Flüsterlosung: »Achtung! Im Vierten Reich mußt du dich so verhalten, daß du im Fünften Reich dafür nicht gehängt wirst.« Das war ein Appell an den Untertanengeist und an die Zivilfeigheit, das Gegenteil von Zivilcourage. Nun, ich fürchte, wenn morgen oder übers Jahr so etwas wie das Fünfte Reich ausbräche, dann gäbe es unter den heutigen höheren Staatsbeamten, in der Justiz, in der Bundeswehr oder in der Führung der Polizei manche, die für ihr heutiges Benehmen keinen Strick um den Hals kriegen müßten, sondern vielleicht sogar mit einer Ehrenkette und einem Orden übernommen werden könnten.

Es war Deutschlands Unglück, daß nach dem Krieg im Osten die letzte makabre Phase der Stalinära abrollte und im Westen der Kalte Krieg oft eine falsche Art der Verbrüderung zwischen Deutschen und westlichen Besatzungsoffizieren förderte. »Wir Deutschen haben große Fehler gemacht«, erklärten erfahrene und angesehene Bürger des Dritten Reiches, »und wir mußten ja auch teuer dafür bezahlen; aber die rote Gefahr haben wir schon erkannt, als der Engländer und der Amerikaner den Russen noch die Hand gaben.« Bis heute verdankt der spezifisch deutsche Antikommunismus seine besondere Energie weniger den Verbrechen der Stalinära als seiner geschichtlichen Kontinuität seit 1933.

Kein Zufall, daß gerade in der Bundesrepublik, allein unter den westlichen Demokratien, die Kommunistische Partei verboten wurde und Kommunisten ins Gefängnis geschickt wurden, gelegentlich von Richtern, die unter Hitler Nazis gewesen waren – dies gerade im Jahre 1956, als Chruschtschows *Entstalinisierung* in vollem Schwung war. Kein Zufall, daß es den sogenannten Radikalenerlaß (das Berufsverbot für linke Lehrer und andere Beamte) in anderen westlichen Demokratien nicht gibt. – Ich denke beschämt daran zurück, wie schon in den fünfziger Jahren Professor Ossip Flechtheim von der Freien Universität Berlin uns vor der *Demontage demokratischer Rechte* warnte und wie ich ihn damals noch für einen Schwarzseher hielt.

1956, im Jahr des Kommunistenverbots, erschien anläßlich der gleichzeitigen Neugründung der Bundeswehr auch ein Gesetzblatt mit genauen Anweisungen zur Übernahme von Mitgliedern der Waffen-SS oder der Vollzugspolizei des Dritten Reiches; wie die alten Dienstgrade anzuerkennen und die Übernahme entsprechend dem alten Rang oder um einen Rang höher zu erfolgen habe. Das wurde damals nicht an die große Glocke gehängt, aber eigentlich war es dann kein Wunder, daß Bundeswehrsoldaten beim Marschieren gelegentlich das Lied der Legion Condor und andere alte Nazilieder sangen.

Unter diesen Umständen war es aber auch kein Wunder, daß einem Willy Brandt vorgeworfen wurde, er habe im Krieg gegen Deutschland gekämpft, auf Deutsche geschossen. Solche Propaganda (ebenso wie die unsäglich spießig-schäbige von Brandts unehelicher Geburt!) hätte freilich für alle, die Ohren hatten, ein Warnsignal sein müssen. Es wurde auch gehört, aber von zu wenigen.

Nicht der Nationalsozialismus hat sich wieder durchgesetzt. Nein, auch die Neo-Naziparteien blieben immer sehr schwach. Aber die sogenannte Mitte verschob sich nach rechts, und die alten Denkschablonen, die seinerzeit schon Hitler an die Macht bringen halfen, tauchen wieder auf. Manchmal blieb die Schablone, nur das Feindbild ist auswechselbar. Früher war es *der* Jude, dann *der* Russe, und später gar *der* Araber. 1967, kurz nach Israels Sechstagekrieg, hörte ich in Frankfurt sagen: »Diese faulen, dreckigen Araber! So ein Pack hat ja gar keine Lebensberechtigung. Höchste Zeit, daß die Juden ihnen den Herrn zeigen. Die Juden sind überhaupt Wüstenfüchse, die haben von Rommel gelernt!« Auch in Zeitungen und Zeitschriften wimmelte es von derartigen Leserbriefen. – Die Araber, die auch entsprechend schlecht behandelt wurden, waren aber auch durch andere Feindbilder ersetzbar: Die Gammler und vor allem die langhaarigen Studenten, die sich mit Recht beklagten, sie seien als Sündenböcke die neuen Juden.

Es war Deutschlands Unglück, daß die Besiegten sich danach sehnten, einfach die offenbar stärkere Magie ihrer Sieger zu übernehmen, statt die Ursache ihres Unglücks, den Hitlerfaschismus, zu ergründen. 1945 war für sie das Jahr Null, die Vergangenheit wurde verdrängt. Aber Verdrängung ist nicht Bewältigung, sondern schafft verschüttete, luftlose Räume, in deren Dunkel manches gären oder schwelen kann. Auch führte das Anlehnungsbedürfnis an die Magie der Sieger nicht zur Nachahmung der wirklichen Amerikaner, die immerhin einen Senator wie Joe McCarthy und einen Richard Nixon losgeworden sind, sondern nur zur Nachahmung der Kraftprotzen aus den schlechteren Wildwestfilmen und den Polit-Pornos eines Mickey Spillane. Ob die Bürger der Bundesrepublik den Versuch einer Demokratiekorruption à la Nixon ebenso wirksam besiegen könnten wie die Journalisten und unabhängigen Richter in den Vereinigten Staaten?

Halten denn die Ordnungsmächte selbst sich an die Ordnung, an die *freiheitlich-demokratische Grundordnung,* auf die sie sich immer berufen? – Wie viele Menschen sind seit Benno Ohnesorg im ganzen Land von Polizisten erschossen worden? Die wenigsten von ihnen waren »Politische«. Ein bunter Totentanz von Bankräubern und ihren mit ihnen erschossenen unschuldigen Geiseln, bis zu halbwüchsigen Jungen, die ein Fahrrad klauen wollten. Daß die Polizei da wirklich immer nur in Notwehr schießt, hat schon Generalstaatsanwalt Bauer öffentlich bitter bezweifelt. Und waren es nicht Staatsbeamte und Bundestagsmitglieder, die als erste von der Notwendigkeit sprachen, auch außerhalb der Legalität zu operieren? Und wenn, entgegen dem geltenden Recht, die vertrauliche und vor behördlichem Zugriff ausdrücklich geschützte Korrespondenz zwischen Untersuchungsgefangenen und ihren Verteidigern dennoch beschlagnahmt und gelesen wurde, so wurde das damit begründet, das Gesetz habe eben noch nicht an so gefährliche Gefangene gedacht. Also wurde zuerst gehandelt, und ein »neues Gesetz« wurde erst viele Monate später nachgeliefert. – Aber steht das nicht dem Rechtsgrundsatz des Dritten Reiches: *Recht ist, was dem deutschen Volk nützt* näher als dem Legalitätsprinzip?

Und wie gefährlich und verrannt Angeklagte auch sein mögen, die Forderung bundesdeutscher Politiker, daß sich Verteidiger von ihren Klienten öffentlich distanzieren müßten, widerspricht den besten Traditionen des Anwaltsberufs und den Gesetzen.

Nur zur Hitlerzeit haben Roland Freisler und seinesgleichen mit ähnlichen Forderungen versucht, den Anwaltstand an die Leine zu legen.

Welches Unheil offizielle Propaganda anrichten hilft, habe ich selbst gehört, wenn die Rede auf das neue Gerichtsgebäude in Stuttgart-Stammheim kam: »Schade um die vielen Millionen«, sagten die Leute, »unter Adolf wär's billiger gewesen, da wären sie alle in die Gaskammer gegangen, kurzer Prozeß!« Dabei wissen alle Eingeweihten, daß das Gebäude in Stuttgart-Stammheim auf jeden Fall gebaut werden mußte, um den Insassen der dortigen Vollzugsanstalt Raum zu geben, und daß der Baader-Meinhof-Prozeß nur eine willkommene Gelegenheit gab, die Baukosten den »Anarchisten« zur Last zu legen. Solche Stimmungsmache, wenn sie von unten käme, hieße Aufwiegelung.

In extremen Gruppen wie RAF und *2. Juni* zeigt sich nicht nur Wirklichkeitsverlust, sondern stellt man auch Entfremdungs-, sogar Verrohungserscheinungen fest. Doch ich glaube, daß hier ein Wechselspiel von Unrecht, Auflehnung, Verleumdung, Repression und schließlich beiderseitiger Gewaltanwendung eine richtige Michael-Kohlhaas-Mentalität erzeugt hat.

Vor acht, neun Jahren wurde Rudi Dutschke von einem großen Teil der deutschen Presse als Volksfeind und brutaler Fanatiker verleumdet, als einer von jenen studentischen »Schädlingen, die man wie Ungeziefer bekämpfen müsse«.

Ohne dieses *Feindbild* hätte der arme Neurotiker Bachmann, wie er selbst später sagte, kaum auf Dutschke geschossen. Dutschke wieder wäre ohne seine schwere Verletzung in Deutschland geblieben, und ich kann mir kaum vorstellen, daß Ulrike Meinhof, die von Dutschkes Integrität, Menschlichkeit und politischem Weitblick eine sehr hohe Meinung hatte, je ihren »bewaffneten Kampf« angefangen hätte, ohne ihn erst um Rat zu fragen. Dutschke aber, der derlei Aktionismus entschieden ablehnt, hätte sie sicher davon abbringen können. Und ich glaube kaum, daß ohne Ulrike Meinhofs Formulierungsfähigkeit und ohne ihr Charisma die RAF, so wie sie war, entstanden wäre. Damit soll nicht gesagt werden, daß ich diese Kausalkette für die zwangsläufig einzig denkbare Entwicklung halte. Es gibt da keine strenge Gesetzmäßigkeit, und gesellschaftliche Gegebenheiten sind entscheidender als die Einzelentwicklungen, die von ihnen abhängen. Und doch soll man, wenn man die Situation beurteilt, Einzelfaktoren, wie ich sie hier eben erwähnte, wohl nicht vernachlässigen. Ich glaube allerdings, die RAF wäre wahrscheinlich auch nicht ohne die jahrelange allgemeine Gehässigkeit gegen alles, was links ist, entstanden. Auch hier hat der Haß gerade das erzeugt, worüber er sich dann weiterhin entrüstet.

Gewiß, es gibt überall auch noch Menschen, die vor solchen Entwicklungen warnen. Es gibt gute Akademiker, Lehrer, Gewerkschafter, Schriftsteller, Studentenpfarrer, denkende Kritiker. Aber wenige hören auf sie, und meistens sind auch schon Umtriebe im Gange, sie ihrer Stellung, ihres Einflusses zu berauben.

Was droht, ist nicht der alte Faschismus, aber vielleicht eine pragmatische, systematische Existenzvernichtung für alle Unbequemen.

In den dreißig Jahren seit Hitler ist die Bundesrepublik keine annähernd so gute Demokratie geworden wie etwa Dänemark oder Holland, wie Schweden, die Schweiz oder auch das problematische Frankreich. Sie alle haben ihre Schwächen, aber nicht so *arge*. Niemand lernt *alles* aus der Geschichte, was er eigentlich lernen müßte. Die Frage ist, ob die Bundesrepublik *genug* gelernt hat, um Demokratie zu bleiben.

Helmut Gollwitzer und Heinrich Böll haben, als sie die Ossietzky-Medaille erhielten, ihre Reden mit den Worten beendet, mit denen auch ich jetzt enden möchte: *Nicht aufgeben, nur nicht aufgeben!*

1975

Vorbeugemord

Verteidigungsrede, 21. 1. 1974, Amtsgericht Hamburg

Erklärung zur Person

Ich bin in Wien am 6. Mai 1921 als österreichischer Staatsbürger geboren. Nach dem Einmarsch Hitlers 1938 war ich als Nichtarier gefährdet und benachteiligt. Meine (unpolitischen) Eltern wurden verhaftet, meinem Vater wurde bei einem Verhör von einem deutschen Gestapo-Beamten durch Fußtritte ein Magenriß zugefügt, und er starb daran am Tage seiner Haftentlassung.

Am 5. August 1938 kam ich als *Flüchtling* nach England. Ich habe mich immer gegen den Ausdruck *Emigrant,* Auswanderer, gewehrt, wenn diese Auswanderung nicht freiwillig erfolgte, sondern zur Rettung des Lebens notwendig war, und wenn der Flüchtling außerdem nicht die Absicht hatte, die Verbindung mit der Kultur seiner Heimat aufzugeben. Diese Absicht hatte ich nie.

Wenn man schreiben will, ernsthaft schreiben, kann man das im Grunde nur in seiner Muttersprache, die man ganz anders erlernt hat als spätere Fremdsprachen, deren Lernen viel bewußter erfolgt und meist auch einen Akt der Anpassung darstellt. Das war der *eine* Grund dafür, ein *deutscher* oder, wenn Sie wollen, deutsch*sprachiger* Schriftsteller werden zu wollen. Der andere Grund war, daß gerade die Verfolgung durch den Hitlerfaschismus, die mich am Fortsetzen meiner Studien gehindert hatte, auch eine gewisse Faszination mit sich brachte, für mich selbst und andere verschiedene Aspekte dieses Geschehens zu ergründen, zu formulieren und aufzuzeichnen. In England fand ich es im Krieg auch wichtig, allen noch so begreiflichen Regungen der Feindseligkeit entgegenzutreten, die sich nicht auf den Hitlerfaschismus beschränkten, sondern sich gegen alles, was deutsch war, auch gegen deutsche Sprache, Kunst, Literatur und Philosophie, zu richten drohten.

Als Opfer des Hitlerfaschismus lag es nahe, entschiedener Antifaschist zu werden. Ich gehörte dem österreichischen Kommunistischen Jugendverband zuerst als Sympathisierender, dann als Mitglied an, ging aber etwa ab Ende 1943 wieder meine eigenen Wege, teils weil mir einige Wesenzüge der damaligen Stalinära nicht zusagten, teils weil sich damals auch bei österreichischen Kommunisten eine gewisse Sympathie mit der Meinung zeigte, der einzige gute Deutsche sei ein toter Deutscher. Auch dagegen, und nicht nur gegen Hitler, richtete sich schon mein erster Gedichtband, *Deutschland,* erschienen 1944 im Verlag des österreichischen PEN-Clubs in London, dem ich damals auch beitrat. Durchgebracht hatte ich mich all die Jahre als Fabrikarbeiter, Milchchemiker, Bibliothekar, Glasmodellierer und Entwerfer von Glasknöpfen.

Die meisten einigermaßen gebildeten Emigranten meiner Generation kamen damals kurz nach Kriegsende als gutbezahlte Briefzensoren für die amerikanische Besatzungsmacht nach Westdeutschland zurück. Ich nicht. Eine derartige Tätigkeit im Gefolge einer Armee widerstrebte mir. Ich war auch von der Tätigkeit der Militärregierungen der *westlichen* Demokratien enttäuscht. Deshalb veröffentlichte ich auch jahrelang kein Buch mehr. Erst 1958 erschien in Hamburg ein Band *Gedichte.*

Meine erste halbwegs politische Aktivität kurz nach Kriegsende war Werbung für die von dem englischen jüdischen Verleger Victor Gollancz veranstaltete Kampagne, die Erlaubnis für das Schicken von Lebensmittelpaketen nach Deutschland durchzusetzen.

Von 1951 bis 31. Januar 1968 war ich Mitarbeiter der deutschen Abteilung der BBC, vor allem politischer Kommentator. Ich versuchte einen Zweifrontenkampf zu führen, einerseits gegen Stalinismus, andererseits gegen Kalten Krieg. Die BBC machte mir dabei sehr wenig Schwierigkeiten. Aber, zum Teil, weil einige Kollegen weniger Freiheit hatten als ich, ging ich schließlich fort, gegen den Willen meiner Arbeitgeber. Meine genauen Gründe gab ich in meinem letzten Kommentar an, der in England und Deutschland auch gedruckt erschien. Nachher allerdings schrieb mir mein bisheriger Abteilungsleiter Äußerungen zu, die ich nie getan hatte, zum Beispiel, daß die Bundesrepublik ärger sei als das Hitlerregime. Dieser Unsinn wurde auch in der Bundesrepublik verbreitet und wirkt noch heute nach, obwohl sowohl die Zeitung der BBC, *The Listener,* als auch deutsche Zeitungen Richtigstellungen brachten. Ich hatte in Wirklichkeit nur Pastor Niemöller zitiert, der gesagt hatte, es gäbe einzelne Arten der *kalten Kriegs*propaganda, die in einer Hinsicht noch gefährlicher seien, als es die Hitlerpropaganda gewesen sei, weil sie nämlich nicht so offenkundiger Wahnsinn, sondern viel schlauer und feiner eingefädelt seien. – Eine englische Regierungspolitik verbarg sich hinter dieser Fehldarstellung meiner Äußerung nicht.

Ich lebe in London, bin verheiratet, habe sechs Kinder verschiedenster Altersstufen und eine zweijährige Enkelin. Seit Ausbruch des Vietnamkrieges interessiere ich mich wieder lebhafter für Politik. Ich habe bisher 17 Bände Gedichte und Prosa veröffentlicht, außerdem Hörspiele, Essays und viele Bände Übersetzungen, darunter Dylan Thomas, Eliot und 18 Shakespearedramen.

Meine Hauptaufgabe als engagierter Schriftsteller sehe ich im Kampf gegen Entfremdung und Verdinglichung, den ich für wichtiger halte als tagespolitische Gedichte, die ich gelegentlich schreibe. Ich habe bisher zwei Literaturpreise erhalten, einen Schillerförderpreis, Stuttgart 1965, unterzeichnet von Kurt Georg Kiesinger, der damals aber noch nicht Bundeskanzler war und von dem ich daher auch nichts wußte, und in Wien 1973 einen neugestifteten österreichischen Staatspreis für Literatur. In der Bundesrepublik und in England wurde seither gelegentlich verbreitet, ich habe das Geld aus Wien dem Schwarzen September geschenkt. Das ist Unsinn, ich habe die Hälfte des Betrages Herrn Dr. Israel Shahak, Dozent an der Universität Jerusalem und Überlebender des Warschauer Ghettos, für seine antirassistische Arbeit als Präsident der Israelischen Gesellschaft für Menschen- und Bürgerrechte gegeben. Dr. Shahak hat nichts mit dem Schwarzen September zu tun, allerdings hält er den Zionismus nicht für das Heil der Juden, so wenig wie ich. Ein Viertel des Betrages habe ich für Prozeßkosten von Palästinensern gespendet, die schuldlos aus der Bundesrepublik deportiert und ausgewiesen wurden. Das war natürlich, bevor die EWG und auch die Bundesrepublik sich für die Lebensrechte der Palästinenser erklärt haben. Das letzte Viertel meines Preises hatte ich mir für die Kosten dieses Prozesses reserviert.

Ich fühle mich durch Sprache und Geschichte mit diesem Land sehr verbunden, wurde auch in den bundesdeutschen PEN-Club eingeladen und gehörte der Gruppe 47 an. Mich als Emigranten oder kulturell lästigen Ausländer abtun zu wollen, hieße meines Erachtens, sich einen von Hitler geschaffenen Sachverhalt zunutze machen. Andererseits widerstrebt es mir immer, irgendwie vom schlechten Gewissen profitieren zu wollen, das man als ehemaliges Hitleropfer hierzulande oft vorfindet. Ich finde es als engagierter Schriftsteller der Mühe wert, in der Bundesrepublik dem allseits wuchernden Freund-Feind-Denken und seinen Vereinfachungen entgegenzutreten sowie dem seltsamen Vorurteil, daß man nur für Menschen eintreten kann, deren Ansichten man teilt, oder daß Haß besonders wertvoll für politische oder andere Auseinandersetzungen ist. Immer wenn ich aus England in die Bundesrepublik oder nach Westberlin komme, habe ich das Gefühl, in ein Land gekommen zu sein, das sich auf einem Kreuzzug befindet, nur weiß man nicht immer genau, wofür und wogegen.

Als britischer Staatsbürger wäre es mir wahrscheinlich relativ leicht gewesen, mich diesem Gerichtsverfahren, dem ersten meines Lebens, zu entziehen. Aber so ungerecht ich die Anklage gegen mich finde, so ungut fände ich es, mich als deutscher engagierter Schriftsteller vor diesem Verfahren drücken zu wollen.

Ich habe »zur Person« so viel gesagt, denn Sie sollten ja nicht nur Jahreszahlen und Hausnummern hören, sondern Informationen, die auch zum Verstehen meiner Haltung beitragen. Zum Beispiel habe ich seit meiner Kindheit folgende Verse aus einer sozialdemokratischen österreichischen Zeitschrift kurz nach der Machtergreifung Hitlers in Deutschland – also wohl gegen Ende 1933 – nie mehr vergessen:

Auf der Flucht erschossen
meldet unverdrossen
Tag für Tag die Schurkenpolizei.

»Buche, Deutschland, buche!
daß beim Urteilsspruche
der Geschichte glatt die Rechnung sei.«

Und ich habe auch nie vergessen, wie damals in Österreich, aber auch später in England im Krieg, jeder Bericht über *Widerstand* gegen solche Praktiken begrüßt wurde, als Beweis, daß es doch noch ein besseres Deutschland gab, ein *anderes* Deutschland, wie man es damals nannte. Und ich weiß, wie furchtbar auf jene Engländer, die sich überhaupt für deutsche Ereignisse interessierten, in den letzten Jahren Vorfälle wie die Erschießung Benno Ohnesorgs, Georg von Rauchs oder – am weitesten bekannt – die Erschießung des Schotten MacLeod und ihre plumpen Rechtfertigungsversuche gewirkt haben. Daß die große englische Presse sehr zurückhaltend reagierte, beruht zum Teil nur darauf, daß England die Bundesrepublik zur Aufnahme in die EWG brauchte. Aber jeder Versuch wie der Heinrich Bölls, gegen solche Dinge anzukämpfen, hilft auch dem Ansehen der Deutschen überhaupt – ebenso wie umgekehrt die anschließende Kampagne *gegen* Böll diesem Ansehen *nicht* förderlich war.

Erklärung zur Sache

Der Leserbrief im *Spiegel,* in dem ich das Wort *Vorbeugemord* gebrauchte, das zur Veranlassung des Verfahrens gegen mich wurde, entstand, ebenso wie ein *anderer* Leserbrief von mir im *Spiegel,* sozusagen als Nebenprodukt eines literarischen Prosatextes, den ich über den Tod Georg von Rauchs und über Probleme des Schriftstellers angesichts eines solchen Falles geschrieben habe. Zum Verständnis der Zusammenhänge werde ich Ihnen diesen Prosatext vorlesen müssen:

Die Schneibarkeit

»Die Studenten sind die neuen Juden.«
Studentenlosung nach der Erschießung Benno Ohnesorgs

»Und Israels Leib im Rauch durch die Luft.«
Nelly Sachs

Da Literatur mittelbar immer auch Spiegelung dessen ist, was sich in der Welt ereignet, in der sie entsteht, könnte man Rückschlüsse auf ein Ereignis auch von seiner Wirkung auf eine Tendenz oder einen literarischen Trend her ziehen. Heißt es zum Beispiel: *Nach diesen Schüssen ist die Schneibarkeit größer geworden*, so könnte man vielleicht durch Analyse der *Schneibarkeit* – sobald man wüßte, was das sein soll – auch etwas über die Schüsse erfahren. Nur sagt ein Satz wie *Nach diesen Schüssen ist die Schneibarkeit größer geworden* vorerst leider nicht viel aus. Sogar wenn man ihn an eine Wand schreibt, etwa an die Wand eines Hauses mit einem geschlossenen Laden, dessen Jalousien heruntergelassen sind, also etwa auf das Stück Wand zwischen zwei Jalousien, ist diese Schrift wahrscheinlich zwar rätselhaft, liest sich aber nicht wie ein *Mene Tekel.* Der Satz ist auch zu lang, viel länger als die babylonische Flammenschrift. Erst wenn man jedes einzelne Wort mit der Zielsicherheit eines Scharfschützen aufs Korn nimmt, läßt sich vielleicht ein Teil der dingfest gemachten Worte erschließen.

Er heißt z.B. »die *Schnei*barkeit«, und nicht »die *Schrei*barkeit«, *Schrei*barkeit wäre auch sinnlos, schon deshalb, weil gleich der erste Schuß so gut getroffen hatte, daß von Schreien nicht mehr die Rede sein konnte.

Es heißt ferner – könnte man fortfahren – »Nach diesen *Schüssen*«, und nicht etwa »Nach diesen *Schützen*«. Welche Fassung die richtige sein muß, wird eigentlich schon nach dem Wort

Nach deutlich, das sich gar nicht auf die Schützen beziehen kann; denn die Schützen, vor allem KHM Hans-Joachim Schulz, sind ja noch unter uns. Dadurch unterscheiden sie sich von dem Langhaarigen mit der Brille, auf den KHM Schulz geschossen hat und der jetzt – ebenso wie eine Anzahl anderer, besonders seit dem 2. Juni 1967 – nicht mehr unter uns ist, außer in jenem Sinn, in dem auch die Erde oder die Asche, auf der wir herumgehen – Erde zu Erde, Asche zu Asche! –, *unter* uns ist, oder der weiße, schon in unseren alten Schullesebüchern als *unschuldig* bezeichnete Schnee, der uns wieder zum Begriff *Schneibarkeit* zurückbringt und der im Winter (gleichfalls in unseren Schullesebüchern) alles zudeckt, ehe dann im Frühling wieder allenthalben junges Leben hervorsprießt und das frischergrünte Gras über alles wächst, solange nicht jemand kommt, der es schneidet.

Es heißt allerdings nicht *Schneid*barkeit, sondern, wie gesagt, *Schnei*barkeit. Man könnte sich natürlich auch zu *Schneid*barkeit allerlei einfallen lassen, z.B. die Schneidigkeit eines KHM Hans Joachim Schulz und seiner – ebenso wie er – geschickt verkleideten Kollegen.

Rein sprachlich wäre gegen diesen Einfall nichts einzuwenden, denn das Wort schneidig wird im Zusammenhang mit der Polizei – allerdings besonders mit der uniformierten – oft und gerne verwendet und könnte nur von überempfindlichen und daher für die harte Wirklichkeit ihrer dienstlichen Einsätze vielleicht etwas zu feinfühligen Beamten als *zweischneidig* mißverstanden werden, z.B. als Kritik, daß die rückhaltlose Entschlossenheit ihres Tuns gelegentlich selbst außerhalb der ihnen *gestellten* Aufgaben zu Endlösungen führe. Aber sprachliche Einfälle – wie die eben aufgezählten – würden dennoch in heute tonangebenden schreibenden Kreisen, die eher dem Graswachstum und der größeren Schneibarkeit das Wort reden, als Ausfälle verurteilt werden, sowohl vom Sachlichen wie vom Ästhetischen her.

Andererseits ist es, wenn die Polizei im Spiel ist, immer noch weit eher angezeigt – falls man das Wort »anzeigt« hier nicht überhaupt vermeiden sollte –, von ihrem *schneidigen* als etwa von ihrem *schusseligen* oder *schussernden* Auftreten zu sprechen. Das könnte nämlich unter Umständen ins Auge gehen, so wie ja anscheinend auch der Schuß des KHM Hans-Joachim Schulz dem von ihm festgenommenen und daher von Rechts wegen unter seinem Schutz stehenden Georg von Rauch ins Auge gegangen ist.

Es heißt aber von der Schneibarkeit nicht etwa, daß sie *Nach diesem Schuß* größer geworden sei, sondern es heißt *Nach diesen*

Schüssen. Schon das weist auf *mehrere* Schüsse hin. Umgekehrt könnte man über das rätselhafte *Mene Tekel* von der Vergrößerung der Schneibarkeit natürlich auch Klarheit zu gewinnen versuchen, indem man von dem Bericht über die Schüsse ausgeht. Dabei ergibt sich nach den bisherigen, von der Verschwiegenheit oder den einander widersprechenden Erklärungen amtlicher Stellen erschwerten und verzögerten Ermittlungen etwa folgendes:

Der erste Schuß hatte Georg von Rauch getötet, am 4. Dezember 1971 gegen 17 Uhr, in Westberlin, Eisenacher Straße, unweit der Ecke Fuggerstraße, an der Hauswand, wo er auf Befehl des Mannes, der ihn dann erschoß, stand, mit erhobenen Händen, ebenso wie seine zwei Freunde. Bevor KHM Schulz ihn erschoß, hatte er, nach mehreren Angaben, noch Zeit gefunden, die drei, die sich nicht wehrten, sondern seine Weisungen befolgten, nach Waffen zu durchsuchen. Vor dem ersten Schuß war Schulz etwa zwei Meter zurückgetreten, um besseren Überblick zu gewinnen. Seine drei Gefangenen hielt er mit seiner Dienstpistole in Schach.

Was er dachte und überlegte, als nun drei ihm verdächtige Neuankömmlinge auftauchten, wäre leichter feststellbar, wenn er, seine Kollegen und die zuständige Behörde mitteilsamer gewesen wären. Einige, die sich um die Rekonstruktion der immer noch ungeklärten Vorgänge bemüht haben, nehmen an, Schulz habe nun beschlossen, seine Gefangenen, die zwar keinen Widerstand geleistet hatten, die aber vermutlich – ebenso wie die drei Neuen – doch nur aufrührerische Studenten waren, eine Art Leute also, für deren Erschießung schon der eine oder andere Kollege unbestraft geblieben, ja vielleicht sogar belobt und befördert worden war, lieber zu erschießen, als zu riskieren, daß sie ihm nun doch noch entwischten oder befreit wurden, was ihm vielleicht Vorwürfe eintragen konnte. Georg von Rauch, der weisungsgemäß an der Wand stand, vor der heruntergelassenen Jalousie eines geschlossenen Ladens, und sich mit hochgehobenen Händen an der Jalousie abstützte, wendete anscheinend, als nun KHM Schulz beim Herankommen der drei Unbekannten laut rief »Hierher!« oder »Her zu mir!« – ein Hilferuf an seine Kollegen – den Kopf ein wenig zur Seite, so daß Schulz sein Auge sehen konnte, das ein gutes Ziel bot.

Kaum aber war Georg von Rauch erschossen, als der verkleidete Polizist in den Händen der verdächtigen Neuankömmlinge Schußwaffen bemerkte; im selben Augenblick liefen von Rauchs zwei Freunde davon, vermutlich weil sie sein Schicksal nicht teilen wollten. Sein Stillhalten und Befolgen der Weisungen des Mannes, der sie alle drei dingfest gemacht hatte, hatte ihm nun doch nicht das Leben gerettet. Der Scharfschütze schoß nun anscheinend den beiden Fliehenden nach. Zwar trafen diese Kugeln nicht – das Auge des in zwei Meter Abstand Stillstehenden war leichter zu treffen gewesen –, aber immerhin hatte er sein Bestes getan und weitere Schüsse abgegeben, so daß schon dadurch die Formulierung *Nach diesen Schüssen* – und nicht etwa *Nach diesem Schuß – ist die Schneibarkeit größer geworden* gerechtfertigt erscheint.

Eine weitere Rechtfertigung der Mehrzahl *Schüsse* – falls es einer solchen überhaupt noch bedürfte – liegt in der Tatsache, daß nun auch die drei verdächtigen Neuen auf den Scharfschützen zu schießen begannen, der seinerseits in Deckung ging und ihr Feuer erwiderte. Dieser Schußwechsel freilich richtete weiter kein Unheil an: Keiner der Kämpfer wurde getötet oder schwer verwundet, und mit der Zeit stellte es sich heraus, daß die drei Unbekannten in Wirklichkeit Beamte des Landesamtes für Verfassungsschutz waren, was KHM Schulz freilich dank ihrer erfolgreichen Verkleidung nicht von Anfang an vermuten konnte. Die Politische Polizei, der Schulz angehörte, steht dem Verfassungsschutz an Verkleidungskünsten keineswegs nach; so hatten auch die verkleideten Verfassungsschützer den schießenden Politischen Polizisten für ein verdächtiges Element gehalten. Wenn zwei Gruppen Verkleideter auf ein- und dieselbe Menschenjagd ausgeschickt werden, ohne voneinander zu wissen, sind derartige Mißverständnisse unvermeidlich. Zum Glück aber hatte dieses Mißverständnis außer Georg von Rauch kein Todesopfer gefordert; ja, bei den 15 bis 18 Schüssen, die nach seinem Tod zwischen Polizei und Verfassungsschutz gewechselt wurden, waren nicht einmal Zivilisten auf der Strecke geblieben. Georg von Rauchs Leiche aber wurde binnen weniger Minuten abtransportiert, ohne die üblichen Tatortaufzeichnungen und Fotos zur späteren Rekonstruktion des Vorgangs.

So etwa könnte vielleicht nach den bisherigen Ermittlungen der Bericht über die Schüsse lauten, die sogar ihre eigene Inschrift an der Wand hinterlassen haben, sowohl an der Todeswand, an der Georg von Rauch erschossen worden war, wie auch – durch den darauffolgenden Kugelwechsel – an der Wand des gegenüberliegenden Hauses in Gestalt von Einschlägen; an der Todeswand aber auch in Gestalt von verspritzten Gewebsteilen, Haut, Gehirn und Knochenfragmenten.

Als *Mene Tekel* aber – also als jene Inschrift *Gezählt, Gewogen, Geteilt* – könnte man diese Zeichen an der Wand höchstens unter Zuhilfenahme einer längst veralteten Poetik bezeichnen, namentlich da sie nur von den wenigsten als Warnung zur Kenntnis genommen wurden. Aus der Sicht unserer gegenwärtigen literarischen und gesellschaftlichen Gepflogenheiten erwogen, müßte der Tatsachen- und Sinnzusammenhang als zu leicht befunden werden, um zu zählen und die Verwendung alttestamentarischer Vergleiche zu rechtfertigen.

Hingegen ist die Schneidigkeit der beteiligten Beamten durch den Bericht über die Schüsse zweifelsfrei erwiesen, so daß auf dichterischer Ebene der freien Assoziation *Schneidigkeit-Schneidbarkeit-Schneibarkeit* keine Hindernisse entgegenstehen. In diesem Zusammenhang könnte man sich zu *Schneibarkeit* natürlich auch den *Schnitter Tod* einfallen lassen, von dem es heißt: *Heut wetzt er das Messer, / Es schneidt schon viel besser. / Bald wird er drein schneiden, / Wir müssens nur leiden.* Aber derartige Wortassoziationen und Wortspiele haben deutsche Kritiker schon Shakespeare verübelt und in der neueren Literatur im Bedarfsfall als Kalauer abgetan, die einer todernsten Sache wie der Verteidigung der freiheitlich-demokratischen Grundordnung mit der Waffe in der Hand einfach nicht angemessen seien.

Im vorliegenden Fall haben die Kritiker darüber hinaus noch die Möglichkeit, aus der Verflechtung des Berichtes über den Tod Georg von Rauchs mit zahlreichen Wortspielen und literarischen Erwägungen – vielleicht nicht einmal ernstgemeinten, sondern als Mystifikationsversuche anzusehenden – darauf zu schließen, daß es einem derartigen Text an dem nötigen Ernst fehle, wahrscheinlich also auch an wirklicher Anteilnahme am Schicksal des Getöteten, so daß nach dem Goethewort *Doch werdet ihr nie Herz zum Herzen schaffen, / Wenn es euch nicht von Herzen geht* auch vom Leser oder Hörer eines solchen Textes keinerlei Anteilnahme zu erwarten sei.

Es ist also vielleicht ratsam, wortspielhafte Abschweifungen wie *Schneidbarkeit* oder *Schreibarkeit* zurückzuweisen und – wenigstens vorläufig (ein Wort, das aber mit dem Leben vor den Läufen der Feuerwaffen von Polizei und Verfassungsschutz nichts zu tun hat) – bei dem ursprünglichen und literarisch viel ansprechenderen Text *Nach diesen Schüssen ist die Schneibarkeit größer geworden* zu bleiben. *Schneibarkeit* entspricht ja auch darin einer großen dichterischen Tradition, daß hier statt eines peinlich genau definierten Sinnes eher die leichte dichterische Anspielung waltet, die der Phantasie Flügel verleiht. *Schneibarkeit* ist ferner ein kühles, vielleicht sogar ein scheinbar kaltes und zugleich auch ein einigermaßen undurchsichtiges Wort, dessen Bildhaftigkeit aber dadurch noch größer wird, daß es zwar zunächst einige Einblicke zu gewähren scheint – wie man ja auch eine Strecke weit zwischen fallende Flocken hineinsehen kann –, aber doch keinen Durchblick gestattet, auch darin den Flocken ähnlich, die besonders bei größerer Dichte des Schneefalls weder Durchblick noch Aussicht gewähren, sondern alles verschleiern.

Um größere Dichte aber dürfte es sich in diesem Fall tatsächlich handeln – wenn die dichterische Freiheit der Ausdrucksweise hier noch ein wenig länger bestehenbleiben darf als etliche andere alte Freiheiten –, auch angesichts des Textes von *der größeren Schneibarkeit nach diesen Schüssen.*

Wenn die *Schneibarkeit* – ein dichterisches Wort – unter anderem dadurch größer geworden ist, daß nun manche Dichter wohlweislich lieber den Schneefall zum Anlaß neuer Wortschöpfungen nehmen, als den Todesfall zum Anlaß, von jenem Schuß so genau zu schreiben, wie dieser gezielt gewesen sein muß, um ins Auge zu gehen, so ist dies vielleicht nur das menschlich durchaus verständliche Bedürfnis, möglichst weit vom Schuß und dadurch womöglich überhaupt außer Schußweite zu bleiben. Daß ein solches Bedürfnis zusammenhängen kann, beweist folgender Vorfall. Als sich einige Tage nach dem tödlichen Schuß, der nach KHK Deters Angabe *durch das rechte Auge eingedrungen und hinten am Kopf wieder ausgetreten* war, vor dem Polizeirevier in der Kantstraße in Berlin einige Demonstranten versammelten und *Neubauer: Mörder!* riefen, sagte ein mit einer Maschinenpistole bewaffneter Polizist zu einem Pressefotografen: *Gehen Sie doch aus der Schußlinie! Sie sehen doch, was da los ist!*

Durch Einführung dichterischer Worte wie *Schneibarkeit,* die sich gleich Schneekristallen mit Tausenden ihresgleichen zu Flocken und mit Millionen Flocken zu einer weißen Decke vereinigen, die mitleidig alles verhüllt, anstelle einer weniger literarischen Form der Auseinandersetzung mit anschließenden Themenkristallen und in die Gedankenfabrik des Kopfes einschießenden Fäden, geht der Dichter nach solchen Ereignissen buchstäblich aus der Schußlinie und schafft so schon durch vorläufige Erhöhung seiner eigenen Lebenserwartung eine der Vorbedingungen für die Aufrechterhaltung einer lebendigen neuen Literatur, deren zeitlose Gegenstände der allgemeinen Anteilnahme sicherer sein können als etwa der Schuß aus einer Polizeipistole, nach dessen Schall und Rauch und Opfer man bald nicht mehr mit größerem Interesse fragen wird als nach dem Schnee vom vergangenen Jahr. Kurz, es gibt Umstände, unter denen die Rückkehr zu Zeitlosigkeit nicht nur zeitgemäß, sondern in hohem Maß an der Zeit ist.

Gewiß könnte man nun auch durch genauere Ortsangaben, wie in diesem Fall durch Hinweis auf die Eisenacher Straße – Ecke Fuggerstraße, und durch anschließenden Hochflug der dichterischen Phantasie in freien Assoziationen – eine einstweilen noch erhalten gebliebene Form der Assoziationsfreiheit – wieder manches zutage fördern. Wer dächte bei Fugger nicht an den Frühkapitalismus und bei dem Straßennamen nicht an seine Ehrung durch die Systemtreue der späten Nachgeborenen? Wem fiele zu Eisenach nicht die Wartburg ein, wo jener von den Bauern verehrte Reformator hauste, der nun – und nicht unberührt von der Meinung der Fürsten und Fugger – die aufständischen Bauern und alle, die ihnen treu geblieben waren, zum bösen Feind ummünzte und diesem sein Tintenfaß an die Wand warf? Oder wer dächte nicht an jenen noch weit hinter dem Bauernkrieg zurückliegenden Sängerkrieg, der auf der Wartburg deutsche Dichter zum Besingen edlerer Themen angehalten hat, als kleinere blutige Straßenzwischenfälle es sind, sie aber zugleich auch daran gemahnt hat, daß es ihnen nicht gestattet sein könne, wie Tannhäuser einfach zu tun, was ihnen beliebe?

Natürlich haben auch die schießenden Politischen Polizisten in Berlin nicht einfach getan, was ihnen beliebte. Sie haben nur von ihrem beträchtlichen Ermessensspielraum Gebrauch gemacht, der ja, etwa beim Näherkommen der verkleideten Verfassungsschützer, die Annahme des gleichfalls verkleideten KHM Schulz, in Notwehr zu handeln und um jeden Preis vorbeugen zu müssen, durchaus noch einschließt. Daß die Erschießung Georg von Rauchs daraufhin dennoch öfters *Vorbeugemord* genannt wurde, ein Wort, das sich schon eingebürgert hatte, als die Behörden drei Jahre zuvor den Begriff *Vorbeugehaft* verbreitet hatten, ist nicht zu leugnen. Fragt sich nur, ob die vorbeugende Wirkung der hier vorliegenden Erinnerungen, Wort- und Sprachspiele vom Tod eines Georg von Rauch und von dem Streit darum, ob dieser etwa als Mord oder Vorbeugemord zu bezeichnen sei, *ablenkt,* und ebenso von früheren oder späteren Tötungen, Notwehrhandlungen oder tödlichen Vorbeugeschüssen, wie immer man sie nennen mag, oder ob nicht im Gegenteil solche ernsthaften Spiele und Anspielungen in ihren Wendungen und Windungen aus Trauer, Klage, Anklage, Ablehnung und Auflehnung und mit ihrem bitteren Hohn und Spott immer wieder auf das große System hinweisen, das all diese Taten und Toten erzeugt. Damit hängt natürlich auch die Frage nach der Wirksamkeit einer literarischen Zwischenform zusammen, der wohlmeinende Ratgeber zwar einige Qualität nicht absprechen werden, aber nur, um darauf zu bestehen, daß wenigstens auf die Erwähnung der einzelnen Tötungen des Systems und auf die Nennung der einzelnen Todesschützen, Kurras, Salzwedel, Schulz und wie sie alle heißen mögen, ebenso wie der Namen der Getöteten, Ohnesorg, Rauch, Schelm, Weisbecker, Epple, Mac Leod, und der Fedayin und Sportler von Fürstenfeldbruck verzichtet werden müsse. Denn es sei der konkrete Aussagecharakter, der dieses Geflecht von Gedanken und Anklängen seiner dichterischen Bedeutung beraube, indem er es einem unliterarischen Zweck *unterordnen* wolle. Durch Verzicht auf diesen aber könne es an Gültigkeit, an Weiße und Weisheit – überhaupt an Schneibarkeit im eigentlichen Sinne des Wortes all das wiedergewinnen, was es an platter Verständlichkeit und unliterarischer Dienstbeflissenheit gegenüber einseitigen Tageszielen verliere.

Solche Ratschläge lassen jedenfalls ahnen, was unter Schneibarkeit zu verstehen ist. Die Mitteilung, daß die Schneibarkeit nach jenen Schüssen größer geworden sei, wird dadurch etwas weniger verwunderlich. Ob aber Anhänger einer von literarischer Reflexion mitbestimmten Form oder Zwischenform dadurch auch Anhänger der Schneibarkeit sind, ob sie eine literarische und gesellschaftliche Avantgarde oder die getreue Nachhut schöngeistiger Kulturgepflogenheiten sind, ja sogar was Avantgarde oder Nachhut hier überhaupt bedeutet, ob die Avantgarde sich Wortspielen ergibt, statt zu sterben, oder ob sie aus ihrer Praxis Kraft schöpft, zu jener Garde zu stoßen, die, wenn es sein muß, stirbt, doch sich nicht ergibt, das ergibt sich zuletzt jeweils daraus, wohin der Zug geht, den sie anführt oder behütet, wofür und wogegen gekämpft wird und wes Geistes Kinder oder Väter und Mütter die sein wollen, aus denen sie besteht.

Diesen Text habe ich zuerst in Bremen und Berlin vorgelesen, später im Theater in Hannover und schließlich über drei Rundfunksender. Die im Text enthaltenen Andeutungen über die Gefahren für einen kritischen Schriftsteller sind mittlerweile durch dieses Verfahren gegen mich zum Teil schon bestätigt.

Laut Anklageschrift vom 11. Oktober 1972 soll ich mit meinem Leserbrief im *Spiegel* vom 7. Februar 1972 *andere beleidigt* haben, indem ich – ich zitiere: *u.a. in Bezug auf die Berliner Polizei, insbesondere den Polizeibeamten Schulz, der am 4.12.1971 Georg von Rauch in Notwehr tödlich verletzte, ausführte:. . . Und Georg von Rauch, der weisungsgemäß die Hände hochhielt? Ihn hat Posser nicht einmal erwähnt, formal-juristisch mit Recht, in Wirklichkeit aber, da der Vorbeugemord an von Rauch mit zur Sache gehört, ... mit Unrecht.*

Wenn man statt der zehn Punkte meinen fehlenden Text einsetzt, heißt diese Stelle meines Leserbriefes: . . . *da der Vorbeugemord an von Rauch mit zur Sache gehört, in der Posser sich zum Kritiker über Böll aufwirft.* Schon diese eine in der Anklageschrift weggelassene Stelle zeigt, daß es mir in meinem Leserbrief nicht um die Beleidigung eines Polizeibeamten ging, sondern um die Verteidigung Heinrich Bölls gegen Dr. Possers Leserbrief. Für Heinrich Böll hatte ich nicht nur aus Solidarität Partei genommen, sondern weil seine mittlerweile berühmte Warnung im *Spiegel* vom 10. Januar 1972 vor der Menschenjagd und Menschenjagdatmosphäre dem Wesen nach dem entsprach, worum es mir schon lange in meinen literarischen Arbeiten und in meinen davon nicht gut trennbaren Äußerungen in der Presse, am Mikrophon und am Vortragspult gegangen ist. Hierzu der volle Text meines Leserbriefes im *Spiegel* vom 7. Februar 1972:

Sogar ein Diether Posser wird fadenscheinig, wenn er sich mit einem Staat unserer Spielart und seinen tatkräftigen Dienern identifiziert. Zwar formuliert er trotz institutionsgläubigem Staatsoptimismus fachmännisch, das heißt juristisch abgesichert, aber seine Argumente, die er für sachlich hält, sind verdinglicht, entfremdet.

Der von ihm kritisierte Heinrich Böll ist feinfühliger, ehrlicher. Hätte je Böll Horst Mahlers Freispruch als Beweis für »faire« Justiz angeführt und dabei, wie Posser, zu erwähnen vergessen, daß Mahler auch nach dem Freispruch nicht freigelassen wurde? Das ist juristisch irrelevant, menschlich nicht. Auch etwas wie Possers langen (hier gekürzten) Satz »Die Polizeibeamten . . . handeln im Auftrag der im Staat organisierten Rechtsgemeinschaft unseres Volkes« hätte Böll höchstens geschrieben, um den ewig ähnlichen Staatsgesinnungsschwulst vor, unter und nach Hitler damit zu parodieren, aber doch kaum in vollem Ernst! Wurde auch Petra Schelm »im Auftrag der im Staat organisierten Rechtsgemeinschaft unseres Volkes« durch den Kopf – statt etwa durch die Hand geschossen? Und Georg von Rauch, der weisungsgemäß die Hände hochhielt? Ihn hat Posser nicht einmal erwähnt, formaljuristisch mit Recht, in Wirklichkeit aber, da der Vorbeugemord an von Rauch mit zur Sache gehört, in der Posser sich zum Kritiker über Böll aufwirft, mit Unrecht.

Erkennt denn Posser seine Staats- und Rechtsgemeinschaftsdefinition wirklich nicht als solipsistisch, als Versuch, etwas der kritischen Fragestellung zu entziehen, indem er es wie ein Axiom in die Prämisse einschmuggelt? NRW-Minister Possers Voraussage fairer Prozesse, Frau Meinhof brauche nichts zu fürchten und so weiter, hat etwas vom Kindheitszauber der heilen Welt. Man sollte sie sich gut aufheben, dann kann man seine beruhigenden Prophezeiungen eines Tages vielleicht mit der Wirklichkeit vergleichen. Auch ich wurde einmal, als ich in zwei SWF-Sendungen gegen die völlige Kriminalisierung Ulrike Meinhofs und ihrer Freunde und gegen die offiziellen Menschenjagdlosungen und Weltkriegsvergleiche protestierte und als Folge solcher Methoden Tote auf beiden Seiten voraussagte, von Juristen und Optimisten zur Ordnung gerufen.

Die Toten gibt es jetzt. Ich fürchte, es werden mehr werden.

Aus diesem Text wird klar, daß es nicht meine Absicht war, den Polizeibeamten Schulz zu beleidigen, obwohl mein Brief außer der Erwiderung auf Herrn Dr. Posser in Sachen Heinrich Böll natürlich auch ein gut Teil Kritik an den auch von Böll kritisierten Zuständen, nämlich an der Menschenjagdatmosphäre und tatsächlichen Durchführung dieser Jagd auf Menschen, enthält, die etwas später Herr Horst Herold, Leiter des Bundeskriminalamts, zu meinem Entsetzen als *unsere Volksfahndung* bezeichnete. Solche Kritik aber ist freie Meinungsäußerung.

Solche Meinungsäußerung soll überhaupt erst die Vorbedingungen für sachliche politische Auseinandersetzungen schaffen helfen und so bessere menschliche Beziehungen und Lebensformen vorbereiten helfen. Solchen Zielen ist ein großer Teil meines literarischen Arbeitens gewidmet.

Im Schriftsatz von Herrn Dr. Senfft heißt es:

Im übrigen muß auch berücksichtigt werden, daß der Leserbrief von Erich Fried nicht isoliert dasteht, sondern eingebettet in das Für und Wider anderer Meinungen, sowohl in dieser Ausgabe des »Spiegel« als auch in den vorangegangenen und in der gesamten deutschen Presse.

Dem schließe ich mich natürlich an, aber ich möchte da besonders auf einen Leserbrief von mir hinweisen, den ich zwei Wochen zuvor im *Spiegel* veröffentlicht hatte, am 24. Januar 1972, und in dem ich auf den *Spiegel*-Artikel *Polizei: Feuer eröffnet* über den

Tod von Georg von Rauch Bezug nahm. Diesen Leserbrief hatte ich am 10. Januar 1972 an den *Spiegel* abgeschickt, genau an dem Tag, an dem der *Spiegel* Heinrich Bölls berühmte Warnung vor der Menschenjagdatmosphäre veröffentlichte. Diese Veröffentlichung war mir in London an dem Tag natürlich noch nicht bekannt, aber meine Motive waren wohl nicht sehr verschieden von denen der Böllschen Warnung.

Daß dieser mein Leserbrief im *Spiegel* vom *24. Januar* vom Strafantragsteller nicht erwähnt, sondern mit Stillschweigen übergangen wurde, ist um so merkwürdiger, als ich schon das Wort *Vorbeugemord* gebraucht hatte. Mein Leserbrief lautet:

Heinz Kaschke, FDP-Mitglied im Sicherheitsausschuß des Berlin-Parlaments, der den vermutlichen Vorbeugemord an Georg von Rauch aufklären (oder wegerklären?) soll, hat in einer Hinsicht unrecht mit seinen Worten: »Das ist doch alles völlig irrsinnig. Da sieht ja keiner mehr durch.« Mindestens eines ist deutlich zu sehen: Politische Polizei und Verfassungsschutz, beide in Zivil, ja verkleidet, zur Jagd auf dieselben politisch Verdächtigen anzusetzen, ohne daß beide voneinander wissen, ist verbrecherische Dummheit. Nicht nur von Rauch wurde Opfer dieses blutigen Schildbürgerstreichs, als das Näherkommen von drei Unbekannten (nämlich Verfassungsschützern) Kriminalhauptmeister Schulz allem Anschein nach veranlaßte, seinen Mann lieber zu erschießen, als dessen Befreiung oder Flucht zu riskieren. Nein, Polizei und Verfassungsschutz mußten fast unvermeidlich aneinandergeraten! Hatte ihre Schießkunst nicht nur gerade gereicht, um einen Wehrlosen, der stillhielt, aus zwei Meter Entfernung ins Auge zu treffen, so gäbe es jetzt auch tote Polizisten und Verfassungsschützer. Wie lange soll diese Mischung aus Lügen, gesteuerter Hysterie, Dummheit und Menschenjagd noch geduldet werden?

Aus diesem Text geht meines Erachtens klar hervor, was ich angreife: Zustände, die mir unmenschlich und menschenunwürdig scheinen; das Verhalten behördlicher Stellen, die ihre Leute mit einem verzerrten Feindbild ausschicken, ohne sie auch nur voneinander zu informieren, so daß sie für einander und für in Schußweite befindliche Mitmenschen zu einer Lebensgefahr werden. Ebenso klar wird, daß es nicht meine Absicht war, den Polizeibeamten Schulz zu beleidigen. Und nicht nur nicht meine *Absicht,* sondern es wäre eine sehr merkwürdige Phantasie nötig, um meinem Text eine Beleidigung gegen Schulz zu entnehmen.

Mein Leserbrief im *Spiegel* vom 24. Januar 1972 zeigt nicht nur, daß ich nicht auf *Beleidigung* des Polizisten aus war, sondern daß ich, bei aller Kritik und Polemik gegen die Zustände, auch an Leben und Gesundheit von Polizisten und Verfassungsschützern dachte und an die Unzumutbarkeit ihrer gegenseitigen Gefährdung. Worauf sonst zielten meine Ausdrücke wie »verbrecherische Dummheit«?

Warum hat der Strafantragsteller nur meinen zweiten Brief zitiert? Zwar glaube ich, daß auch mein zweiter Brief *allein* nicht beleidigend ist, doch glaube ich, daß der Leser, der die Sache Georg von Rauch im *Spiegel* verfolgt, um sich seine Meinung zu bilden, nicht nur den zweiten Leserbrief, sondern auch schon den vorhergegangenen *Spiegel*-Bericht und meinen ersten Leserbrief mit in Betracht ziehen muß.

Freilich könnte man, wenn man unbedingt will, einwenden, ich bringe hier zwar Argumente vor, daß ich nicht *beabsichtigt* habe, den Polizeibeamten Schulz zu beleidigen, aber selbst eine *unbeabsichtigte Beleidigung* sei immer noch eine *Beleidigung*. Beleidigt aber hätte ich ihn, indem ich ihn, wenn auch indirekt, *Mörder* genannt hätte, und bezeichnend sei auch, daß er sich von mir beleidigt *fühle*. Zur Sache, zum Wesen der Sache, gehört aber, daß ich nicht *Mörder* oder *Vorbeugemörder* geschrieben habe, sondern *Vorbeugemord*. Aber treibe ich da nicht sophistische Wortklauberei? Denn ohne Mörder kein Mord, könnte man gegen mich einwenden.

Ich glaube aber, daß unter anderem mein Leserbrief im *Spiegel* vom 24.1.1972 diesen Einwand widerlegen kann. Wem gilt dort das Gewicht meines Angriffs? Etwa dem Polizeibeamten Schulz? Nein, keineswegs, sondern dem Wirrwarr, in dem zwei gewaltige Institutionen, Polizei und Verfassungsschutz, dadurch, daß sie auf der gleichen Menschenjagd sind, aneinandergeraten und Amok zu laufen beginnen. In dieser Verdinglichung und Entfremdung entfesselter Institutionen, die ihre eigenen Befehlsempfänger teils übereinander, teils über die Menschen auf der anderen Seite ungenügend und falsch informieren, sah ich die *verbrecherische Dummheit* und das eigentlich *Mörderische*.

Vor einigen Tagen hat mich Pastor Paul Östreicher in London, ein namhafter Pazifist, der auch durch den Weltkirchenrat, durch Amnesty International und so weiter bekannt ist und sich für den Fall Georg von Rauch auch im Zusammenhang mit dem später in der Bundesrepublik erschossenen Schotten Ian MacLeod interessiert, über den Fall befragt. Paul Östreicher hat mehr als einmal

Krieg als *organisierten Mord* bezeichnet. Aber die gleiche Menschenliebe, die ihn zum Pazifisten und Kämpfer gegen Ungerechtigkeit macht, würde ihn davon abhalten, den einzelnen Soldaten deshalb einen Mörder zu nennen. Ähnlich hier: Wie ich die Sache sehe, war der Polizeibeamte Schulz selbst nur ein Rädchen in diesem Getriebe. *Mörderisch* war das entfesselte *Getriebe* unvergleichlich mehr als der einzelne Beamte, der in die gräßliche Lage kam, zum Todesschützen zu werden.

Allerdings glaube ich auch, man darf über dem mitmenschlichen Erbarmen für den Polizeibeamten, der sich beleidigt fühlt, nicht den Jammer um Georg von Rauch und andere Tote vergessen, und auch nicht die notwendige scharfe Kritik, die verhindern helfen soll, daß noch viele so sterben müssen.

Mein Leserbrief im *Spiegel* vom 7. Februar 1972, dessentwegen Herr Polizeipräsident Hübner Strafantrag gegen mich gestellt hat, endet mit den Worten: *Die Toten gibt es jetzt. Ich fürchte, es werden mehr werden.* Es sind bekanntlich seither mehr geworden, zum Beispiel der siebzehnjährige Lehrling Richard Epple, der mit der Baader-Meinhof-Gruppe, der RAF, so wenig zu tun hatte wie der erschossene Schotte MacLeod, von dem ebenso wie von Georg von Rauch zunächst behauptet wurde, er habe eine wesentliche Rolle bei der Roten Armee Fraktion gespielt, eine Behauptung, die in beiden Fällen zurückgenommen werden mußte, als von Rauch und MacLeod tot waren.

Darf ich Ihnen einen Augenblick versichern, daß es für einen deutschen Schriftsteller keine reine Freude war, nach der Erschießung MacLeods in England mit Engländern diskutieren zu müssen. Mich erinnerte das von ferne an meine Flüchtlingszeit in London, im Zweiten Weltkrieg, als wir uns bemühten, den Engländern immer wieder zu versichern, Hitler und die Deutschen seien nicht einfach ein und dasselbe. Sie haben wahrscheinlich keine Ahnung, wie furchtbar diese ganze Baader-Meinhof-Menschen-Jagd auf englische Intellektuelle, die davon wußten, gewirkt hat, und wie man aufgeatmet hat, als wenigstens Heinrich Böll dagegen protestierte. Und nicht zuletzt deshalb finde ich die Aufrechterhaltung des Strafantrags durch Polizeipräsident Klaus Hübner *jetzt,* nach allem, was mittlerweile weiter an Erschossenen zu verzeichnen ist, geradezu grotesk, um nicht zu sagen, von allen guten Geistern verlassen!

Die Frage, die in London aus Anlaß dieses Strafantrags gestellt wurde, von Pastor Paul Östreicher und anderen, Schriftstellern, Akademikern, Parlamentsmitgliedern, lautete: Soll so eine Beleidigungsklage nicht in Wirklichkeit das kritische Beim-Namen-Nennen von Sachverhalten verhindern? Diese Frage beschränkte sich nicht nur auf meinen Fall und auf die unvergessenen Äußerungen deutscher Behörden nach der Erschießung des britischen Staatsbürgers MacLeod, sondern es war auch bekannt geworden, wie politische Untersuchungsgefangene durch Isolation, durch sensorische Deprivation und Wasserentzug bei Hungerstreik behandelt werden. Außerdem ist auch bekannt geworden, daß die bisher unter Rechtsschutz stehende Verteidigerpost dieser Gefangenen beschlagnahmt und durchgeschnüffelt wurde, womit offenbar auch ein Schlag gegen Verteidiger geführt werden soll, die gegen solche Zustände anzukämpfen versuchen. Gleichzeitig wurde bekannt, daß irgendein Minister jeden mit Strafverfolgung bedroht hat, der es wagt, in diesem Zusammenhang von Folter zu sprechen. Und das alles wurde ausgerechnet in *dem* Augenblick bekannt, in dem *Amnesty International* gerade zur Untersuchung der Haftbedingungen politischer Gefangener eine Untersuchungskommission in die Bundesrepublik schickte.

Oder, daß der auch in England bekannten Theologin Dorothee Sölle ein Besuchsantrag bei einem der Baader-Meinhof-Gefangenen abgelehnt wurde, weil sie in einer Predigt auf dem Kirchentag dazu aufgefordert hatte, auch für die politischen Gefangenen zu beten, mithin nicht unbefangen sei... Was glauben Sie, was man sich in England – und nicht nur dort – über solche Ereignisse denkt?

Oder meinen Sie, daß man so einen Ablehnungsbescheid für Frau Sölle oder die Strafdrohung eines Ministers für das *Beim-Namen-Nennen* dieser Behandlung Gefangener und den Strafantrag des Polizeipräsidenten Klaus Hübner gegen mich wegen meiner willkürlich aus ihrem Zusammenhang gerissenen Äußerung zur Erschießung Georg von Rauchs nicht zu einem Gesamtbild zusammenfaßt?

Weder Paul Östreicher noch ich gehören zu jenen Hitleropfern, die aus dem, was sie damals erleben mußten, heute Sonderrechte oder Sonderbegünstigungen ableiten wollen. Aber man kann nichts dafür, daß einen diese damaligen Erfahrungen später hellhörig machen und allergisch gegen gewisse Worte, Praktiken und Methoden.

Im ersten Schreiben der Staatsanwaltschaft an mich wurde zu dem Wort *Vorbeugemord* die Frage aufgeworfen, ich könne mich *äußern, insbesondere, ob die beanstandete Formulierung* von mir *stammt*. Nein, sie stammt *nicht* von mir. Seit bundesdeutsche Behörden das Wort Vorbeuge*haft* in Umlauf gesetzt hatten, also etwa seit der Zeit der Kontroverse um die Notstandsgesetze, 1968, habe ich den offenbar parallel dazu gebildeten Terminus *Vorbeugemord* des öfteren gehört und auch gelesen, immer als politisch-polemisches Wort. Ein Plakat habe ich mir damals von einem Freund schenken lassen. Er hat es aus der Gegend von Kassel. Ich zeige es hier vor. (Plakat mit den Worten: *Vorbeugehaft ist gut – Vorbeugemord ist besser,* und mit den Bildern von Karl Liebknecht und Rosa Luxemburg.)

Zur Sache gehört auch die Erwägung, was es mit dem Wort *Vorbeugemord,* wie ich es verwendet habe, für eine Bewandtnis hat. In einem Katalog von Straftaten ist es natürlich nicht zu finden. Sie werden mir wahrscheinlich zustimmen, daß ich mich hier nicht zu verteidigen hätte, wenn ich statt Vorbeuge*mord* etwa Vorbeuge*tötung* gesagt hätte. Woher in meiner Wortwahl das Wort *Mord* kommt, daß es der Herkunft nach *nicht der Person des Todesschützen* anhaftet, sondern den *Institutionen,* die ihn in diese Lage brachten, habe ich schon erklärt. Aber was sagen die ersten drei Silben *Vorbeuge*? Das macht besonders mein erster Leserbrief, aber auch mein Prosatext, *Die Schneibarkeit,* klar. *Vorbeuge* heißt hier, daß der Polizeibeamte Schulz zu seinem Schuß dadurch veranlaßt wurde, daß er glaubte, verschiedenen Möglichkeiten *vorbeugen* zu müssen, nämlich entweder der Flucht oder dem Befreitwerden seiner Gefangenen, deren einer Georg von Rauch war, oder auch der Vereinigung mehrerer Gegner, denn als solche sah er die drei Verfassungsschützer an, die auf ihn zukamen.

Und – sonderbar – andere, die ganz uneingeschränkt *Mord* gesagt haben – sogar ohne »Vorbeuge-« – wie mein alter Exilkollege Robert Neumann in einem Beitrag in der *Zeit* hier in Hamburg, Nummer 45 des Jahres 1972, unter dem Titel *Wir Unterwanderer – Böll, Bornemann, Schönherr, Zwerenz und ich* sind nicht angeklagt worden; aber ich wurde angeklagt.

Robert Neumann hat geschrieben: *Böll hat, drei Tage nach der Ermordung des völlig unbeteiligten von Rauch durch die hysterisierte Polizei, um die »Gnade« gebeten, daß man die Baader-Meinhof-Leute nicht blind-hysterisch abknallen... möge.*

Ebenso hat der Vorstand des Republikanischen Clubs e.V. in Westberlin am 5. Dezember 1971, also einen Tag nach der Erschießung Georg von Rauchs, einen Rundbrief verschickt, in dem es heißt:

Die von der Westberliner Polizei seit Freitag mit bereitwilliger Unterstützung der Westberliner Presse inszenierte Hetzjagd gegen die sog. Baader-Meinhof-Gruppe hat ihr erstes Opfer gefunden: Georg von Rauch ist von der Polizei ermordet worden.

Weder Robert Neumann noch dem Vorstand des Republikanischen Clubs wurde für diese Feststellungen, die an Schärfe weit über meine Äußerungen hinausgehen, ein Prozeß gemacht. Ich will damit natürlich keineswegs dazu auffordern, gegen Neumann, den Republikanischen Club, deren kritische Motive ich teile und für wesentlich halte, vorzugehen.

Nun zur Frage des Sich-beleidigt-Fühlens. Wenn es mir oder irgendeinem von uns hier widerfahren wäre, einen Menschen vom Leben zum Tode zu bringen, so wären wir dann wahrscheinlich einigermaßen überempfindlich und könnten uns unter Umständen daher *auch zu Unrecht* beleidigt fühlen, wenn das Wort *Mord* fällt, sei es auch in einem zusammengesetzten Substantiv. Eine solche Überempfindlichkeit kann vielleicht nicht einmal durch einen Gerichtsentscheid, man habe in Notwehr gehandelt, geheilt werden und ist psychologisch sehr gut verständlich. Aber es wäre dennoch sehr ungerecht, auf Grund dieser Überempfindlichkeit die freie Meinungsäußerung anderer Menschen beeinträchtigen zu wollen. Gerade für Menschen in *Deutschland* ist *das* eine besonders wichtige Frage. Ich habe in meinem Gedichtband *Anfechtungen* (Berlin, 1967, Wagenbach) dazu unter dem Titel *Taktfrage* geschrieben:

Im
Haus
des
Gehenkten
darf
man
vom
Strick
nicht
reden
weil
jetzt
sein
Henker
dort
im
Ruhestand
lebt

Es geht aber meines Erachtens hier gar nicht nur um mich, sondern um die Abwehr der Gefahr, daß ein Kritiker, der sich bei den Kritisierten mißliebig gemacht hat, in der Freiheit seines Rechtes, ja vielleicht seiner schriftstellerischen Pflicht der Kritik beeinträchtigt, verfolgt oder eingeschüchtert werden könnte. Diesen Prozeß habe *ich* nicht angestrebt. Da ich aber angeklagt werde, stehe ich nicht für mich allein hier.

Zweitens bitte ich um Verständnis dafür, daß ein Schriftsteller oft gezwungen ist, als Beweis für seine Haltung auf seine Schriften zu verweisen.

Das möchte ich hier in Anspruch nehmen, denn wenn einige meiner Äußerungen bitter sind, aus Trauer über den Zustand unserer Zivilisation, ihrer Institutionen und Menschen, so könnte man diese Bitternis leicht mit Zynismus verwechseln.Ein solches Mißverständnis könnte Ihren Glauben an die Ehrlichkeit meiner Argumente erschüttern.

Sie könnten zum Beispiel annehmen, daß es mir in meinem Leserbrief im *Spiegel* nur um das Leben von Georg von Rauch zu tun gewesen sei, nicht wirklich auch um das Leben der Polizisten und Verfassungsschützer, sondern daß ich das nur aus Effekthascherei in meinen Leserbrief eingebaut habe.

Dagegen möchte ich Ihnen einen Indizienbeweis vorlegen: Im Belsenprozeß 1945 gegen das Lagerpersonal des KZ's Bergen-Belsen wurde zusammen mit den anderen auch die zweiundzwanzigjährige Irma Grese verurteilt und vor Weihnachten in Hameln gehenkt. In seiner Zusammenfassung sagte der englische Richter von ihr, die Tatsache, daß sie im Alter von fünfzehn Jahren gegen den Willen ihrer Eltern, tiefreligiöse Bauersleute, dem BDM beigetreten sei, zeige schon die ganze Verderbtheit und Verworfenheit ihres Charakters.

Nicht nur mein Abscheu vor der Tötung eines jungen Menschen im Namen der öffentlichen Ordnung, sondern auch meine Empörung über eine Justiz, die von der Pubertätsrebellion eines jungen Mädchens (die die Nazi-Staatsjugendorganisation sich dann zunutze machte) offenbar keine Ahnung hatte, veranlaßte mich damals, über die Hinrichtung folgendes Gedicht zu schreiben:

Soldaten der Freiheit haben den Galgen gebaut,
Mühelos haben sie einen Henker gefunden,
Und dann standen sie und henkten sechseinhalb Stunden.
Zuletzt hat ihnen wahrscheinlich nicht mehr gegraut.

Schwer muß der Anfang gewesen sein, mit den Frauen,
Besonders eine von ihnen war schön und mutig und jung.
Aber dann später kamen sie sicher in Schwung
Und faßten zu ihren Händen wieder Vertrauen.

Vor Weihnachten, wenn sonst das Schweineschlachten beginnt,
Ist das geschehen, in Hameln, im Jahre des Sieges,
Kurz nach Ende des Großen Gerechten Krieges.
In Hameln herrschte schon Hunger und kalter Wind.

Hameln ist eine Stadt im westfälischen Land,
Dort stand der Galgen, dort liegen die armen Sünder.
Durch seinen Rattenfänger und viele verlorene Kinder
War der Ort schon zuvor seit alters bekannt.

Erschienen ist dieses Gedicht in Hamburg, in meinem Roman *Ein Soldat und ein Mädchen.*

Ich hoffe, durch dieses Beispiel mindestens eines klar gemacht zu haben: Wenn ich selbst bei Todfeinden, wie dem Lagerpersonal der KZs Hitlers, die meine Freunde und Verwandten umgebracht haben, zwischen Kampf gegen das System und Verhalten gegenüber dem einzelnen, durch dieses System mitschuldig gewordenen Menschen auf der anderen Seite *so* unterscheide, um wieviel weniger werde ich bei einer solchen Grundhaltung zynisch, unbekümmert und beleidigend einem Polizeibeamten Schulz gegenüber reagieren? Sogar gegen Nazis versuchte ich immer nach besten Kräften *ohne* Gehässigkeit, ohne Zynismus zu kämpfen, eingedenk der Warnung Bertolt Brechts:

Dabei wissen wir doch:
Auch der Haß gegen die Niedrigkeit
Verzerrt die Züge.
Auch der Zorn über das Unrecht
Macht die Stimme heiser. Ach, wir,
Die wir den Boden bereiten wollten für Freundlichkeit,
Konnten selber nicht freundlich sein.

Nun könnte man vielleicht gegen mich einwenden: Ja, aber vielleicht hat sich Frieds Grundhaltung in den letzten Jahren, in denen er sich mit Rudi Dutschke solidarisiert und mit Professor Gollwitzer gemeinsam gegen den Vietnamkrieg gesprochen hat, eben geändert?

Ich versichere Ihnen, sie hat sich nicht geändert und ist übrigens auch die Grundhaltung Professor Gollwitzers und Rudi Dutschkes. Daß es *meine* Grundhaltung geblieben ist, mögen einige Zeilen aus meinem letzten Buch beweisen, dem Gedichtband *Die Freiheit, den Mund aufzumachen,* der im Herbst 1972, also *nach* meinen zur Debatte stehenden Leserbriefen an den *Spiegel,* in Berlin, im Verlag Klaus Wagenbach, erschienen ist. Das sind engagierte Gedichte, denen es zum Teil um Kritik und Selbstkritik *innerhalb* der Linken geht. Eines heißt:

Not kennt kein Gebot

Heute haben wir leider
für Feinheiten
keine Zeit

sagte einer
den ich schon vor Jahren
als Grobian kannte.

Und ein anderes setzt sich mit der Dialektik des Pazifismus auseinander:

Gewaltloser Verzicht auf Gewaltlosigkeit

Es ist falsch
auf die Steiniger
keine Steine zu werfen
Nicht zum Zeitvertreib
trieb Jesus
die Wechsler aus
Er sagte
»Ihr habt aus dem Haus
eine Mördergrube gemacht«
Aber wer wirft den ersten Stein
auf einen
der keinen Stein wirft?

Ich glaube, das sind genug Beispiele dafür, daß diese unzynische, um Verständnis des Andersdenkenden und auch noch im politischen Kampf um die Vermeidung der entmenschenden Entfremdung bemühte Haltung meine Grundhaltung ist. Nur das vom Dritten Reich ererbte *Feindbild,* das hierzulande jeden Linken bis zur Unkenntlichkeit verzerrt, läßt die Frage nach der Vereinbarkeit einer solchen Haltung mit meinen politischen Anschauungen überhaupt aufkommen.

Zuletzt bleibt mir die leichtere Aufgabe, Ihnen einige ganz unmittelbar zur Sache gehörige Informationen vorzulegen.

Meine Meinung über die Umstände des Todes von Georg von Rauch habe ich mir an Hand der Berichterstattung im *Spiegel,* außerdem des zuvor erwähnten Rundschreibens des *Republikanischen Clubs,* Westberlin, vom 5.12.1971, ferner der Berichterstattung der Westberliner Zeitung *Berliner Extradienst* über den Fall, ebenso wie der *Frankfurter Rundschau,* gebildet. Dazu kam – laut meinen Notizen – noch eine am 17.12.1971 vom *Solidaritätskomitee Georg von Rauch* veröffentlichte Schrift: *Wie starb Georg von Rauch?* Es war mein gutes Recht, mir auf Grund dieser Quellen ein Bild zu machen.

Es war auch, davon bin ich überzeugt, mein gutes Recht, den Erklärungen der Berliner Polizei zum Tod Georg von Rauchs mit äußerstem Mißtrauen zu begegnen. Schon weil diese Erklärungen sich bekanntlich mehrfach widersprachen. Zuerst hat die Polizei erklärt, Georg von Rauch sei wahrscheinlich bei einem Schußwechsel der Polizei mit Politgangstern aus Versehen von *eigenen Tatgenossen* erschossen worden. Die Polizei erklärte auch, er habe zum »harten Kern der Baader-Meinhof-Gruppe« gehört, sonst würde er heute noch leben.

Beide Behauptungen mußten nach wenigen Tagen zurückgenommen werden. Die ursprünglich nur von Linken wie *Rote Hilfe, Extradienst* und *Republikanischer Club* und vom Ermittlungsausschuß und Rechtsanwaltkollektiv in Berlin verbreitete Behauptung, der Polizeibeamte Hans-Joachim Schulz habe Georg von Rauch erschossen, erwies sich als *richtig.* In der Anklage gegen mich heißt es wörtlich: *insbesondere bezüglich des Polizeibeamten Schulz, der am 4.12.1971 Georg von Rauch in Notwehr tödlich verletzte.*

Über den Polizeibeamten Hans-Joachim Schulz wurden ebenfalls von Berliner behördlichen Stellen einander widersprechende Nachrichten verbreitet. Anfangs konnte man Schulz nicht vernehmen, weil er selber durch einen Bauchschuß schwer verletzt sei. Erst am 6. Dezember 1971 korrigierte sich dann die Polizei: Der Bauchschuß war lediglich ein Streifschuß in der Leistengegend.

Der *Spiegel,* (Nummer 53, 1971) sagt dazu: *Merkwürdig mutet an, daß der leichtverletzte Beamte 72 Stunden gebraucht haben soll, um sich von seinem »Schock« (Kripo) zu erholen, ehe er zum Tathergang befragt wurde.*

Demselben *Spiegel*-Artikel verdanke ich auch folgende Stellen: *Schuld an diesem Wirrwarr, so befanden Berlins Freidemokraten, trage letztlich Hübner-Chef Neubauer, dessen Beamten »durch sporadische Veröffentlichung von Teilwahrheiten Unsicherheiten gesät«* hätten. Und der *Spiegel*-Artikel schließt damit, daß Heinz Kaschke, Mitglied des Sicherheits-Ausschusses des Berlin-Parlaments, zu den Umständen von Georg von Rauchs Tod zitiert wird: *Das ist doch völlig irrsinnig. Da sieht ja keiner mehr durch.* Zwischendurch wurde auch behauptet, Hans-Joachim Schulz habe geschossen, weil er in der Hand Georg von Rauchs plötzlich eine Pistole gesehen habe. Auch das fand ich merkwürdig, nicht nur, weil Rauch bei der unmittelbar vorausgegangenen polizeilichen Durchsuchung *keine* Schußwaffe bei sich hatte, sondern auch, weil er, obwohl er selbst offenbar einen Bruchteil einer Sekunde später erschossen wurde, anscheinend noch Zeit gefunden haben muß, diese Pistole unauffindbar zu verstecken. Sie war später nicht mehr vorhanden.

Aus all dem dürfte verständlich sein, daß ich den behördlichen widersprüchlichen Darstellungen weniger Glauben schenkte als dem *Spiegel,* dem Berliner *Extradienst* und dem Ermittlungsausschuß und dem Rechtsanwaltkollektiv in Berlin. Deshalb dürfte es auch verständlich sein, daß ich schwerste Zweifel an der Glaubwürdigkeit des Zeugen Hans-Joachim Schulz anmelden muß, erstens wegen der bisherigen offenkundigen Widersprüche und Unwahrheiten oder irreführenden sporadischen Teilwahrheiten der Berliner Behörden in dieser Sache, wobei auch Schulz als untergeordneter Teil dieser Behörden mit im Spiel war; zweitens auf Grund des dienstlichen Abhängigkeitsverhältnisses des Polizeibeamten Schulz von Polizeipräsident Hübner und, mittelbar, von Innensenator Kurt Neubauer. Ich möchte aber ausdrücklich feststellen, daß meine Zweifel an der Glaubwürdigkeit des Zeugen Schulz nur durch diese Umstände bedingt sind und keine *persönliche* Verdächtigung darstellen. Wir haben erst vor wenigen Wochen, in den Presse- und Fernsehberichten über das Verhör der Sekretärin Präsident Nixons in der Sache der Watergate-Tonbänder, erlebt, wie gerade die sogenannten guten Eigenschaften eines Angestellten, Treue, Loyalität, Hilfsbereitschaft gegenüber dem Dienstherren, zu sonderbaren Verzerrungen seiner Zeugenaussagen führen können. Außerdem steht der Zeuge Schulz psychologisch unter schwerem Rechtfertigungsdruck, und dieses Verfahren muß für ihn weit qualvoller sein als für mich.

Die Behauptung in der Anklageschrift gegen mich, Schulz habe Georg von Rauch *in Notwehr* erschossen, oder, in den Worten der Anklageschrift, *tödlich verletzt*, erfordert auch eine Erklärung zur Sache. Erstens, daß dieser Gerichtsentscheid, der Schulz Notwehr bescheinigte, damals, als ich meine Leserbriefe im Spiegel veröffentlichte, noch nicht erfolgt war. Zweitens, daß ich gegen die üblichen Notwehr-Plädoyers von Polizeitodesschützen skeptisch bin.

Mein Informant zum Thema Freispruch von Gewaltträgern staatlicher Institutionen wegen Notwehr oder mit der Begründung *auf der Flucht erschossen* war Generalstaatsanwalt Fritz Bauer aus Frankfurt, den ich leider nicht als Zeugen laden konnte, weil er tot ist, der mir aber kurz vor seinem Tod, zur Zeit der Auseinandersetzungen um die Notstandsgesetze, viel darüber gesagt hat. Was er mir sagte, das deckt sich im wesentlichen mit seinen Ausführungen, die in der *Streit-Zeitschrift,* Heft VI, 2, September 1968, Herausgeber Horst Bingel, Frankfurt, erschienen sind, unter der Überschrift: *Auf der Flucht erschossen und Fritz Bauer antwortet.* Generalstaatsanwalt Bauer klagt da zunächst über die Schwierigkeit, gegen polizeiliche Todesschützen in solchen Fällen überhaupt ein Verfahren aufzunehmen. Ich zitiere: *Die Staatsanwälte hielten den Schußwaffengebrauch für rechtens. Mit Ach und Krach fand sich ein Oberstaatsanwalt, der Anklage wegen fahrlässiger Tötung erhob. Die Polizeibeamten wurden freigesprochen. Auch die Öffentlichkeit stand auf ihrer Seite und jammerte über die Humanitätsduselei einer anklagenden Staatsanwaltschaft.*

Im zweiten Teil seiner Ausführungen antwortet Fritz Bauer auf Winfried Haug und fragt unter anderem: *Billigt Haug die polizeiliche Erschießung von wirklich oder vermeintlich demonstrierenden Studenten wie Benno Ohnesorg, von wirklichen oder vermeintlichen Dieben, von flüchtenden Gefangenen? Handelt der Staat diesfalls nach richtigen Maßstäben? Sein oder Nichtsein der Betroffenen, das ist die Frage.* Und Fritz Bauer meint schließlich: *Die Würde des Menschen, die das Grundgesetz für unantastbar erklärt... meint zwangsläufig zunächst das Recht auf Leben, ohne das die übrigen Rechte Schall und Rauch bleiben...*

Ich habe erst vor wenigen Tagen mit Herrn Professor Dr. Georg von Rauch in Kiel, dem Vater des erschossenen Georg von Rauch, gesprochen, und seine Ansichten über Notwehr-Freisprüche polizeilicher Todesschützen entsprechen offenbar denen Generalstaatsanwalts Fritz Bauer. Er teilte mir auch mit, er hätte nach Ablehnung seiner Strafanklage gegen den Polizeibeamten Schulz noch ein *Erzwingungsverfahren* eröffnen können, hätte das auch gern getan, aber die Kosten wären wohl unerschwinglich gewesen, und seine Anwälte hätten ihm davon abgeraten, weil erfahrungsgemäß ein derartiges Verfahren gegen einen Polizisten wenig Aussicht habe.

Erlauben Sie mir, hierzu in eigener Sache zu sagen, daß ich es höchst ungerecht finde, daß Herr Polizeipräsident Hübner gegen mich auf Kosten deutscher Steuerzahler prozessieren kann, ohne jedes finanzielle Risiko seinerseits, ich mich aber auf eigenes Risiko und eventuell auf eigene Kosten verteidigen muß, ebenso wie Professor Georg von Rauch finanziell gegenüber einer großen Institution in seinem Streben nach Recht benachteiligt war. Ich weiß, das ist üblich, nicht nur in Deutschland. Gut, daß die Worte *üblich* und *übel* so ähnlich klingen.

Vor wenigen Tagen, als ich mit dem Ausarbeiten meiner Erklärung zur Sache fast fertig war, nahm ich die Mappe mit Unterlagen zu meinem Prosatext *Die Schneibarkeit* nochmals zur Hand und fand darin ein Exemplar der Druckschrift *Wie starb Georg von Rauch?* vom 17. 12. 1971. In dieser Druckschrift findet sich eine Zusammenstellung *Was geschah wirklich?,* die den Tatverlauf, wie er vom Ermittlungsausschuß und Anwaltskollektiv in Berlin rekonstruiert wurde, darstellt. Und dort fand ich, daß ich eine Stelle ausgezeichnet hatte. Sie lautet wörtlich: *Diese Tat ist durch keinerlei Notwehr gerechtfertigt. Sie ist Vorbeugemord!*

Dies ist offenbar die Ergänzung meiner Antwort auf die Frage der Hamburger Staatsanwaltschaft an mich, ob die beanstandete Formulierung *Vorbeugemord* von mir stamme. Sowohl mein Prosatext *Die Schneibarkeit* wie auch meine beiden Leserbriefe an den *Spiegel* stützen sich ganz offenkundig auf den Text dieser Druckschrift. Auch das Wort *Vorbeugemord* habe ich zweifellos von hier übernommen, obwohl ich es schon zuvor kannte. Dieser Absatz der Druckschrift lautet: *Der Vorbeugemord.*

Aufmerksam geworden durch die Flucht der vierten Person, kamen inzwischen die drei Verfassungsbeamten um die Ecke. Da alle beteiligten Beamten Zivil tragen, kommt es zu einem Mißverständnis! Schulz hält die drei für Angehörige der Baader-Meinhof-Gruppe. Er hat sich nach dem Abtasten der Festgenommenen hinter den Transit zurückgezogen und hält sie in Schach. Er hat nichts von ihnen zu befürchten, sie stehen mit erhobenen Händen an der Wand. Doch als Georg v. Rauch den Kopf wendet und die Straße zu den sich nähernden Beamten hinaufschaut, schießt er! Die Kugel trifft oberhalb des rechten Auges...

Diese Tat ist durch keinerlei Notwehr gerechtfertigt. Sie ist Vorbeugemord! Schulz will »seinen« Mann haben, tot oder lebendig. Läuft er ihm weg, hat er Tadel und Kritik seiner Vorgesetzten zu erwarten, aber ein Verletzter oder – besser noch – ein Toter, läßt sich immer noch nach bewährtem Muster in Notwehr umdichten. Darum zielt Schulz auf den Kopf. Niemand kann behaupten, daß eine Kugel aus 2 m Entfernung ein tragisches Versehen ist! Auf diese Distanz trifft auch ein ungeübter Schütze dorthin, wohin er die Kugel haben will. Und vor ihm steht ein »Krimineller«, dessen Taten durch die Springer-Presse (und sonst durch gar nichts!) »bewiesen« sind. So schwinden die letzten Skrupel. Der Kopfjäger tut seine Pflicht.

Diese Druckschrift zum Tode Georg von Rauchs kennt zweifellos auch Polizeipräsident Hübner, der sie vorliegen hat und ihren weit schärferen Ton mit meinen Formulierungen vergleichen konnte.

Deshalb ist sein Entschluß, gegen mich mit einem Strafverfahren vorzugehen, desto merkwürdiger, im eigentlichen Sinn des Wort *merkwürdig, – denkwürdig.*

Ich sollte dem Gericht daher wohl noch Information darüber geben, wodurch ich möglicherweise den Unwillen des Polizeipräsidenten erregt haben kann. Ich habe nämlich in meinem Gedichtband *Unter Nebenfeinden* bei Klaus Wagenbach in Berlin im Herbst 1970 eine Anzeige, die der Polizeipräsident in Berlin im *Tagesspiegel* am 28. Februar und 7. März 1970 in der Rubrik *Tiermarkt/Ankauf* veröffentlicht hat, als Gedicht veröffentlicht, ohne ein Wort daran zu verändern, nur in Verszeilen eingeteilt, weil mir der Text sehr merkwürdig und gedanklich und in der sprachlichen Formulierung als warnendes Beispiel wichtig schien. Hier der Text:

Tiermarkt/Ankauf

Der Polizeipräsident
in Berlin sucht:
Schäferhundrüden.

Alter ein bis vier Jahre,
mit und ohne
Ahnentafel.

Voraussetzungen: einwandfreies Wesen
rücksichtslose Schärfe
ausgeprägter Verfolgungstrieb

Schußgleichgültig
und
gesund

Überprüfung
am ungeschützten Scheintäter
Hund mit Beißkorb

Gezahlt werden
bis zu
750, – DM

Angebote an:
Der Polizeipräsident
in Berlin W-F 1

1 Berlin 42
Tempelhofer Damm 1 – 7
Tel. 69 10 91

Apparat
2761
Strich 64

Ich muß darauf bestehen, freigesprochen zu werden. Jedes andere Urteil wäre Unrecht, weil ich niemanden beleidigen wollte und niemanden beleidigt habe. Andererseits könnte mich auch kein Urteil davon abhalten, als Schriftsteller und kritischer

Mensch die Dinge, wo es nötig ist, beim Namen zu nennen, auch wenn dabei, wie im Fall der Behandlung – oder *Nicht*-Behandlung – der krebskranken Katharina Hammerschmidt wieder die Silbe *Mord* vorkommt.

Das ist alles.

Wie diese ganze Geschichte samt den in ihr enthaltenen Reflexionen, entsprechen auch ihre Ansätze zu einer Darstellung der Umstände des Todes Georg von Rauchs lediglich meinem Informationsstand zur Zeit der Niederschrift (Januar/Februar 1972). Der Text ist hier, bis auf unwesentliche Satzzeichen- und Stilkorrekturen, unverändert so wiedergegeben, wie ich ihn als Teil meiner *Erklärung zur Sache* am 24. Januar 1974 dem Amtsgericht Hamburg vorgelesen habe, als ich auf Betreiben des Berliner Polizeipräsidenten der Beleidigung angeklagt war, weil ich in einem Leserbrief im Spiegel, Hamburg, am 7. 2. 1972 die Worte *der Vorbeugemord an von Rauch* gebraucht hatte. Ich wurde freigesprochen.

Seither sind über die Umstände des Todes von Georg von Rauch zahlreiche einander widersprechende Behauptungen aufgestellt worden, z. B. von Michael Baumann (der zur Zeit der Niederschrift dieser Fußnote anscheinend noch immer im Untergrund lebt) in einem Interview (*Spiegel,* Nr. 7/1974), in einer Erwiderung darauf, ebenfalls im *Spiegel* (Leserbrief von Prof. Dr. Georg von Rauch, dem Vater des Erschossenen), ferner in einem Beleidigungsprozeß gegen Dr. Klaus Wagenbach, Berlin, Februar 1974, gleichfalls auf Betreiben des Berliner Polizeipräsidenten, der in erster Instanz mit Freispruch endete, und schließlich in einem Verfahren gegen Klaus Wagenbach in zweiter Instanz, Berlin 1975, in dem der Rekurs gegen diesen Freispruch zu einer Verurteilung führte.

Diese Polemiken und Repressalien seit meinem Freispruch am 24. Januar 1974 veranlassen mich zu betonen, daß die Geschichte *Die Schneibarkeit* nur meinem vorherigen Informationsstand entspricht und daß ich mich zu ihrem Abdruck in ihrer alten Form entschlossen habe, nicht um damit heute irgendeinen Tathergang oder die Ungerechtigkeit seit meinem Freispruch erfolgter Gerichtsentscheidungen zu behaupten, sondern um – was immer sonst meine Meinungen sein mögen – hier zu zeigen, wie ich zur Entstehungszeit dieses Textes (Anfang 1972) Nachrichten, Gedanken über diese Nachrichten und literarische Formen miteinander zu verbinden und zu kontrastieren versuchte. Diese Veröffentlichung will demnach als Dichtung angesehen werden, als experimenteller Text, und im übrigen als *fiction*, wie die Engländer das nennen.

London, Juli 1975

Ist Antizionismus Antisemitismus?

Essay, 1976

Eine Widerrede

Zionisten
mit linkem falschen Bewußtsein
Zionisten
mit rechtem falschen Bewußtsein

Antisemiten
mit rechtem falschen Bewußtsein
Antisemiten
mit linkem falschen Bewußtsein
und Antisemiten
mit zionistischem falschen Bewußtsein

Kein Bewußtsein
das den Antisemitismus
oder den Zionismus
rechtfertigen kann

Nach den unvorstellbaren Morden der Nazis, die Millionen Juden umbrachten, darunter die Hälfte meiner Familie, ist es richtig und zu begrüßen, daß in Deutschland der Antisemitismus verabscheut wird, nicht nur offiziell, sondern von der großen Mehrheit der Bevölkerung. Gerade deshalb finde ich es so furchtbar, wenn hier die Antisemitismusbeschuldigung mißbraucht, und wenn sie dort erhoben wird, wo es sich gar nicht um Antisemitismus handelt.

In jüngster Zeit wurden in der Bundesrepublik Gerhard Zwerenz und Rainer Werner Fassbinder höchst unverantwortlich als sogenannte *Linksantisemiten* angegriffen, weil sie sich – Zwerenz in seinem Roman *Die Erde ist unbewohnbar wie der Mond* und Fassbinder dann in dessen Dramatisierung, die Grundlage eines Filmes werden sollte – mit Zuständen in Frankfurt am Main befassen, wo sich eine kleine und höchst ungewöhnliche Gruppe jüdischer Häuserspekulanten, Bordellbesitzer und Verbrecher gebildet hat. – Nun, weder Zwerenz noch Fassbinder sind Antisemiten; und wieso sich dieser kleine Kreis, der übrigens für die Juden innerhalb und außerhalb Deutschlands höchst untypisch ist, überhaupt bilden konnte, das weiß man heute ziemlich genau. Nach dem Krieg, als es in der US-Besatzungszone sogenannte *Displaced Persons Camps* gab, mit Juden und sonstigen KZ-Überlebenden, die sich den besiegten Deutschen in keiner Weise moralisch verpflichtet fühlen konnten, beschloß das amerikanisch-jüdische Hilfskomitee *JOINT,* ihnen ihre Unterstützung größtenteils in Zigaretten auszubezahlen. 500 Zigaretten pro Woche waren vor der Währungsreform nicht wenig Geld, aber viele der jüngeren Juden aus den Überlebenden-Lagern wollten weg, nach Palästina, und verkauften, um sich Mittel für die Reise zu verschaffen, ihre Rationskarten billig an die *Lager-Kapitalisten.* Ein solcher Lager-Kapitalist konnte mit seinen 50 bis 60 *toiten Kurtn* (toten Karten) außer großen Mengen von Nahrungsmitteln fünfzig bis sechzig Mal fünfhundert Zigaretten beziehen. So gerieten diese entwurzelten Menschen fast zwangsläufig auf den Schwarzmarkt und in krumme Kompensationsgeschäfte, erwarben Ruinen, ließen sie notdürftig restaurieren und fanden, daß Vergnügungsstätten für amerikanische Soldaten mehr Profit brachten als Unterkünfte für Obdachlose.

Dies zum historischen Hintergrund der Themen von Zwerenz und Fassbinder. Aber das ungerechte Wort vom *Linksantisemitismus* ist viel älter als die Anwürfe gegen die beiden Autoren. Es geht hauptsächlich auf zionistische Propaganda zurück, aber nicht *alle* Zionisten haben solche Propaganda gemacht oder wissen auch nur davon.

Die Tendenz, Antizionismus als verkappten Antisemitismus zu bezeichnen, hat mehrfache Wurzeln. Erstens haben sich Zionisten schon immer eine Art Alleinvertretungsrecht für *alle* Juden angemaßt. Max Nordau, der Chefideologe Theodor Herzls, der den modernen politischen Zionismus begründet hat, sagte schon auf dem 2. Zionistenkongreß in Basel 1898: *Darum ist es unzulässig, daß man von einer zionistischen »Partei« im Judentum spricht. Wir weisen diese Bezeichnung mit Spott und Verachtung zurück. Die Zionisten sind keine Partei: sie sind das Judentum selbst. Ihre Zahl, ihre heutige Zahl, tut nichts zur Sache. Der Same der gewaltigsten Linde ist ein ganz kleines Gebilde, aber er ist die Zusammenfassung der ganzen Lebenskraft des Baumes, das Ziel aller seiner organischen Anstrengungen... Alles, was im Judentum lebendig ist, was Manneswürde, was Entwicklungsfreudigkeit hat, das ist zionistisch.*

Dieser Alleinvertretungsanspruch der Zionisten für alle Juden hatte später zur Folge, daß Zionisten Juden, die *nicht* für den Zionismus waren, als *menschlichen Staub* oder als jüdische Antisemiten bezeichneten, gar nicht so unähnlich, wie rechtsradikale Deutsche und dann die Nazis in anderen Deutschen, die gegen ihre Weltherrschaftsträume und gegen ihren Rassismus ankämpften, nur vaterlandslose Gesellen oder Vaterlandsverräter sahen. Ich erinnere mich noch, wie ich nach dem sogenannten Sechstagekrieg Israels 1967 für die Palästinenser und gegen eine besonders grausame Maßnahme israelischer Offiziere schrieb. Damals wurde ich von einigen Leuten, die mich kannten, angegriffen: »Wie kannst du als Jude etwas gegen Israel sagen? Hast du denn noch nie etwas von der Stimme des Blutes gehört?« »Ja,« erwiderte ich, »ich habe *einmal* davon gehört, von Hitler, und einmal genügt mir.«

Natürlich lag es für viele Zionisten nahe, jeden Zionismusgegner des Antisemitismus zu verdächtigen, namentlich, da ja viele Juden erst durch die Judenverfolgung zum Zionismus gekommen waren. Und man muß auch sagen, daß es in *einzelnen* Fällen auch wirklich eine Kombination von Antisemitismus und Antizionismus gibt, zum Beispiel in gewissen rechtsradikalen Zirkeln in der Bundesrepublik, in der sogenannten Aktion *Widerstand* und auch in einzelnen Zeitungen. Analoges gilt für die Feldzüge zur Zeit Stalins *gegen Zionisten und wurzellose Kosmopoliten*, die in der Tschechoslowakei im sogenannten Slanski-Prozeß zur Hinrichtung Otto Slings führten, den ich persönlich gekannt habe. Auch diese Feldzüge, ob in Polen oder in Stalins Sowjetunion, waren in Wirklichkeit keineswegs frei von antisemitischen Komponenten. Sling, der übrigens von den tschechischen Kommunisten längst rehabilitiert ist, war Jude; Zionist war er nie, sondern Kommunist und hatte in Spanien gegen Franco gekämpft. Nebenbei bemerkt, was heute leider oft vergessen wird: Auch linke Zionisten haben in Spanien gegen Franco gekämpft.

Was nun die Entschließung der Vereinten Nationen vom 10. November 1975 betrifft, *daß Zionismus eine Form von Rassismus und rassischer Diskriminierung ist,* so kann ich, obwohl mir das nicht leichtfällt, nur sagen: ich glaube, daß das leider stimmt. Die Beweise dafür sind zahlreich, vor allem schon die tatsächliche Ungleichheit von Juden und arabischen Palästinensern, auch wenn sie israelische Staatsbürger sind, vor dem Gesetz. Daß der Zionismus in Wirklichkeit nicht rassistisch sei, wird zuweilen mit dem merkwürdigen Hinweis auf die Tatsache begründet, daß in Israel, was Berufe, Wohnungszuweisung und soziale Gleichberechtigung betreffe, ja nicht nur Araber benachteiligt werden, sondern auch die sogenannten *schwarzen Juden*, also die dunkelhäutigen

Juden aus den verschiedenen arabischen Ländern, obwohl sie israelische Staatsbürger sind. Araber erklären dagegen, diese Benachteiligung der schwarzen Juden sei erst recht ein Beweis für den Rassismus, und diese orientalischen Menschen seien ja eigentlich Araber jüdischer Religion. Es muß gesagt werden, daß sich in den letzten Jahren gerade unter diesen schwarzen Juden die stärkste antizionistische Bewegung unter den Israelis gebildet hat, die sogenannten *Schwarzen Panther*.

Professor Israel Shahak, Chemiker an der Universität Jerusalem, selbst ein Überlebender des Warschauer Ghettos und des Konzentrationslagers Belsen, kam nach dem Krieg als religiöser Zionist nach Israel, fand aber die Benachteiligung der Palästinenser durch die zionistischen Israelis so furchtbar, daß er sich vom Zionismus abwandte und heute, als Präsident der *Israelischen Gesellschaft für Bürger- und Menschenrechte,* gegen die Benachteiligung der nichtjüdischen Palästinenser ankämpft. Als ein Beispiel für diese Benachteiligung führt Shahak die *Notverordnungen* an, die die Engländer zur Zeit ihres Mandats über Palästina verhängt haben. Die jüdischen Siedler, die damals ebenso davon betroffen waren wie die Araber, erklärten diese Notverordnungen für menschenunwürdig. Aber nach der Gründung des Staates Israel haben sie diese Notverordnungen einfach übernommen, nur mit dem Unterschied, daß sie heute nur für Araber gelten – auch für alle Araber israelischer Staatsbürgerschaft, aber nicht für Juden. Benachteiligt sind alle, die nicht von einer jüdischen Großmutter abstammen. Diese Benachteiligung gilt sowohl für Ehe- und Eigentumsrecht wie auch für das Pachtrecht. Haupteigentümer des Bodens ist nämlich, wie schon Theodor Herzl geplant hat, der Jüdische Nationalfonds. Er verpachtet das Land billig, vor allem an die Kollektivsiedlungen, die sogenannten *Kibbuzim.* Aber unter der Bedingung, daß das Land nur an Juden verpachtet werden darf und daß nur Menschen jüdischen Blutes auf diesem Land arbeiten dürfen.[1] Mit Recht meint Shahak – und sagte das auch vor kurzem auf seiner Vortragsreise durch die Bundesrepublik: *Man müßte sich nur einmal so ein Gesetz in Deutschland vorstellen, daß nur deutschblütige Menschen das Recht haben, Land zu verpachten und darauf zu arbeiten. Dann gäbe es keine lange Diskussion in der Weltmeinung, ob das Rassismus ist oder nicht.*

Wie gesagt, ich stimme mit Israel Shahak völlig überein, daß der Zionismus leider tatsächlich rassistisch ist, nicht nur in seinen Programmen und Gesetzen, sondern auch im Ergebnis dieser Gesetze, das Shahak in einer umfassenden statistischen Veröffentlichung festhielt: 1948 gab es auf dem Gebiet von Israel noch 475 arabische Dörfer, vor zwei Jahren waren es nur noch 90; die übrigen 385 Dörfer sind von den Israelis zerstört worden. Allerdings stimmten wir, als ich mit ihm das besprach, was ich hier heute zu Ihnen sage, auch darin überein, daß von den Regierungen, die für den Beschluß der Vereinten Nationen gegen den Rassismus der Zionisten votierten, einige selbst noch rassistischer sind als die Zionisten: Zum Beispiel die wirklich ganz allgemein judenfeindliche Regierung Saudi-Arabiens, die freilich schon wegen ihres Ölreichtums von denselben Zeitungen, die den Unsinn vom *linken Antisemitismus* verbreiten, sehr höflich behandelt wird. Oder Idi Amin, Herrscher von Uganda, der nicht nur widerwärtige antisemitische Bemerkungen macht, sondern außerdem seine indische Mehrheit so behandelt hat, daß man wirklich nur von schlimmstem Rassismus sprechen kann. Auch in Ägypten und Jordanien gab es von Regierungsseite immer wieder *allgemein* judenfeindliche Äußerungen, zur Zeit des Sechstagekrieges 1967 sogar richtige Völkermordlosungen. Man sollte nicht vergessen, daß die Beduinen Husseins, als sie 1972 an die 20.000 Palästinenser niedermetzelten, dies mit der Begründung taten, die palästinensische Befreiungsbewegung, das seien ja in Wirklichkeit Judenliebhaber; denn sie seien gar nicht gegen die Juden, nur gegen den Zionismus, sie heirateten jüdische Mädchen und seien überhaupt gottlose Linke und keine echten Söhne des Islam.

Und doch verhandelt heute der Staat Israel zwar mit dem Ägypten Sadats und mit dem Jordanien Husseins, weigert sich aber hartnäckig, mit der Palästinensischen Freiheitsbewegung zu verhandeln, obwohl diese mit ihrem Sprecher Yassir Arafat immer wieder erklärt, daß sie *nicht* gegen die Juden sei, sondern für ein gleichberechtigtes Zusammenleben von Juden und Arabern in einem freien Palästina. Natürlich hat Israels Ablehnung politische Gründe. Schon Theodor Herzl schrieb in seinem grundlegenden Buch *Der Judenstaat: Für Europa würden wir dort ein Stück des Walles gegen Asien bilden. Wir würden den Vorpostendienst der Kultur gegen die Barbarei besorgen.* Heute sucht Israel seine politische Sicherung durch Vorpostendienste für die Vereinigten Staaten und gegen die Bewegungen, die Asien und Afrika umformen. *Nicht alle* Zionisten wollen das, aber selbst angesehene Gegner dieser Politik, wie Nahum Goldmann, der sich seit vielen Jahren bemüht hat, Israel aus der Strategie des Kalten Krieges zu lösen, konnten sich nie durchsetzen. Ebensowenig wie jene *linken* Zionisten in Israel, die versucht haben, der Benachteiligung von Arabern ein Ende zu setzen. Immerhin dürfen wir nicht vergessen, daß es sogar *innerhalb* des Zionismus solche Gegenströmungen gibt. Jene Juden in Israel, die heute gegen den Zionismus sind, waren fast alle früher einmal *Linkszionisten,* die dann allerdings fanden, daß ihre sozialistischen Ideale mit Zionismus unvereinbar sind. Und natürlich darf man nicht so tun, als seien alle Zionisten einfach Rassenfanatiker und alle Antizionisten automatisch human. Auch von den Zionisten, die nach wie vor die sogenannten *massiven Vergeltungsschläge* nach palästinensischen Guerilla-Aktionen billigen, haben viele schon schwere Bedenken und glauben nur, daß es in einer ausweglosen Situation keinen anderen Weg als den der Abschreckung gebe. Viele von ihnen kommen da früher oder später in Gewissenskonflikte. Und von den Juden, die heute in Israel den Zionismus als rassistisch bekämpfen, waren außer den orientalischen *schwarzen Juden* die meisten Kibbuzbewohner, oder Kibbuzsöhne, die studierten und dann diesen Gewissenskonflikt durchgemacht haben. Viele von ihnen erinnern sich an die alte Warnung Martin Bubers (1929 in *Kampf um Israel*): »Ein *Nebeneinander* von Juden und Arabern führt zum *Gegeneinander.* Nur ein *Miteinander* hat Zukunft.« Ich will und muß hoffen, daß dieses Miteinander die Tabus des Zionismus überwinden und überdauern wird.

Um aber auf den verhängnisvollen Ausdruck *Linksantisemitismus* in der Bundesrepublik zurückzukommen: Ich bin auf Grund meiner Erfahrungen überzeugt, daß es den in Wirklichkeit nicht gibt. Gewiß, Angehörige linker Gruppen sagen gelegentlich einmal etwa: »Da haben *die Juden* wieder Napalm auf ein palästinensisches Flüchtlingslager abgeworfen.« Genauso sagten sie zur Zeit des Napalmkrieges in Vietnam: *Die Amerikaner.* Dennoch waren sie nie wirklich antiamerikanisch, sondern nur gegen die amerikanische Kriegführung und begeistert über jeden amerikanischen Studenten, der dagegen protestierte. Genauso sind sie auch *nicht* antisemitisch!

Den Vorwurf, die Linke sei antisemitisch, fand ich das erste Mal vor fünf Jahren in einer Zeitschrift für jüdische Hochschüler, die, nach dem alttestamentarischen jüdischen Kriegshorn, *Schofar* heißt. Erscheinungsort Wien, sie wurde aber auch in der Bundesrepublik verbreitet. Diese Zeitschrift enthielt eine Seite mit Karikaturen, auf der die verschiedensten Antizionisten abgebildet waren. Zum Beispiel ein deutscher Student, der wie ein verwahrloster Vollidiot aussieht, mit dem Text: *Pipi, der unreflektierte Pseudorevolutionär, der zu Ivans Werkzeug wurde und seinen latent-ata-*

vistischen Antisemitismus unter dem Deckmantel des Antizionismus verbirgt. Karikaturen und Texte erinnern lebhaft an den *Stürmer* der Hitlerzeit. Da war auch der Araber genau so widerlich dargestellt wie dort der Jude, und da war auch der ehemalige KZ-Häftling, als Antisemit verleumdet, und in der Zeitschrift selbst gab es einen langen, ebenso »sachlichen« Artikel über den Antisemitismus der Linken in der Bundesrepublik.

Leider paßt das zu gewissen internationalen Entwicklungen, wenn zum Beispiel in letzter Zeit Israel nicht nur seine Freundschaft mit Südafrika vertieft, sondern den Südafrikanern jetzt ein Kampfflugzeug liefert, das den Namen *Kaffir-Interceptor* hat. Kaffir, ursprünglich ein arabisches Wort für »Unreine«, wurde dann das Wort, mit dem die Buren die Schwarzen bezeichneten. Das Kampfflugzeug also, das den Kaffern Halt gebietet. Der Name ist vielleicht ein Zufall, aber ebenso unglücklich wie die Feststellung, daß man tatsächlich keineswegs Antisemit sein muß, um die israelische Politik und den Zionismus zu kritisieren.

In linken Kreisen höre ich oft, der deutsche Philosemitismus von heute sei im Grunde nur eine Art Antisemitismus. Nun bin ich zwar als Jude auch gegen Philosemitismus, meine, ein Jude soll als Mensch wie jeder behandelt werden. Immerhin aber hat Philosemitismus wesentlich edlere Beweggründe als Antisemitismus. Nur kann er, führt er dazu, unkritische Bejahung zu predigen, mit der Zeit auch so gefährlich werden wie jede Kritiklosigkeit und dann ins Gegenteil umkippen. Und außerdem verleitet ein Philosemitismus auf der Rechten dazu, gegen andere – etwa gegen Palästinenser oder gegen linke Studenten – so ungerecht-rücksichtslos zu sein, wie die Antisemiten es gegen die Juden waren und sind.

1976

[1] Nicht zu vergessen die Ende der vierziger Jahre in Kraft getretenen Gesetze zur *Beschlagnahmung und Nutzung des Bodens und Eigentums abwesender Besitzer*. Jeder Araber, der während gewisser kritischer Zeiten mehr als drei Tage lang von seinem Besitz abwesend war, galt nach diesem Gesetz als abwesend, auch wenn er sofort, nachdem die Gefechte zwischen Zionisten und Palästinensern das Gebiet seines Dorfes oder Anwesens wieder verschonten, zurückgekommen war. Daher heißen die davon betroffenen Menschen, die trotz ihrer Anwesenheit als Abwesende enteignet wurden, auf Hebräisch »*Nifkadim Nokh-him*« = *Anwesend-Abwesende*. Ihr Besitz wird unter kommissarische Leitung gestellt und an jüdische Israelis verpachtet. Die Pachtbeträge, abzüglich der Verwaltungs- und Erhaltungskosten, erhalten die ursprünglichen Eigentümer; da aber die Pacht nur ein Zwanzigstel bis ein Hundertstel der sonst landesüblichen Mieten beträgt, ist die jährliche Entschädigung des Eigentümers meist ein kleinerer Betrag als das Fahrgeld für den Bus, das er zum Abholen dieser Summe benötigt.

Der Tod von Ulrike Meinhof

Zeitungsartikel, 2. September 1976

Nach Ulrike Meinhofs Tod glaubte ich an Selbstmord. Zwar waren mir die vielen Widersprüche bekannt, in die behördliche Stellen sich verstrickt hatten, die Unkorrektheiten, wie die überhastete Erstobduktion ohne Beisein eines rechtlichen oder ärztlichen Vertreters der Verstorbenen, ebenso wie das Streichen ihrer Zelle drei Tage nach ihrem Tod, ohne das Ergebnis der Ermittlung über die Todesursache abzuwarten, oder die einander widersprechenden Angaben der Behörden über die Umstände von Ulrike Meinhofs Tod: Anbringen des Stricks, Auffindung und so fort. Aber da ich weiß, daß es bei näherem Betrachten auch sonst keineswegs in der Regel so ist, daß die Justiz sich korrekt verhält, die Rechte anderer achtet und sich nicht selbst widerspricht, wollte ich daraus nicht zuviel ableiten.

Als ich nicht nur Zeitungsmeldungen in England und aus anderen Ländern wie der Schweiz sah, die die Selbstmordthese bezweifelten, sondern vor allem die beiden Obduktionsbefunde las und mir von englischen Ärzten deren Einzelheiten erklären ließ, schien mir, ebenso wie diesen Ärzten, die Selbstmordversion nicht mehr wahrscheinlich. Die Ärzte fanden namentlich auf Grund der drei Halsverletzungen, Erwürgen sei wahrscheinlicher.

Ebenso wie englische Ärzte und Juristen, von deren Überlegungen ich informiert wurde und mit denen ich dann selbst sprach, finde ich eine internationale Untersuchungskommission dringend wünschenswert.

Für mich selbst ist es fast einerlei, ob Ulrike Meinhof Selbstmord begangen hat oder ermordet wurde. Wenn es Selbstmord war, so wurde sie nach Meinung vieler Engländer, die den Prozeß samt Verteidigerausschlüssen und absonderlicher Prozeßführung verfolgt haben, durch ein Verfahren, das in England vielen als schockierender Schauprozeß gilt, und durch eine Haßkampagne von Massenmedien und Sprechern der Behörden, ja sogar Regierungssprechern, in den Tod getrieben, von der langen Isolationshaft usw. ganz zu schweigen. Wenn es Mord oder Totschlag ist, den die Behörden nicht wahrhaben wollen, so ist die Notwendigkeit einer Untersuchungskommission erst recht selbstverständlich.

Aber auch ein solches Verbrechen könnte auf Ulrikes Abstempelung als negativer Kultfigur, als *Bandenchefin* oder *Sau* beruhen. Daher gibt es leider nur zu viele Argumente.

Als nach der Verhaftung Ulrike Meinhofs die Polizei befragt wurde, ob sie nicht schlecht behandelt worden sei, erwiderte ein Sprecher der Polizei: *Zu Menschen sind wir menschlich, zu einer Sau eine Sau, wenn nötig sogar eine Wildsau.* Dieter Posser, Justizminister von Nordrhein-Westfalen, hatte im Januar 1972 im *Spiegel* geschrieben, Frau Meinhof habe nichts zu befürchten, sie werde einen fairen Prozeß bekommen, ohne Willkür und Rache und nicht gnadenlos.

Diese Vorhersage hat sich nicht erfüllt. Welche Stimmung die Massenmedien erzeugen helfen und fördern, zeigt sich auch nach Ulrikes Tod. So veröffentlichte die *Oberhessische Presse* in Marburg am 18. Mai folgende schwarz umrandete Todesanzeige:

Wir danken Ulrike Meinhof für ihre Entscheidung, aus dem Leben zu scheiden. Wolfgang Retz, Marburg 7, Cappeler Markt 4a, zugleich im Namen gleichgesinnter Steuerzahler.

Mit dieser Todesanzeige hat Herr Retz (von Beruf Steuerberater) übrigens noch Kundenwerbung für seine Firma betrieben.

Nicht nur sein barbarischer Hohn, sondern die Tatsache, daß eine Zeitung sich bereit fand, so etwas als Todesanzeige zu drucken, deutet darauf hin, daß eine gründliche Untersuchung des Falles Ulrike Meinhof sich nicht allein auf Leute stützen darf, die in dieser Atmosphäre leben müssen, sondern sicherheitshalber auch von Menschen aus anderen Ländern mitgetragen werden muß.

Daß das Verhalten der Behörden vor und nach Ulrike Meinhofs Tod nicht dazu angetan war, Mißtrauen zu zerstreuen, ist gleichfalls in England, ebenso wie in Holland, Frankreich, Skandinavien, eine weitverbreitete Meinung. Daher die Forderung nach einer internationalen Untersuchungskommission.

Ich schließe mich auch der in letzter Zeit in England ebenso wie in Dänemark, Holland und Frankreich um sich greifenden Überzeugung an, daß ein Fall wie der Tod Ulrike Meinhofs nicht isoliert, sondern im Zusammenhang mit der Repression gegen Oppositionelle und der Rechtsverschlechterung für Gefangene und ihre Verteidiger, überhaupt mit der Entwicklung in der Justiz und der gesamten Politik betrachtet und verstanden werden muß.

1976

Der Fall Kurt Groenewold und die BRD

Rede, 28. 3. 1977, Universität Hamburg

Liebe Freunde und Freundinnen, die hier zuhören, – nicht zu vergessen die bezahlten Herren *Lauscher*, von denen ich hoffe, daß sie mit Hilfe ihrer vom Steuerzahler großzügig finanzierten ausgezeichneten technischen Geräte genau berichten, was hier gesagt wird, so daß auch die Machthaber zumindest ein schwaches Echo der Empörung darüber erreicht, wie mit Rechtsanwalt Kurt Groenewold und dadurch mit den Resten von Recht und Freiheit umgesprungen wird, in diesem unglücklichen Staat, in den ich viele Jahre lang Hoffnungen gesetzt habe, den ich im Ausland gegen antideutsche Vorurteile und gegen düstere Prophezeiungen zu verteidigen versucht habe.

Ich habe Kurt Groenewold im Laufe der Jahre nicht nur als besonnenen Partner bei Podiumsdiskussionen kennengelernt, z. B. hier in Hamburg, ich glaube sogar hier in diesem Gebäude, als er vor einer Bundestagswahl eine ausgesprochen gemäßigte Haltung hatte – ebenso wie ich –, zum Unterschied etwa zum Genossen Joscha Schmierer. Allerdings hätte ich mir damals, obwohl ich mich für recht illusionslos hielt, nicht träumen lassen, zu welchen gesetzgeberischen und Justiz-Praktiken es unter der sozialliberalen Regierungskoalition noch kommen würde.

Ich habe Kurt Groenewold auch als kompetenten, sachgerechten Anwalt kennengelernt, zum Beispiel als Anwalt meines Kollegen Wolf Biermann, und deshalb wurde er schließlich auch mein eigener Anwalt, als Herr Hübner mich verklagte, jener Polizeipräsident von Berlin, der nicht nur als scharfer und zu vielem entschlossener Ordnungshüter und Anführer ganzer Scharen ebenso scharfer und entschlossener untergebener Ordnungshüter in die Geschichte eingehen wird, sondern der auch immer ein weit offenes Ohr, oder die noch offeneren Ohren seiner Informationsträger, *für* oder besser gesagt *gegen* Schriftsteller hat, wie Peter Paul Zahl oder Klaus Wagenbach oder Erich Fried, die es wagten, die Tätigkeit der Berliner Poizei so zu beschreiben, daß es Herrn Hübner beleidigend oder üble Nachrede schien. In *meinem* Fall hat sich Herr Hübner an dem von mir nach *einem* der seither noch zahlreicher gewordenen polizeilichen Todesschüsse gebrauchten

Wort *Vorbeugemord* gestoßen. Er hat damals, 1974, den Prozeß, den er mir angehängt hatte, hier in Hamburg nach Strich und Faden verloren, teils auf Grund von Heinrich Bölls und meinen Gegenargumenten, vor allem aber dank der sorgfältigen, gewissenhaften und streng wahrheitsgemäßen Rechtshilfe, die Kurt Groenewold mir leistete, der auch Heinrich Böll zugezogen hatte.

Herr Hübner hat damals auch gegen Klaus Wagenbach, der die Erschießung Benno Ohnesorgs durch einen Berliner Polizisten *Mord* nannte, ein Verfahren *verloren*. Allerdings, die Justiz hat sich seit 1974 bekanntlich weiterentwickelt, und so hat Herr Hübner dann in zweiter Instanz in Berlin, der Stätte seines so energischen Wirkens, über Wagenbach einen in *seinen* Augen sicher *rühmlichen* Sieg errungen. Auch damals schon hat man sich im Ausland über die von seiner Berliner Polizei und von der Justiz angewandten Methoden – nun, sagen wir – Gedanken gemacht.

Gedanken macht man sich heute in aller Welt, in Holland, in Skandinavien, in England, wo ich wohne, in Amerika, in der Schweiz – also besonders in den westlichen Demokratien – über die Wege einer Justiz, die unter anderem (wie man im Ausland mehr und mehr den Eindruck hat) anscheinend um jeden Preis den Rechtsanwalt Kurt Groenewold vernichten will und die so, durch die von der Bundesanwaltschaft angestrebte Verurteilung Groenewolds, einen Präzedenzfall zur Vernichtung vieler anderer Anwälte schaffen würde, zur weiteren Einschüchterung und Rechtsverminderung für Anwälte und ihre Klienten.

Ich habe in England die Meinung gehört, die deutsche Justiz sei in den letzten paar Jahren mehr und mehr gottähnlich geworden, sowohl was ihre Allmacht betrifft als auch die gelegentliche Dunkelheit und Unerforschlichkeit ihrer Wege und, natürlich, ihre Erhabenheit über alle menschliche Vernunft und menschlichen Gesetze.

Es ist mir gar nicht lustig, sondern bitter ernst zumute, und es ist nicht gut für Deutschlands Ansehen, wenn Menschen im Ausland, die besorgt und ohne Deutschenhaß den deutschen Ereignissen folgen, in so bitteren Spott verfallen. – Ich habe nämlich schon *einmal* so über Deutschland sprechen gehört, in England in den Jahren 1938 bis 1941 oder 1942. Dann änderte sich der Ton, denn dann zog sich über dem Dritten Reich schon das Schicksal zusammen, das es sich selbst bereitet hatte.

Liebe Freunde, Zuhörer und behördlich bestellte *Lauscher*, der Vergleich mit der Allmacht der Justiz – wohlgemerkt, der Justiz, nicht der Gerechtigkeit – im *Dritten Reich* ist keine Freude für mich. Aber gerade das Verfahren gegen Kurt Groenewold zeigt, wie es heute tatsächlich um die Rechtssicherheit eines Anwalts bestellt ist.

Sie wissen vielleicht, daß englische Anwälte, die *Haldane Society* und die Barristers um Lord Gifford, schon seinerzeit gegen die Verfolgung Kurt Groenewolds protestiert haben, erst beim Justizminister Vogel, der meines Wissen nicht einmal die Höflichkeit hatte zu antworten, dann in London vor der deutschen Botschaft. – Es war das erste Mal in der Geschichte des englischen Anwaltsstandes, daß Anwälte demonstrierten.

Sie wissen vielleicht, daß das Syndikat französischer Richter gegen die Rechtsanwaltsbedrohung und gegen die Verfolgung Kurt Groenewolds scharf protestiert hat. Und Dr. Richard Schmid, Oberlandesgerichtspräsident in Stuttgart im Ruhestand, hat mündlich und schriftlich erklärt, daß seines Erachtens, wenn es wirklich rechtens zuginge, dieses Verfahren gegen Kurt Groenewold gar nicht eröffnet werden könnte, von einer Verurteilung ganz zu schweigen. Oberlandesgerichtspräsident Schmid hat auch erklärt, daß die neuen Gesetze der letzten zwei, drei Jahre, gerade diese Gesetze, mit denen man Kurt Groenewold einen Strick drehen will, sowohl ihrer Sprachform als ihrem Inhalt nach nicht auf gute deutsche Rechtstradition, sondern vielmehr auf Hitlers berühmten Volksgerichtspräsidenten Roland Freisler zurückgehen. Ich selber habe gehört, wie Richard Schmid Äußerungen Freislers und Äußerungen heute führender Justizleute, ja Regierungsmitglieder, nebeneinander zitiert hat, und es war sehr, sehr schwer, sie nicht miteinander zu verwechseln, sondern sie auseinanderzuhalten. Auch englische Anwälte haben mir diese Äußerungen gezeigt. Und genau die sind genau der gleichen Meinung wie Dr. Richard Schmid. Als Richard Schmid noch Oberlandesgerichtspräsident in Stuttgart war, da hatte dieses Gericht zwar keine internationale *Skandalpublizität* wie heute Stuttgart-Stammheim, aber dafür mehr Ansehen. Richard Schmid, den ich von der Literatur her (er ist Kenner und Verehrer von Karl Kraus) kennenlernte, war einer der *Männer der ersten Stunde,* ebenso wie Generalsekretär Fritz Bauer, den ich ebenfalls kannte und der mir mehrmals, auch hier in Hamburg Ende 1967 oder Anfang 1968, gesagt hat, daß er schwarz sehe, was die Zukunft von Recht und Demokratie in der Bundesrepublik betreffe. Ich hielt ihn damals noch für einen Pessimisten.

Besonders zu erwähnen wäre, welcher Eindruck in England entsteht, wo ich wohne, und in Holland und Dänemark, wo ich in letzter Zeit war, wenn Behörden, die sich, wie der Fall *Dr. Traube* und der Skandal um die Abhörerei von rechtens nicht für andere Ohren bestimmten Gesprächen zwischen Verteidigern und ihren Klienten zeigen, selbst keineswegs immer um Recht und Gesetz scheren, gegen einen Anwalt, der seine Amtspflicht tut, mit fadenscheinigen und weder rechtlich noch moralisch haltbaren Argumenten vorgehen! Als bundesdeutsche Regierungsmitglieder die linken Anwälte beschuldigt haben, ihre Rechte als Anwälte und die Rechte ihrer Klienten *rücksichtslos im Interesse der Angeklagten auszunützen,* da haben englische Anwälte diese Worte erst zweimal gelesen, weil sie ihren Augen nicht trauten, und dann gefragt: »Ja, was denn soll ein Anwalt tun? Etwa *gegen* seinen Klienten für den *Staatsanwalt* arbeiten?«

Mit anderen Worten, das Rechtsgefühl derer, die den Anwälten so etwas vorwerfen, ist schon so verdreht, daß sie gar nicht mehr merken, welche Blöße sie sich geben, sooft sie ihren Mund aufmachen.

Daß Kurt Groenewold ein gewissenhafter, pflichtbewußter Anwalt ist, weiß ich aus eigener Erfahrung. Daß die Anklagen gegen ihn dumm und lächerlich und nur eine Schande für die Ankläger sind, das weiß alle Welt. Das Nationale Büro des Syndikates der französischen Richter schreibt darüber wörtlich:

Wie lächerlich auch das gegen Herrn Groenewold und seine Amtsbrüder eingeleitete Verfahren sein mag, es ist dennoch nicht weniger beunruhigend, denn es deckt einiges von der seit mehreren Jahren stattfindenden Entwicklung der deutschen Gesetzgebung auf.

Wir müssen die Dinge im Zusammenhang sehen. Als die englischen Rechtsanwälte gegen das für die Bundesrepublik alles andere als ehrenvolle *Ehrengerichtsverfahren* gegen Kurt Groenewold, gegen seinen Verteidigerausschluß aus Stammheim und gegen sein Berufsverbot demonstrierten, da schrieb in London die *Times: In Stammheim steht die deutsche Justiz vor Gericht.* Das war vor mehr als eineinhalb Jahren. – Mittlerweile steht die deutsche Justiz kaum mehr vor Gericht, sondern das Urteil ist eigentlich schon gefällt. Allerdings: Eins geht immer noch: Jeder anständige Rechtsanwalt, jeder Richter, der sich *nicht* zu allem hergibt, hilft zugleich auch einen Teil der großen Schande *wiedergutzumachen,* die deutsche Behörden und deutsche Staatsanwälte und *Richter* der Bundesrepublik gemacht haben. Nach dem denkwürdigen

Ausschluß der Wahlverteidiger in Stammheim, darunter Kurt Groenewold, und nach der merkwürdigen Bestellung von Pflichtverteidigern haben nun selbst diese Pflichtverteidiger gegen den Abhorchskandal und gegen die schwervergeßlichen Briefe der Herren Minister Schiess und Traugott Bender protestiert. Um diesen Protest ist in westlichen Demokratien das Ansehen der Bundesrepublik gestiegen. Die Abwimmelung solcher Proteste aber, die Fortsetzung anrüchiger Praktiken, machen Deutschland in den Augen kritischer Demokraten dann wieder entsprechend schlechter. In diesem Zusammenhang der Methoden eines Prinzing und jener Justizpersönlichkeiten, wie Bundesrichter Mayer, die der Springerpresse unter der Hand Informationen zuschoben, um z. B. gegen den *Spiegel* oder gegen den *Stern* Schützenhilfe, ich hätte beinahe gesagt *Amtshilfe* zu leisten; in diesem Zusammenhang der Bespitzelung, der laut Richard Schmid auf Nazivorbilder zurückgehenden neuen Gesetze und der Vorverurteilung durch behördliche und Regierungssprecher in den Massenmedien muß man Kurt Groenewalds Kampf um das Recht sehen, bewundern und unterstützen!

Liebe Freunde, es gibt eine schlechte Gewohnheit innerhalb der nach jahrzehntelanger Unterdrückung manchmal vielleicht verständlicherweise etwas unerfahrenen Linken in der Bundesrepublik, daß man nämlich sagt, das Schicksal von Einzelnen sei nicht so wichtig. Nein, das Schicksal von Einzelnen ist sehr wichtig, ob sie nun Benno Ohnesorg oder (gleichfalls erschossen) Erich Dobhard, oder Rudi Dutschke oder Wolf Biermann oder Kurt Groenewold heißen. Es sind gerade die *Staatsdiener,* die im Interesse einer Staatsraison, wie *sie* sie sehen, das Unrecht gegen Einzelne, die ungerechte Kriminalisierung oder Existenzvernichtung Einzelner begehen beziehungsweise in Kauf nehmen, wie in diesem Fall Kurt Groenewold, der obrigkeitlichen Opportunitätsvorstellungen zum Opfer gebracht werden soll. Und außerdem, diese Einzelnen sind und bleiben keine Einzelnen. Wieviele sind schon seit Benno Ohnesorg von der Polizei erschossen worden? Wir wissen es nicht. Aber es ist meines Erachtens mindestens eine dreistellige Zahl. Und wessen Schuld ist es, daß wir die Zahl nicht wissen?

Und wenn Kurt Groenewold verurteilt wird, was wird dann soundsovielen anderen Anwälten angetan? Deshalb dürfe man nicht erst auf das Urteil warten, ehe man dazu etwas sagt, finden viele Juristen, Publizisten und andere, die davon erfahren haben, in westlichen Demokratien.

In England habe ich die Frage gehört: »Was würde man auf die

Argumente deutscher Bundesanwälte, Justizminister, hoher Bundeskriminalamtsfunktionäre und dergleichen antworten, wenn diese Herren keine *Macht*position hätten?« Dann gab es eine Diskussion. Die einen meinten, man würde sie ungeschminkt als die gemeingefährlichen Narren und freiheitsfeindlichen Verbrecher bezeichnen, die sie tatsächlich seien. Andere meinten, an Politiker und derlei Leuten müsse man besondere Maßstäbe anlegen, denn ohne ihre Macht hätten sie sich nie zu unsinnigen Behauptungen und gemeingefährlichen Handlungsweisen hinreißen lassen; Macht korrumpiere eben, und je absoluter die Macht, desto absoluter die Korruption. Ohne ihre Macht wären diese Männer vielleicht halbwegs zivilisierte Menschen geblieben. – So ging diese Diskussion, und in Holland hörte ich ähnliche Meinungen, auch von Juristen und Senatoren. Nun, es steht traurig um die Bundesrepublik, wenn das die einzigen *mildernen Umstände* sind, die vernünftige Menschen in westlichen Demokratien solchen Männern zugestehen können, wie die es sind, die heute und morgen den Rechtsanwalt Kurt Groenewold verurteilen wollen.

Ich will nicht verschweigen, was in diesem Zusammenhang weiter gesagt worden ist. Kein vernünftiger Mensch in den westlichen Demokratien glaubt, daß die Bundesrepublik von den Gefangenen der ehemaligen RAF oder gar von ihren Verteidigern wirklich bedroht ist. Kein vernünftiger Mensch glaubt, daß die Justiz- und Regierungssprecher, die so etwas behaupten, das selber glauben. Und auch Fernseh- und Pressepublizisten nimmt man das nicht ab, denn um das zu glauben, müßten die wirklich so dumm sein, wie sie vielleicht ihr Publikum machen wollen.

Nein, was man heute mehr und mehr annimmt, ist, daß diese angebliche Bedrohung der Bundesrepublik durch Linksextremisten nur ein Vorwand ist, um den Rechtsstaat *zu Tode zu schützen.* Dieses Wort stammt nicht von mir, sondern von dem bekannten konservativen Bonner Rechtsanwalt Hans Dahs, der in der angesehenen *Neuen Juristischen Wochenzeitschrift* über die sogenannten Terroristengesetze geschrieben hat: *Wenn der Gesetzgeber auf dem eingeschlagenen Weg fortschreitet, wird er den freiheitlichen Rechtsstaat zu Tode schützen.*

In westlichen Demokratien denkt man in letzter Zeit, die Bundesrepublik verringere die Freiheitsrechte, um ein zu allem bereiter, geringfügiger Untertanenstaat zu werden. Und dies hänge mit der Erkenntnis *Wir sind wieder wer* zusammen. Lange wollte die BRD nur bevorzugter Musterschüler Europas sein. Ich wünschte übrigens, sie hätte nicht nur den McCarthyismus der Vereinigten

Staaten nachgeahmt, sondern auch ihre besseren Eigenschaften, denn Amerikaner sind z. B. nicht so obrigkeitsgläubige Untertanen und sind ihren McCarthyismus zum großen Teil längst wieder losgeworden, zum Unterschied von diesem Land, wo Lehrer und Rechtsanwälte vom Berufsverbot betroffen sind. – Nun, in letzter Zeit fragt man sich im Westen, ob nicht die Bundesrepublik danach strebt, heute oder morgen gleich starker Bündnispartner der Vereinigten Staaten und übermorgen vielleicht schon der stärkere Bündnispartner zu werden. Deshalb Ausbau der deutschen Machtposition in EG und NATO, deshalb deutsche Herrschaftsbestrebungen in der westeuropäischen Politik, deshalb Ausbildung einer *Politik der Achsen* mit Südafrika, mit dem Iran, Achse mit Japan, Achse und atomare Lieferungen an Brasilien, Versuch, durch Unterstützung Brasiliens und gestützt auf deutsche Minderheiten in Südamerika, die Vorherrschaft über den lateinamerikanischen Kontinent zu ergattern. – Deshalb vielleicht habe Amerika es vorgezogen, seit sieben Monaten Deutschland kein Uran mehr zu liefern. Im Westen ist man blind für eine Tendenzwelle, die außenpolitische Machtgelüste mit Demontage demokratischer Rechte im Inland verbindet. Ich zitiere hier Prof. Ulrich Preuß:

Niemand wird ernstlich die Behauptung aufrechterhalten können, all dies sei zur Abwehr des Terrorismus erforderlich.

Die Gründe für die rapide voranschreitende Umwandlung eines leidlich funktionierenden bürgerlichen Rechtsstaates in ein kontrolliertes Gebiet dürfen wohl eher in der internationalen Situation zu suchen sein. Der immer wiederkehrende Hinweis darauf, daß die Bundesrepublik ein »klassisches Exportland« sei, die gegenwärtige Auseinandersetzung mit den USA über das Atomgeschäft mit Brasilien, die Rolle der Bundesrepublik auf der UNCTAD und anderen internationalen Konferenzen sind Mosaiksteine einer expansionistischen Weltmarktstrategie, deren Durchsetzung ein befriedetes Land voraussetzt. Die innere Kontrolle ist die Funktion des Bedürfnisses, freie Hand im internationalen Kräftespiel zu haben und die im Inneren akkumulierte Kapitalmacht in internationale Expansionsstrategien zu transformieren. (Prof. Ulrich Preuß, *Ein Skandal findet nicht statt*, DISKUS, April 77, F/M)

Letzten Endes sind gerade das die großen politischen Zusammenhänge mit der Rechtsmisere und Demokratiemisere im Lande selbst. Letzten Endes hängt die Verleumdung und Verfolgung des Rechtsanwaltes Kurt Groenewold – und im Fall seiner Verurteilung die behördliche Verfolgung und Vernichtung der nächsten, die auf der Liste stehen – mit all dem zusammen.

Deshalb ist die Verfolgung Kurt Groenewolds nicht nur eine Schande für die deutsche Justiz und für die Bundesrepublik, sondern auch eine Gefahr für uns alle und für die ganze Welt. Eine Verurteilung Kurt Groenewolds wäre nicht nur eine Selbstverurteilung der Bundesrepublik, sondern, so übertrieben das im ersten Augenblick klingen mag, ein kleiner Teil eines kleinen Schrittes auf den nächsten großen Krieg zu. Und vor dieser Politik der kleinen Schritte kann einem angst und bange werden. – Solche Befürchtungen hegt heute im Westen in Wirklichkeit längst nicht nur eine sogenannte kleine radikale Minderheit.

Nein, ich habe die Meinungen von Juristen und Politikern und Akademikern in mehreren Ländern wiedergegeben, ich habe die Unterbrechungen der Uranlieferungen durch die Vereinigten Staaten und Kanada erwähnt. – Zwar wird das diesmal sicher noch überbrückt werden, aber wer Ohren hat, der höre: Es ist höchste Zeit.

Denn wenn diesen Entwicklungen nicht ein Riegel vorgeschoben wird, dann werden Regierungs- und Justizmachthaber nicht nur über Kurt Groenewold und andere Anwälte und über Recht und Gerechtigkeit hinweggehen, sondern sie – oder ihre Nachfolger – *werden weitermarschieren, und wenn alles in Scherben fällt,* ... wie das alte Lied sagt.

Wenn man aber in Deutschland ebenso wie im Ausland die großen und kleinen Zusammenhänge versteht und weithin aufklärend aufdeckt, dann muß der Protest gegen das Unrecht an Kurt Groenewold, das nur der Auftakt zu weiterem Unrecht wäre, nicht wirkungslos bleiben. – Es ist an der Zeit, endlich zu verhindern, daß anständige Menschen weiter öffentlich verleumdet und vielleicht vernichtet werden von jenen, die dadurch zu einer Gefahr für die ganze Welt und auch für die verblendeten Zeitungsleser in ihrem eigenen Land werden.

Hätte das Tun mancher Richter, Staatsanwälte und Politiker mir nicht tiefes Mißtrauen gegen Justiz überhaupt eingeflößt, so wollte ich fast hoffen, daß einige Leute, die jetzt im Namen des Rechtes das tun, was sie tun, ihre Worte und Taten eines Tages vor einem gerechteren Gericht verantworten müssen. Nun, das ist vielleicht Utopie, aber die Verbreitung der Wahrheit und der Protest gegen das Unrecht *muß die Wirklichkeit von heute und morgen sein.*

1977

Zur Verleihung des Preises der Sieben

Rede, 12. 10 1977, Frankfurter Buchmesse

Meine Damen und Herren, liebe Freunde. Ich bin hier, um meinen Dank dafür auszusprechen, daß mir als erstem Autor der neugestiftete internationale *Preis der Sieben* verliehen wurde, zu dem auch gehört, daß die preisgekrönten Texte, in meinem Fall Gedichte, außer in ihrer Muttersprache, in meinem Fall *Deutsch,* noch in sechs anderen Sprachen erscheinen werden. – Ich bin dankbar; und nun sollte ich vielleicht etwas von meinen Gedichten oder vom Gedichteschreiben überhaupt sagen, und ich sollte mich freuen.

Es ist aber nicht so leicht, sich einfach zu freuen. Die sieben Verlage, die mir den Preis zuerkannt haben, haben gleichzeitig beschlossen, in allen sieben Sprachen einen Band meines Kollegen Breyten Breytenbach zu veröffentlichen, starke, bildhafte, grimmig lebendige Gedichte, denen man anmerkt, daß Breytenbach auch Maler und Grafiker ist. Die Veröffentlichung dieser Gedichte wäre ein weiterer Anlaß, mich zu freuen. Nur, Breytenbach, den ich persönlich kenne (wir trafen uns auf einer Dichtertagung in Rotterdam), ist nicht hier unter uns, sondern sitzt seit Jahren hinter Gittern, zu neun Jahren Kerker verurteilt, ein politischer Gefangener in Südafrika, wo er wenige Tage nach Ausbruch des Zweiten Weltkrieges geboren wurde. Es ist nicht so leicht, sich heute als Dichter einfach zu freuen, namentlich als Dichter, der Rassismus und Unterdrückung haßt. Solange Breytenbach eingesperrt ist, haben wir kein Recht, uns beim Lesen solcher Gedichte oder bei einem Anlaß wie dem heutigen, einfach zu freuen. –

Und nicht nur Breyten Breytenbach! Gerade so gut wie mir hätte dieser *Preis der Sieben* Peter-Paul Zahl verliehen werden können, vermutlich dem begabtesten unter den jüngeren deutschen Dichtern. (Zahl ist vier Jahre jünger als Breytenbach, und auch von ihm sind diesmal auf der Buchmesse neue Gedichte zu sehen, ein Band namens *Alle Türen offen.*) Aber auch Peter-Paul Zahl ist nicht hier unter uns, er ist gefangen, in der Justizvollzugsanstalt Werl. Er wurde vor sechs Jahren verhaftet, wurde dann, weil er sich gegen seine Verhaftung gewehrt und einen Polizisten verwundet hatte, wegen schweren Widerstands gegen die Staatsgewalt zu vier Jahren verurteilt. Dann besuchte ihn ein Verfassungsschützer, meinte freundlich, »Herr Zahl, wir wissen ja, daß Sie kein Terrorist sind, und wenn Sie aktives Verständnis dafür zeigen wollten, daß auch *wir* gegen die Eskalation der Gewalt kämpfen, könnten Sie sofort Haftverschonung haben, und niemand bräuchte das zu wissen, denn es wurde Ihnen ja bei der Verhaftung der Arm zerschossen, Sie hätten schon aus Gesundheitsgründen ein Recht auf Haftverschonung«. Peter-Paul Zahl dankte dem Besucher für seine Zigaretten und für sein Anerbieten, erklärte ihm aber, seine Prinzipien machen es ihm unmöglich, Agent einer östlichen *oder* westlichen Geheimpolizei zu werden. Darauf wurde Peter-Paul Zahl geraten, er solle sich das überlegen, sonst werde er finden, er komme vielleicht überhaupt nicht mehr frei. –

Nun, als seine Haftzeit dem Ende zuging, brachte die Staatsanwaltschaft es fertig, daß sein Urteil für *ungültig* erklärt wurde. Zahl kam *in gleicher Sache ein zweites Mal* vor Gericht. Im ersten Prozeß schon hatte die Staatsanwaltschaft behauptet, Zahl habe die ihn verhaftenden Polizisten zu ermorden versucht, aber die Geschworenen hatten dagegen entschieden. Nun aber, beim zweiten Prozeß, gab es keine Geschworenen mehr, und Zahl wurde prompt des versuchten Mordes für schuldig befunden. Richter Monschau sagte ihm, dafür könne er ihn zu drei bis fünfzehn Jahren verurteilen, in *seinem* Fall, wegen der Notwendigkeit besonderer Abschreckung, würden es *fünfzehn* Jahre sein. Das war am 12. März 1976. Proteste von allen Seiten, auch von deutschen Schriftstellern und vom holländischen PEN, blieben wirkungslos. Zahl wurde auch seit seiner Verurteilung wiederholt den verschiedensten Repressalien unterworfen, und seit der Entführung Schleyers ist Peter-Paul Zahl von seinem Anwalt, von Besuchern und Post isoliert, obwohl er weder mit der RAF noch mit dem *2. Juni,* noch mit Hanns Martin Schleyer je etwas zu tun hatte. – Dieses neue *Sondergesetz* ist eben sehr dehnbar und wird gegen sehr viele Menschen angewendet.

Solange Peter-Paul Zahl – ebenso wie ungezählte andere – im Namen der *Gerechtigkeit* so behandelt wird und gefangen bleibt, ist es nicht so leicht, sich als Dichter einfach zu freuen. Deshalb hier noch mehr davon, mit welchen unliebsamen Tatbeständen man als deutschsprachiger Schriftsteller konfrontiert ist, Tatbeständen, die einem oft die Zeit und die Energie rauben, die man doch bitter nötig hätte, um sich mit dichterischen Problemen, mit Fragen des eigenen Schreibens zu befassen und sich nicht immerzu von politischen Gemeinheiten um den ganzen Reichtum des Lebens betrügen zu lassen; wie Brecht klagt: *So verging meine Zeit, die auf Erden mir gegeben war.*

Vor einigen Jahren, kurz nachdem ich von einem Hamburger Gericht freigesprochen worden war, weil ich die Berliner Polizei beschuldigt hatte, an dem erschossenen Studenten Georg von Rauch einen *Vorbeugemord* begangen zu haben, stand auch mein Verleger, Klaus Wagenbach, aus ganz ähnlichem Grund in Berlin vor Gericht. – Ich sprach zu seinen Gunsten, wie es in Hamburg bei meinem Prozeß Heinrich Böll getan hatte, und Klaus Wagenbach wurde zuerst ebenfalls freigesprochen. Aber dagegen erhob der Berliner Polizeipräsident in der Springerpresse und in einem polizeilichen Rundschreiben Einspruch, und in zweiter Instanz wurde Wagenbach prompt verurteilt. Ich glaube, mein Fall war der letzte Freispruch für einen solchen Protest gegen polizeiliche Todesschüsse auf deutschem Boden. Die Todesschüsse sind seither viel zahlreicher geworden und sollen durch das sogenannte *Einheitliche Polizeigesetz* auch in aller Form rechtens werden. – Es ist nicht so leicht, sich als deutschsprachiger Dichter oder Schriftsteller oder Verleger einfach zu freuen.

Ebenso wie ich ist auch Professor Peter Brückner Autor des Wagenbach-Verlages. Er hat dort unter anderem 1974 ein Buch gegen den politischen Mord an dem Studenten Ulrich Schmücker veröffentlicht. Das Buch enthält auch meine Polemik gegen ein von der *Gruppe 2. Juni* verbreitetes Flugblatt, das den Mord an Schmücker als *Hinrichtung* rechtfertigen wollte. 1977 veröffentlichte Brückner bei Wagenbach das Buch *Ulrike Meinhof und die deutschen Verhältnisse*, das bekanntlich ebenfalls gegen den sogenannten *bewaffneten Kampf* Stellung nimmt und deshalb von einigen Verworrenen und Verbitterten angegriffen und beschimpft wurde. Freilich versucht Peter Brückner, Ulrike Meinhofs Weg einsichtig zu erklären und bringt nicht läppische Entstellungen und Tatsachenverdrehungen, wie das jetzt eben im Fischer-Verlag erscheinende oder erschienene Buch *Hitlers Kinder*, ein Gemisch von Viertelwahrheiten, naivem Kitsch-Unsinn und ganzen Tatsachenverdrehungen, verfaßt von der südafrikanischen, ziemlich rechtsradikalen Gillian Becker, die nicht einmal Deutsch versteht. Ihr Buch wurde übrigens von einigen englischen Kritikern vernichtend beurteilt.

Doch dies nur nebenbei. Peter Brückner also, der wiederholt, zwar niemals oberflächlich oder gehässig, dafür aber desto entschiedener, gegen den blutigen Irrweg des sogenannten *bewaffneten Kampfes* geschrieben und gesprochen hat, der dabei allerdings auch nicht verschwiegen hat, wieviel Mitschuld an diesem Irrweg die *institutionalisierte* Gewalt und Brutalität der Behörden trägt, hat vor kurzem auch über den sogenannten *Buback-Nachruf* eines Göttinger Mescalero geschrieben. Er steht diesem Nachruf keineswegs unkritisch gegenüber; außer etlichen, heute recht naiv anmutenden revolutionären Illusionen enthält dieser *Buback-Nachruf* nämlich auch einige ungute beziehungsweise ungeschickt gewählte Ausdrücke. Mescalero hat offenbar versucht, sich entfremdet denkenden Menschen verständlich zu machen, indem er sich selbst auf entfremdeten Sprachgebrauch einließ.

Trotz dieser Schwächen findet Peter Brückner, ebenso wie ich, diesen *Buback-Nachruf* unter anderem deshalb so wichtig, weil er eine eindeutige Stellungnahme *gegen* politischen Mord ist, eine Stellungnahme von *links* und nicht nur aus politischen *Nützlichkeits*erwägungen, sondern auch aus *moralischen* Erwägungen, und nicht nur gegen den Mord an Siegfried Buback, sondern z. B. auch dagegen, daß seine Mitfahrer erschossen wurden.

Ein solches Dokument von *links* ist natürlich viel wichtiger als alles Rachegeschrei nach Todesschüssen und Todesstrafe von rechts, durch das sich ja leider kaum ein einziger Wirrkopf davon abhalten lassen dürfte, sich selbst in diesen blutigen Wahnsinn zu verwickeln. Man hätte also annehmen müssen, daß so ein linkes Dokument von einem jungen Menschen, der zwar Siegfried Bubacks Tätigkeit ebensowenig gebilligt hat wie ein großer Teil der Presse in westlichen Demokratien, der aber die Ermordung Bubacks erst recht nicht billigt, in der Bundesrepublik als wichtige Hilfe im Kampf gegen politischen Mord allgemein willkommen geheißen wird!

Das Gegenteil ist leider der Fall, Massenmedien und führende Publizisten, Herr Gerhard Löwenthal vom ZDF ebenso wie Ministerpräsident Albrecht in Hannover und Bundesjustizminister Vogel wetteifern miteinander, diesen *Buback-Nachruf* als *Billigung und Befürwortung politischen Mordes* zu verunglimpfen. Wenn mit einem geschriebenen Text heute in der Bundesrepublik von Massenmedien und Politikern so verfahren werden kann, ist das für einen Schriftsteller von höchstem Interesse, denn so wie es Mescalero erging, so kann es heute oder morgen uns allen ergehen. So erging es übrigens auch mir; ein Gedicht von mir über die Ermordung Siegfried Bubacks wurde nicht weniger plump und niederträchtig verleumdet als Mescaleros Buback-Nachruf, nur daß ich mich in den Massenmedien wenigstens *etwas* besser wehren konnte.

Nun, Peter Brückner, der sich fachlich für die Querverbindungen zwischen Soziologie und Psychologie interessiert, ist, wie viele andere Professoren (und wie zahllose Studenten und z. B. auch die Jungdemokraten in Berlin), dafür eingetreten, den Text des Buback-Nachrufs nachzudrucken, so daß man ihn *selbst* lesen kann und nicht nur sinnstörend aus dem Zusammenhang gerissene Zitate, wie das von der *klamm-heimlichen Freude,* vorgekaut bekommt. Außerdem hat Peter Brückner unter dem Titel *Die Mescalero-Affäre, ein Lehrstück für Aufklärung und politische Kultur* eine Broschüre veröffentlicht, die den Buback-Nachruf, einige der wichtigen Kommentare, seine eigene Bemerkung dazu, aber auch den vorbildlich sachlichen und gerechten Beschluß des Amtsgerichts in Düsseldorf vom 10. August 1977 veröffentlicht, das zur Erkenntnis kam, der *Buback-Nachruf* sei *nicht* gerichtlich zu verfolgen, weil der von der Staatsanwaltschaft unterstellte Vorwurf, daß er den Mord an Generalbundesanwalt Buback öffentlich billige, *nicht stimme* und die Veröffentlichung des Buback-Nachrufs *keinen Straftatbestand* erfülle.

Das Gericht erklärt wörtlich: *Der Verfasser des Artikels identifiziert sich nicht mit der Gewalttat, er stellt sich auch nicht moralisch hinter die Täter, sondern hält die Gewalttat vielmehr für falsch.*

Diesen Gerichtsbeschluß ebenso wie den Buback-Nachruf, ebenso verschiedene Angriffe, Kritiken und Verteidigungen dieses Nachrufs hat Peter Brückner veröffentlicht. Und dafür und für einen nicht von ihm veröffentlichten winzigen Auszug aus einem stundenlangen Interview, das Brückner vor vielen Monaten einem holländischen Journalisten gab und das die politische Gewaltförmigkeit in der Bundesrepublik zu *erklären* versucht, aber *gegen sie Stellung nimmt,* wird Brückner jetzt verfolgt, und Ministerpräsident Albrecht plant seine Entlassung als Professor, das heißt, de facto, *Existenzvernichtung.* –

Englische Journalisten und Rechtsanwälte haben mir daraufhin die Frage gestellt, ob Ministerpräsident Albrecht, der in England schon vor vielen Monaten durch seinen Vorschlag auffiel, bei Untersuchungshäftlingen in besonders argen Fällen unter Umständen *wieder die Folter einzuführen,* so infam und schamlos sei oder so hysterisch und von allen guten Geistern verlassen. Andere Kenner der bundesdeutschen Verhältnisse, ebenfalls englische Journalisten und Anwälte, antworteten an meiner Stelle. Sie sagten, Albrecht sei leider nicht der einzige, auch Bundesjustizminister Vogel habe sich über die Erkenntnisse des Gerichts in Düsseldorf einfach hinweggesetzt, noch dazu so, daß in England ein Mensch, der sich so verhalte, kaum weiterhin Justizminister oder Ministerpräsident sein könne.

Selbst der überaus milde und geduldige Deutschlandkorrespondent der großen englischen Zeitung *Guardian* hat am 3. November dort einen Bericht veröffentlicht, der mit den Worten anfängt: *McCarthy lebt und ist wohlauf und wohnt in Westdeutschland* und der die hysterische Hexenjagd auf sogenannte *Sympathisanten* (der *Guardian* setzt das ekelhafte Wort in Gänsefüßchen) als *Vergiftung des politischen Klimas* anprangert.

Man müßte noch vieles zur Sprache bringen, z. B. das Hochschulrahmengesetz und die Bestrebungen zur Entrechtung der Studenten, die Bespitzelung, den Radikalenerlaß, die unglaubliche Behauptung des Verfassungsgerichtes, daß die vom Grundgesetz zugesicherte Meinungsfreiheit nur für das *Haben,* nicht aber für das *Äußern* oder *Verbreiten* einer Meinung gelten solle, die Verdächtigung, Einschüchterung und Verfolgung von Rechtsanwälten – z. B. das jämmerliche Berufsverbot von Rechtsanwalt Kurt Groenewold in Hamburg –, die frechen Verleumdungen gegen Heinrich Böll, Helmut Gollwitzer und den früheren Berliner Oberbürgermeister Albertz, von dem ausgerechnet die Nackte-Mädchen-Postille *Praline* schrieb, er solle es nicht mehr wagen, sich auf dem Weg über das Fernsehen in *deutsche* Wohnzimmer einzuschleichen!

Ich könnte die Presseerklärung Ministerpräsident Stoltenbergs zitieren, der Hanjo Kesting, einem leitenden Redakeur des NDR, im Zusammenhang mit Mescaleros Buback-Nachruf-Artikel vorwirft, *wahrheitswidrig erklärt er* (nämlich Kesting), *daß dieser Artikel im Gegensatz zur Darstellung fast aller Zeitungen politischen Mord nicht billige oder verherrliche.* Diese Presseerklärung stammt, wohlgemerkt, vom 16. September, sie erschien also mehr als einen Monat nach dem Düsseldorfer Gerichtsbeschluß, der Kestings Meinung bestätigt und sich auch mit der irreführenden Berichterstattung fast aller *Zeitungen* ausführlich auseinandergesetzt hat.

Solange derlei geschieht, können Bundespräsident Scheel und Helmut Schmidt noch so oft versichern, die Demokratie hierzulande sei ganz in Ordnung. Man wird ihnen höflich zuhören und wird sich seinen Teil denken.

Als deutschsprachiger Schriftsteller, der zeitlebens *gegen* Deutschenhaß eingetreten ist, bin ich darüber *nicht froh.*

Als Mensch, der schon in der Jugend durch den Hitlerfaschismus aus seiner Heimat vertrieben wurde und der sich heute wieder vor der Gefahr sieht, wenn er die Verhältnisse hier kritisiert, in seiner Existenz als Schriftsteller schwer geschädigt oder auf neue Art ins Exil gezwängt zu werden, finde ich aber, es war meine Pflicht, von *diesen* Dingen zu Ihnen zu sprechen und nach Kräften zu warnen. Eigentlich hätte ich freilich lieber von Gedichten gesprochen, aber das will ich mir für bessere Zeiten aufheben.

Ich danke Ihnen.

1978

Die Anfrage

Rede, anläßlich der Demonstration am 2. 12. 1977, Bremen

Wenn ich die hier Versammelten grüße, wenn ich ihnen dafür danke, daß sie dagegen protestieren, daß ein Politiker von meinen Versen sagt: Ja, so etwas würde ich lieber verbrannt sehen, so weiß ich, daß es dabei in Wirklichkeit nicht nur um mich und auch nicht nur um Herrn Bernd Neumann geht, sondern um die Gefahr, daß Kritiker – nicht nur kritische Schriftsteller – verfolgt, wirtschaftlich ruiniert oder in ein zweites Exil gedrängt werden. Das erste war das zur Zeit des Hitler-Faschismus.

Herr Neumann selbst ist keineswegs der einzige, der in den letzten Monaten falsche und böse Behauptungen über meine Arbeiten und mich verbreitet hat: *Bild, Welt,* die *Frankfurter Allgemeine, Weser-Kurier* neben dem *Weser-Report*, die Zeitung *Tele-Report*, die Rundfunk- und Fernsehsendungen als Beobachter verfolgt und dann saftige, oft aus dem Zusammenhang gerissene Stellen der CDU/CSU weitervermittelt, gehören auch dazu. Herr Fromme und Herr Reißmüller von der FAZ oder gewisse Spalten der *Hamburger Morgenpost* sind nicht minder bemerkenswert als Herr Bernd Neumann oder als die Terror-Zusammenstellung der CDU.

Dennoch ist Herr Neumann mindestens hier in Bremen ein wichtiges Beispiel für solche Vernichtungsfeldzüge. Herr Neumann wollte einer Lehrerin Schwierigkeiten dafür machen, daß sie mein Gedicht *Die Anfrage*, das ich vor fast fünf Jahren geschrieben hatte, im Unterricht verwendete. In der Diskussion sagte er wörtlich laut Protokoll der Bürgerschafts-Sitzung am 3. November: *Ja, Herr Kunick, so etwas würde ich lieber verbrannt sehen, das will ich Ihnen einmal ganz eindeutig sagen.*

Im *Weser-Report* vom 18. November veröffentlichte dann Herr Neumann folgende Erklärung: *Ich habe in meiner Rede vor der Bremischen Bürgerschaft und auch in meinem Interview mit Radio Bremen am 7. November deutlich gemacht, daß ich eine literarische Bewertung der Gedichte von Herrn Fried als Politiker nicht vorgenommen habe, auch nicht vornehmen werde. Mit dieser Aussage sollte also klar sein, daß mir vergleichbare Absichten mit dem Bücherverbrennen des Jahres 1933 nicht unterstellt werden können.*

Herr Neumann scheint sich aber nicht darüber klar zu sein, daß auch die Bücherverbrenner des Jahres 1933 in erster Linie nicht literarische, sondern politische Bewertungen vornehmen wollten, indem sie *so etwas lieber verbrannt sehen wollten*. Die Nazis sahen in den Büchern, die sie verbrannten, eine Gefahr für das deutsche Volk, für die Jugend. Ganz ähnlich wie Herr Neumann in meinem Gedicht *Die Anfrage* eine Gefahr für die Schulkinder sah. Übrigens: 14–15jährige Kinder, also junge Menschen in einem Alter, wo sie – wenn sie keine Oberschüler sind – schon ins Berufsleben oder in die Arbeitslosigkeit entlassen werden.

Der *Weser-Report* hatte behauptet, in meinem Gedicht *Die Anfrage* seien Terror und Mord verherrlicht. Ich erklärte daraufhin mehrmals öffentlich, wenn Herr Neumann mir zeige, wo ich in dem Gedicht *Die Anfrage* Terror und Mord verherrlicht habe, dann wäre ich meinerseits bereit, öffentlich zu erklären, daß Herr Neumann kein übler Nachreder sei und daß er Lehrerinnen und Schriftsteller nicht unverantwortlich verleumde.

Herr Neumann konnte mir das jedoch in unserem Streitgespräch in Radio Bremen nicht nachweisen, obwohl er nicht viel Verständnis dafür hatte, daß man bei einer Diskussion womöglich nicht die ganze Zeit reden und weiterreden und weiterreden und weiterreden soll, sondern auch seinen Gegenüber zu Worte kommen lassen muß.

Immerhin: Selbst Herr Neumann hat mir bei dieser Diskussion in Radio Bremen am 26. 11. zugestehen müssen, er glaube mir, daß ich gegen politischen Mord und gegen Terror sei. Zugleich deutete er allerdings an, ich sehe offenbar nicht, daß meine Art Gesellschaftskritik den Terrorismus fördere.

Da bin ich wieder der Meinung, daß Terrorismus eher durch Argumente wie die Herrn Neumanns, die alle Linken in die Terroristen-Ecke drängen möchten, gefördert wird.

Daß ich gegen den sogenannten bewaffneten Kampf der RAF und des *2. Juni* bin, daß ich gegen Menschenraub, Entführungen, Geiselnahme und politischen Mord bin, habe ich Herrn Neumann teils während, teils nach der Diskussion in Radio Bremen anhand meiner Veröffentlichungen in vielen, vor allem in vielen linken Zeitungen, aber auch in der *Frankfurter Rundschau* und im *Spiegel* belegt. Nun, Herr Neumann hat aber auch Dinge gesagt, die sehr arg sind und die nicht direkt mit dem Verbrannt-sehen-Wollen zusammenhängen. Er erklärte zum Beispiel im *Weser-Report* vom 18. November: Die Redakteure von Radio Bremen seien wohl auf Terroristen-Welle. Als Beispiel führte er wörtlich an:

Nicht die geringste Abwehr-Haltung zeigten die Ausschuß-Mitglieder des Redakteurausschusses, als ihr »Kollege« Erich Fried am 4. Mai 1975 per Hörfunk-Kommentar die Verfälschung von Motiven des Baader-Meinhof-Anwalts Horst Mahler als kleinlich und schäbig beklagte.

Nun, das beweist, daß Herr Neumann meinen Hörfunk-Kommentar vom 4. Mai 1975 mindestens gelesen haben muß. Wenn er das aber getan hat und wenn er als Politiker auch verstehen kann, was er liest, dann ist der von ihm erhobene Vorwurf, daß deshalb die Redakteure von Radio Bremen mit dem Baader-Meinhof-Sympathisanten Erich Fried auf Terroristen-Welle seien, eine Ungeheuerlichkeit. Mit meinem Rundfunk-Kommentar von damals verhielt es sich nämlich so:

Die Geiselnehmer in Berlin hatten den Rechtsanwalt Lorenz, den CDU-Kandidaten dort, entführt und die Freilassung einiger Gefangener erwirkt. Sie hatten auch die Freilassung Horst Mahlers verlangt. Horst Mahler aber war mittlerweile zu der Überzeugung gekommen, daß solche Aktionen – Geiselnahmen – abzulehnen seien, falsch und schädlich seien vom revolutionären Standpunkt. Also wollte Horst Mahler einer Tat, die er für falsch hielt, nicht seine Freiheit verdanken. Lieber noch Jahre hinter Gittern verbringen.

In Deutschland aber wurde unter der Hand verbreitet, Mahler lasse sich nur deshalb nicht befreien, weil er Angst habe, die Terroristen würden ihn dann umbringen. Nun, erstens waren die Freigepreßten im Flugzeug unbewaffnet, und Ex-Bürgermeister Albertz, der mit ihnen nach Süd-Jemen fuhr, hätte Horst Mahler wohl auch nicht umgebracht. Außerdem ist Horst Mahler nicht gerade ein Feigling. Mir aber schien das Beispiel eines Mannes, der seinen Irrtum erkannt hat, sich von individuellem Terror und Geiselnahmen abwendet und lieber eingesperrt bleibt, als einer Terroraktion etwas zu verdanken, ein sehr wichtiges Beispiel. Durch solche Beispiele nämlich kann man Menschen, die in Gefahr sind, auf den blutigen Irrweg des sogenannten bewaffneten Kampfes dieser Gruppen hereinzufallen, davor warnen, davon abbringen. Deshalb meine Verteidigung Horst Mahlers im Rundfunk gegen die schäbige Unterstellung, er habe das nur aus Angst um sein Leben getan. Das deutlich zu machen ist auch heute noch wichtig, wenn man nicht will, daß terroristische Aktionistik immer neuen Nachwuchs unter verzweifelten und verwirrten jungen Menschen findet, für deren Verzweiflung und Verwirrung weitgehend reaktionäre Maßnahmen in einer Gesellschaft verantwortlich sind.

Und gerade da kommt Herr Neumann und fällt mit seinen törichten oder böswilligen Anschuldigungen den Bremer Funkredakteuren und mir in den Rücken. Wäre er ein bezahlter Agent der RAF, so hätte er der Sache terroristischer Aktionen auch nicht besser dienen können. Obwohl wir natürlich alle wissen, daß er das nicht ist, sondern ein Feuerfresser oder Feuerspeier der CDU, der dem Terrorismus bewußt nicht helfen will, nur unbewußt ihm Vorschub leistet, indem er Linke diffamiert und unmöglich machen will, die in Wirklichkeit gegen Greuelmaßnahmen und politischen Mord sind, aber nicht auf der Linie, wie er sich das vorstellt.

Da Herr Neumann mit meinem Gedicht *Die Anfrage* auch beim besten oder beim schlechtesten Willen nicht beweisen kann, daß ich den Terrorismus verherrliche, versucht er den Angriff auf mein ganzes Buch *So kam ich unter die Deutschen* – der Titel ist von Hölderlin – auszudehnen. Das ist unfair gegen die Lehrerin, die nur das Gedicht, nicht das ganze Buch im Unterricht verwendet hat, und das ist auch unfair gegen mich.

Bei einem anderen Gedicht, über das er auch herzog, beim Gedicht auf die Ermordung Herrn Bubacks, wurde mal wieder vorausgesetzt, daß ich den toten Gegner, weil ich seine Politik scharf kritisiere, auch gleich verhöhnen will, daß die mehrmals wiederholten Worte *Dieses Stück Fleisch* als Beschimpfung des Toten gedacht waren, nicht eine Anklage auf die Brutalität eines Mordes, der einen lebenden Menschen durch Schüsse zerfetzt und in ein Stück Fleisch verwandelt. Man muß das nur im Zusammenhang lesen und im Zusammenhang meines Werkes sehen, um solche Interpretationen wie die von Herrn Neumann und von vielen anderen seinesgleichen nicht mehr teilen zu können.

Ferner hat Herr Neumann behauptet, der bekannte Dichter Peter-Paul Zahl, für den ein Teil der Einkünfte aus meinem Buch verwendet werden soll, der Rest war für die Verteidigung des mittlerweile freigesprochenen Karl-Heinz Roth und für die Ermittlung der Todesumstände Ulrike Meinhofs gedacht, Peter-Paul Zahl also sei als Terrorist und Baader-Meinhof-Bandenmitglied verurteilt worden. Nun, ich konnte nachweisen, daß das einfach – wie so viele andere Behauptungen von dieser Seite – nicht den Tatsachen entspricht. Auch die Justiz selbst behauptet das nachweisbar nicht.

Es geht aber nicht nur um Herrn Neumann, es geht darum, daß durch solche Hexenjagden, die weit über den McCarthyismus (McCarthy, republikanischer US-Senator, leitete in den fünfziger Jahren Untersuchungen gegen »kommunistische Umtriebe«,

Anm. d. Red.) in Amerika hinausgehen, die Freiheit der Kritik überhaupt bedroht ist. Das zeigt die Suspendierung von Professor Brückner in Hannover, das zeigen die ganz ungerechtfertigten Angriffe auf das dritte Russel-Tribunal, das keineswegs aus Deutschenhassern besteht, wie ihm unterstellt wird, und das auch keineswegs die Absicht hat, die Bundesrepublik gleich in einen Topf mit dem Südvietnam Thieus oder mit dem Chile Pinochets zu werfen, obwohl Franz-Josef Strauß vielleicht gar nichts gegen eine solche Angleichung hätte.

Nein, das Russel-Tribunal hat weder in Vietnam noch in Chile seine Hearings gehalten, will aber – wenn man es ihm nicht böswillig unmöglich macht – in der Bundesrepublik selbst seine Hearings halten, weil es die Bundesrepublik ja nicht, wie es die RAF tut, für einen durch und durch faschistischen oder vorwiegend faschistischen Staat hält. Aber Verstöße gegen Menschenrechte sollen untersucht werden. Und wieweit die Freiheit, nachzufragen und zu kritisieren, eingeschränkt ist oder nicht. Dazu gehören außer Radikalenerlaß und Auslegung des Paragraph 3 des Grundgesetzes, außer Gewerkschaftsausschlüssen und einheitlichem Polizeigesetz, außer Maulkorbparagraphen und so weiter, außer dem Vorgehen gegen Anwälte und gegen linke Gruppen doch wohl auch die Fragen, wie Gefangene leben und wie sie sterben. Auch solche Fragen müssen gestellt werden dürfen.

Von vornherein überzeugt sein müssen, Gefangene sterben nur durch Selbstmord, wäre genauso ein Unding, wie von vornherein überzeugt sein, Gefangene werden nur umgebracht oder gar auf geheimen Befehl höchster Regierungsstellen umgebracht. Was wir brauchen, sind nicht starre Vorurteile, sondern funktionierende, ordentliche, von Staatsapparaten ebenso wie von einzelnen Sektierern unabhängige Untersuchungsausschüsse. Sonst wächst mit der gegenseitigen Verbitterung auch die Gefahr beiderseitiger Gewalteskalation.

Und schließlich: Was das Verbot der sogenannten K-Gruppen betrifft, die untereinander so verschieden sind wie KB und KBW: Ein Verbot, das hauptsächlich aus CDU/CSU-Kreisen immer mehr gefordert wird. So finde ich, der ich keiner dieser Gruppen angehöre, eine solche Tendenz äußerst gefährlich. Der englische Dichter John Donne hat vor Jahrhunderten gesagt *Each man's death diminishes me*, jedes Menschen Tod vermindert mich. Wir müssen dazu sagen: Jedes Menschen Entrechtung vermindert mich. Um die Freiheit unserer Mitmenschen muß es uns auch dann gehen, wenn wir politisch nicht mit ihnen übereinstimmen, wie ich nicht mit allen K-Gruppen in allen Punkten übereinstimme. Solidarität nur mit völlig Gleichgesinnten genügt nicht.

Freiheit ist, wie Rosa Luxemburg erklärt hat, nur dann Freiheit, wenn sie auch Andersdenkenden zugute kommt. Wer das nicht wirklich versteht und wer nicht danach handelt, der verliert früher oder später auch seine eigene Freiheit.

1977

Wie sah der antifaschistische Kampf aus und wie sollte er heute aussehen?

Rede zu Helmut Gollwitzers 70. Geburtstag, 29. 12. 1978, Freie Universität Berlin

Von der Einladung, der ich verdanke, daß ich heute hier sprechen darf, hörte ich zuerst als Vorschlag, etwas über Helmut Gollwitzer, den Antifaschisten, zu sagen. Diese Einladung nahm ich gerne an. Der genaue Titel des mir zugedachten Referats, *Wie sah der antifaschistische Kampf aus und wie sollte er heute aussehen?,* ist viel anspruchsvoller und ein wenig erschreckend für einen, der sich nicht zum allweisen Verkünder des alleinrichtigen Antifaschismus berufen fühlt. Aber ein freundliches Schicksal und eine falsche Adresse auf dem Brief an mich halfen mir: Ich bekam diesen genauen Titel erst am Weihnachtstag in die Hände. Da hatte ich mein Referat über Helmut Gollwitzer schon geschrieben, und als ich es mir nun nochmals besorgt ansah, fand ich, daß ich an seinem Beispiel so viel über antifaschistischen Kampf gesagt hatte, daß ich es immer noch mit gutem Gewissen zu diesem Thema halten kann. Aber ich will auch dem neuen Thema nicht ausweichen und sage deshalb am Ende des Referats meine Meinung dazu.

Die Einladung, von Helmut Gollwitzer, dem Antifaschisten, zu sprechen, war für mich leicht anzunehmen. Ich hatte immer wieder gehört, wie vor 40 Jahren, gleich nach der sogenannten Reichskristallnacht, der noch nicht ganz 30jährige Helmut Gollwitzer mit seiner legendären Bußtagspredigt in Dahlem Leben und Freiheit riskiert hat. Diese Predigt fing an: *Wer soll denn heute noch predigen? Ist uns nicht allen der Mund gestopft an diesem Tage? Können wir denn noch etwas anderes als nur schweigen?* Es war ein sehr beredtes Schweigen, es war e i n e Form des Kampfes gegen den Hitlerfaschismus.

Ich habe auch nicht vergessen, was ich wenige Jahre nach dem Krieg in Gollwitzers Buch *Und führen, wohin du nicht willst* gelesen habe. Ich weiß, wie sehr er sich in all den Jahren seit 1945 bemüht hat, zu einer wirklichen Überwindung des faschistischen Ungeists in Deutschland beizutragen, der Krankheiten und Verbrechen, die nicht erst 1933 begannen und die 1945 leider nicht aufhörten.

Es ist über 15 Jahre her, daß Helmut Gollwitzer am 10. März 1963 in einer Rundfunkpredigt zur sogenannten *Woche der Brüderlichkeit* diese gutgemeinte, auch gegen den Faschismus gerichtete, aber schnell zur stehenden Einrichtung erstarrte Brüderlichkeitsbekundung zu retten versuchte, indem er *Die schwere Umkehr* zum Thema nahm. Seine Predigt war nicht nur voll Verständnis und enthielt nicht nur die Bitte um göttliche Hilfe bei dieser schweren Umkehr, um Wege des Friedens für Deutschland – für *beide* Teile Deutschlands – und für Israel, sondern in dieser Predigt klagte er auch an und warnte vor allzu leichter Selbstgerechtigkeit, warntc davor, sich die Vergangenheit zu leicht selbst zu vergeben.

Damals herrschte noch der Kalte Krieg, in seiner ganzen, von Westberlinern besonders zelebrierten Vollendung, und Helmut Gollwitzer betete für die *beiden* Regierungen in Deutschland, für die *beiden* Verwaltungen in Berlin, also für die hüben und drüben, die er *beide* nie unkritisiert ließ. – Und zugleich klagte er die Heuchelei der angeblichen Vergangenheitsbewältigung und der falschen Wiedergutmachungen an, von der ich gerade um die gleiche Zeit, ohne daß ich seine oder er meine Worte gekannt hätte, schrieb:

Die Wiedergutmachung
kann eine gute Art sein
die Wiederschlechtmachung
wieder gut anzufangen.

Und auch damals verstanden viel zu viele Menschen in Deutschland nicht mehr zu *hören,* was ein Antifaschist ihnen sagte. Aus zahllosen Briefen derer, die diese Predigt *Die schwere Umkehr* gehört hatten, spricht empört oder traurig das platte, selbstgerechte oder das blind tappende, hilflose Unverständnis. Schon damals zeigte sich die Art, wie später in Berlin und in der Bundesrepublik alle *die* verleumdet und mißverstanden, angeschwärzt und falsch zitiert wurden, die, wie Helmut Gollwitzers Schützling und Freund Rudi Dutschke, die Sache der Studenten führten oder gegen Untaten der Berliner Polizei oder gegen den Vietnam-Krieg oder gegen die Notstandsgesetze oder gegen enthemmte Menschenjagd auftraten, deren verhängnisvolle Eskalation sie wie Heinrich Böll und wie (immer wieder bei diesen Anlässen!) Helmut Gollwitzer voraussagten.

Kein Mensch, der einen so langen Kampf kämpft, ist unermüdlich. Aber Helmut Gollwitzer war trotz aller Ermüdung immer wieder da, wenn er sich kaum die notwendige Ruhe gegönnt hatte, und *ist* immer wieder da. Er war da, als Benno Ohnesorg von einem Berliner Polizisten erschossen wurde und als die Polizei log – um die Wette mit der Springer-Presse –. Und *daß* Helmut Gollwitzer da war, hat, glaube ich, auch dem damaligen Regierenden Bürgermeister Albertz schließlich seinen schweren Weg leichter gemacht, auf dem er seiner Erkenntnis der Wahrheit viel opferte und sich zur Zielscheibe derselben Angriffe machte, die auch Helmut Gollwitzer immer wieder zum Ziel nehmen. Er, Helmut Gollwitzer, hat den Nachruf für Benno Ohnesorg gesprochen, so wie er später am Grab Ulrike Meinhofs und ganz kurz darauf am Grab seines Schulfreundes Gustav Heinemann gesprochen hat. – Und es war immer ein und derselbe Helmut Gollwitzer, derselbe, der auf der Straße gegen den Vietnam-Krieg sprach – ich stand neben ihm und sprach dann nach ihm –, und derselbe, der gegen Repression und Berufsverbote, gegen die *Verfassungsfeinde über uns* sprach und schrieb, und derselbe, der mir solidarisch half, als ich 1974 vor Gericht stand, weil der Polizeipräsident von Berlin, Herr Hübner, mich wegen meines Wortes *Vorbeugemord* für die polizeiliche Erschießung Georg von Rauchs verklagt hatte. Mein Freispruch damals ist wahrscheinlich nicht zuletzt der Solidarität von Menschen wie Helmut Gollwitzer und Heinrich Böll zuzuschreiben. Und später, als linke Anwälte verfolgt wurden, hat Helmut Gollwitzer meinem Anwalt, Kurt Groenewold, zu helfen versucht.

An all das erinnerte ich mich, und deshalb schien es so leicht, von Helmut Gollwitzer, dem Antifaschisten, zu sprechen. Erst später kamen mir Bedenken. Ist es denn *nur* der *Antifaschist* Helmut Gollwitzer, von dem ich sprechen will? Kann man und darf man diesen Begriff Antifaschist isolieren, so nötig und so unverjährbar wie die Verbrechen des Hitlerfaschismus dieser Begriff Antifaschismus leider geblieben ist, in einem Land, in dem es einen Globke gab und einen Filbinger, einen Generalbundesanwalt Ludwig Martin und einen Bundesverfassungsrichter Prof. Dr. Willi Geiger, in dem es in Frankfurt einen Schmidt-Leichner als Vorsitzenden eines Ehrengerichts für Anwälte geben kann, und die große Mehrheit brauner Verteidiger im Majdanek-Prozeß in Düsseldorf, und in dem beide Anwärter für das Amt des Bundespräsidenten ganz nebenbei Mitglieder der NSDAP waren.

Aber was *ist* Antifaschismus, und ist Antifaschismus *genug?* Waren nicht auch Stalinisten, die ihre eigenen Genossen hinrichten ließen, Antifaschisten? Sind ihre Nachfolger, die Rudolf Bahro eingekerkert halten, nicht Antifaschisten? Sind unter den mitschuldigen Vätern des Berufsverbots, des sogenannten Radikalenerlasses und vieler anderer repressiver Gesetze, angefangen von den Notstandsgesetzen, die der Bundesrepublik Deutschland und Westberlin Schaden und Schande zufügen, keine ehrlichen Antifaschisten? Waren die Mitglieder der nicht minder schädlichen RAF keine Antifaschisten? – Oder waren unter den ehemaligen Resistance-Kämpfern, die Frankreichs Algerien-Krieg führten, und unter den Amerikanern, die in Vietnam kämpften, keine, die sich als Antifaschisten verstanden? Oder – ich will keine heiklen Punkte taktvoll verschweigen – waren unter denen, die alles, was Zionisten in Israel oder im Libanon taten, rechtfertigen zu müssen glaubten und antizionistische deutsche Linke kurzweg als Antisemiten bezeichneten – und die das heute immer noch tun! – etwa keine überzeugten Antifaschisten?

Es ist leider nicht so leicht mit den großen Bezeichnungen wie Antifaschist oder auch Sozialist oder Linker ... Und wenn auch für Menschen der Generation Helmut Gollwitzers – oder auch meiner Generation – der Antifaschismus von großer Wichtigkeit war und ist und sein muß – er *allein* genügt nicht. Man muß mindestens fragen: Welche Art Antifaschist? Und da will ich sagen, daß Helmut Gollwitzer ein Antifaschist von *der* Art ist, die es einem leichter macht, des Begriffs nicht vor der Zeit müde zu werden oder an ihm zu verzweifeln.

Ich erinnere mich aus meiner frühen Jugend der furchtbaren und sehr verständlichen Losung: *Schlagt die Faschisten, wo ihr sie trefft!* Ich sage *sehr verständlich* und wahrscheinlich unvermeidlich, aber ich sage auch *furchtbar. So* ein *Antifaschist* ist Helmut Gollwitzer zum Glück nicht. Er war nicht einmal für Gewalt gegen Sachen, geschweige denn gegen Personen. Er ist zwar dafür, den Faschismus zu bekämpfen, wo immer wir ihn oder seine Ausgeburten und Erben und neuen Keime treffen (das Schlagen besorgen leider wieder öfter *sie* als wir!), aber er ist nicht dafür, jeden einzelnen *Menschen,* der in den Faschismus verstrickt wurde, zu schlagen, wo immer wir ihn treffen. Es gibt zum Glück auch Lebenslagen, in denen man einen solchen Menschen unter Umständen trifft, unter denen man mit ihm sprechen oder ihm helfen und vielleicht dadurch mehr erreichen kann, als indem man schlägt. Für Helmut Gollwitzer ist Antifaschismus nie ein Selbstzweck gewesen, nie eine Grundlage dafür, sich für besser zu halten als Andersdenkende und politische Gegner. Von solchem Antifaschismus hätte Helmut Gollwitzer in all den Jahren bald mehr als genug gehabt und wäre seiner müde geworden, aber gerade die Verwechslung mit solchen Haltungen ist es, die in Deutschland immer wieder zur Verleumdung und zur Verunglimpfung wirklicher Antifaschisten führt, was besonders traurig wird, wenn sich selbst ein Willy Brandt zu solchen Verwechslungen hinreißen läßt. Für Helmut Gollwitzer – und nicht nur für ihn – hat Antifaschismus so lange Sinn, als er ein Weg zu mehr menschlicher Solidarität ist.

Ein Faschist,
der nichts ist,
als ein Faschist,
ist ein Faschist.
Aber ein Antifaschist,
der nichts ist
als ein Antifaschist,
ist kein Antifaschist!

Und deshalb möchte ich hier auch auf ein zweites Mißverständnis hinweisen, auf das wohlwollend gemeinte Mißverständnis jener, von denen ich im Laufe der Jahre oft gehört habe, für einen christlichen Theologen sei Gollwitzer eigentlich ein recht guter Linker und für ein Stück Weges wirklich ein brauchbarer Bundesgenosse. Nun, obwohl das freundlich und anerkennend gemeint war und obwohl Helmut Gollwitzer über diese Einschätzung sicher verständnisvoll lächelt, möchte ich ausdrücklich dagegen Stellung nehmen – und gegen den ganzen zynischen Unfug von den sogenannten *nützlichen Idioten* als zeitweiligen Weggenossen! Ich glaube, es ist wichtig zu sehen, daß Helmut Gollwitzers Antifaschismus und Sozialismus seinem konsequenten Christentum nicht weniger verdanken als marxistischem Denken, ja daß christliche Ethik, wenn nicht zu den Denk-, so doch zu den Gefühlsvoraussetzungen eines Marx und Engels gehört hat. Ich sage das als einer, der selbst nicht Christ ist, dem aber gerade Helmut Gollwitzer mehr noch als Ernst Bloch sehen half, wie wichtig christliches Denken, christliche Nächstenliebe und sehr viel von dem, was die Evangelien als Worte Christi berichten, für uns alle ist. Gerade von dieser Seite kann marxistischen Linken Hilfe gegen Erstarrung und Selbstentfremdung geleistet werden, gerade so, wie dem Christentum von links und von unten immer wieder neues Leben und neue Wirklichkeit zugeführt werden und seine Lehren vor Erstarrung gerettet werden können.

In der sogenannten Volksfrontzeit in den dreißiger Jahren, die im Westen durch die Befriedungspolitik der demokratischen Establishments für Hitler und Mussolini, im Osten durch die Trotzkistenprozesse sabotiert wurde und 1939 mit dem Hitler-Stalin-Pakt endete, entstand die begreifliche, aber oberflächliche »linke« Gewohnheit, sich aus dem sogenannten *Kulturerbe* das herauszusuchen, was einem politisch in den Kram paßt. Ein solcher opportunistischer Eklektizismus kann für die Beziehungen zwischen Christentum und Antifaschismus, zwischen Evangelien und Sozialismus nie maßgebend sein und war es für Helmut Gollwitzer auch nie.

Er war nie ein Modetheologe, er hat Auseinandersetzungen nie gescheut, auch nicht Auseinandersetzungen mit einem, der ihm so viel bedeutet wie Ernst Bloch. – Freilich ist auch Helmut Gollwitzers theologisches Werk, soweit ich das beurteilen kann, immer durchsetzt und belebt von seiner menschlichen, diesseitigen Stellungnahme. Kein Zufall, daß er, dreißig Jahre nach Hitlers Ende, der Arbeit, mit der er seine Lehrtätigkeit an der Universität abschloß, nur den Untertitel *Einführung in die evangelische Theologie* gab, aber den Titel *Befreiung zur Solidarität.* Kein Zufall, daß seine *Beiträge zur Theologie der Gesellschaft* den Titel *Forderung der Umkehr* tragen und einige seiner politischen Predigten den Titel *Veränderung im Diesseits.*

Ein Antifaschismus, der Helmut Gollwitzer sein Christentum etwa »tolerant« nachsehen wollte, als Lohn für sein sonstiges gutes Betragen, wäre auf dem Holzweg. Allerdings haben da viele Antifaschisten, nicht zuletzt gerade durch Helmut Gollwitzer, eine Menge dazu gelernt. Auch ich. Ich kann auf viele Gedichte hinweisen, die ich ohne seinen Einfluß nie hätte schreiben können: *So* unmittelbar wirkt so etwas. Allerdings gibt es auch in kirchlichen Kreisen viele, die Helmut Gollwitzers Sozialismus und Antifaschismus gar nicht gerne sehen, namentlich nicht, wenn er sich auch gegen die »Tendenzwende« in der Kirche kehrt, wie z. B. in seinem Vorwort zu dem Buch *Auf einem Auge blind – Unterwanderung der evangelischen Kirche von rechts?* Eine Unterwanderung, die leider seit Erscheinen des Buches durch den häßlichen undemokratischen und zutiefst unchristlichen Kampf von Kirchenbehörden gegen Studentenpfarrer noch weitere Fortschritte gemacht hat.

Es ist nicht möglich, wirklich genug, wirklich mit hinreichender Spannweite in einer kurzen Festrede von Helmut Gollwitzer zu reden, dem Freund, dem Helfer, dem Lehrer, von Helmut Gollwitzer, dem Genossen, der das Wort Genosse, das durch Stalinismus, sektiererischen Dogmatismus, aber auch durch sozial-demokratischen bürokratischen Leerlauf arg heruntergekommen ist, durch sein Vorbild, ähnlich wie Rudi Dutschke, wieder zu Ehren bringt; von Helmut Gollwitzer, dem Christen und Prediger, und immer wieder von Helmut Gollwitzer, dem streitbaren Kämpfer, den nicht Streitsucht streitbar macht, nicht Kampfeslust oder gar Kampfwut zum Kämpfer!

Nicht immer waren und sind Helmut Gollwitzer und ich einer Meinung. Vielleicht doch, weil ich Jude bin, habe ich, im Unterschied zu ihm, den Zionismus zwar als einen der verständlichsten und dadurch entschuldbarsten, aber desto tragischeren Fehler gesehen, durch den nicht zuletzt auch den Juden in Israel eines Tages Verderben droht. Da waren wir verschiedener Meinung; und das war nicht die einzige Frage: Obwohl wir beide einzelne Ausdrücke im sogenannten *Buback-Nachruf* eines Göttinger Mescalero ablehnten, beurteile ich doch das ganze Dokument viel positiver, als linke Stellungnahme *gegen* politischen Mord (Stellungnahme aus ethischen nicht minder als aus sachlichen Gründen), positiver – namentlich angesichts der schamlosen Verleumdung durch deutsche Massenmedien und Politiker – als Helmut Gollwitzer, der sich über etliche Dummheiten geärgert hatte, es damals beurteilte und vielleicht heute noch tut.

Wir hatten also auch Gelegenheit, verschiedener Meinung zu sein, und so kann ich bezeugen, daß Helmut Gollwitzer es an Verständnis und Fairneß für den Andersdenkenden und dessen von Rosa Luxemburg geforderter Freiheit nicht fehlen läßt. Aber solche Meinungsverschiedenheiten blieben Ausnahme. Immer wieder fand ich mich auf derselben Plattform, und immer wieder wurden wir auch von denselben Verleumdern in einem Atem genannt. Die Liste wäre zu lang und zu dumm, um all das hier aufzuzählen. Sie reicht von *Agenten Moskaus* über *Aufweichler* und *Nestbeschmutzer* und *Werkzeuge des Weltjudentums* bis zu *Sympathisant des Terrorismus* und *Deutschlandhasser.*

Für Mahnungen zur schweren Umkehr aus dem Ungeist der Nazizeit und des Kalten Krieges wurde und wird man nicht weniger angefeindet als für Versuche, auch Terroristen gegenüber Menschlichkeit, Gerechtigkeit und Bemühen um Verständnis walten zu lassen, um sie so vielleicht von ihrem Irrtum abzubringen.

Und vollends, welche Verleumdungen Helmut Gollwitzer und mir und allen, die sich für das Russel-Tribunal einsetzten, zuteil wurden, muß noch in frischer Erinnerung sein.

Nun, es kommt darauf an, in einem Land, in dem Politik mit Verleumdung und Gehässigkeit arbeitet, mit Lüge und Geheimniskrämerei, mit Entstellung der Meinungen und Ansichten des Andersdenkenden, gegen das alles anzukämpfen, *ohne* Gehässigkeit, *ohne* Verleumdung und Entstellung, *ohne* Verständnislosigkeit, *ohne* Geheimtun, *mit* Wahrheit, mit immer erneuter Bereitschaft zu Verständnis und Liebe, und ohne Unterschätzung weltlicher Macht. Gewiß, es geht nicht immer ohne Zorn ab, ohne Ärger, ohne Erregung, ohne Heftigkeit. Aber das soll nicht das Wesentliche sein. Und einen solchen Kampf führt der Christ und Antifaschist Helmut Gollwitzer und ist mir und vielen anderen ein Beispiel dafür, wie man einen Kampf führen kann, ohne sich selbst in eine Kampfmaschine zu verwandeln.

Und hier zurück zur Frage *Wie sah der antifaschistische Kampf aus und wie sollte er heute aussehen?* Ich will versuchen, meine Meinung zu skizzieren, in die vielleicht auch eingegangen ist, was ich von Helmut Gollwitzer gelernt zu haben glaube.

Ich glaube, der antifaschistische Kampf ist meistens zu kleinkariert geführt worden, zu engherzig, zu einseitig und gerade deshalb auch mit zu wenig Realitätssinn. Der bürgerliche Antifaschismus, unterstützt seit den dreißiger Jahren von einem KP-Opportunismus, der die Volksfront erleichtern wollte, tendierte dazu, den Klassenkampf, den Produktionsprozeß des Kapitalismus aus den Augen zu verlieren, wenn es gegen den Faschismus ging. Marxistisch sein wollende Dogmatiker wieder neigen dazu, alles andere als den unmittelbaren Klassenkampf, als die polit-ökonomischen Determinanten, als bloße *Überbauphänomene* abzutun. Beides war falsch, führte zum Aneinandervorbeireden. – Im Namen des Marxismus wurde zudem und wird auch heute wieder (zum Beispiel von jenen, die alle neuen französischen Philosophen und Antipsychiater in einen Topf werfen und in Bausch und Bogen verdammen) alles, was von anderswo herkommt, verdächtigt und mit Mißtrauen betrachtet, als wäre wissenschaftliches Denken mit Monopolansprüchen vereinbar. In der Geschichte des Antifaschismus hat wahrscheinlich kaum je etwas so viel Unheil angerichtet wie die vulgärmarxistische Irrmeinung, auf *einer* Klassenbasis könne es, wenn es ja wissenschaftlicher Sozialismus sei, nur *eine* richtige Meinung geben, und alle Andersdenkenden seien daher objektiv oder subjektiv Agenten oder Werkzeuge des Klassenfeindes. An dieser Wissenschaftlichkeitsfetischisierung klebt viel unschuldiges Blut in der Geschichte der Linken. In Wirklichkeit müßte man, um auch nur annähernd »wissenschaftlich« zu entscheiden, nicht nur alle wirksamen Faktoren in einer Lage erkennen, sondern sie auch quantitativ annähernd richtig einschätzen. Das geht bekanntlich nicht ohne Untersuchung, und bis *die* ihre Ergebnisse zeitigt, ist die Zeit zur Entscheidung meist längst vorbei. Es kann also sehr wohl mehr als eine Meinung in kritischen Lagen geben.

Engstirnigkeit und Selbstgerechtigkeit haben den antifaschistischen Kampf immer wieder entfremden und zum Werkzeug von – wenn auch subjektiv vielleicht ehrlichen – Manipulationssachverständigen werden lassen. Der Pendelausschlag ins Gegenteil: Theoriemüdigkeit wie bei Tunix, Sezession, Ausscheren, Hinwendung zu hierarchischen Sekten sind nur die andere Seite der Medaille, aber auch keine Lösung. Daß aber beide Fehler, ja fast alle Fehler der Linken, zum Teil auch von verständlichen, ja von sympathischen Reaktionen getragen wurden, müßte man einsehen, um zu einem antifaschistischen Pluralismus zu kommen, der freilich nicht einfach ein Bündnis der alten Linken mit der neuen Linken sein könnte.

Es versteht sich, daß Antifaschismus nicht nur gegen das echte alte Erbe des Hitlerfaschismus kämpfen muß, sondern gegen alles, was in ähnliche Richtung führen könnte, auch wenn es das von sich selbst nicht glaubt und nicht weiß. Aber die Beharrlichkeit und Intensität eines solchen Kampfes erfordert nicht unbedingt Haß und Erbitterung. Man wird sonst leicht – wie die RAF – zum Spiegelbild dessen, was man zu bekämpfen glaubt. Wenn ich gesagt habe, daß die Verbrechen des Faschismus nicht einzelnen schuldigen Mitmenschen so angerechnet werden dürfen, daß man keine Hilfe und Gnade kennen darf... Es gibt keine Sache, die so heilig ist, daß ihr gedient wird, indem man sich ihr zuliebe in ein Ungeheuer verwandelt. Auch dann nicht, wenn die Gegner sich oft große Mühe geben, wie Ungeheuer zu handeln. Wer Feindesliebe für unpraktisch hält, der bedenkt vielleicht nicht die praktischen Folgen der Folgen des Feindeshasses. Feindesliebe heißt freilich auch nicht, vergessen, daß Feinde – oder doch viele von ihnen – immer noch Feinde sind ... und ihrerseits oft gar nicht beseelt von Feindesliebe.

Auch Helmut Gollwitzer kann hart kämpfen und angreifen, wenn auch nie mit »allen Mitteln«. – Hier, dieses Berlin, in dem Polizeihauptmeister Kurras, der Benno Ohnesorg erschossen hatte, zweimal freigesprochen werden und noch eine Reihe höchst merkwürdiger Handlungen begehen konnte, – dieses Berlin, in dem der Mut eines Regierenden Bürgermeisters Albertz, für seine

Erkenntnisse Zeugnis abzulegen, den politischen Selbstmord bedeutete, während sich ein Mann wie Innensenator Neubauer noch jahrelang in Amt und sogenannten Würden halten konnte und wenn schon nicht mehr ein Duensing, so doch immerhin ein Hübner noch Polizeipräsident bleiben konnte, trotz der Todesschüsse seiner Polizei und trotz unguter Zeitungsartikel mit seiner Unterschrift, die in anderen westlichen Demokratien seinem Tun sehr rasch ein Ende gemacht hätten, – dieses Berlin ist kein Ort, an dem Antifaschisten aufs Kämpfen verzichten können, auch dann nicht, wenn vielleicht auch ihre Gegner sich für Antifaschisten halten und die warnende Sprache ihrer eigenen Verhaltensmuster wirklich nicht verstehen.

Gegen vieles, was in Berlin und in der Bundesrepublik geschieht, müssen Antifaschisten kämpfen, auch namentlich gegen Personen: gegen *die* Politiker und Amtspersonen, die dafür verantwortlich sind. Ein Polizeipräsident ebenso wie ein Innensenator, ein Richter oder ein Staatsanwalt kann eine Gefahr für die Demokratie sein und für die Lebenssubstanz, um die es jedem wirklichen Antifaschismus gehen muß. Aber der Kampf darf *nicht* »mit allen Mitteln« geführt werden. Hier in Berlin habe ich an Wänden die Aufschrift gesehen: *Drenckmann war das erste Schwein, Buback kommt gleich hinterdrein*. Das ist *kein* antifaschistischer Kampf! Schon deshalb nicht, weil es unmenschlich ist. Nebenbei ist es auch eine Beleidigung des Andenkens an den liberalen Richter Drenckmann, ihn in einem Atem mit dem Generalbundesanwalt Buback zu nennen, der – nicht nur wegen Stammheim, sondern schon von der *Spiegel*-Affäre her – in der Welt keinen so guten Ruf hatte, wie hier offizielle Trauerordnungen und Nachrufe glauben machen wollen. Aber vor allem war die Ermordung Siegfried Bubacks ein unsinniger Greuel! Ich habe nicht vergessen, daß hier in Berlin, als ich am 10. Jahrestag der Erschießung Benno Ohnesorgs eine Ansprache hielt, einige Demonstranten den Mord an Siegfried Buback beklatschten und mir zuriefen: *Das ist kein Mord, das ist eine Hinrichtung*. Nun, ich meine, Antifaschisten haben auch nicht mit Hinrichtungen zu arbeiten. Benno Ohnesorg war gegen Hinrichtungen, Hinrichtungen waren immer grauenhaft, waren nie etwas Besseres als behördlich sanktionierter Mord. Und Hinrichtungen ohne Verhör und ohne Verteidigung, ohne Einspruchs- und Begnadigungsmöglichkeit sind nicht einmal Hinrichtungen, sondern eben nur noch Mord. Andererseits waren die offiziell erzwungenen Trauerzeremonien für Siegfried Buback eigentlich eine Beleidigung des Toten – denn was ist erzwungene Trauer wert?

Und eine Maßnahme wie die Entlassung des Berliner Sozialpsychologen Udo Knapp, der nicht auf Befehl zum Zeichen der Trauer aufstehen wollte, ist für einen Antifaschisten im kleinen ein echter Greuel von derselben Art, wie es im großen die Gegendemonstration des Berliner Stadtsenats gegen die Vietnamdemonstration im Februar 1968 war, bei der die städtischen Arbeiter sich nach Betrieben sammeln mußten und fürs Demonstrieren bezahlt bekamen, wobei es auch (kein Wunder!) zu antisemitischen Ausrufen und Lynchversuchen gegen ein englisches Mädchen kam, und gegen einen jungen Fotografen, der das Pech hatte, Rudi Dutschke ähnlich zu sehen.

Ja, in Berlin gibt es vieles, gegen das ein Antifaschist kämpfen kann und soll. Aber nicht mit individuellem Terror, der nur die Neue Linke fast vernichtete, – nicht mit Selbstgerechtigkeit und nicht mit Realitätsverlust. Vor zehn Jahren schüttelte ich den Kopf über eine Losung: *Brecht dem Schütz die Gräten, alle Macht den Räten!* Ich fand die ersten Worte wenig menschlich; zudem war Herr Schütz – besonders im Vergleich zu Herrn Neubauer – harmlos. Außerdem spricht man von einem Menschen nicht wie von einem Fisch. – Und was die Räte betrifft: Sogar wenn, wozu nicht die geringste Möglichkeit bestand, die Studenten in Westberlin eine Räterepublik hätten ausrufen können, – die DDR und die Westmächte hätten ihr gemeinsam ein Ende bereitet. Das war Entfremdung und Realitätsverlust lange vor dem ungleich ärgeren und größeren Realitätsverlust des sogenannten bewaffneten Kampfes. Und Realitätsverlust ist ungut für die Antifaschisten. Ich kann *verstehen,* was einen Horst Mahler, was eine Ulrike Meinhof zur Verzweiflung getrieben hat, aber deshalb muß ich ihre Verzweiflungsgedanken und -taten nicht bejahen. Das heißt allerdings nicht, daß etwa die *Konkret*-Artikel Ulrike Meinhofs aus den Jahren zuvor oder die Umstände ihrer Haft, ihres Gerichtsverfahrens, überhaupt ihres Lebens und ihres Todes von Antifaschisten vergessen werden dürfen, bloß weil sie mit Recht gegen den »bewaffneten Kampf« sind.

Ich muß vielleicht hier etwas – und ich hoffe, auch in Helmut Gollwitzers Sinn – über die Bedeutung des *Unbequemen* im antifaschistischen Kampf sagen. Ich erinnere mich aus meiner politischen Frühzeit, wie es war, wenn sich irgend eine wirkliche Ungerechtigkeit ereignete, wenn ein völlig gerechtfertigter Protest laut werden wollte, der aber aus irgend einem Grund taktisch ungelegen kam. Da konnte man sich über die Protestierenden ärgern: »Müssen die gerade jetzt mit einem so unbequemen Thema kommen?« Ich glaube, es ist wichtig, einem solchen Unbehagen, einem solchen Ärger *nicht* nachzugeben. Wenn man solche Widerstände empfindet, so ist das meistens ein Zeichen dafür, daß mit der eigenen Taktik irgend etwas nicht stimmt oder daß wir im Begriff sind, zu kleinen Rädchen in irgend einem großen Apparat und Manipulationsmechanismus zu werden.

Es ist gewiß unbequem, wenn mitten in einem Gespräch über Isolationshaft der Name Rudolf Heß fällt. Aber darf man sich als Antifaschist über das Problem einfach hinwegsetzen? Es ist unbequem, wenn man mit Fritz Teufels Ansichten nicht übereinstimmt, daran zu erinnern, daß er immer noch eingesperrt ist und wie in all den letzten zehn Jahren mit ihm verfahren wurde. Es ist unbequem, wenn man – wie ich – über Horst Mahlers gründliche Abwendung vom Terrorismus froh ist und für seine längst überfällige Freilassung eintritt, ihn gleichzeitig dafür zu kritisieren, daß er dazu neigt, jede neue Überzeugung gleich ganz und gar und womöglich etwas mehr als hundertprozentig zu vertreten und dadurch für die furchtbaren Irrtümer derer, die vielleicht teilweise noch so denken, wie er selbst gestern oder vorgestern gedacht hat, so wenig Nachsicht oder Einsicht aufbringt, daß er ihnen dadurch vielleicht den letzten Ausweg aus dem Irrtum zu vermauern droht, oder Anwälte, die sich exponiert haben, um auch ihm zu helfen, heute dafür fast angreift! – Und es ist ebenso unbequem, den Dichter Peter-Paul Zahl, der schändlicherweise immer noch eingesperrt ist und für dessen Freilassung viel zu wenig getan wird, dennoch zu kritisieren, weil der verbitterte Peter-Paul Zahl, der selbst nie Terrorist war, heute in seiner Kritik am Konvertiteneifer Horst Mahlers weit übers Ziel hinausschießt und Horst Mahler wie einen Verräter und Agenten behandelt. Noch ärger wäre es, sich deshalb nicht mehr für die Freilassung Peter-Paul Zahls einzusetzen. Es ist unbequem, von all dem auch nur zu sprechen, sich in diesen ganzen Wirrwarr zu verstricken. Aber als Mensch und Antifaschist hat man keine andere Wahl. Opportunitätserwägungen dürfen nie das Entscheidende sein. Wer gegen den Terrorismus ist, der hat deshalb noch lange nicht die Pflicht, zu glauben, alle Terroristen *müssen* Selbstmord begangen haben, und unsere Fragen verstummen zu lassen aus Angst, in schlechte Gesellschaft zu geraten. – Wer wie ich entsetzt und empört war über die Meldung von Mordplänen gegen Herrn Galinski, der hat deshalb noch lange nicht die Pflicht, wenn Herr Galinski gegen deutsche Linke etwas ganz und gar Falsches und nicht zu Verantwortendes sagt, das taktvoll unwidersprochen zu lassen.

Überhaupt: Ich glaube, ein Antifaschist soll nie ein Anhänger der hundertprozentigen Schwarzweißmalerei sein. Er soll auch nie jeden Andersdenkenden für einen Feind oder für einen Menschen zweiten Ranges halten. Er soll die eigenen Schwächen nicht durch Selbstgerechtigkeit und Überschätzung der eigenen Theorien ausgleichen wollen.

Wir haben wieder einmal genausoviel theoretische Arbeit nachzuholen wie praktische, dabei können wir uns weder expertengläubigen Professionalismus noch dümmlichen Anti-Professionalismus und Anti-Intellektualismus leisten, der nur das Gegenstück dazu ist, der Pendelausschlag nach der anderen Seite.

Und wir dürfen auch nicht glauben, daß neue wichtige Erkenntnisse immer gerade nur bei jenen antifaschistischen Genossen auftauchen können, die uns ohnehin schon sympathisch sind. Und ohne Zusammenwirken von Politik, Psychologie, Ökologie und vielen anderen Faktoren geht es überhaupt nicht weiter. Das wußten wir schon einmal, zur Zeit Herbert Marcuses und der Studentenbewegung, aber wir haben viel vergessen und müssen uns an vieles erinnern und vieles neu lernen. Vor allem aber, daß es auch gegen Entfremdung und Verdinglichung in den eigenen Reihen, auch in uns selbst gehen muß.

1978

Nachruf auf Rudi Dutschke

Rede, Jänner 1980, Freie Universität Berlin

Zu einer Zeit, als mir durch die Unmenschlichkeiten und Verbrechen des Stalinregimes sogar das bloße Wort *Genosse* verleidet war, war Rudi Dutschke der, der mich durch sein Verhalten dazu gebracht hat, wieder zu sehen, daß Linke auch ehrlich und voll von Menschlichkeit – auch Feindesliebe! – sein können.

Ich weiß noch, wie während der großen Vietnamdemonstration des SDS am 18. Februar 1968 in Berlin ein Trupp gegenüber der Oper, auf einem Baugerüst und auf einem sehr hohen Baukran, Mitglieder der Jungen Union, den wenigen Studenten dort oben ihre Liebknecht- und Rosa-Luxemburg-Plakate und Fahnen wegriß und vor den Augen der empörten Demonstranten mit Füßen trat, zerriß und verbrannte. Die Demonstranten unten begannen ihnen zu drohen, aber Rudi sah hinauf, zum Baugerüst und zum Kran, und sagte zu mir: »Hoffentlich fällt wenigstens keiner von ihnen runter!« Dies gerade, als viele der Demonstranten unten ihnen gewünscht haben müssen, daß sie sich das Genick brechen.

Im nächsten Augenblick nahm Rudi das Mikrofon und rief: *Genossen, laßt sie! Sie verstehen es nicht besser!* Und er rief weiter, die da jetzt unsere Plakate und Fahnen runterholten, das seien dieselben Arbeiter, die sie eines Tages oben auf dem Springerhaus anbringen werden. Durch diese Worte war die gefährliche Haßatmosphäre wie weggeblasen. Aber diese Worte wären ihm nie eingefallen, wenn er nicht wirklich Angst um das Leben und die Gesundheit seiner politischen Gegner gehabt hätte.

Später, als Rudi Dutschke bei mir in London war, nachdem in Berlin ein junger Mann namens Bachmann ihn angeschossen hatte – an den Spätfolgen dieses Schusses ist er wahrscheinlich jetzt gestorben! –, aus dieser Londoner Zeit weiß ich noch, wie Rudi sich um Bachmann gekümmert hat, wie er versuchte, ihm in seinen Briefen Mut zuzusprechen, wie Rudi seinen Anwalt – es war Horst Mahler – beauftragt hatte, vor Gericht zu sagen, daß er sich von Bachmann überhaupt nicht gefährdet fühle und sich desto schneller erholen werde, je früher Bachmann freikomme. Rudi bat auch seinen Mentor in Berlin, den Theologieprofessor Helmut Gollwitzer, sich um Bachmann zu kümmern. Ich sehe noch Bachmanns Briefe an Rudi vor mir, daß er nur durch falsche, gehässige Pressedarstellungen verleitet worden sei, auf Rudi zu schießen. Und ich erinnere mich auch noch, wie dann, als Bachmann zuletzt doch im Gefängnis Selbstmord beging, Rudi in London einen Rückfall erlitt und verzweifelt sagte, vielleicht hätte er doch in Berlin bleiben und Bachmann besuchen sollen, vielleicht hätte er dann seinen Tod verhindern können.

Ich erinnere mich auch, wie Pfarrer Albertz, der ehemalige Oberbürgermeister von Berlin, nach London kam, um zu bezeugen, daß Rudi Dutschke immer ein Gegner von *Gewalt gegen Personen* gewesen sei und daß, seit er nicht mehr in Berlin sei, die Zusammenstöße gewaltsamer geworden seien. Zur selben Zeit hat auch Prof. Richard Löwenthal, der damals im Bund *Freiheit der Wissenschaft* gegen die linken Studenten kämpfte, einen Brief an die englischen Behörden geschrieben, daß er Rudi Dutschke als hervorragenden politischen Gegner kenne und nur wünsche, daß es mehr politische Gegner von solcher Ehrlichkeit und menschlicher Integrität gebe und daß er sich für Rudi Dutschke verbürgen könne.

Rudi Dutschke war ganz anders als das Bild, das deutsche Zeitungen, nicht nur die Springerpresse, von ihm verbreitet hatten. Er war das genaue Gegenteil eines haßerfüllten, einseitigen Fanatikers. Sein kritischer Marxismus und Elemente christlicher Ethik blieben bei ihm zeitlebens vereint, nicht nur wenn er in London an einem Sonntagvormittag aus der Bibel vorlas.

Ich glaube, daß auch seine große Wirkung auf die antiautoritären Studenten gerade darin bestand, daß er nie eine *Führerpersönlichkeit* sein wollte, daß er sich nicht um sein eigenes Image kümmerte, sondern bereit war, wenn ihm jemand widersprach, auch vor versammelten Studenten zu sagen, »Ja, der hat recht, und ich habe unrecht, und wir müssen es so machen, wie er sagt.« Seine Güte, seine Unkorruptheit waren wirklich spürbar. Ich weiß das auch aus vielen Gesprächen mit ihm, bei denen ich dabei war. Politisch Andersdenkende waren für ihn nie einfach Feinde. Deshalb hat er auch in den letzten Jahren mit vielen Menschen Freundschaft gehalten, die miteinander kaum mehr sprachen. Er blieb sowohl mit Horst Mahler befreundet wie auch mit Karl-Heinz Roth, der Horst Mahler als Opfer von Gehirnwäsche und als *Konvertiten zu Staatsschutzbelangen* angriff.

Und noch in unserem letzten langen Telefongespräch, vier oder fünf Tage vor seinem Tod, redete Rudi mir zu, ich hätte Karl-Heinz Roth viel zu scharf kritisiert und ich solle doch über seinem

Schimpfen nicht seine Gedankengänge übersehen. Womit er recht hatte.

Rudi Dutschke war entschieden gegen Terrorismus, doch ohne Blindheit für dessen gesellschaftliche Ursachen. Und wenn er nach seiner schweren Schußverletzung nicht von Berlin und Deutschland weggewesen wäre, dann wäre, davon bin ich überzeugt, Ulrike Meinhof nie zum sogenannten *bewaffneten Kampf* gekommen, denn sie hatte immer eine sehr hohe Meinung von Rudis Wissen, seiner Menschlichkeit und politischen Klugheit und hat sich immer mit ihm beraten. Er sagte in London mehrmals, wenn er noch dagewesen wäre, dann hätte er ihr den *bewaffneten Kampf* wahrscheinlich in einem einzigen Gespräch ausreden können!

Aber seine entschiedene Ablehnung des *bewaffneten Kampfes* führte nie dazu, daß er dessen Anhänger einfach als Verbrecher abgetan oder an ihrem Schicksal keinen Anteil genommen hätte. Er glich darin – wie in einigen anderen Wesenszügen – Heinrich Böll. Seine Ablehnung der Guerilla hat auch nicht dazu geführt, daß er sich leichthin mit den Selbstmordhypothesen von Stammheim zufrieden gab. Noch in seinem letzten Telefongespräch mit mir hat er gesagt, wir dürften nicht von unserer politischen Meinung oder Bequemlichkeit ausgehen, sondern nur vom Beweismaterial, und das wachse und mache gerade in letzter Zeit eine gründliche Neuüberprüfung der angeblichen Selbstmordbeweise nötig.

Rudi Dutschke hat nie an einer Ansicht nur um des Rechtbehaltens willen festgehalten. Als er sich den Grünen, der Ökologiebewegung anschloß, da war er zwar in ihr vielleicht der entschiedenste Vertreter sozialistischer Gedanken, aber gleichzeitig war er auch froh, daß es menschliche Anliegen gibt, die nicht nur Klassenkampffragen sind und nicht nur durch Revolutionen ihrer Verwirklichung nähergebracht werden können. Eigentlich war er so undogmatisch und unorthodox, daß er nur schlecht in irgendeine festgefügte Organisation oder Partei gepaßt hätte, in irgendeinen vorgeschriebenen, reglementierten Glauben. Er war nie bereit, sein Wissen zum Schweigen zu bringen oder es an irgendein Gremium abzugeben. Ich glaube, gerade seine große Wärme, Güte, Nächstenliebe, seine moralische Reinheit – ich weiß kein anderes Wort dafür –, sein Freisein von jedem Opportunismus und seine Achtung vor der Würde aller Menschen machen ihn so schwer ersetzbar – nicht nur für mich.

1980

Der Flüchtling und die Furcht vor der Heimkehr

Anthologiebeitrag, 1981

Am 4. August 1938, knapp fünf Monate nach der Vernichtung der Unabhängigkeit Österreichs, verließ ich meine Heimatstadt Wien und kam tags darauf in London an, wo ich seither wohne. Die ersten Jahre lang war es ein Exildasein, dann, einige Jahre nach dem Krieg, begann ich, mehr und mehr Zeit im deutschen Sprachgebiet, hauptsächlich in der Bundesrepublik, aber gelegentlich auch in der Schweiz und in meiner engeren Heimat Österreich, zu verbringen. Jetzt sind es sicher vier bis fünf Monate im Jahr, und von einem Exildasein kann seit langem nur noch sehr bedingt die Rede sein.

Nun zur eigentlichen Exil- oder Flüchtlingszeit der ersten Jahre: Ich sage absichtlich Flüchtlingszeit und nicht Emigrationszeit, weil sich mit dem Begriff Emigrant der Gedanke an relative Freiwilligkeit des Auswanderns verbindet. Ich aber und die meisten meiner Schicksalsgenossen, ob – wie ich – durch den Rassismus des Dritten Reiches oder – wie andere – durch seine politische Intoleranz vertrieben, hätten sonst in den Gaskammern oder KZ-Baracken geendet. Wir waren Flüchtlinge.

Härter als viele andere traf das Flüchtlingsdasein die, deren Lebenssphäre die Sprache war, Schriftsteller, Dichter. So gut wie niemand kann wirklich in einer anderen als der eigenen Muttersprache schreiben. Journalisten vielleicht noch, Schriftsteller kaum je. Sie sind mit ihrer Muttersprache untrennbar verknüpft. Das Mischungsverhältnis von bewußten und unbewußten Faktoren beim Schreiben geht auf frühkindheitliche Erfahrungen, auch Erfahrungen beim Sprechenlernen, zurück. Der Journalist arbeitet mehr unter der Hegemonie der Ratio, ist anpassungsfähiger und weniger abhängig vom Unbewußten und von unwillkürlichen Einfällen.

Freilich wollten das nicht alle ins Exil verschlagenen Schriftsteller wahrhaben. Robert Neumann z. B., den ich schon in meiner ersten Londoner Zeit kennenlernte, versuchte Englisch zu schreiben, veröffentlichte sogar noch während des Krieges einen englischen Roman, *The Inquest*. Aber während Neumann in deutscher Sprache nicht nur ein guter Erzähler, sondern auch ein bemerkenswerter Stilist war, blieb sein Englisch wenig mehr als ein korrektes Kommunikationsmittel. Gelegentlich machte er sogar Fehler, die verrieten, daß er *deutsch dachte*. Er behauptete zwar, in beiden Sprachen heimisch zu sein, aber als ich ihn fragte, ob er auch auf englische Dichter und Schriftsteller Parodien schreiben könne wie in seinen beiden berühmten Parodiebänden auf deutsche Dichter, *Mit fremden Federn* und *Unter falscher Flagge,* meinte er, ja, wahrscheinlich, wenn er sich Mühe gäbe. Auf die Frage, ob ihm die beiden deutschen Bände Mühe gemacht hatten, lachte er: Nein, die seien ein reines Vergnügen gewesen. – Er hat später kein Buch mehr auf englisch geschrieben.

Von den Lyrikern im englischen Exil hat meines Wissens keiner englische Gedichte zu schreiben versucht, außer in besonderen Notfällen, z. B. wenn sich einer in ein Mädchen verliebte, das nur englisch sprach.

Als ich mit 17 Jahren nach London kam, war ich natürlich noch kein Schriftsteller, antwortete aber im Flüchtlingskomitee auf die Frage nach meinen Berufsplänen mit großer Entschiedenheit *deutscher Dichter;* die Empörung darüber wurde nur durch Zweifel an meinem Geisteszustand gemildert. – Ich beeile mich aber, hinzuzufügen, daß die englische Öffentlichkeit wesentlich toleranter war als das Flüchtlingskomitee. Während des ganzen Krieges wurden den deutschsprachigen Flüchtlingskleinkunstbühnen, die mit entsprechenden Plakaten für ihre Veranstaltungen warben, niemals Schwierigkeiten wegen ihrer Sprache gemacht. Es war auch keineswegs gefährlich, auf der Straße deutsch zu sprechen. Höchstens einige besonders anpassungsfähige Flüchtlinge nahmen daran Anstoß.

Das Kulturleben der Flüchtlinge, wenigstens derer, die in den großen Städten lebten, war verhältnismäßig rege, teils weil man viel Zeit und wenig Geld hatte und die Flüchtlingsklubs ihre Kulturabende – darunter viele Dichterlesungen – unentgeltlich oder doch zu sehr niedrigen Eintrittspreisen veranstalteten. Da die deutschsprachigen Flüchtlinge, je nach Herkunftsländern, zum Großteil als *feindliche Ausländer* eingestuft waren und daher im Krieg ihre Rundfunkgeräte abgeben mußten, gingen sie desto lieber in die Klubs. Übrigens gab es zur Zeit der Flüchtlingsinternierung auch in den Internierungslagern Autorenlesungen, bunte Literaturabende und einzelne Drameninszenierungen. Die Stücke, Skizzen und Lieder für die Kleinkunstbühnen und Lagerveranstaltungen waren zum Teil ältere Literatur, von Wedekind, Karel Capek und Zuckmayer bis Brecht und Friedrich Wolf, zum Teil aber wurden sie von Exil-Autoren für diese Veranstaltungen neu geschrieben. Auch ich schrieb seit 1939 für solche Leseabende und Kleinkunstbühnen.

Während man sonst unter den Flüchtlingen gelegentlich zu hören bekam, alles Deutsche sei anrüchig und man wolle am liebsten kein deutsches Buch mehr lesen, versuchten die Schriftsteller von Anfang an, solchen Ansichten entgegenzutreten und nach Kriegsausbruch auch den Engländern klarzumachen, es sei ein Krieg gegen Hitler und seinen Nationalsozialismus, aber dürfe kein Krieg gegen das ganze deutsche Volk und die ganze deutsche Kultur sein. Hölderlins Gedichte wurden während des Krieges von einem Flüchtling, dem mit neun Jahren nach England gekommenen Michael Hamburger, übersetzt und erregten Aufsehen. Der am meisten von deutscher Dichtung des 20. Jahrhunderts beeinflußte Engländer aber, Sidney Keyes, vielleicht der bedeutendste englische Nachwuchsdichter, der auch mit Flüchtlingen Kontakt hatte, fiel selbst im Krieg, am ersten Tag seines Kriegseinsatzes, knapp 21 Jahre alt.

Etwa um die gleiche Zeit brachte der Flüchtlingsschriftsteller Heinrich Frenkel sein Buch *The Other Germany* heraus, um den Engländern klarzumachen, daß es in Deutschland auch Widerstandskämpfer und zahllose Menschen gab, die den Nationalsozialismus und seinen Krieg verabscheuten.

Aber auch die Liebe der Flüchtlingsschriftsteller zur deutschen Sprache und Kultur bewahrte sie nicht vor Irrtümern, wie sie vielleicht für eine Exilsituation charakteristisch sind. So waren viele Schriftsteller, linke ebenso wie bürgerlich-liberale, ziemlich fest überzeugt, die letzten zu sein, die gutes Deutsch schrieben, mit denen die richtige, gepflegte deutsche Sprache sozusagen ins Exil gegangen sei, und nahmen sich vor, eines Tages, nach ihrer Rückkehr, den Kampf gegen die von den Nazis verdorbene Sprache aufzunehmen und den Menschen daheim wieder beizubringen, wie man richtiges gutes Deutsch spricht und schreibt. Ich möchte betonen, daß nicht persönliche Eitelkeit und Überheblichkeit diese Exilschriftsteller zu solchen Annahmen veranlaßt haben, sondern vor allem ihr berechtigter Abscheu vor dem Nazideutsch, vor der Zeitungs-, Amts- und sogenannten Literatursprache des Dritten Reiches.

In Wirklichkeit ist es anders gekommen. Zwar haben heimgekehrte Schriftsteller und Journalisten da und dort wirklich geduldig – und manchmal auch ungeduldig! – gegen Unmenschenworte und Ungeist der Nazijournalistik angekämpft, aber die eigentliche Entwicklung der deutschen Sprache und Literatur ist an den meisten jener Exilschriftsteller, die sich für die Hüter der Sprache hielten, vorbeigegangen. Eine Sprache hat größere Regenerationsmöglichkeiten, als viele Flüchtlingsschriftsteller geglaubt hatten. Hohle Phrasen, wie die Worte des Horst-Wessel-Liedes *marschiern im Geist in unsern Reihen mit,* wurden in Deutschland selbst und an den verschiedenen Fronten durch kritischen Witz gegen die Phrasendrescher gekehrt. *»Wo bleibt unsere Fliegerdeckung?« fragte ein Landser, als es mit der Macht der Luftwaffe zu Ende ging. »Marschiert im Geist in unsern Reihen mit«, antworteten ihm seine Kumpel.* –

So werden Phrasen entkräftet, und so wird zugleich die Sprache – nicht nur durch heimkehrende Flüchtlinge, sondern im Land selbst durch den Witz der Betroffenen – wieder hellhörig, entlarvt die großen Phrasen und rettet sich. Zudem war das Nazideutsch nicht aus dem Nichts entstanden oder allein von Hitler und seinen Getreuen erfunden worden. Seine Wurzeln gehen tief in den wilhelminischen Hurrapatriotismus und ins Amtsdeutsch und in die Journalistenmaschen der Weimarer Republik zurück. Dadurch aber, daß die Hitlerzeit das Übel auf die Spitze trieb, hatten fast alle halbwegs sprachbegabten Menschen es nun endgültig satt! Denen, die Ohren hatten, wurden in den neuesten Sprachsünden plötzlich auch die älteren klar. So ergab es sich, daß die Mehrzahl der heimgekehrten Flüchtlingsschriftsteller, gemessen an den besten in Deutschland herangewachsenen Kollegen, wie etwa Arno Schmidt oder Helmut Heissenbüttel, ein manchmal fast peinlich halbwilhelminisches Deutsch schrieben, in dem sogar Ausdrücke und Floskeln nicht fehlten, die den besten deutschen Nachkriegsautoren schon fast nazi- oder doch blut-und-boden-verdächtig vorkamen. Dabei hatte auch die Tatsache mitgespielt, daß das Exil eine Sprache sehr leicht verarmen läßt, weil der Nachschub aus Dialekt und Umgangssprache, aus einem Dutzend Fachjargons und aus der Sprache der Halbwüchsigen einfach fehlt. Um solcher Verarmung zu entgehen, wichen viele Schriftsteller in den Stil vergangener Epochen aus.

So sahen sich dann, abgesehen von den besten wie Brecht, Heinrich Mann, Arnold Zweig, viele Exilschriftsteller genötigt, Deutsch eher nachzulernen als zu lehren. Dadurch wurden manche ungerecht und ungeduldig gegen ganz legitime sprachliche Neuerungen, z. B. gegen das Wort *verkraften.* Freilich gibt es auch neue Redewendungen, mit denen sich wirklich nicht leben läßt: Wenn es etwa heißt *Das hab' ich satt bis zur Vergasung* oder statt der altbekannten Wendung *Das lockt keinen Hund hinter dem Ofen hervor* – *Das lockt keinen Juden aus seinem Gasofen hervor!*, da lohnt sich's, die Ohren offenzuhalten. Auch das Dramaende *Der Schoß ist fruchtbar noch, aus dem das kroch,* wurde bekanntlich von einem Flüchtlingsdichter (Bertold Brecht, Schlußwort des Stückes *Arturo Ui*) im Exil geschrieben.

Für einen jungen Schriftsteller hatte das Exil viele Nachteile und viele Vorteile, und was Vorteil und was Nachteil war, das war nicht immer ganz leicht zu sagen. Zu den Vorteilen gehörte es natürlich, daß in den geretteten Flüchtlingsbibliotheken, aber auch in englischen Leihbibliotheken und Universitätsbibliotheken oder im Britischen Museum alles zugänglich war, was in Deutschland den Bücherverbrennern von 1933 zum Opfer gefallen und oft kaum aufzutreiben war. – Man konnte Kafka und die Expressionisten lesen, Surrealismus, Dadaismus, Brecht, Toller, Tucholsky, Mühsam, Feuchtwanger, Oskar Maria Graf, Gorki, Lorca oder Sigmund Freud, Wilhelm Reich oder Marx, Engels, Lenin, Trotzki, Rosa Luxemburg, kurz alles, was man wollte. Man konnte sich, wenn man Verbindungen hatte, sogar auch Zeitungen und Zeitschriften aus Hitlers Drittem Reich beschaffen und sie sorgsam nach Anzeichen kritischen Denkens oder versteckter Opposition durchforschen.

Der Nachteil bei all dieser Lektüre war, daß sie unter fast *musealen* Bedingungen vor sich ging, einigermaßen entrückt dem Streit und der Kritik und Korrektur durch die *Wirklichkeit* des Alltagslebens.

Flüchtlinge oder Emigranten stehen in ihrem Alltag nicht in funktionellen Zusammenhängen wie die, die im gleichen Betrieb oder meinetwegen im gleichen Amt, im gleichen Verlag, in der gleichen Funk- oder Zeitschriften-Redaktion zusammen arbeiten. Wenn Flüchtlinge sich zerzanken, haben sie keinen gemeinsamen Arbeitsplatz, an dem sie sich wieder treffen müssen, ob sie wollen oder nicht. Es muß nur einer aus dem Klub austreten, fortan vielleicht ein anderes Kaffeehaus besuchen, und er sieht seinen Diskussionsgegner nie mehr wieder. Deshalb und wegen der großen Frustration, wegen des Funktionsverlustes, der auf jeder Exilgeneration lastet, waren *Exil*milieus schon immer Brutstätten rasch aufflackernder und oft kleinlicher Streitigkeiten. Ich schrieb damals im Krieg Jugendgedichte über die selbstgerechten Flüchtlinge, von denen jeder auf sein eigenes weltanschauliches Rezept, auf seine eigene Linie schwört, und verglich sie mit zerstrittenen Goldmachern in der Alchimisten-Küche. Die letzte Strophe dieses Gedichtes, *Goldmacher,* das an die ferne Heimat gerichtet war, lautet:

Denn du brauchst mehr als Schüler und Adepten,
Für die es neun geheime Sprachen gibt.
Sie zanken über Formeln und Rezepten.
O die Vertriebenen, o die Verschleppten! –
Und jeder glaubt vielleicht, daß er dich liebt.

Die Heimatliebe nahm manchmal sonderbare Formen an. Daß ein wirklich guter Deutscher, der sah, was vorging, gegen Hitler sein mußte, wurde von den Flüchtlingen und Flüchtlingsschriftstellern allgemein akzeptiert. Das war und ist auch meine Meinung. Als aber unter dem Eindruck der ungeheuerlichen Greueltaten, die der Nationalsozialismus in Rußland verübt hatte, der auch in England berühmte Sowjetschriftsteller Ilja Ehrenburg, der lange ein Freund und Bewunderer deutscher Kultur gewesen war, sich dazu hinreißen ließ, in seinen fast täglich erscheinenden Kriegsberichten wiederholt zu erklären, *Der einzige gute Deutsche ist ein toter Deutscher,* fühlten sich einige deutsche Kommunisten im Freien Deutschen Kulturbund in London gezwungen, dies zu bejahen. »So schwer es uns fällt, Genossen, aber auch wir müssen versuchen, uns diese Auffassung zu eigen zu machen. Was Genosse Ehrenburg in der Sowjetpresse schreibt, das ist offensichtlich die Meinung, zu der sich die Sowjetunion durchgerungen hat.«

Ich schlug damals vor – es war mitten im Winter –, sie sollten doch einen Kollektivausflug an die Themse machen und sich ins Wasser werfen, denn dies sei die einzige Möglichkeit für einen deutschen Antifaschisten, sich eine Behauptung wie *Der einzige gute Deutsche ist ein toter Deutscher* zu eigen zu machen, wie der Redner gesagt hatte. Zum Glück hielt kurz darauf der unfehlbare und allwissende Stalin selbst eine Rede, in der er sagte, *Die Hitler kommen und gehen, aber das deutsche Volk und ein deutscher Staat bleiben bestehen.*

Also durften auch diese besonders gewissenhaften Genossen, zwei, drei Exilschriftsteller darunter, weiterleben und mußten sich nicht ihren eigenen Tod *zu eigen machen!*

Aber auch meine Schicksalsgenossen aus meiner engeren Heimat Österreich waren von Überspitzungen nicht frei. Viele von ihnen schienen vergessen zu haben, wie viele Österreicher Nazis gewesen waren, ja daß Hitler selbst Österreicher war. Es wurde schick, alle Schuld auf die deutschen Eindringlinge zu schieben, ja, zu behaupten, Österreich habe eine ganz eigenständige Kultur, eine eigene Sprache und Literatur. Das ging mir etwas zu weit und war mir etwas zu einfach. Im Gedichtband *Österreich,* wo auch das Gedicht *Goldmacher* steht, schrieb ich in dem 1944 entstandenen Gedicht *An Österreich:*

Du sollst einst nicht nur mit dem Finger zeigen:
»Den argen Nachbar straft, der mir gebot.«
Zu deiner Schuld mußt du dich selbst bekennen
Und im Gericht den eignen Namen nennen.

Natürlich machte ich mich auch damals schon, wie später so oft, politisch unbeliebt und setzte mich zwischen alle Stühle. Weder der Patriotismus meiner österreichischen Freunde noch die Büßerhaltung meiner deutschen Kollegen wollten mir ganz zusagen.

Nur in Mexiko saß eine Gruppe deutscher antifaschistischer Flüchtlinge, um Paul Merker herum, der später in der DDR als Titoist in Schwierigkeiten geriet. Die hielt sich nicht an die politischen Vorschriften aus Moskau. Von ihr wurden meine beiden ersten Gedichtbändchen, *Deutschland* und *Österreich,* gerade wegen ihrer kritischen Haltung besonders begrüßt.

Ich möchte hier noch aus meinem 1944 in London erschienenen Band *Deutschland* ein Gedicht zitieren, das ich gegen die Selbstgerechtigkeit geschrieben hatte, mit der viele Flüchtlinge ihre tatsächliche Machtlosigkeit zu kompensieren suchen. Immer wieder mußte ich Flüchtlingsgespräche hören, wie sie nach dem Krieg ein furchtbares Strafgericht halten und überall nach dem Rechten sehen würden. Deshalb schrieb ich damals, 1943 oder Anfang 1944:

Der Richter

Am Tag, an dem ich nicht mehr zweifeln muß
an meinem Glauben, Vorsatz und Beschluß,
an dem mir alles einfach wird und klar,
an dem ich sicher bin und unfehlbar,
an dem ich lächelnd alten Zweifel schlichte
und mich gerecht weiß und voll Strenge richte
den, der nicht meine wahre Lehre ehrt –
an diesem Tag bin ich zu sterben wert.

Inhaltlich stimme ich mit diesen Jugendgedichten immer noch

überein. Die Form allerdings scheint mir heute zu konventionell, zu altmodisch. Aber von den in England lebenden Flüchtlingsschriftstellern läßt sich ziemlich allgemein behaupten, daß sie viele Jahre lang ihren eher herkömmlichen, aus den deutschsprechenden Ländern mitgebrachten Formen treu blieben (oder an ihnen kleben blieben!). Anstöße aus der lebendigen deutschen Umgangssprache fehlten natürlich. Wer etwas auf sich hielt, der versuchte auch das Eindringen englischer Ausdrücke in seine Sprache zu vermeiden und wurde dadurch leicht unversehens ein wenig starr und spröde. Denn es gab ja, zum Beispiel durch den Kriegsalltag, so viele neue Begriffe, für die wir gar kein deutsches Wort wußten. Die meisten von uns erfuhren erst *nach* dem Krieg, daß das deutsche Wort für unser *all-clear-Signal,* das das Ende eines Luftangriffs bedeutete, *Entwarnung* hieß. Es gab zahllose Begriffe und Worte dieser Art. Als wir nach dem Krieg nach Deutschland kamen, wunderten wir uns, daß dort, wo wir mühsam ein reines Deutsch zu pflegen versucht hatten, englische Worte in großer Zahl bedenkenlos gebraucht wurden.

Hinzu kam, daß England – etwa zum Unterschied von den Vereinigten Staaten oder manchen lateinamerikanischen Ländern – eigentlich keine assimilative Kultur ist. So dauerte es relativ lang, bis viele Exilschriftsteller wirklich von England beeinflußt wurden, nicht nur von der englischen Dichtung, sondern von der Art, wie Menschen in England an die Formulierung ihrer Gedanken und Gefühle gehen. Manchmal wirkte sich dieser Einfluß sogar bei jenen Schriftstellern am langsamsten aus, bei denen er dann besonders tief ging. – Und wenige Exilschriftsteller hatten von Anfang an mit englischen Kollegen Verbindung, außerdem ist bei englischen Dichtern das literarische Fachsimpeln nicht gebräuchlich, und schließlich muß man auch berücksichtigen, daß z. B. die englische Lyrik ganz andere Entwicklungsphasen durchlaufen hatte als die deutsche und daß überhaupt Lyrik das letzte ist, was jemand, der eine neue Literatur kennenlernt, wirklich richtig verstehen lernt.

Wenn er aber einmal Zugang zur lebendigen englischen Literatur gefunden hatte, konnten die Anregungen für den Exilschriftsteller ungemein wichtig sein, angefangen von der Vermeidung jeder abgenützten Pathetik bis zu den Ablautreimen Wilfred Owens und den Sprungrhythmen eines Gerald Manley Hopkins, den komprimierten, teleskopartig ineinandergeschobenen Bildern und Wortspielen eines Dylan Thomas oder den selbstkritischen Versen Eliots. Dazu kam das unendlich fruchtbare Werk eines James

Joyce oder die intime Kulturchronik einer Virginia Woolf, und zu allem noch das Erlebnis, durch enge Vertrautheit mit einer anderen Literatur vieles, was man bisher in der eigenen Literatur als selbstverständlich akzeptiert hatte, plötzlich durch ganz andere dichterische Bräuche und Ausdrucksmöglichkeiten relativiert zu sehen. Besonders für die jüngeren Exilschriftsteller wurden diese Literaturerlebnisse ein großer Gewinn, der gelegentlich dadurch etwas leichter zugänglich wurde, daß die englische Literaturpraxis weit weniger von ästhetischen Theorien beschwert ist als etwa die deutsche. Nur die schlechte Wirtschaftslage der meisten Exilschriftsteller, von denen viele in Fabriken arbeiten und zu Hungerlöhnen literarisch uninteressante Übersetzungen machen mußten, so daß ihnen nicht genug Freizeit blieb, verhinderte eine noch viel fruchtbarere und allgemeinere Wirksamkeit dieser literarischen Einflüsse. Sie wirkten aber noch Jahrzehnte nach Kriegsende fort und sind immer noch wirksam, so daß es schon deshalb falsch wäre, die Betrachtung der Exilliteratur etwa mit Mai 1945 zu beenden; ganz abgesehen davon, daß etwa ein Oskar Maria Graf nach Kriegsende sagte: *Das eigentliche Exil fängt jetzt erst an.*

Aus ähnlichen Gründen wie er bin auch ich nicht heimgekehrt. Mit keiner der politischen Gruppen, die ich aus nächster Nähe kennengelernt hatte, war ich wirklich einverstanden. Die Verbrechen der Stalinära erfüllten mich mit Entsetzen, doch hatte ich auch keine Lust, gegen meine alten Schicksalsgefährten aus der Flüchtlingszeit im Dienste eines deutschen oder österreichischen Antikommunismus zu kämpfen, der seinen Kampfgeist nicht weniger dem alten nationalsozialistischen Antibolschewismus verdankte als den Verbrechen des Stalinismus.

Einige Exilschriftsteller kehrten im Gefolge der amerikanischen Besatzungsarmee nach Deutschland zurück, als gutbezahlte und bevorrechtete Briefzensoren für deutsche Post. Doch das schien mir mit dem Beruf eines deutschen Dichters oder Schriftstellers nicht wirklich gut vereinbar. Deshalb brachte ich mich noch einige Jahre lang schlecht und recht als Fabrikarbeiter und Übersetzer durch. Ein Angebot, an der Universität in Ost-Berlin deutsche Literatur zu lehren, lehnte ich ab, weil ich den offiziellen sogenannten sozialistischen Realismus verhängnisvoll fand. Es fiel mir nicht leicht, nein zu sagen, denn ich war damals in London gerade Hilfsarbeiter, rackerte mich ab und verdiente nur wenig. Mit der Zeit aber wurde ich als Übersetzer, später auch durch meine eigenen Arbeiten bekannt.

Aber erst, als mich regelmäßige Reisen nach Deutschland brachten, ging mir das Ohr dafür auf, welche Worte und Sprachbilder genau *so* verstanden wurden, wie ich mir das in den Exiljahren zurechtgelegt hatte, und welche Kunstmittel auf Grund der anderen Sprachschicksale der Menschen in Deutschland und Österreich anders aufgefaßt wurden, als ich es beabsichtigte.

Dabei mußten die ästhetischen Theorien und Geschmacksrichtungen in Deutschland – in Österreich herrschten wieder andere – durchaus nicht immer die richtigen sein. Die sogenannte *Kahlschlaglyrik* etwa engte die Möglichkeiten der Dichtung zu sehr ein, während die Gedichte Paul Celans und Ingeborg Bachmanns, beide selbst halb und halb Exildichter, neue Horizonte öffneten; aber jedenfalls gab es keinen Ersatz dafür, die Möglichkeiten und Grenzen literarischer Kommunikation wieder aus eigener praktischer Erfahrung im deutschen Sprachgebiet kennenzulernen.

Das literarische Leben in der Bundesrepublik bot viel mehr Möglichkeiten als das meiner engeren Heimat Österreich und setzte sich – vielleicht dadurch – auch mit Kunst- und Zeitproblemen ernsthafter auseinander. Deshalb kamen viele österreichischen Schriftsteller nach Deutschland, das auch für mich Schwerpunkt meiner Wirksamkeit wurde. Da ich aber nie deutscher Staatsbürger war, zögerte ich, London ganz zu verlassen. Mein Freund Reinhard Lettau, wie ich deutschsprachiger Schriftsteller, wurde mehrmals mit Ausweisung bedroht, weil er einen amerikanischen Paß hatte und als Schriftsteller kritische Töne anschlug. Ich mit meinen vielen Kindern konnte mir ähnliche Bedrohungen nicht leisten, blieb also in England, fahre aber immerzu hin und her.

Wichtiger als die körperliche Heimholung von Exilschriftstellern dürfte die Heimholung ihrer Werke sein. Davon wurde an verschiedenen Stellen in der Bundesrepublik viel gesprochen, aber so recht wollte es nur allzuoft nicht glücken. Thomas Mann war da eher eine Ausnahme: Schon Heinrich Mann und Arnold Zweig konnten nie mehr die Verbreitung finden, die sie vor der Bücherverbrennung hatten. Dasselbe gilt für Lion Feuchtwanger, Oskar Maria Graf, Walter Mehring und viele andere, obwohl es an Versuchen deutscher Verleger nicht gefehlt hat. Vielleicht ist es schwierig, nach einer so gewaltsamen Unterbrechung heute, im Zeitalter multinationaler Konzerne, den Geist der liberalbürgerlichen Demokratie und ihrer Linksopposition oder ihrer bedeutenden Einzelgänger wieder aufleben zu lassen. Manchmal, mit Verspätung und erst beim zweiten oder dritten Versuch, glückt es, wie im Fall Elias Canetti; häufiger glückt es nicht. Allgemeinen Regeln und leichtfaßlichen Erklärungen dafür mißtraue ich. Besonders unbefriedigend ist die Lage bei denen, die erst im Exil wirklich als Schriftsteller hervorgetreten sind. Wer kennt heute in der Bundesrepublik die Dichter Jesse Thoor (er hieß eigentlich Peter Höfler) oder Franz Baermann Steiner, beide wichtige Lyriker? Wer weiß etwas von den Romanen Anna Sebastians, um nur drei Namen aus England zu nennen. – Ich selbst bin da eher eine Ausnahme, ich habe Glück gehabt, bin auch nicht so früh gestorben wie manche der Exildichter. – Aber auch ich habe außer den Vorteilen des Exils auch seine Nachteile zu fühlen bekommen: gewaltsam abgebrochenes Studium, verlorene Jahre, Entwurzelung. Und heute regen sich in Deutschland da und dort Tendenzen, die den mißliebigen Außenseiter in ein zweites Exil verstoßen wollen. Für einen, der im Krieg und in der schweren Zeit nach dem Krieg immer wieder jeder Regung des Deutschenhasses entgegengetreten ist, der Grausamkeit und Todesstrafe immer gehaßt hat und auch gegen die Hinrichtung Irma Greses, der Lagerwärterin aus Belsen, protestiert hat, ist es bitter, heute gelegentlich als Deutschlandhasser oder Befürworter des politischen Mordes verleumdet zu werden. Aber die alte Exilerfahrung hat mich, glaube ich, abgehärtet. Auch diese Anfechtungen werden vorübergehen, und ich hoffe inständig, daß es zu einem zweiten Exil nicht kommen wird.

1981

Eine reaktionäre Todesfalle auch für die Juden

Rede, Juli 1982, Protestkundgebung gegen die israelische Aggression im Libanon

Als Wiener Jude, der zur Hitlerzeit die Vertreibung aus meiner Heimat und den Mord an meinen Angehörigen erleben mußte, halte ich es für besonders wichtig, gegen den Mord und die Vertreibung zu protestieren, die nicht nur Menschen wie Begin und sein General Ariel Sharon, sondern der ganze Block des Zionistenstaates Israel an den Libanesen und Palästinensern begehen.

Ich habe am 6. Juni 1982 in London geschrieben: *Als jüdisches Opfer der deutschen Aggression unter Hitler kann ich sehr gut verstehen, daß später viele Deutsche, die gegen die Untaten des Nazi-Regimes weder gesprochen noch Widerstand geleistet hatten, Kollektivschuld empfanden. Allerdings hätte damals solcher Widerstand Todesgefahr bedeutet. Heute wäre es für Juden gar nicht sehr gefährlich, gegen Israels Angriffshandlungen gegenüber Palästinensern und anderen zu protestieren. Werden Juden, die heute dazu schweigen, morgen kein Problem der Kollektivschuld haben?*

Hier, in der Bundesrepublik, hat das durchaus verständliche Gefühl einer Schuld, eines schlechten Gewissens gegenüber den vom Hitlerfaschismus verfolgten und vernichteten Juden eine verhängnisvolle Nebenwirkung. Es macht nämlich vielen Deutschen die Augen blind, die Herzen stumpf und die Köpfe vernagelt gegenüber Verbrechen, die an Palästinensern, Libanesen und anderen Arabern begangen werden. Dabei haben die Deutschen, die sich – aus Wiedergutmachungsbestreben gegenüber den Juden – nun jede Kritik am Zionismus versagen, ihre eigenen Gedanken nur halb gedacht und sie nicht zu Ende gedacht. Sonst wüßten sie nämlich, daß in Wirklichkeit auch die Palästinenser Opfer des Hitlerfaschismus geworden sind und daß daher gerade die Bundesrepublik eine ganz besondere Verpflichtung gegenüber den Palästinensern hätte.

Gewiß, den Zionismus gab es schon lange vor Hitler, und innerhalb des Zionismus gewannen jene, die eine verbrecherische und unterdrückerische Haltung gegenüber den Palästinensern hatten, immer mehr Anhänger – denn das gehörte, trotz aller humanen Absichten und Illusionen eines Martin Buber und Baer Borochow, zum eigentlichen Wesen des Zionismus.

Aber ohne den Hitlerfaschismus wären gar nicht genug jüdische Menschen auf den Zionismus hereingefallen, wären gar nicht genug Juden als Flüchtlinge nach Palästina gekommen, um den Zionisten ihr Vorgehen gegen die Palästinenser zu ermöglichen. Das freilich verringert die Schuld des Zionistenstaates Israel und seiner zionistischen und nichtjüdischen imperialistischen Unterstützer nicht im mindesten. Nicht nur die Schuld Begins. Begin ist schon seit Jahrzehnten ein Massenmörder, schon seit Deir Yassin, dem israelischen Lidice und Oradour. Begin ist ein israelischer Heydrich! Das wissen wir.

Aber die sogenannte Opposition im israelischen Parlament, die sogenannten Sozialdemokraten, die Vertreter der angeblich so musterhaft sozialistischen Kibbuzniks, um wieviel waren sie besser? Sie alle haben einstimmig Begin ihr Vertrauensvotum gegeben, nachdem er seinen Mordkrieg im Libanon angefangen hatte. Nur die zwei Kommunisten und der eine Palästinenser in der Knesseth haben dagegen gestimmt.

Dabei wäre es höchste Zeit für jeden Juden, der sich für liberal oder gar für einen echten Sozialisten hält, zu erkennen, daß er nicht zugleich für die Mordbrennerarmee des Zionismus sein kann. – Und jene Deutschen, die heute aus schlechtem Gewissen wegen der Hitlerzeit zu allem, was die Zionisten in Israel tun, Ja und Amen sagen, welche Haltung ermutigen sie? Eine Haltung, die auf lange Sicht auch für die dort lebenden Juden nur das Unglück sein kann, denn Angriffe gegen alle umliegenden Nachbarn, eine Politik des Unrechts und der immer wiederholten Aggression, kann nur zu immer neuen Kriegen und auf Dauer nur zum Untergang führen – moralisch, wirtschaftlich, politisch und ganz zuletzt auch militärisch.

Es heißt, man darf Begin nicht mit Hitler vergleichen und die Untaten und Angriffskriege des zionistischen Staates nicht mit dem Hitlerfaschismus. So ein Vergleich wäre Antisemitismus, erklären Zionisten und wohlmeinende deutsche und amerikanische Bürger. Jeder Antizionist soll angeblich ein Antisemit sein, und die Linken in Deutschland und in der Schweiz und in vielen Ländern Europas werden als Antisemiten verleumdet. Und wenn ein Jude wie ich Begin mit den Nazis vergleicht, dann wird er von zionistischer und prozionistischer Seite heute eben als *jüdischer Antisemit* angeschwärzt. Deshalb will ich hier einen Brief zitieren, den ein prominenter Zionist, der allererste Premierminister von Israel, David Ben Gurion, im Mai 1963 geschrieben hat. Ben Gurion erörtert den Fall einer Machtübernahme Menachem Begins und schreibt:

Begin ist ganz und gar von der Art Hitlers, bereit, die Araber alle zu vernichten... Er wird seine Mordgesellen in die Hauptquartiere der Armee und Polizei setzen und genauso herrschen, wie Hitler in Deutschland geherrscht hat. Ich zweifle nicht daran, daß Begin Hitler haßt, aber dieser Haß ist kein Beweis, daß er selbst anders ist als Hitler... Als ich Begin zum ersten Mal im Radio hörte, hörte ich die Stimme und das Gekrächze Hitlers. (Veröffentlicht in der Nr. 108 der Publikation *Israel,* 15. 6. 1977)

Trotzdem, und trotz der schönen Worte, die Ben Gurion gelegentlich für den Humanisten und Menschenfreund Martin Buber übrig hatte, wurde auch er aktiv mitschuldig an der Vertreibung von zahllosen Palästinensern, und – auch wenn er es nicht wollte – wurde Ben Gurion durch seine politische Praxis zum Wegbereiter Menachem Begins. Als Martin Buber, ein weniger »realpolitischer« Zionist als Ben Gurion, sich 1929 Sorgen machte, daß die Überheblichkeit und Feindseligkeit der jüdischen Einwanderer gegen die Palästinenser zu etwas Argem führen werde, wurde Buber vom damals führenden Mann der zionistischen Bewegung, Chaim Weizmann, mit den Worten beschwichtigt, seine Sorge sei umsonst: *Es ist nicht ein einziger Araber vertrieben worden, und es wird auch nicht ein einziger Araber vertrieben werden.*

Martin Buber diente den Zionisten hauptsächlich als Alibi, um im Ausland die Menschlichkeit des Zionismus zu zeigen. Im inneren Kreis der Zionisten zuckte man über ihn die Achseln und betrachtete ihn als beispielhaften *nützlichen Idioten*. Kurz bevor Buber 1965 starb, sagte er von den Zionisten in Israel: *Das Furchtbare ist, daß sie nicht die alten Weisheiten der jüdischen Geschichte gelernt und beherzigt haben, sondern nur die Lehren Hitlers.*[1]

Das folgende hat ein antizionistischer Jude geschrieben. Ich zitiere aus einem Brief von Professor Moshe Machover (*Guardian,* 19. 6. 1982), der Israel verließ, weil er nicht mitschuldig werden wollte an den Untaten der Zionisten, und der jetzt in London lebt:

Nicht alle von uns haben Verrat an der Menschlichkeit und an den Grundlagen aller Moral begangen. Am 11. Juni hat die liberale Tageszeitung »Haaretz« in Israel eine Erklärung mit über

300 Unterschriften veröffentlicht, die die Regierung auffordert, den Krieg zu beenden und unverzüglich aus Libanon abzuziehen... Die Unterschriftenliste reicht von Prof. Isajah Leibovitz, dem berühmten Wissenschaftler und Religionsphilosophen, bis zu Prof. Chaim Blanc, einem hervorragenden Hebräisten, der im Krieg 1948 sein Augenlicht verloren hat. Gelehrte, Schriftsteller, Journalisten, Künstler sind unter den Unterzeichnern, Araber und Juden, Vertreter der verschiedensten Ansichten vom liberalen Humanismus bis zum revolutionären Marxismus. Wenn die israelische Nation vor dem Gericht der Geschichte stehen wird, dann mag man sich dieser ehrenhaften Wenigen erinnern und nicht sagen, daß wir alle unsere Seele dem Teufel des Chauvinismus verkauft haben.

Seither haben Hunderte weiterer israelischer Intellektueller unterschrieben, und auch Hunderte jüdischer und englischer Intellektueller in England. Ich weiß, es sind noch immer nicht genug, die das unterschrieben haben, nur – wie Dr. Machover es nennt: Die ehrenhaften Wenigen. Aber immerhin protestierten auch Soldaten, Reservisten, die beim Einmarsch in Libanon eingesetzt wurden, dafür, daß sie nicht wieder zur Armee zurückgehen werden und nicht gegen palästinensische Frauen und Kinder kämpfen wollen. Die Soldaten selbst haben Flugschriften gegen den Überfall auf Libanon hergestellt und demonstrierten vor Begins Haus. Israelische Mütter demonstrierten dafür, daß man ihre Kinder nicht in einen solchen Krieg schicken darf – derartige Demonstrationen hat es bisher in Israel nicht gegeben.

Angesichts der mörderischen Handlungen der Regierung Israels und des Vertrauensvotums, das Begin auch von seiner sogenannten Opposition erhielt, ist es schwer, Worte zu finden, die an das Maß der Verbrechen heranreichen. Aber eigentlich ist das alles nicht erstaunlich. Was war von einem Begin, dem Mörder vom King-David-Hotel und dem Oberkommandierenden der Mörder von Deir Yassin, schon anders zu erwarten? Oder von Ariel Sharon, dem Mörder von Kibia und Kommandanten der geheimen Mordeinheit 101? Oder von Begins Außenminister Shamir? Hat die Welt wirklich vergessen, daß dieser selbe Herr Shamir den Friedensunterhändler Graf Folke Bernadotte ermordet hat?! Und diese Sharons und Begins und Shamirs wagen es, zu sagen, mit der PLO gebe es keine Verhandlungen, denn mit Terroristen könnten sie sich nicht an einen Tisch setzen!

Mit Recht sagte jetzt Prof. Isajah Leibovitz, den ich zuvor erwähnt habe, die Invasion in den Libanon und die damit zusammenhängenden Worte und Untaten des israelischen Establishment und seiner Streitkräfte seien als *»Judäo-Nazismus«* zu bezeichnen.

Es gibt ein altes Nazilied, das mir immer durch Mark und Bein gegangen ist. Es beginnt:

Es zittern die morschen Knochen
der Welt vor dem roten Krieg.
Wir haben die Schrecken gebrochen
und für uns wars ein mächtiger Sieg.
Wir werden weitermarschieren,
wenn alles in Scherben fällt,
denn heute hört uns Deutschland
und morgen die ganze Welt.

Dieses selbe Rezept hat sich Begins zionistisches Israel zu eigen gemacht. Es verkauft sich den Vereinigten Staaten zunächst einmal als Vorposten gegen den Kommunismus – so wie Hitler das dem Westen erzählte. Und dann beginnt es weiterzumarschieren, auch wenn alles in Scherben fällt. Und die Opfer, soweit sie nicht vom Bombenhagel zerschmettert und verbrannt worden sind, werden zu Flüchtlingen gemacht. Und Libanon soll eine Art Protektorat werden, wie Böhmen unter Hitler. Es gibt nur eines: Diese Mordbande entlarven. Wer das nicht tut, wer nichts dagegen unternimmt, sondern stillhält, der hat aus den Schrecken des Hitlerfaschismus nichts gelernt, oder ganz genau das Falsche. Der macht sich mitschuldig.

Das Lebensrecht Libanons und das Lebensrecht der Palästinenser geht alle Welt an, und Deutschland ganz besonders.

Aber das konnte man nicht erst seit heute sehen. Schon vor vielen Jahren, am 12. April 1948, haben Prof. Albert Einstein, Hannah Arendt und einige andere jüdische Akademiker in einem Brief in der *New York Times* darauf hingewiesen, daß die neue sogenannte Freiheitspartei (das ist die *Herut,* die Partei Begins) das Beängstigendste in der politischen Landschaft Israels sei, denn das sei eine faschistische Gruppierung, die den Nazis ähnlich sei. Nun, innerhalb der jüdischen Gemeinde mag Begin sich gemildert haben – gegenüber den Palästinensern nicht! (Ungeachtet all dieser Warnungen konnte das an die Macht kommen, und das wird heute von deutschen Politikern immer noch unterstützt oder wenigstens beschönigt.) Wenn heute die frechen Eindringlinge, die Libanon überfallen und in tiefstes Unglück gestürzt haben, in Beirut Bedingungen stellen wollen und drohend erklären, *unsere Geduld ist bald zu Ende* – so bin ich alt genug, mich zu erinnern, wie Adolf Hitler gekreischt hat: *Meine Geduld ist zu Ende!*

So wichtig es ist, gegen den brutalen Überfall Begins auf den Libanon und gegen seine Pläne, die Palästinenser zu vernichten, anzukämpfen, so ist es ebenso wichtig, zu verstehen, daß Begin und seine mörderischen Komplizen nur die Krönung dessen sind, was Zionismus in Wirklichkeit ist und geworden ist – von Theodor Herzl angefangen, über Ben Gurion, Golda Meir und so weiter.

Ich bin sehr für das Lebensrecht der dort lebenden Juden, ebenso wie ich für das Lebensrecht aller Palästinenser bin, frei und unbenachteiligt in Palästina zu leben, und für ihr Recht auf Heimkehr, das die Zionisten ihnen verweigern. Aber das Lebensrecht der Juden kann nicht von einem chauvinistischen, rassistischen, repressiven und aggressiven Zionistenstaat verwirklicht werden, der letzten Endes auch für die dort lebenden Juden nur eine reaktionäre Todesfalle ist. Wer von Begins Untaten spricht, kann nicht vom Zionismus überhaupt schweigen; und der kann auch nicht von der Politik der Vereinigten Staaten schweigen, die bisher de facto die Angriffshandlung Israels unterstützt, gedeckt und entschuldigt haben. Man kann auch nicht von Camp David schweigen, das keinen wahren Friedensprozeß eingeleitet hat, sondern nur ein strategisches Rückenfreimachen zu neuen Angriffshandlungen. Und wer dagegen ist, daß die Palästinenser erdrückt und ausgerottet werden, der kann auch nicht davon schweigen, daß es notwendig ist, die Freiheitsorganisation des palästinensischen Volkes anzuerkennen. Sonst gibt es auch in der Zukunft keinen Frieden. Wenn man die Palästinenser im Stich läßt, dann bereitet man auch die Verwandlung Libanons in ein israelisches Protektorat oder seine Zerstörung und ebenso die Zerstörung Syriens vor. Der Kampf um die Freiheit der Palästinenser Libanons, der Kampf um den Frieden und der Kampf gegen den aggressiven Zionismus sind unteilbar.

1982

[1] Ich war leider falsch informiert. Die von mir Martin Buber zugeschriebene Äußerung hatte in Wirklichkeit fast den gegenteiligen Sinn. Buber sagte: Die Juden hätten nicht auf die Mahnungen der Zionisten gehört, sondern hätten erst die Lehren Hitlers beherzigt. Er kritisierte also nicht das Verhalten der Zionisten (was er allerdings sonst oft tat), sondern das der sogenannten Assimilanten.

Nachruf auf Robert Havemann

Der Tod Robert Havemanns ist nicht nur so schwer zu ertragen, weil das Sterben eines Menschen seiner Art, der wie er als Antifaschist gegen die Nazis gekämpft hat und schließlich als Kommunist, getreu seiner Einsichten als wissenschaftlich denkender Mensch, den Kampf aufnahm und konsequent weiterführte gegen das, was seine und zahlloser anderer Menschen Hoffnungen auf den Kommunismus so bitter enttäuscht hat. Sein Tod ist nicht nur seiner wissenschaftlichen und menschlichen Leistungen wegen, nicht nur wegen seines Standhaftbleibens bei jahrzehntelanger Verfolgung und Isolation so schwer zu ertragen, sondern auch, weil wir wissen, daß dieses Unrecht an ihm, diese peinliche Überwachung und Isolierung, bis zuletzt nicht aufgehört hat – trotz der menschlichen Geste, die in seinen letzten Tagen den Besuch Wolf Biermann bei ihm gestattet hat –, und weil wir nicht von dem Gedanken loskommen können, daß diese jahre-, ja jahrzehntelange Verfolgung und Isolierung, dieses fortgesetzte, nie zugegebene Unrecht an ihm auch zu seiner Erkrankung, auch zu seinem Tod beigetragen haben muß.

Ich muß dabei an den viel jüngeren Peter Brückner denken, der wenige Stunden nach Robert Havemann gestorben ist; auch ein unersetzlicher Verlust. – Auch Peter Brückner wurde von der Landesregierung Niedersachsens jahrelang darin gehindert, seine Tätigkeit als Professor auszuüben; Suspendierung bei stark gekürztem Gehalt, ein Gerichtsverfahren nach dem anderen, öffentliche Verleumdungen durch die Regierung und ihre Presse, Überwachung, Schikanen um Schikanen. – Auch Brückner würde heute noch leben, wenn der Kampf gegen dieses Unrecht nicht die Lebenskraft des ohnehin kranken Mannes buchstäblich verzehrt hätte. Peter Brückner allerdings hat zuletzt den Kampf gegen obrigkeitliches Unrecht vor Gericht gewonnen, und die Isolierung, die man ihm antat, war trotz Universitätsverbot niemals auch nur entfernt so arg wie die, die Robert Havemann erleiden mußte. Unter den Verhältnissen in der Bundesrepublik war es viel leichter, Solidarität mit Peter Brückner zu beweisen, dessen Bücher auch in großen Auflagen erscheinen konnten, als unter den Bedingungen der DDR Solidarität mit Havemann zu beweisen, der in der DDR nicht veröffentlichen durfte.

Gerade durch sein unbeugsames Bestehen auf Wahrheit, Freiheit und Recht hat Robert Havemann in der Bundesrepublik nicht nur als Kritiker seines eigenen Regimes Gehör gefunden, sondern auch als einer, der trotz seiner bitteren Erfahrungen weiter einen Weg zu einem menschlichen Sozialismus suchte, und auch als Warner vor der Atombombenpolitik, besonders auch der der heutigen amerikanischen Regierung, und vor dem sogenannten Nachrüsten in Europa.

Wenn Robert Havemann in Einzelheiten seiner Vorschläge manchmal, wie ich glaube und wie er selbst großzügig zugegeben hat, auch irrte, so waren das nie prinzipielle oder ehrenrührige Fehler, und wenn man das ihm angetane Unrecht und die politische Isolation bedenkt, die ihm aufgezwungen wurde und ihn einer kritischen Öffentlichkeit beraubte, waren diese Fehler so selten und so gering, daß sie gegen das Richtige, das er wollte und vertrat, überhaupt nicht ins Gewicht fallen. Ich habe Robert Havemann persönlich gekannt und habe gegen das ihm angetane Unrecht angekämpft. Deshalb durfte ich einige Jahre nicht in die DDR. Ich werde Robert Havemann nicht vergessen.

1982

Persönliche Erinnerungen an Peter Weiss

Brief, London, 12. 5. 1982

Zur Gedenkfeier von Peter Weiss kann ich nicht kommen, weil ich krank bin. Vor mir liegt noch eine etwa zwei Wochen alte Postkarte von ihm mit guten Genesungswünschen und der Versicherung, daß er an mich denkt.

Wenn ich die Augen zumache, sehe ich ihn vor mir, in London, in Stockholm, in Princeton in den Vereinigten Staaten, in Berlin, im alten Theater in Drottingholm und im neuen Schauspielhaus in Düsseldorf.

In Drottingholm hat die ganze *Gruppe 47* mit seltener Einhelligkeit das alte Schloßtheater aus dem 18. Jahrhundert, in dem genau nach den alten Rollenbüchern, mit den alten Kulissen und in den alten Kostümen gespielt wird, bewundert. Peter Weiss, Günter Grass und ich waren darüber einer Meinung.

Bei der Konferenz in Princeton war das nicht so. Günter Grass griff dort – mitten im Vietnam-Krieg – Peter Weiss an und nannte ihn einen Hofnarren Walter Ulbrichts, weil Peter gegen den Vietnam-Krieg und gegen den Kalten Krieg geschrieben hatte. »Und wir mochten Günter doch immer so gerne«, sagte Peter völlig verblüfft zu mir. Ich veröffentlichte ein Gedicht zur Verteidigung Peters. Für mich war das der Anfang eines Konflikts mit Günter Grass, der lange dauerte.

In London habe ich Peter Weiss unmittelbar vor und nach der englischen Erstaufführung seines Marat-Sade-Stückes in Erinnerung. Regie Peter Brook. Ein ungeheurer Erfolg.

In seinem Arbeitszimmer in Stockholm habe ich ihn zweimal besucht, einmal als die *Gruppe 47* in Schweden war, das andere Mal im August 1968 unmittelbar nach dem Einmarsch der Warschauer-Pakt-Mächte in Prag. Wir veröffentlichten eine gemeinsame Erklärung. In seiner ersten Empörung fand Peter den Einmarsch der Russen genau so arg wie den Vietnam-Krieg der Amerikaner. Diese Gleichsetzung fand ich politisch und sachlich falsch, wovon ich Peter auch schnell überzeugen konnte. Aber seine Empörung, die ihn dazu bewegt hatte, fand ich sympathisch. Nein, ein linientreuer Einäugiger war er nicht.

In unserer Erklärung sagten wir dann, wer sich über Amerikas

Vietnam-Krieg nicht empört habe, der habe auch kein moralisches Recht, sich jetzt über den Einmarsch in Prag zu empören.

In Düsseldorf fand die Uraufführung des Trotzki-Dramas von Peter statt. Eine sehr aktive kleine Gruppe von meist jugendlichen DKP-Anhängern demonstrierte dagegen und griff ihn ungeheuer scharf und ziemlich unsachlich an. Am heftigsten war die Aggressivität eines großen rotblonden Mädchens, die ich ganz originell, aber auf die Dauer mit der DKP schwer vereinbar fand, was ich ihr auf einen Zettel schrieb. Sie blieb auch nicht lange bei der DKP. Es war Karin Struck, die später als Schriftstellerin bekannt wurde. Das Trotzki-Drama wurde Peter auch in der DDR und in der Sowjetunion verübelt.

Am lebhaftesten ist mir in Erinnerung, wie wir bei der großen Vietnam-Demonstration in West-Berlin im Februar 1968 nebeneinander gingen und immerzu gereimte Losungen dichteten, die dann von vielen Demonstranten laut gerufen wurden. Peter war von Ulrike Meinhof aus Ost-Berlin herübergeholt worden, wo man ihm geraten hatte, diesen abenteuerlichen und antiautoritären Anhängern Rudi Dutschkes doch lieber fern zu bleiben. Ich war aus England zur Demonstration gekommen. Ich weiß noch, wie froh Peter war, gekommen zu sein, und wie er sich bei jeder neuen Losung freute...

Ich muß nur die Augen zumachen und sehe ihn vor mir. Er ist zeitlebens sehr lebendig geblieben und hat nie auf sein Eigenleben verzichtet. Er hat sich gerne auf ein Marx-Zitat aus dem Kommunistischen Manifest berufen, daß »die freie Entwicklung eines jeden die Bedingung für die freie Entwicklung aller ist«. Das machte es ihm auch leichter, zu seiner Einsicht zu stehen, daß ein Schriftsteller am besten durch sein Schreiben wirken und helfen kann. Dieses Wirken und Helfen wird mit Peters Tod nicht aufhören.

1982

Ich soll mich nicht gewöhnen

Rede, 26. 1. 1983, anläßlich der Verleihung des Bremer Literaturpreises, Bremen, Rathaus

Zuerst möchte ich hier dem Vorstand und der Jury der Rudolf-Alexander-Schröder-Stiftung sehr danken – und außerdem möchte ich Herrn Senator Franke und Herbert Heckmann für ihre Worte Dank sagen, ehrlichen Dank. In der Begründung des mir verliehenen Preises heißt es, ich sei *immer ein unbequemer Autor* gewesen, *unbequem gegenüber der Öffentlichkeit und unbequem gegenüber sich selbst.* – Nun, ich meine, ein Dichter oder Schriftsteller hätte sonst nur die Alternative, sich der Öffentlichkeit und sich selbst bequem zu machen, sich anzubequemen und sich an alles zu *gewöhnen.* Das wäre aber allzu bequem!

Ich habe es einmal für mich so zu formulieren versucht:

Entwöhnung

Ich soll nicht morden
ich soll nicht verraten
Das weiß ich
Ich muß noch ein Drittes lernen:
Ich soll mich nicht gewöhnen

Denn wenn ich mich gewöhne
verrate ich
die die sich nicht gewöhnen
denn wenn ich mich gewöhne
morde ich
die die sich nicht gewöhnen
an das Verraten
und an das Morden
und an das Sich-gewöhnen

Wenn ich mich auch nur an den Anfang gewöhne
fange ich an mich an das Ende zu gewöhnen.

Allerdings, gerade Bremen weckt viel freundlichere Gedanken in mir als die an Unbequemlichkeit. In dieser Stadt war und bin ich oft und gerne zu Gast. Hier habe ich Hilfe und Freundschaft gefunden, und Liebe. Hier, im Theater am Goetheplatz, hat der Intendant Kurt Hübner meine erste Shakespeareübersetzung *Sommernachtstraum* in Auftrag gegeben, und Peter Zadek hat sie inszeniert, vor etwa zwanzig Jahren. Hier ging ich spazieren, in der Altstadt, im Stadtwald, am Weserufer, und fuhr hinaus nach Worpswede. Hier las ich vor, im Funkhaus und in der Evangelischen Studentengemeinde, in der Universität und in der Volkshochschule, in der Böttcherstraße, in der *Glocke* und in Bremen-Nord. Hier verbrachte ich traurig meinen 50. Geburtstag, an dem die Nachricht vom Tod Helli Weigels kam. Hier zeigte mir Domprediger Abramzik den Dom, die Figuren an seinem Tor, seine architektonischen Merkwürdigkeiten und seine Mumien. – Und hier schrieb ich auch viele Gedichte.

Allerdings, hier in diesem selben Bremen ließ sich im sogenannten Deutschen Herbst 1977 ein Politiker zu dem Ausruf über Verse von mir hinreißen, so etwas möchte er lieber verbrannt sehen. Nun, das hätte vielleicht wenig mehr als ein Ausrutscher in der Hitze des Gefechts sein müssen; und dann später in einer Rundfunkdebatte mit ihm, in der er sogar einige Anschuldigungen gegen mich zurücknehmen mußte, obwohl sein Redeschwall mich kaum zu Wort kommen ließ, war ich bereit, ihm seine *zündenden* Worte rascher zu vergeben, als es vielen Bremern, die mich verteidigt hatten, richtig schien. Nur gab es dabei anderes, was man nicht so leicht vergeben kann, auch weil es im wesentlichen gar nicht mich betraf. Zum Beispiel sein seltsames Argument, man könne ihn mit den Bücherverbrennern der Nazis nicht vergleichen, denn als Politiker enthalte er sich jedes ästhetischen Urteils und urteile nur politisch. Da kann man sich nur fragen, wie denn überhaupt jemand glauben kann, ein Gedicht beurteilen oder verstehen zu können, wenn er das Ästhetische ausklammert. Außerdem, wer so argumentiert, überschätzt seine Verschiedenheit von den Bücherverbrennern vor 50 Jahren, die doch, genau wie er, in erster Linie nicht von ästhetischen, sondern von ihren unseligen politischen Überzeugungen motiviert waren. Solche Gedankenfehler können Schriftsteller leider nicht einfach verzeihen und vergessen, denn sie gefährden auch heute noch Dichtung, Geistesleben und Freiheit. Nicht verzeihen kann ich auch, daß die Bremer Lehrerin, die jener Politiker damals angriff, weil sie mein Gedicht im Unterricht verwendet hatte, zwar nicht, wie er es wollte, gemaßregelt wurde, daß sie dann aber doch einige Zeit in ihrem Gleichgewicht als Pädagogin behelligt und gestört war. Und ich kann auch den sachlich unverantwortlichen Stil nicht verzeihen, in dem damals weiterargumentiert wurde: Daß ich mich für Peter-Paul Zahl eingesetzt habe, obwohl dieser der Baader-Meinhof-Bande angehöre. Ja, ich habe mich für ihn eingesetzt, aber in Wirklichkeit gehörte Peter-Paul Zahl, der zu meiner Freude später selbst den Bremer Literaturförderungspreis erhielt und jetzt endlich wieder frei ist, natürlich nie zur RAF. Das bestätigte sogar die bundesdeutsche Justiz, die ihm mehr als übel mitgespielt hat.

Oder daß nicht nur ich, sondern auch Radio Bremen angegriffen wurde (es hieß, wir schwimmen auf der Terrorwelle), weil ich in Radio Bremen den inhaftierten Rechtsanwalt Horst Mahler für seinen Entschluß gelobt hatte, sich von den Lorenzentführern nicht freipressen zu lassen, sondern lieber noch Jahre hinter Gittern zu verbringen, weil er sich von der sogenannten Guerilla abgewandt hatte und deren Geiselnahme nicht aufwerten wollte. Was seither geschah, z. B. das Gespräch zwischen Horst Mahler und Innenminister Baum, zeigt, daß Radio Bremen und ich recht hatten und daß unsere Angreifer tatsächlich, wie ich ihnen vorwarf, durch ihre Scharfmacherei einen Versuch, Nachwuchs für den bewaffneten Kampf zu verhindern, in Wirklichkeit schädigten.

Nun, erstens gibt es zu viele Opfer derartiger Angriffe, die weniger gute Verteidiger als ich haben, zweitens aber und grundsätzlich: Ich glaube, kein Mensch, besonders aber kein Dichter oder anderer Künstler, für den es lebensnotwendig ist, sich nicht stumpf werden zu lassen, sich nicht zu gewöhnen, darf sich damit zu beruhigen versuchen, daß ein Unrecht oft das andere Unrecht wettmache. Nein, ich für meinen Teil hielt und halte zwar z. B. die Taten der RAF für gefährliches Unrecht, weil ihre Gewaltakte im ganzen weit mehr Unheil angerichtet haben, als sie jemals nützen konnten, und weil sie unsere Hemmungen gegen Gewalt viel zu leichtfertig abbauen wollten. Gleichzeitig aber – und obwohl ich oft Angst vor den persönlichen und literarischen Nachteilen hatte, die mir dadurch drohen – glaube ich, ich muß gegen Unrecht auch dann protestieren, wenn diese Menschen selbst es erleiden mußten und immer noch erleiden – und auch, wo sie nichts mehr erleiden, weil sie zu Tode kamen, bei der Festnahme oder in der Haft. Ich habe deshalb – vor und seit dem berühmten *Stern*-Bericht über die Tode von Stammheim (30. Oktober 1980), vor und seit dem Film *Die bleierne Zeit* – gesagt (auch in einigen meiner Gedichte und Prosatexte), warum mir jene Selbstmordbehauptungen so wenig überzeugend scheinen. Übrigens, Schriftsteller und Journalisten, die nicht in der Bundesrepublik leben, sind da ja ohnehin oft und oft viel skeptischer als ihre meisten deutschen Kollegen. Sie bedauern das Fehlen einer wirklich gründlichen öffentlichen Untersuchung und meinen, alles, was nach Unwahrheit oder Verschleierung aussieht, schadet nur dem Ansehen Deutschlands und kann dazu beitragen, daß junge Menschen zum *individuellen Terror* kommen, den diese Kritiker genau so wenig bejahen wie ich. – Wer mich wegen dieser meiner Haltung, wegen menschlichen Mitgefühls, was ja die Übersetzung von Sympathie ist, einen Sympathisanten nennen will, der hätte mich vermutlich auch einen Sympathisanten des Nationalsozialismus genannt, weil ich in meinem Roman *Ein Soldat und ein Mädchen* auch gegen die Hinrichtung der KZ-Aufseherin Irma Grese und gegen Todesstrafe überhaupt prostestiert habe, und anderwärts auch gegen die Hinrichtung Joachim von Ribbentrops – obwohl ich natürlich die RAF nie mit den Nazis vergleichen möchte.

Aber hier noch einige Worte zugunsten eines Menschen, den die RAF ihrerseits als *Verräter* verleumdet, weil er von ihr weggegangen ist und sich gegen Terrorakte wendet. Das Räderwerk der Justiz aber bedroht ihn mit lebenslanger Haft, de facto, weil er nicht Kronzeuge werden will, sondern sich weigert, zum Verräter an den Menschen zu werden, von denen er sich abgewendet hat. Der Prozeß gegen ihn hat gestern begonnen. Deutsche Behörden hatten sogenannten *Aussteigern aus der Terrorszene* faire Behandlung und Entgegenkommen versprochen. Als der Aussteiger Peter-Jürgen Boock, der in Hamburg schon viele Monate vor seiner Verhaftung ein neues Leben begonnen hatte, sein bekanntes *Spiegel*-Interview gab, warum er gegen den *bewaffneten Kampf* ist und alle davor warnen will, da wurde ihm angedeutet, man wolle ihm *goldene Brücken bauen*, ja, er könne sogar *mit anderen Papieren* studieren. Aber in Wirklichkeit war die Bedingung: Angaben machen und Kronzeuge werden wie Ruhland, Gerhard Müller, Speitel und Dellwo. Als er das ablehnte, schlug man ganz andere Töne an! Nun, wer da gebrochene Versprechen einklagen wollte, müßte weltfremd sein. – Soll man sich etwa auch an derlei gewöhnen? – Formaljuristisch kann man gegen das Vorgehen der staatlichen Institutionen da vielleicht nicht viel vorbringen. Aber mich entsetzt es und widert mich an! – Heinrich Albertz, der Peter-Jürgen Boock ebenfalls helfen will, hat einmal gesagt: *Eines Tages werden uns noch die Augen übergehen vor lauter Staat.* Ich fürchte, auch vor lauter Justiz! Was geschieht, wenn ein Mensch in diese Maschine gerät? Ich dachte an Krallen eines Aasgeiers, aber so phantasielose Vergleiche sind sachlich und literarisch falsch, im Positiven und im Negativen. Einerseits ist die Justiz nicht ein Naturgeschöpf, ein einfaches Lebewesen, sondern ein riesiges, kostspieliges Triebwerk. Aasgeier schlagen ihre Krallen auch kaum in lebendes Fleisch. Und wie arg diese Justiz sein kann, davon zeugen z. B. die meines Erachtens schändlichen Fehlurteile gegen Alexander Schubart in Frankfurt oder gar gegen den jungen Kriegsdienstverweigerer Armin Juri Hertel in Hildesheim, wo von Amts wegen Heine, Alfred Döblin und Heinrich Mann *Terroristenliteratur* genannt werden können. – Andererseits hoffe ich – auch in einem solchen Justizapparat – immer noch auf Wesen, die nicht nur Zahnräder und Kettenglieder sind, sondern Menschen; Richter oder andere. Ich hoffe, daß diese Hoffnung nicht enttäuscht wird: Und ich hoffe auch, daß es noch genug Menschen in diesem Land gibt, die ihre Stimme erheben, damit Peter-Jürgen Boock, der, nebenbei bemerkt, auch eindrucksvolle Verse schreibt, nicht vernichtet wird. Seine Vernichtung könnte übrigens dem *Bewaffneten Kampf* nur neuen Nachwuchs zutreiben.

Schließlich noch eines: Jetzt, 50 Jahre nach Hitlers Machtergreifung, gibt es zahlreiche Veranstaltungen, besonders auch mit Schriftstellern, – in einigen Wochen auch noch zum Jahrestag der Bücherverbrennung. Auch ich soll mehrmals zu diesem Thema sprechen. Aber welche Lehren werden wir aus all dem ziehen? – Vorhin habe ich den unseligen Joachim von Ribbentrop erwähnt, den Spitzendiplomaten des Dritten Reiches, der in Nürnberg zum Tod durch den Strang verurteilt und hingerichtet wurde. Das Delikt lautete: *Verbrechen gegen den Frieden. Vorbereitung eines Angriffskrieges. Kriegsverbrechen gegen die Menschlichkeit.*

Ich hielt das für schlechte Justiz, nicht nur weil ich gegen die Todesstrafe bin, sondern weil man Gesetze nicht rückwirkend erlassen darf, wenn die Straftat längst begangen ist. Seither aber, durch dieses Urteil, weiß alle Welt, daß solche Taten mit dem Tod bestraft werden. Das betrifft natürlich alle führenden Staatsmänner, Stabsoffiziere und ihre Untergebenen, die sich heute in allen unseren Kulturstaaten mit der Vorbereitung atomarer Erstschläge und anderer Angriffsstrategien befassen oder diese finanzieren oder gesetzgeberisch decken helfen. – Nun, Todesstrafe ist und bleibt natürlich Mord, ebenso wie etwa unser berühmter polizeilicher *finaler Rettungsschuß* (eine Sprachprägung unserer Behörden, bei der jeder Schriftsteller aufhorchen müßte!). Auch lebenslängliches Gefängnis, selbst unter humansten Bedingungen, für all diese Staatsmänner und ihre Helfershelfer, wäre Barbarei. Als Bürger dieser Erde aber, als Eltern von Kindern oder gar als Schriftsteller müssen wir uns doch darum kümmern, wie man diese Herren – oder auch eine Frau Thatcher – unschädlich macht, ob und wie man sie festnehmen kann und so weiter. Auch darum kümmern, ob gute Beziehungen unserer Staatsmänner zu ausgesprochenen Mörderregierungen wie in der Türkei, Südafrika, Zaire, Chile – die Liste ließe sich mit großen und kleinen Staaten nach mehreren Himmelsrichtungen fortsetzen – nicht den Verdacht solcher Vorbereitung eines Angriffskrieges und von Verbrechen gegen die Menschlichkeit nahelegen. Ich weiß keine Patentlösungen, aber ich meine im vollen Ernst: Wenn wir diese Probleme achselzuckend verdrängen, dann gibt es in einigen Jahren mit Sicherheit keinen Bremer Literaturpreis mehr und keine Literatur. Bücherverbrennungen werden auch durch Atomwaffen veranstaltet, sogar viel gründlicher.

Vor allem sollten wir heute, bei diesen traurigen 50-Jahr-Gedenkstunden an Hitlers Machtantritt, an Reichstagsbrand und Bücherverbrennung, nie vergessen, daß man dieser alten Untaten eigentlich nur gedenken kann, indem man gegen neue Untaten und gegen systematische Programmierung zu künftigen Untaten ankämpft, auch, und gerade auch, wenn man ein Schriftsteller ist. Wenn wir nicht dagegen ankämpfen, dann brauchen wir auch gar nicht erst von einer *Ästhetik des Widerstands* zu reden und hier in Bremen von Peter Weiss zu sprechen, der heute hier sein sollte, aber leider nicht mehr hier ist. Denn – um ihn nochmals zu zitieren – dieser Widerstand ist und bleibt einer der *Arbeitspunkte eines Autors in der geteilten Welt*. Ich habe am ersten Tag dieses Jahres 1983 ein Gedicht darüber geschrieben:

Ça ira

für Peter Weiss

Die Verbrechen von gestern haben
die Gedenktage
an die Verbrechen von vorgestern
abgeschafft

Angesichts der Verbrechen von heute
machen wir uns zu schaffen
mit den Gedenktagen
an die Verbrechen von gestern

Die Verbrechen von morgen
werden uns Heutige
abschaffen
ohne Gedenktage
wenn wir sie nicht
verhindern

Eigentlich hätte ich mich in dieser Rede heute viel lieber mit Literatur im engeren Sinne befaßt, vielleicht mit der Unvermeidlichkeit des Häßlichen in der heutigen Dichtung, aber auch mit seinen Gefahren, mit den Grenzen seiner Berechtigung, mit der Sehnsucht nach Schönheit. – Oder mit den Versuchen der Phantasie, die Wirklichkeit oder die Wahrheit einzuholen. Oder – gerade hier in Bremen heute an seinem Geburtstag – mit Rudolf Alexander Schröders Versen:

Reichtum ist in jedem Ding.
Auch ein verdorrtes Blatt dünkt königlich,
wenn über ihm sich Liebe neigt.
Nur ohne Liebe wäre die Welt gering.

Auch ich schreibe ja nicht nur Politisches, sondern Liebesgedichte und Verse und Prosa über Leben und Sterben und über die geringfügigsten Dinge dieses Lebens. Aber vielleicht ist es auch gerade diese Liebe, ohne die die Welt gering wäre, die uns zwingt, heute soviel von unserem Leben mit Politik zu vertun, und die mich gezwungen hat, hier den größten Teil meiner Redezeit der geringen Hoffnung zu opfern, daß man durch Worte vielleicht doch etwas ändern kann – einer Hoffnung, die ja gerade auch Dichtern und Schriftstellern nicht unwichtig ist. Denn die Untaten, die wir in unseren Staaten heute vorbereiten, sind im Grunde ungleich größer als die Untaten, die die von allen guten Geistern verlassenen Unglücksmenschen im Deutschen Reich vor 50 Jahren vorzubereiten begannen. Unendlich größer, auch wenn nur selten offen von einem Erstschlag die Rede ist, sondern meistens – wie damals – nur von Verteidigung, von Abwehr, und auch, wenn heutzutage manche Politiker zu gewissen Zeiten Kreide fressen und während des Weiterrüstens ihre Friedensliebe beteuern, vielleicht um ihre Wähler zu beschwichtigen. Auch damit dürfen wir uns nicht abfinden, auch daran dürfen wir uns nicht gewöhnen, denn Dichter oder Schriftsteller sein ist in erster Linie *nicht* eine *literarische* Betätigung, obwohl wir natürlich lernen und wissen müssen, wie unsere Vorgänger und Mitmenschen ihre Gedanken, Gefühle und Phantasien in Worte zu fassen suchten. Dichter und Schriftsteller sein soll in erster Linie auch nicht eine politische Betätigung sein oder gar eine parteipolitische, sondern – wie jede künstlerische Tätigkeit – der Widerstand gegen Entfremdung, gegen Abstumpfung, gegen Fühllosigkeit für das, was wir einander tun, und gegen Gedankenlosigkeit, auch im eigenen Kreis, auch bei uns selbst.

Ich danke Ihnen.

1983

Mein Gedächtnis ist mein Körper

Rezension: Anne Dudens Erzählungen, Mai 1983

Ein halbwegs gewissenhafter Rezensent liest ein Buch, liest es wirklich, von der ersten bis zur letzten Seite, läßt es sich durch den Kopf gehen, bespricht es vielleicht mit ein, zwei Menschen seines Vertrauens (oder liest andere Rezensionen). Dann schreibt er möglichst bald seine eigene, ehe er das Buch zu vergessen beginnt.

Mit diesem Buch aber habe ich schon geraume Zeit gelebt, es schon gut gekannt, bevor ich wußte, daß ich darüber schreiben sollte, und ich habe es, weil ich es für außerordentlich wichtig und gut halte, einigen Menschen zu lesen gegeben, in der Absicht, ihnen damit zu helfen. Das gelang auch. Dennoch war ich ziemlich ratlos, als ich es plötzlich besprechen sollte.

Wie bespricht man in der eigenen Sprache, auch wenn man sonst glaubt, Eindrücke und Gedanken halbwegs formulieren zu können, etwas, was Sprachessenz ist, gebrannte Sprache, brennende Sprache?

Eine Stelle in dem Buch liest sich so: *Was da geschieht, dahin reicht kein Erleben und keine Sprache. Da müßte der zerfetzte Raum schon selber sprechen. Nach dieser Art von Gewalt bleibt aber nichts mehr zu sagen.* Diese Feststellung der Autorin stimmt so genau wie alle ihre Feststellungen. (Die ungenauen sind nur genaue Darstellung des Versinkens in Dämmerzustände, des Auftauchens in Bewußtlosigkeit oder Wahn.)

Acht Geschichten, wenn es Geschichten sind und wenn es acht sind, nicht in Wirklichkeit nur eine, die immer gleiche, immer andere Geschichte eines Menschen, einer Frau, stillstehend, dann wieder springend, dann wieder gequält und qualvoll langsam, immer unerträglich spannend. Die mittlere Geschichte, *Übergang*, die dem Buch seinen Titel gibt, ist die längste. Ein Überfall auf eine junge Frau, seine Sinnlosigkeit, ihre Verwundung, ihr Zustand, die Behandlung im Krankenhaus, die zwar die Heilung will, vor allem aber kühle Verwaltung der Wunde und der Verwundeten ist, also Echo der ihr angetanen Gewalt; die Ungleichgewichtszustände zwischen Unheil und Heilung, die Fragwürdigkeit des Genesens einer Frau in dieser Welt.

Die ersten Worte auf der ersten Seite des Buches: *Ich bin ständig auf der Flucht vor anderen Menschen. Sie haben nur eins im Sinn: mich auszubeuten oder umzubringen.*

Die ersten Worte auf der letzten Seite: *Mein Gedächtnis ist mein Körper. Mein Körper ist löchrig. Das einzige, was nicht durch seine Maschen fällt, ist Liebe und Qual.*

Was geschildert wird, ist, was einer Frau geschieht und was *in* ihr geschieht, körperlich und seelisch, vieles von diesem Geschehen untrennbar zu Deutschland gehörend. Ein Kritiker in der Schweiz hat gesagt, daß dieses Buch, dessen Wert er betont, einen das Fürchten lehren kann. Das ist so wahr, daß auch das Gegenteil wahr ist: Das Buch kann einen die Angst, die man meist zu vermeiden sucht, so gut kennen lehren, daß man mit seiner Hilfe vielleicht lernen kann, sich wenigstens zuweilen von Angst – oder einem Teil der Angst – zu befreien oder doch Abstand zu ihr zu gewinnen, wenn das in unserer Zivilisation für einen bei Bewußtsein befindlichen Menschen überhaupt noch möglich ist. Schon dies allein macht Anne Dudens *Übergang* zu einem großen Buch, das nur erträglich scheint, solange man in Büchern bloß Zerstreuung sucht, andernfalls aber, ähnlich wie Franz Kafkas Erzählungen oder Hölderlins Gedichte um 1800, gerade dem von Verzweiflung bedrohten Leser neue Kraft geben kann. Es stimmt nämlich nicht, daß der wirklich Betrübte Aufheiterung braucht. Er braucht etwas, worin er sich wiederfindet, was ihm wenigstens die Berechtigung und Würde seiner Betrübnis versichern kann. So habe ich Anne Dudens Buch bei zwei Frauen und einem Mann angewendet, und nicht vergebens.

Ein politisches Buch, ohne politisch zu sein, ein weiblich-emanzipatorisches, ohne feministisch zu sein, ein Buch voller Schönheit, weil die vielen schneidend geschilderten Häßlichkeiten ein einziger Protest gegen das Häßliche sind, ein Aufruf zur Gegenwehr gegen eine Umwelt, die so in einen Menschen eindringt, als Gewalt, als Angst vor der Gewalt, als Angst vor der Angst, als Angst vor der Häßlichkeit, die von der häßlichen Gewalt erzeugt wird. Wo das Buch dennoch fast unerträglich wird, muß es so sein, weil die Welt so ist.

Christa Wolf zitiert in ihren Frankfurter Poesie-Vorlesungen zu ihrer Erzählung *Kassandra* ihre Tagebuchnotiz vom 22. Februar 1981: *Die Nachrichten beider Seiten bombardieren uns mit der Notwendigkeit von Kriegsvorbereitungen, die auf beiden Seiten Verteidigungsvorbereitungen heißen. Sich den wirklichen Zustand der Welt vor Augen zu halten, ist psychisch unerträglich.* So wie dies Christa Wolf in ihrer Erzählung dennoch versucht, nimmt auch Anne Duden diese Konfrontation auf sich, noch unmittelbarer, noch schärfer als Christa Wolfs *Kassandra,* unverfremdet, heute, und meist im eigenen Land, im eigenen Milieu.

Immer wieder kann bei Anne Duden der Körper durch seine Leiden, durch seine wechselnden Zustände für die Seele einspringen. Aus den unscheinbaren Umständen einer alltäglichen Umgebung entsteht durch ein paar nur scheinbar ein wenig schnoddrig hingeworfene Worte, die manchmal auch überraschend schön sein können, etwas ganz und gar Unheimliches. Wenn wir schon in unserer Welt Angst leiden müssen, so hilft uns Anne Dudens präzise Schilderung doch, unser Recht auf Angst und unsere Menschenwürde als Geängstete verteidigen. Das Aufzählen von Sätzen, die nicht allein durch ihre Erkenntnisse, durch die von ihnen eröffneten Einblicke wirksam sind, sondern deren Sprache von den geballten Erkenntnissen gerüttelt und destilliert, manchmal auch scheinbar verunreinigt und dadurch paradoxerweise höchst rein geworden ist, könnte leicht den ganzen Raum dieser Rezension füllen. So wie ein klarer, weit ausholender Gedankengang einem zuweilen nicht nur Einsicht, sondern zugleich ein Gefühl von Reinheit, Schönheit geben kann, kann das die Sprache Anne Dudens, die das unermeßliche Grauen, das sie beschreibt, zuweilen dennoch durchmißt und auf seiner anderen Seite auftaucht. Das ist der Trost, den gerade die vermeintlich trostlose Literatur dem Untröstbaren noch geben kann.

Nicht, als hätte Anne Duden sich hier *freigeschrieben* oder auch nur gehofft, sich freizuschreiben. Jeder Erfolg im Kampf gegen äußere und innere Bedrängnis wird verwendet, um diese noch genauer sehen und beschreiben zu können. Das hat allerdings etwas von den alten magischen Lehren, daß ein Dämon, den man bei seinem wahren Namen zu nennen vermag, einen nicht mehr in Bann schlagen kann, sondern selbst gebannt und gebändigt ist. Zur Freiheit bleibt da freilich in unserer Zivilisation immer noch ein zum Verzweifeln langer Weg. Der Trost, den Anne Dudens *Übergang* geben kann, ist kein billiger, sondern ein überaus teuer erkaufter. Es ist kein Buch, das die Autorin schreiben konnte, sondern etwas, was sie offenbar schreiben mußte und was dadurch auch zu einem Buch wurde, das sein muß.

Die Ängste, sogar die der Ichperson in der ersten Geschichte *Das Landhaus*, sind nur scheinbar höchst individuelle Ängste. In Wirklichkeit sind sie gar nicht weit hergeholt, sondern die Ängste, die uns ganz nahe sind, die uns holen wollen, denen wir zu oft auf eigene Gefahr ausweichen, bis es zu spät ist, statt uns ihnen zu stellen, statt etwas zu verändern, um uns Luft zu machen, um auch in Zukunft noch leben zu können.

1983

Warum und zu welchem Ende betreiben wir Kulturzerstörung?

Rede, Mai 1983, 10. Römerberggespräche, Frankfurt/Main

Vor etwas mehr als fünfzehn Jahren hat in Horst Bingels Frankfurter *Streit-Zeit-Schrift* der damalige Generalstaatsanwalt Fritz Bauer davon gesprochen, daß Mitglieder von Bundeswehr oder Polizei, wenn sie in der Bundesrepublik im Dienst Zivilisten erschießen, ähnlich straflos davonkommen wie das Lagerpersonal von Auschwitz; in diesem Zusammenhang heißt es:

Die Würde des Menschen, die das Grundgesetz für unantastbar erklärt, meint zwangsläufig zunächst das Recht auf Leben, ohne das die übrigen Rechte Schall und Rauch blieben.

Ich schicke diesen Satz voraus, weil wir heute, wenn wir von Kulturzerstörung sprechen, zwar an die Zeiten vor fünfzig Jahren denken, jedoch angesichts der von einer allumfassenden Zerstörung so unendlich bedrohten Situation müßten wir uns in *jedem* Augenblick ihrer bewußt sein. Wir als Angehörige europäischer Zivilisationen haben nicht nur die Kultur der halben Welt in anderen Erdteilen zerstört, wir betreiben jetzt auf verschiedene Weise auch unsere eigene Zerstörung oder treiben doch die Gefahren unserer eigenen Zerstörung voran. Eine unserer wesentlichsten Aufgaben besteht darin, hiervon nicht zu abstrahieren, obwohl es gute Gründe dafür gibt: Angst, das Gefühl der Machtlosigkeit usw. Wir dürfen uns aber nicht an das gewöhnen, was wir tun. Nur dadurch, daß wir uns nicht daran gewöhnen, können wir das Problematische unseres Tuns überhaupt erkennen; es wird uns sonst nicht mehr auffallen. Ich habe das einmal in einem Gedicht mit dem Titel *Entwöhnung* zu formulieren versucht:

Ich soll nicht morden
ich soll nicht verraten
Das weiß ich.

Ich muß noch ein Drittes lernen:
Ich soll mich nicht gewöhnen

Denn wenn ich mich gewöhne
verrate ich
die die sich nicht gewöhnen

Denn wenn ich mich gewöhne
morde ich
die die sich nicht gewöhnen
an das Verraten
und an das Morden
und an das Sich-gewöhnen.

Wenn ich mich auch nur an den Anfang gewöhne
fange ich an mich an das Ende zu gewöhnen.

Das Sichgewöhnen kann viele verschiedene Formen haben. Ein persönlich völlig integrer deutscher Polizeibeamter hat einmal gesagt, der Bundesbürger wird sich an den Anblick von Polizisten mit Maschinenpistolen gewöhnen müssen. Auch damit macht man sich mitschuldig an Kulturzerstörung. Der Bundesbürger hat sich in der Tat sehr viel leichter daran gewöhnt als z. B. Engländer in England (*nicht* in Irland!) oder Dänen oder Holländer. Wir haben die entsprechenden Sprachregelungen vorgenommen. Der gezielte polizeiliche Todesschuß, den die *Frankfurter Rundschau* – als sie das noch gewagt hat – *Hinrichtung auf der Straße* nannte, ist im neuen Gesetzentwurf einiger CDU- und CSU-gelenkter Bundesländer umbenannt worden und heißt jetzt *finaler Rettungsschuß.* Diese Benennung hat sicherlich auch die Aktionsschwelle bei Polizisten heruntergesetzt, und Täter oder mutmaßliche Täter wurden häufiger erschossen. Einer der letzten Fälle war der Junge im bayerischen Gauting.

Die Folgen solcher Sprachregelungen kennen wir, wir kennen sie auch aus der Politik, als Menschen, die Ansichten vertraten, die man nicht teilte, sogleich als Extremisten bezeichnet wurden. Linke beispielsweise wurden zu Ultralinken, Ultralinke zu Terroristen oder dergleichen, und sie wurden dann z. T. wirkliche Terroristen.

Ich möchte andere Beispiele aus der Praxis der Bundesrepublik nennen, die viel zu wenigen auffallen, die aber zeigen, in welchem Maß wir an der Entfremdung teilhaben und an dem Stumpfwerden für das, was wir einander antun. Eine Frau, die in einem Extremzustand ihre zwei kleinen Kinder umgebracht hat, wurde vor wenigen Tagen zu jahrelanger Haft verurteilt – ich glaube zu

14 Jahren; und dann, nach diesen 14 Kerkerjahren, soll sie in eine psychiatrische Anstalt eingewiesen werden. Der Gedanke, einen Menschen jahrelang einzusperren und dann erst, was von ihm übrigbleibt, zwangsweise zur psychiatrischen Behandlung einzuweisen, ist grotesk! Wer daran nichts Besonderes findet, der kann sehr vieles ertragen, tendenziell wahrscheinlich sogar die Einführung von Gaskammern, zunächst für Schwerverbrecher, so wie in einigen amerikanischen Bundesstaaten, in deren Gaskammern sowohl für das körperliche wie für das seelische Wohl des zu Vertilgenden Sorge getragen ist. Für das körperliche Wohl, indem man ihm sagt: *Wenn Sie Ihre Qualen verkürzen wollen, atmen Sie tief ein.* Und für das seelische, indem man sagt: *Wende dich Gott zu, dann wird auch Er sich dir zuwenden.* So jedenfalls lauten die beiden Inschriften in den Gaskammern dort. Wenn Psychiater in einem Land, das auf diese verbrecherische Weise Urteile fällt, noch mitzuarbeiten bereit sind und nicht dagegen protestieren, wenn ihnen ein Patient nach solcher Vorbereitung zugeführt wird, machen sie sich ebenfalls mitschuldig.

Von der Bücherverbrennung sind wir nicht ungeheuer weit entfernt. Ich darf daran erinnern, daß der Bayerische Kultusminister, der auch einmal anläßlich der Römerberggespräche hier stand, angeordnet hat, daß Gedichte von Wolf Biermann und von mir aus Schulbüchern verschwinden. Schulbücher, die dann veraltet sind, weil sie die verbotenen Gedichte enthalten, werden natürlich auch verbrannt oder makuliert.

In Hildesheim wurde ein junger Kriegsdienst-Totalverweigerer gefangen gehalten, und als seine Mutter ihm Bücher von Heinrich Mann und Heinrich Heine und Alfred Döblin brachte, erhielt sie vom dortigen Richter den Bescheid, daß der Sohn diese Bücher nicht lesen dürfe, das sei Terroristenliteratur. Auch dieses Verbot steht dem Bücherverbrennen viel näher, als mancher denkt. Wir haben also keinen Grund, uns sehr zufrieden zu fühlen mit der Entwicklung unserer Zivilisation seit damals. Wenn man dafür den Ausdruck *Kultur* verwenden will, dann sicherlich nur wertfrei.

Auch in der Bekämpfung der Nazis wurden Kulturtaten vollbracht, die sich sehen lassen können. Ich fand es z. B. nach dem Krieg abscheulich – ganz abgesehen davon, daß ich die Todesstrafe überhaupt barbarisch finde –, daß 1946 in Deutschland Ribbentrop hingerichtet wurde, und zwar unter der Anklage des Verbrechens der *Vorbereitung eines Angriffskrieges und wegen Verbrechen gegen die Menschlichkeit*. Ribbentrop war ein unsympathischer Nazi, war Außenminister Hitlers und Spitzendiplomat des Dritten Reiches. Ob aber ein Mensch dafür, selbst wenn man die Todesstrafe befürwortet, hingerichtet werden soll, ist eine offene Frage. Daß man aber hingerichtet wird unter einem Paragraphen, der erst lange Jahre nach der Straftat formuliert worden ist, das ist schändlich schlechte Justiz und nicht Gerechtigkeit. Deswegen glaube ich auch, daß eine Justiz, wie sie von den Alliierten geübt wurde, später den Protestbewegungen der törichten Neonazis geholfen hat. Aber inzwischen wissen wir es ja genauer, seit der Rechtsprechung des internationalen Gerichtshofes: Für so etwas wird man zum Tode verurteilt. In welcher Situation sind aber nun unsere Regierungsmitglieder, Kriegsminister (Verzeihung: Verteidigungsminister!), Stabsoffiziere, NATO-Offiziere, aber auch die vielen Leute, die das alles polizeilich oder finanziell absichern, die direkt oder indirekt teilnehmen an der Vorbereitung von atomarer Rüstung und Erstschlag? Hier nicht von Vorbereitungshandlungen zur Kulturzerstörung zu sprechen, wäre schon deshalb falsch, weil man von der Definition Fritz Bauers schlechterdings nicht loskommen kann. Denn mit der Zerstörung allen Lebens ist auch die totale Kulturzerstörung gewährleistet.

Welchen Formen und welchen Gefahren der Kulturzerstörung sehen wir uns also gegenüber? Die eine ist Kulturzerstörung durch Vernichtung, dank der Entwicklung unserer Destruktivkräfte. Es sind dies noch nie dagewesene Vernichtungsmöglichkeiten. Zweitens: Kulturzerstörung durch Gewöhnung, durch Gewöhnung an Unrecht, an Unterdrückung, an Lüge, an Heuchelei, wozu auch die entsprechenden Sprachregelungen gehören, auch jene Tabuisierung, die verbietet, z. B. Regierungsmitglieder als das zu bezeichnen, was sie sind. Ich meine damit nicht unbedingt nur die jeweils eigene Regierung. Ich denke an Mitglieder der derzeitigen amerikanischen Regierung; würde man sie als *Verbrecher* bezeichnen, wäre dies eine Beleidigung für alle vergleichsweise doch ungefährlichen zünftigen Verbrecher. Das soll nicht heißen, daß die Atompolitik der anderen Seite löblich sei und nur dem Frieden diene; aber die Amerikaner sind in der Offensive, weil sie stärker sind.

Das dritte, was diese Art der Kulturzerstörung überhaupt erst zur übergroßen Gefahr macht, ist die Lähmung bei denen, die in Wirklichkeit sehr wohl wissen (wie in diesem Land fast alle!), daß sie Opfer einer solchen Zerstörungsorgie würden. Die Lähmung aber verwandelt auch den Citoyen, den mit Initiative begabten mündigen Bürger, wieder zum Untertan und zum einsetzbaren Staatseigentum, und nicht nur durch Terrorisierung durch Behörden oder Besserwisserei stark überbewerteter offizieller Experten, sondern durch Faktoren, die etwas komplizierter sind. Z. B. scheint es durchaus logisch zu sein, den Atomkrieg dem Tod gleichzusetzen; und die meisten Menschen gebrauchen auch dieser Bedrohung gegenüber, der sich unsere ganze Kultur ausgesetzt sieht, dasselbe Verhaltensmuster für den Atomkrieg, das sie für ihren eigenen Tod gefunden haben. Sie glauben: Dagegen kann man ohnehin nichts machen, das ist unvermeidlich; darum ist es am besten, die Gefahr zu verdrängen und nicht daran zu denken. Das ist aber eine höchst unangemessene Art, sich auf den eigenen Tod vorzubereiten.

Auf solche Weise wird aber die am natürlichen Lebensende wirklich unvermeidbare Katastrophe des individuellen Todes verwechselt mit der prinzipiell vermeidbaren gesellschaftlichen Katastrophe des Atomkrieges, bei der man, wie uns ein obrigkeitstreuer deutscher Mediziner in einer Ärztezeitschrift zu beruhigen versuchte, jedoch auch nur einmal sterben könne. Jener Arzt verschweigt aber, daß man sterben muß, ohne vorher sein Leben ganz gelebt zu haben und ohne daß das Leben der übrigen weitergeht. Eine weitere Möglichkeit ist jene, daß Menschen in ihrer Widerstandsfähigkeit gegen die endgültige Vernichtung dadurch gelähmt sind, daß sie sich anderen zerstörenden Wesenszügen dieser Zivilisation gegenüber hilflos fühlen. Viele Menschen haben Angst, im Alter ins Altersheim oder in die Greisensäle eines Krankenhauses abgeschoben zu werden; sie finden einen halbbewußten Trost darin, weil sie vorher, zusammen mit allen anderen – auch den beneideten Jüngeren – in die Luft gesprengt werden. Eine solche Hoffnung, die sich natürlich nicht bei allen alternden Menschen findet, besonders bei denen nicht, die Kinder oder Enkelkinder haben, ist keineswegs wirklich bewußt und muß erst durch psychologische Befragungstechniken aufgedeckt werden. Sie wirkt gleichwohl als Lähmung der Widerstandskraft gegen Atomkrieg und dessen Vorbereitung. Außerdem: Eine Zivilisation, die den Menschen Wirtschaftskrisen, Arbeitslosigkeit usw. als eine Art Naturkatastrophe vorgelogen und nicht als etwas von Menschen an Menschen Begangenes bewußt gemacht hat, ist eine gute Vorbereitung darauf, auch einen Atomkrieg als unabwendbare Naturkatastrophe zu erklären und als akute Bedrohung aus dem Bewußtsein zu verdrängen. Dabei ist er wirklich nicht unabwendbar.

Solche Ängste lassen sich nicht messen. Wir haben keine Kontrollgruppen, wir haben keine Bundesrepublik ohne atomare Gefahr. Aber ich kann mich erinnern, als 1945 – gegen Ende des Zweiten Weltkrieges – sich in London die Nachricht verbreitete, es werde keine V2-Raketen mehr geben, die bekanntlich ohne Warnung getötet haben und vor denen man nun nicht mehr 24 Stunden am Tag bewußt Angst haben mußte. Ganz London atmete auf, als es hieß: *Keine V2 mehr.* Es gäbe ein großes Aufatmen in dieser Bundesrepublik, nicht nur bei den Atomtodgegnern, auch bei ganz unpolitischen Menschen und sogar bei denen, die für Nachrüstung sind, wenn plötzlich bekannt würde, daß diese Gefahr nicht mehr existiert.

Ich glaube, daß die Verunsicherungen der Menschen heute nicht nur auf so relativ einfache Faktoren zurückzuführen sind. Jürgen Habermas hat sich kürzlich in einem Artikel mit dieser Problematik beschäftigt. Es ging ihm darum, Schwierigkeiten konservativer Kulturkritiker bei ihren Versuchen zu erklären, glaubhafte Werte zu postulieren; denn die Werte, an die sie glauben wollen und an die sie die Menschen aus erzieherischen Gründen und aus solchen der Verwaltbarkeit auch glauben machen wollen, würden in Wirklichkeit durch den Mechanismus der freien Marktwirtschaft immer wieder ihrer Basis beraubt und zerstört, so daß der Appell an diese Werte immer hilfloser gerate und zugleich immer verkrampfter erfolge. Das Unglaubhaftwerden solcher Werte durch den Betrieb derselben Kultur, deren *Träger* die Menschen diesen Werten verpflichten möchten, ist nur wieder die Grundlage für andere destruktive Prozesse, wie etwa die Drogensucht in ihren verschiedenen Formen, vom Heroin bis zu Alkohol und Pillen; das gilt auch für das Aussteigen hinüber zu gesellschaftlich extremen Gruppen, die keine wirkliche Chance haben, die Gesellschaft in ihrem Sinne zu verändern, die aber destruktiv und selbstdestruktiv wirken können, indem sie das kulturelle und humane Klima zwischen den Menschen weiter zerstören.

Entmenschlichung muß sich nicht nur in Formen des Sadismus äußern; Entmenschlichung kann auch durch Resignation, durch Beziehungskälte, durch Verzweiflung entstehen und bedeutet eine viel größere Gefahr, die weit mehr Menschen in der Praxis ihrer gesellschaftlichen Tätigkeit bedroht. Ich glaube, daß die Feindbilder ebenso hierhergehören wie die Lieblosigkeit gegenüber Andersdenkenden und auch der heimliche Glaube, Feindesliebe sei eigentlich eine Idiotie. Feindesliebe ist natürlich *keine* Idiotie, vielmehr glaube ich, daß das Nichtannehmen von Aggressionen und das Weiterwirkenlassen jener humanen Eigenschaften, die im Laufe unserer Kulturgeschichte zu Inhalten unserer Seele geworden sind, die einzigen Möglichkeiten sind, aus einem Teufelskreis, auch einem Blutrachekreis herauszukommen. Ja, ich glaube, daß das Sichnichtgewöhnen an bestimmte Dinge eine Vorbedingung dafür ist, dem Klischeedenken, das ungeheuer gefährlich ist, weil es uns allzu lenkbar und verführbar macht, keinen Vorschub zu leisten. Ich glaube ferner, daß ein Sichnichtgewöhnen der Menschen an unsere Zivilisation, eine nicht übermäßige Loyalität zu dieser Zivilisation deshalb sehr wichtig ist, weil Loyalität als Denkhemmung fungieren kann, wenn Dinge auftauchen, die dringend zu kritisieren sind.

Ich meine, wir müßten nicht nur mehr Demokratie wagen, sondern wir müßten auch weniger Staat wagen, aber nicht im Sinne mancher Politiker, daß die Gesellschaft sich ihren Verpflichtungen gegenüber den Schwächeren entzieht; ich verstehe darunter mehr Herrschaftsfreiheit. Ich bin der Ansicht, daß auch der Sozialismus erst dann wirklich genesen kann, wenn er Elemente des Anarchismus wieder in sich aufnimmt, von denen er teilweise schon durch Marx und Engels getrennt wurde. Natürlich wäre es dazu notwendig, in der Bundesrepublik die Gleichsetzung von Anarchismus und Baader-Meinhof-Gruppe, die ein grandioses Mißverständnis ist, ein für allemal zu beenden.

1983

Irrtum schafft Kälte
Kälte ruft Feuer

Rezension. Anne-Marie Salome Brenner: „Isolde im Winter", 11. November 1973

Ein kleiner Band mit 49 Gedichten, im Sommer 1983 völlig unbemerkt im Selbstverlag erschienen, von der Verfasserin, einer Mittzwanzigerin, naiv in neuere und ältere Gedichte eingeteilt, auf dem Umschlag ein selbstgemaltes Bild.

Ich habe noch nie ein im Selbstverlag erschienenes Buch rezensiert. Ich habe auch noch nie zuvor Gedichte, die ich rezensiere, als genial bezeichnet. Dies ist das erstemal.

In diesen Gedichten gibt es Schwächen, Unbeholfenheiten, Wiederholungen, sogar einen Titel *Es liegt so ein Zittern in den Bäumen.* Auf all das kommt es nicht an, und bei Trakl und Hölderlin gibt es auch mehr als genug Wiederholungen, Unbeholfenheiten, Unklarheiten, verschrobenes Pathos. Mit Trakl und Hölderlin hat Anne-Marie Brenner, die sich – ich glaube, aus Solidarität mit den ermordeten Juden – auch Salome nennt, irgend etwas gemein, nicht nur, weil sie diese Dichter liebt und an einer oder der anderen Stelle von ihnen beeinflußt ist. Die Querverbindungen sind tiefer, viele ihrer Gedichte sind auch, wie die Hölderlins und Trakls, Notschreie. Diese Rezension kann vielleicht ein wenig dazu beitragen, daß man sie rechtzeitig hört.

Man soll das nicht falsch verstehen. Nicht jeder Notschrei ist auch ein Gedicht, aber diese sind es. Für Rezensenten, die selbst Gedichte schreiben, gibt es ein fast untrügliches Kriterium: Wenn sie sehr viel dafür geben würden, ein Gedicht, das sie lesen, selbst geschrieben zu haben, dann loben sie es nicht nur aus Freundlichkeit. Ich würde bei sehr vielen dieser Gedichte sehr viel dafür geben, sie selbst geschrieben zu haben. Aber um diese Gedichte geschrieben zu haben, muß man wahrscheinlich eine Frau sein und muß das durchlitten haben, was sich aus den Versen Anne-Marie Salome Brenners erraten läßt.

Was ich von Unbeholfenheiten sagte, das stimmt nur manchmal, nicht in der Regel. Gleich das zweite Gedicht des Bandes *Moderne Zeiten* ist, wenn auch ohne die geringste Schulmäßigkeit, vollkommen strukturiert, und durchweg ist ein seltsames Zusammenspiel oder inniges Auseinanderklaffen von völlig Konventionellem und völlig Unkonventionellem so ungemein geglückt und beeindruckend, wie es nie sein könnte, wenn es gewollt und nicht gemußt wäre.

Vielleicht noch zwingender gebaut eines der nächsten Gedichte, *Eiszeit,* das so anfängt:

Vielleicht bleibt noch ein
hungriger Rest den die
Sonne verdorrt.

Kälte ruft Feuer.

Die Kinder spielen Entenfüttern
am Fluß
mit vertrocknetem Brot.

Die nächsten Zeilen verschmelzen Satzteile – nur im ersten Augenblick verwirrend – nach Art ungereimter Kettenreime:

Kalt im düsteren Nachtlicht
weht der Wind aus
zahllosen Mündern erstickten
Atem steht still über den Beton-
Wüsten liegen in Eis härtet
die Liebe zu Eisenorden für
eine neue Zeit verrinnt untätig
gedankenlos wird es Tag
für Tag an den Computern
für Unsinn als Gute und
Böse ordnen in oben und
Unten ist ein Graben
zwischen Arm und
Reich ist ein Wort für Haben ohne
Gefühl ist Irrtum schafft
Kälte.

Wenn man das laut liest, mit der winzigen Zäsur nach jeder Zeile, beginnt man zu verstehen. Dann, wie noch oft, kehren die Worte wieder: *Kälte ruft Feuer.* Dann wieder der Satz vom hungrigen Rest und der von den Kindern, die Entenfüttern spielen. Dazwischen aber, fast expressionistisch: *Steine befehlen Weltuntergang.*

Und nach den Worten vom Entenfüttern mit vertrocknetem Brot, plötzlich pathetisch: *Kalte Sonne wir / atmen den eisigen / Wind der dich / schuf.*

Als Kosmogonie zweifellos völlig falsch, als Teil einer Weltuntergangsvision, des Untergangs unserer einzigen Welt im Zusammenhang des langen Gedichtes, in dem alle diese Refrains noch mehrmals, verschieden gruppiert und mit geringen Veränderungen, vorkommen, völlig überzeugend.

Dann, ganz ohne gewollten poetischen Anspruch, die nächste Strophe:

Doch bevor
mein Mund kalt ist
und tot ist
und erstarrt ist zu Eis
ruft er noch.
Im Irrenhaus leben Menschen
die sagen
die Welt geht morgen unter
und sind Irre.
Und Menschen schreiben
die Wahrheit an die Mauern
bevor sie zerfallen
und sind Verbrecher
im Gefängnis.

Kein *poeta doctus* würde je diese ersten fünf Zeilen vom zu Eis erstarrten toten Mund schreiben. Kein *poeta doctus,* der das Irrenhaus nicht selbst erlebt hat, könnte den Rest der Strophe schreiben. Das Zusammentreffen dieser beiden Strophenteile ist mehr als ihre Summe. In den vorletzten drei Zeilen des Gedichtes geht es nicht mehr um Entenfüttern, aber die Variation ist winzig: *Wir spielen Kinderfüttern / am Fluß / mit vertrocknetem Brot.* Kein *poeta doctus* hätte diese Variation richtiger zuwege gebracht.

Es gibt einige Gedichte in dem Buch, die vor Atomraketen warnen, vor dem kommenden Krieg, oder die politische Verbrechen anklagen. Im Schreiben solcher Gedichte habe ich zwar viel mehr Erfahrung als die Verfasserin und vermeide fast alle Fehler, die ihr dabei ab und zu unterlaufen. Aber ich habe kaum je so unmittelbar zu Herzen gehende Verse zu diesen Themen zu schreiben vermocht wie sie, denn ich habe nur darüber geschrieben, oder kraft der Erinnerung an Leiden unter Hitler. Sie aber schreibt nicht darüber, sondern mitten aus dem Grauen heraus, das zu lange ihre Welt war und sie nicht losgelassen hat. Und ihre Gedichte, gerade weil sie nicht lehrhaft sein wollen, bringen uns bei, wie nahe verbrüdert und verschwistert die verschiedenen Arten des Grauens sind, die Lieblosigkeit von Eltern mit dem Wahnsinn, in den sie einen treiben, und mit dem Wahnsinn, in den wir alle uns treiben lassen, weil wir nicht gelernt haben, uns gegen die zu wehren, die man uns als unsere Väter und Mütter oder Landesväter oder Götter oder Führer oder Sachverständige als über allen Zweifel und alle Kritik erhaben dargestellt hat. Weil sie selber in ihrer Trauer sich noch nicht einmal zum nötigen Haß befreit hat, der erst durch Verstehen gemildert werden kann, ruft sie auch zu keinem Haß und zu keiner wohldefinierten Bewegung auf, aber desto schärfer schneiden sich ihre einzelnen Bilder, ihre einzelnen Entdeckungen in uns ein.

Dabei kann sie so originell sein, wie ich es bei keinem Dichter seit Dylan Thomas und einem der letzten Gedichte Ingeborg Bachmanns gesehen habe. Etwa in einem Gedicht mit dem langen Titel: *Auf einem Felsen stand eine Frau mit schwarzen Haaren. In ihren Augen flackerten Kerzen. Sie trug ein tiefes Gewand.* Ich habe Widerstände gegen derartige Titel, aber mein Widerstand wurde dann durch Verse wie die folgenden überwunden: *Diese Mauern führen über Täler. / Im Regenbogen tanzen die Steine der Nacht. / Die Felder zogen Wellen an Land. / Komm rette mich! / Ich will getrunken werden.* – Das Gedicht endet mit den Zeilen: *Schlaf, schlaf. / Deine Bäume brechen / durch meinen Tod.*

Ich habe schon oft gesehen, daß Dichter mißbrauchte Worte wieder retten konnten. Ich habe aber noch nie Gedichte gesehen, in denen auch mißbrauchte Empfindungen, die wir schon an den Kitsch verloren meinten (ohne je wirklich genau zu wissen, was das ist), gerettet werden können wie in diesen eben so schönen wie entsetzten und entsetzlichen Versen des Bandes von Anne-Marie Salome Brenner.

Ein Gedicht, das Rilke gewidmet ist und an dessen *Stundenbuch* anklingt (ja, an das *Stundenbuch,* nicht etwa an die späten Gedichte oder an die Elegien), fragt, so daß es zuerst fast wie wehmütige Idyllensuche klingt, nach einer goldenen Schale. Das Ende des Gedichtes, das die Frage wiederholt, lautet so:

Wo aber steht die goldene Schale,
die allen Schmerz auffängt
und allen Haß in Liebe

und alle Lüge in Wahrheit
und alle Tränen in Freude
und alles Fremdland in Heimat
und alle Gefangenschaft in Freiheit
und alle Staubgebilde in Menschen
verwandelt.

Muß ja nicht golden sein.
Muß auffangen nur, muß lindern nur.
Muß nicht einmal heilen.
Nur sein.

Am Anfang dieses Gedichtes, das *Halbwelt* heißt, stand die Frage.

Wo aber steht,
wenn es Abend wird,
die goldene Schale,
um alles Blut aufzufangen und allen Schmerz,
der über die Stufen schmilzt.
Denn Wunden, Tag an Tag,
in Türme und Häuser geschlagen,
schließen sich lange nicht mehr...

In den letzten vier Zeilen des Gedichtes aber (*Muß ja nicht golden sein...)* werden all die erträumten Eigenschaften dieser goldenen Wunschschale zurückgenommen. Es ist diese Zurücknahme, die, indem sie auf alles verzichtet, zugleich gar nichts zurücknimmt, durch die das ganze Gedicht gerettet und unvergeßlich wird.

Der Gedichtband enthält auch mißglückte Gedichte, aber viel mehr unvergeßliche. Zu dem, was ich lange nicht vergessen werde, gehören die letzten zwei Strophen des kurzen Gedichtes über die Heimatstadt der Dichterin, Tübingen:

auch hallen
die Schritte des Einsamen noch
am Fluß der sich schmerzvoll
auftut unter der Brücke
und winkt was flieht

und emporsteigt
hinter dem Turm
kunterbunt auch die Nacht
tief in der
Stille.

Als deutschsprachiger Jude Deutschland heute sehen

Rede, 16. 9. 1984, Ostfriesische Hochschule Potshausen

Meine Damen und Herren, liebe Freunde und Gegner!

Was man sieht, das hängt bekanntlich nicht nur vom Objekt ab, sondern auch vom Beobachter. Daher einige Worte über mich, denn ich kann natürlich nur kurz einige meiner eigenen Beobachtungen und Eindrücke und einige daran anknüpfende Gedanken zu Sprache bringen, und die sind individuell, nicht allgemeingültig. Den deutschsprachigen Durchschnittsjuden oder Normaljuden, der über das Gesehene referieren könnte, gibt es ohnehin nicht.

Also, ich bin Wiener, aus einem sogenannten liberalen und assimilierten Elternhaus, das von jüdischen Bräuchen und jüdischer Tradition sehr wenig wußte. Auf mein Judentum bin ich eigentlich erst mit sechs Jahren durch Mitschüler aufmerksam geworden, die uns zuriefen:

Jud, Jud
spuck in' Hut!
Sag der Mutter, das ist gut!

und durch schon seit einem Jahr an der Schule befindliche jüdische Mitschüler, die antworteten:

Christ, Christ
Spuck am Mist!
Sag der Mutter, daß sie's frißt!

(worauf die Extremisten der beiden Gruppen sich natürlich prügelten). Danach interessierte mich lebhaft, was ich da eigentlich sei. Meine Eltern spotteten über meinen Leseeifer und mein Interesse für jüdische Bräuche und Religion und nannten mich *Rabbi*. Aber mein Glaubenseifer, wenn auch nie mein Interesse an jüdischer Geschichte und jüdischen Traditionen, erlosch etwa zwei Jahre später. Geprügelt habe ich mich nie, auch keine Spottverse gerufen, aber wenn jemand mir sagte *Jud* oder *Saujud*, sagte ich: »Ja, ich bin ein Jude, und bin stolz, einer zu sein.« Das war natürlich einerseits Unsinn, denn es war ja kein Verdienst und keine Leistung, aber als Antwort auf antisemitische Bemerkungen war es jedenfalls besser, als wenn ich mich meines Judentums geschämt hätte. Von einigen Seiten hörte ich: »Jeder Goi ist ein Feind«, aber unser Schullehrer Franz Ederer und andere nichtjüdische Erwachsene und Kinder lieferten den Gegenbeweis, auch wenn Mitschüler nach dem katholischen Religionsunterricht immer anfingen, wir hätten Christus gekreuzigt, und die Wahlpropaganda der Christlichsozialen, des Schoberblocks und der Heimwehr es an antisemitischen Sprüchen und Versen nicht fehlen ließ.

Ich war in die *Hakoah,* einen zionistischen Turnverein eingetreten, las aber dann mit neun und zehn Jahren – ich hatte sehr früh systematisch zu lesen begonnen – Herzls *Judenstaat*, verschiedene Reden Nordaus und Bubers eben erst erschienene Schrift *Kampf um Israel.* Buber fand ich ungemein sympathisch, Herzl und Nordau vielfach abstoßend. Gar nicht nur politische Äußerungen, sondern zum Beispiel im *Judenstaat* Sätze wie diese: *Kämen wir beispielsweise in die Lage, ein Land von wilden Tieren zu säubern, würden wir es nicht in der Art der Europäer aus dem fünften Jahrhundert tun. Wir würden nicht einzeln mit Speer und Lanze gegen Bären ausziehen, sondern eine große fröhliche Jagd veranstalten, die Bestien zusammentreiben und eine Melinitbombe unter sie werfen.* Auch Herzls sehr gebrochenes Verhältnis zur Demokratie und Nordaus Rassismus mit umgekehrtem Vorzeichen gefielen mir überhaupt nicht. Wie man sich als Jude dem Zionismus zuwenden konnte, das verstand ich natürlich; die antisemitischen Äußerungen in Österreich machten mir das so einleuchtend, wie seinerzeit die Dreyfus-Affäre Herzl und Nordau motiviert hatten. Aber ebenso wurde mir klar, daß es im Zionismus verschiedene Strömungen gab. Wenn Buber, Ruppin, Borochow – oder, aus unserer Zeit, Nahum Goldmann – sich durchgesetzt hätten, hätte der Zionismus natürlich ganz anders ausgesehen. Da sie das leider nicht konnten, konnte ich bei allem Verständnis nicht dafür sein, und ich sehe heute Deutschland als nicht-zionistischer Jude. Einige von Ihnen werden das wissen. Daß ich deshalb ein Todfeind aller Zionisten sei oder das Geld von einem meiner Literaturpreise dem *Schwarzen September* geschenkt hätte, ist natürlich völliger Unsinn! Meine jüdische Identität sehe ich darin, daß meine entscheidenden Kinder- und Jugendjahre vom aufsteigenden und schließlich an die Macht gekommenen Hitlerfaschismus gezeichnet waren und daß ich deshalb Antisemitismus und Faschismus bekämpfe, wo immer ich sie treffe, aber prinzipiell auch jeden anderen Chauvinismus, jedes Diskriminieren zwischen Mensch und Mensch. Hinzu kommt natürlich liebevolles, zugleich aber auch kritisches Studieren aller spezifischen Kultureinflüsse, die mich geformt haben. Um so etwas sollten sich alle Menschen bemühen. Juden, Zigeuner, Deutsche, Österreicher, wer immer! In Polen wurde ich übrigens im zweiten Teil des Jahres 1967 und ich glaube auch noch im folgenden Jahr als *bekannter Zionist* angegriffen, aber das war dort damals nur ein Wort für Jude. Diese damalige schändliche Kampagne ist auch längst wieder vorbei, aber nicht der Schaden und das Elend, das sie angerichtet hat.

In diesem Zusammenhang vielleicht erwähnenswert, daß auf deutschem Boden, nämlich in der DDR, die dortige Partei, die SED, obwohl im allgemeinen wesentlich sturer, orthodoxer und weniger frei als etwa die ungarische kommunistische Partei, heute unter den Parteien im Ostblock meinem Eindruck nach doch den Antisemitismus konsequenter bekämpft hat als irgendeine andere Partei im Ostblock.

Genug über die Vergangenheit! Wie sehe ich Deutschland heute »als Jude«? Heute heißt natürlich nicht wirklich heute, sondern über die letzten Jahrzehnte hin, bis zum heutigen Tag. Ich sehe es nicht als Deutscher, ich bin britischer und österreichischer Staatsbürger, verbringe aber als deutschsprachiger Schriftsteller und politisch interessierter und engagierter Mensch jedes Jahr mindestens vier Monate in der Bundesrepublik, dazu kommen Aufenthalte in Österreich, in der Schweiz. Auch – recht selten – Besuche in Ostberlin und der DDR, wo ich wegen meiner Freundschaft mit Wolf Biermann, Havemann, Dutschke usw. drei oder vier Jahre lang nicht hinein durfte.

Natürlich gibts in Deutschland noch Antisemitismus. Er beschränkt sich nicht auf Neonazis oder die NDP. In manchen Gegenden, z. B. in den Dithmarschen, in Teilen Bayerns, aber auch in einigen Enklaven im Ruhrgebiet ist er nach wie vor endemisch, populär.

Allerdings muß ich sagen, in Österreich fand ich noch mehr offenen Antisemitismus als in Deutschland. Anfang dieses Jahres in Wien habe ich mit drei sehr schönen jüdischen Mädchen über ihre Erfahrungen gesprochen; eine war Kommunistin, eine andere gehörte der Neuen Linken an, eine dritte ist aktiv bei Amnesty International. Alle drei sprechen ohne irgendeinen »jüdischen« Akzent, sind in ihrem Verhalten, was man »unauffällig« nennen könnte, und alle drei haben unabhängig voneinander genau das gleiche erzählt: Daß man es als jüdisches Mädchen, wenn man Kontakte nicht nur innerhalb des jüdischen Kreises, der »Kille«, sucht, sehr schwer hat. Nichtjüdische junge Männer, mit denen sie Freundschaften angeknüpft hatten und die sie zu ihren Familien mitnahmen, bekamen nachher von ihren Eltern zu hören: »Du, das Judenmädel bringst aber nicht mehr!« In einem Fall sogar von Eltern, die sozialdemokratische Wähler waren. – Ich war darüber so empört, daß ich über das Schicksal der Amnesty-International-Anhängerin, die erst vor zehn Jahren aus Lateinamerika zurückgekehrt war, ein Gedicht geschrieben habe, das ich *Eine Frühheimkehrerin* nannte, eine Anspielung auf das Wort Spätheimkehrer, weil es offenbar zu früh war, um den Hitlerantisemitismus schon nicht mehr anzutreffen. Ich zitiere diese Verse hier, weil sie meine Einstellung sozusagen dokumentieren:

Eine Frühheimkehrerin

Judenkind
nach Europa zurückverschlagen
deine schwarzen Haare
ein Wald
von wachsenden Fahnen für Tote

Deine schwarzen Haare
ein Feld
von Rettungssignalen
die rufen nach Leben
im Land der Ermordeten
Die rufen nach Liebe
in den neu aufgebauten
Ruinen des Hasses –
nach Haß
in den Gebeinen der Liebe

Waches Leben du
in der Wohnung
die der Tod sich wieder bereitet
für sein nächstes Geburtstagsfest
und für seinen nächsten Schlaf

Nun, wie gesagt, ich bin überzeugt, daß der manifeste Antisemitismus in der Bundesrepublik heute und in den letzten fünfzehn bis zwanzig Jahren wesentlich geringer ist als etwa in Österreich, vielleicht sogar als in Teilen der deutschen Schweiz. Möglicherweise, weil manchen Leuten die Gaskammern doch die Freude am Antisemitismus ziemlich gründlich ausgetrieben haben. Ich kenne auch Leute, die als Jugendliche oder sogar noch mit 25 bis 27 Jahren Nazis waren, denen dann aber die Erkenntnis, was wirklich mit den Juden geschehen ist, eine derartige Erschütterung bedeutete, daß sie sich von Grund auf verläßlich geändert haben und dies auch aktiv durch ihre Tätigkeit bewiesen haben. – Der nicht manifest an die Oberfläche tretende, wohl aber latente Antisemitismus aber ist meines Erachtens noch viel weiter verbreitet, vor allem auch bei sogenannten »einfachen Leuten«. Natürlich kommt das derzeit nicht unbedingt in Ausdrücken über die Juden zur Geltung. Aber wer über die Türken, Jugoslawen und vor allem auch über die Zigeuner sein Maul wetzt, oder wer, wo es sich gar nicht um ethnische Minderheiten handelt, sondern um irgendwelche andere »mißliebige« Leute, laute Kinder oder eine Wohngemeinschaft, den Stoßseufzer ausstößt: »Adolf, wo bist du? Dein Land braucht dich!« oder sagt: »Unter Adolf hätte man kurzen Prozeß mit ihnen gemacht, und das hätte dem Steuerzahler viel Geld erspart«, der verrät, wes Geistes oder Ungeistes Kind er ist.

In einem seiner schönsten Gedichte, *An die Nachgeborenen,* sagt Bertolt Brecht: *Die Sprache verriet mich dem Schlächter*. Er meint die Sprache der Antinazis zu Hitlers Zeit. Heute ist es zum Glück manchmal umgekehrt: Der Schlächter verrät sich durch seine Sprache. Und als Jude, der den Holocaust überlebt hat, ist man natürlich hellhörig geworden. Der Mann, der wütend zu einem sagt: »Ach, dich hätte ich gern in meiner Kompanie gehabt!«, denkt wehmütig an seine Tätigkeit als Leuteschinder in der Wehrmacht oder Waffen-SS zurück. Und auch manche Leute, die nie Nazis waren und wahrscheinlich auch nicht Antisemiten, ich denke an Franz-Josef Strauß, gebrauchen manchmal Ausdrücke, die zwar nicht etwa eine verheimlichte Vergangenheit verraten (solche Denunziationsversuche sind politischen Gegnern gegenüber sehr beliebt, können aber höchst ungerecht sein), wohl aber eine Denkweise, die seinerzeit Menschen in den Hitlerfaschismus hineinschlittern ließ und heute nicht ungefährlicher geworden ist. Ich erinnere mich, wie Strauß, gerade fünfzig Jahre nach der Machtergreifung Hitlers, in Bayern eine Rede gegen entartete Kunst und dekadente Kulturvorstellungen hielt, die mit ganz wenigen Änderungen fünfzig Jahre älter hätte sein können. Und es gibt nicht nur geistige, sondern auch seelische Verhaltensweisen, die einem

Angst machen, zum Beispiel eine gewisse Art der völligen Enthemmtheit gegenüber politischen oder anderen Gegnern, die von der sogenannten »inneren Feinderklärung« geradewegs zur Vogelfreierklärung führt. Auch darin ging ein Mann wie Strauß, wenn man seine Bildung und Intelligenz bedenkt, verhältnismäßig weit. Aber potentielle Verrohungserscheinungen, dadurch, daß einmal in einem Kulturkreis menschliche Tabus zerstört wurden, sind nicht Monopol der Rechten. Ich erinnere mich, wie mir in Berlin, als ich den Mord an Generalbundesanwalt Buback erwähnte, junge Leute, die sich für Linke hielten, zuriefen: *Das ist kein Mord, das ist eine Hinrichtung!* Allerdings gelang es mir, in den nächsten zwei Minuten meinen Zuhörern nicht nur klarzumachen, daß ich auch Hinrichtungen für Barbarei halte, sondern vor allem, daß eine Hinrichtung ohne Verhör, Beweisaufnahme, Anhören des Angeklagten, Verteidigung, Einspruchsmöglichkeit und Möglichkeit eines Gnadengesuchs eben nicht einmal eine Hinrichtung, sondern nur ein Mord ist. Einem Rudi Dutschke freilich wäre eine solche Vergröberung niemals geschehen. Dazu hatte er auch zuviel Feindesliebe.

Kurz, ich glaube, daß die psychischen Verwüstungen durch die Hitlerzeit, die dann durch den Kalten Krieg und durch die Greueltaten Stalins, die den Kalten Krieg natürlich äußerst förderten, nicht gerade günstige Heilungsbedingungen fanden, vielfach weiterdauern. Das wird durch Selbstgerechtigkeit unsererseits allerdings auch nicht besser. Wir sind von den Menschen in Deutschland keineswegs so verschieden, wie manche von uns glauben. Deutschland sehen, kann für einen heute lebenden Juden auch heißen, ganz unerwartet sich selbst im Spiegel sehen, oder in einem Zerrspiegel!

Verrohung gegenüber anderen Menschen, Gleichgültigkeit gegenüber ihrem Schicksal, verzerrende Schwarzweißmalerei, kalten Zynismus oder kleinliche Untertanenmentalität habe ich in Deutschland und Österreich gelegentlich auch bei Juden gefunden, gerade so ausgeprägt wie bei Nichtjuden. Freilich, es wäre ein Wunder, wenn ausgerechnet Juden durch eine krankmachende Zeit nicht auch angekränkelt worden wären.

Eine der unangenehmsten Überraschungen in dieser Hinsicht erlebte ich vor Jahren anläßlich der großen *Judaica*-Ausstellung in Köln. Ich versuchte herauszufinden, warum der durch die Nazis an den Juden begangene Massenmord durchaus nicht umfangreicher und eindringlicher dokumentiert war als die verschiedenen Judenverfolgungen am Ausgang des Mittelalters und zu Beginn der Neuzeit. Besonders störte es mich, daß die Vernichtung der Kölner Judengemeinde, über die es überaus viel Material gab, nicht ausreichend dokumentiert war. Ergebnis meiner Nachfragen war schließlich, daß Kölner Juden dagegen waren! Man solle nicht zuviel Aufhebens machen, das könne nur wieder die Antisemiten reizen. – Das Groteske daran war, daß das Herunterspielen der Genozidpolitik Hitlers bei Besuchern geeignet war, den Eindruck zu erwecken: »Nun, ja. Auch unter Hitler wurden die Juden verfolgt, aber nicht anders, als das schon immer der Fall war. Und wenn das immer so war, so wird schon was dran gewesen sein.«

Auf dieser Ausstellung jüdischen Lebens und Leidens durch die Jahrhunderte hindurch fehlten auch Belege über jüdische Räuber, obwohl der große Anteil von Juden an Räuberbanden früherer Jahrhunderte reich belegbar ist, unter anderem durch die hebräischen Worte der Gaunersprache. Die Veranstalter der Ausstellung sahen in den Räuberbanden einen Schandfleck der jüdischen Geschichte. Das ist natürlich nicht wahr. Die in den Ghettos elend unterdrückten jungen Juden, die meist nicht einmal Geld für die Kopfsteuer hatten, um heiraten zu dürfen, wurden von nichtjüdischen Vögten, aber oft auch von jüdischen Ghettobeamten tyrannisiert. Vergriff sich ein solcher gepeinigter Jude an einem seiner Quälgeister, so mußte er in die Wälder fliehen, um nicht hingerichtet zu werden. Diese jüdischen Räuber waren tapfere Kämpfer, lebten gar nicht so anders als der sagenhafte Robin Hood und seine Geächteten in England, teilten ihre Beute mit der armen Landbevölkerung, mit deren Töchtern sie auch zusammenlebten und Kinder zeugten. Als zur Hitlerzeit ein alter antisemitischer Professor alte Steckbriefe gegen jüdische Räuber in die Hand bekam und eine Arbeit veröffentlichen wollte, daß die Juden also schon immer Verbrecher gewesen seien, drohten die Nazis dem erstaunten alten Antisemiten im Fall der Veröffentlichung das KZ an. Daß in deutschen Bauernfamilien jahrzehntelang *Rassenschande* getrieben worden und das einfache Volk mit Juden verbündet war, das war den Nazis zuviel! Schade, daß die *Judaica*-Ausstellung nicht eine realistischere Moralauffassung der jüdischen Vergangenheit entwickelt hatte. Die Beispiele ließen sich fortsetzen! Auch, daß an der Kölner Widerstandsbewegung der *Edelweißpiraten* ein Jude beteiligt war, wurde wohlanständig verhehlt, denn die *Edelweißpiraten* waren noch nicht als Widerstandsbewegung anerkannt.

Immer wieder wurde ich von wohlmeinenden Juden in Deutschland gemahnt, als Jude solle man doch stillhalten und nicht anecken, auch nicht gegen faschistische Umtriebe protestieren: »Ich will nicht noch einmal emigrieren müssen oder erschlagen werden!« hieß es; dies lasse sich am besten vermeiden, wenn man sich kleinmache. »Haben wir nicht genug gelitten, was brauchst du dich um andere zu kümmern?«

Desto erfreulicher fand ich es immer, wenn Juden in Deutschland sich mit großer Entschiedenheit gegen die Verfolgung anderer Minderheiten gewendet haben. Besonders auch in Fällen, wo ich sonst mit dem Betreffenden keineswegs in allem übereinstimme. Zum Beispiel hat Herr Galinski in Berlin, dessen Meinungen ich gar nicht immer teile, mit großer Schärfe und Klarheit gegen die Zigeunerverfolgungen in Darmstadt und anderwärts protestiert und sehr deutlich gemacht, daß er sie für sehr verwandt mit den Judenverfolgungen hält. Das hat mich – und auch viele andere Juden, die sonst oft anderer Meinung sind als er – sehr gefreut. Ein anderes Dokument, das ich dann zuletzt noch vorlesen will, ist eine Erklärung von Berliner Juden, unter anderem von Leah Rosch, Prof. Ossip Flechtheim und Prof. Aschkenasi unterzeichnet, die auch dieses Eintreten für andere Minderheiten zeigt, allerdings auch bedenkliche Erscheinungen verharmlosenden Verhaltens gegenüber Antisemiten und Neonazis durch die Behörden aufzeigt und anprangert.

Als gebranntes Kind meiner Zeit habe ich mich sorgfältig informiert, ob diese Erklärung von Berliner Juden nicht hintergründigere Zwecke verfolgt, zum Beispiel von irgendeiner Partei ausgeht, die da ihr eigenes Süppchen kochen will. Aber das ist nicht der Fall. Da wird nicht mit verdeckten Karten gespielt.

Es gibt einen einzigen Satz aus dieser Erklärung, ich will aber vorwegnehmen, den einzigen, mit dem ich nicht übereinstimme. Er lautet: *Der deutsche Antisemitismus hat in der Zeit des »Wirtschaftswunders« als Philosemitismus überwintert. In der jetzigen Krise ist die philosemitische Tünche verblaßt, der alte unverfälschte Antisemitismus steht wieder ins Haus.*

Daran ist natürlich auch etwas Wahres . Mit der Wirtschaftskrise ist die Minoritätenfeindlichkeit wieder offener geworden, und auch ich halte den Philosemitismus für ein sehr doppelbödiges Phänomen, das wir hier noch erörtern müssen. Aber diese Erklärung macht es sich, ebenso wie seinerzeit Fassbinder, doch zu einfach, indem es Antisemitismus und Philosemitismus einander einfach gleichsetzt. Das müßte mir, als antiautoritärem Linksradikalen, wie man mich nicht ungerne etikettiert, eigentlich so recht in den Kram passen! Paßt mir aber nicht, weil es einfach ungerecht ist. Nehmen wir den bekannten Philosemitismus eines Mannes, gegen den ich politisch seit langem sehr viel habe, nämlich Axel Cäsar Springer. Ich halte die Folgen seines berühmten Philosemitismus gar nicht immer für segensreich. Aber ich glaube, zu behaupten, Springers Philosemitismus, seine Spenden für Israel usw. seien eine Spielart von Antisemitismus, das wäre einfach gewissenlose Verleumdung eines Menschen, mit dem man nicht übereinstimmt! Natürlich kann dieser Philosemitismus einem Kollektivschuldgefühl entstammen, aber Kollektivschuldgefühle haben bekanntlich die am deutlichsten, die selbst am wenigsten Schuld tragen, weil die anderen sie meist verdrängen müssen. Außerdem war es schon immer ein Unrecht, Kollektivschuld und Kollektivschuldgefühle, die ein sehr kompliziertes Syndrom sind, vielschichtig und ambivalent, zu behandeln, als handle es sich dabei um einen strafrechtlich zu erfassenden Tatbestand. Mit solchen Fehlern hat man aufstrebenden Neonazismen höchstens Vorschub geleistet.

Der Philosemitismus hat, mindestens bewußt, ungleich edlere Motive als der Antisemitismus. Seine Gefahr liegt natürlich unter anderem darin, daß er »den Juden« zu einem irgendwie anderen, andersartigen Menschen macht, ihn gewissermaßen mit einem positiven Judenstern versieht, aber doch mit einem Judenstern.

Bei Menschen, die sich geistig und seelisch in sich nicht gut auskennen, besteht aber bekanntlich immer die Gefahr, daß andersartig, fremdartig, auch sehr schnell feindlich, unheimlich heißt oder leicht heißen kann. Der Fall wird auch dadurch kompliziert, daß es natürlich viele Menschen mit antisemitischen Restbeständen gibt, z. B. von ihrer Kindheitserziehung her, über die sie sich gar nicht klar sein müssen, die sie auch entschieden abgelehnt haben können, etwa weil die furchtbare Judenvernichtung etwas um soviel Ärgeres war als ihre möglicherweise vorhandenen antijüdischen Vorbehalte, daß diese dadurch in den Schatten gestellt und ihnen verekelt wurden. Solche Menschen äußern sich etwa so: *Was immer man gegen die Juden haben mag, sie haben so Furchtbares erlitten, daß sie gerade bei uns Deutschen ein Recht auf positive Sonderbehandlung haben.* Das habe ich, ziemlich wörtlich, früher öfters gehört. Dagegen ist erstens einzuwenden, daß die Worte *Was immer man gegen die Juden haben mag* Vorurteile in Wirklichkeit einräumen und nicht ausräumen, zweitens daß *Sonderbehandlung* eben Sonderbehandlung ist und bleibt und leicht ins Gegenteil kippen kann, in die alte Sonderbehandlung nämlich! Das ist eines der Wahrheitselemente in der sonst zu weit gehenden Erklärung von Berliner Juden gegen den Philosemitismus. Die Folge eines solchen Philosemitismus ist dann die Einräumung einer Art seelischen Kreditkontos für *die Juden* oder *den Juden*, und ein Kreditkonto kann bekanntlich überzogen werden. Der Libanonkrieg zum Beispiel, oder das Massaker in den palästinensischen Flüchtlingslagern von Beirut, kann zur Folge haben, daß ein Philosemit dieser besonderen Spielart dann erklärt: »Jetzt langts aber! Lang genug hab ich den Juden alles mögliche zugute gehalten, aber das hilft alles nichts. Sie sind wirklich unmöglich!« Wohlgemerkt, eine solche Auseinandersetzung im Geiste – oder, genauer gesagt, wieder im Ungeist – findet nicht etwa mit der Politik des Likud statt, nicht mit Begin oder mit Sharon, berücksichtigt auch nicht, daß vierhunderttausend Juden in Israel gegen das Massaker von Sabra und Schatila demonstriert haben, was der Einwohnerzahl nach etwa fünf Millionen Deutschen entspräche, sondern für diesen Typ Philosemit haben »die Juden« als solche ihr Konto endgültig überzogen! Der muß dann nur etwa mit einem judenfeindlichen Saudi-Araber zusammentreffen, und der Judenhaß steht wieder auf festen Beinen.

Ein anderer Nachteil mancher Formen von Philosemitismus ist die Kritiklosigkeit. Nun gibt es viele Juden, ich habe schon mehrere getroffen, die sagen, ein Deutscher sei der letzte, der das Recht hat, Juden zu kritisieren. – Ich finde es zwar verständlich, wie ein emotioneller und nicht sehr denkfähiger Mensch nach allem, was geschehen ist, zu so einer Meinung kommen kann; aber sie ist grundfalsch! Wenn ich einem Menschen nämlich das Recht auf Kritik entziehe, entmündige und entmenschliche ich ihn. Wer mich nicht kritisieren kann, der kann mich natürlich auch nicht wirklich positiv schätzen. Und die Entfernung kritischen Denkens hilft allemal den Mächten der Finsternis, also letzten Endes direkt oder durch Umschlagen ins Gegenteil nach dem Prinzip *Jetzt langts aber* auch dem Faschismus und Antisemitismus.

Antisemitismus ist bekanntlich eigentlich ein falsches Wort. Auch die Palästinenser sind ja Semiten, und jene Deutschen, die sich jetzt nur um die Juden kümmern wollen und denen das Schicksal der Palästinenser aus lauter Philosemitismus ganz gleich ist, waren mir immer verdächtig. Denn in Wirklichkeit sind ja nicht nur die Juden, sondern gerade auch die Palästinenser Opfer des Hitlerfaschismus. Ohne die europäische Judenvertreibung und Judenvernichtung durch die Hitlerei könnten sich alle Rabbi Kahanes auf den Kopf stellen, aber die Voraussetzungen – rein zahlenmäßig – dafür, daß Palästinenser entwurzelt wurden, wären einfach nie gegeben gewesen! Daher müßten gerade deutsche Philosemiten sich auch um Palästinenser kümmern.

Nun waren die bundesdeutschen Wiedergutmachungszahlungen zwar für viele jüdische Menschen eine entscheidende Hilfe, aber auch diese hatten so etwas Philosemitisches im schlechten Sinne. Sie waren auch ein Manöver, mit dem man sich in der westlichen Welt wieder gesellschaftlich möglich machen konnte. Die Zigeuner, deren Angehörige ebenfalls vergast wurden, erhielten keine Wiedergutmachung, oder nur in seltensten Ausnahmsfällen. Außerdem wurde mit der einen Hand Wiedergutmachung ausbezahlt, mit der anderen ein Herr Globke in sein Amt zurückgewinkt.

Und später, als Kiesinger, ehemaliges Mitglied der NSDAP, Bundeskanzler werden sollte, wurde mit einem damals schon schwerkranken Sprecher der deutschen Juden, mit Karl Marx von der *Allgemeinen Zeitung der Juden in Deutschland,* den ich persönlich aus der englischen Emigration gut kannte, abgesprochen, dies sei nötig, um die Stimmen der alten Nazis bei der Wahl von den neuen Rechtsextremisten wegzuziehen, und Herr Kiesinger bedaure die Vergangenheit ja auch (was meines Wissens sogar stimmte), und man wäre für Duldung dieses Schrittes in der Öffentlichkeit auch bereit, entsprechend mehr Wiedergutmachung zu zahlen.

Ich hatte schon zur Zeit der Wiedereinsetzung Herrn Globkes einen Vers geschrieben:

Die Wiedergutmachung
kann auch eine Art sein
die Wiederschlechtmachung
wieder gut anzufangen.

Nun zu einer ganz anderen Spielart von Philosemitismus, der zum Beispiel mit dem gutgemeinten Philosemitismus eines Axel Springer nicht in einen Topf geworfen werden darf:

Nach dem Sechstagekrieg habe ich in Frankfurt am Main selbst gehört, wie Leute sich beim Essen und Trinken unterhalten haben: »Diese Juden, seht euch die nur an! Die haben wir unterschätzt. Das sind Wüstenfüchse! Die haben von Rommel gelernt! Die sind überhaupt zum Großteil ursprünglich aus Deutschland gekommen, natürlich: deutsche Muttersprache! Die sollen es diesen faulen, dreckigen arabischen Kameltreibern nur zeigen!« Und kein geringerer als der Kongo-Müller, alter Nazi und Söldnerführer im Kongo gegen Lumumba, hat an den *Spiegel* geschrieben, man dürfe sich nicht durch alte antisemitische Vorurteile beirren lassen; die Juden hätten den Muskowitern da einen schweren Schlag versetzt.

– Auf derartige verspätete Judenliebe, die aus den Juden am liebsten verkappte Wehrmachtsangehörige machen möchte und sie nachträglich für wehrwürdig erklären will, so daß sie sozusagen für Deutschland auf der Sinaihalbinsel nachträglich ersatzweise den Zweiten Weltkrieg gewonnen haben, möchte ich doch ganz entschieden verzichten!

Ich habe vorhin gesagt, als Jude ist man hellhörig geworden, vielleicht sogar zu hellhörig. Ich will kurz ein Beispiel dafür geben. Nach dem Krieg hörte ich mit Entsetzen Redensarten wie »Das habe ich über bis zur Vergasung«. Oder: »Das lockt keinen toten Juden aus dem Ofen hervor.« Diese Redensarten sind natürlich grausig, aber grausige Zeiten entwickeln eben auch sprachliche Entfremdungs- und Verrohungserscheinungen.

Ich habe immer sehr energisch interveniert, wenn irgendwer solche Redensarten gebraucht hat. Dabei fand ich übrigens, daß besonders *junge* Menschen, die etwas bis zur Vergasung satt hatten, sich gar nicht wirklich bewußt waren, was sie da sagten, und in einigen Fällen sogar glaubten, es komme vom Vergaser in einem Auto, was aber natürlich völlig sinnlos wäre und eine falsche Etymologie ist. Es wäre aber ein Fehlschluß, alle, die so ein Wort gebraucht haben, für wirkliche oder potentielle Antisemiten zu halten. Es handelt sich dabei vielfach um ein ähnliches Phänomen wie die betonte Abgebrühtheit junger Medizinstudenten gegenüber den Leichen, die sie sezieren müssen. Es ist eine Art, dem Grauen zu entgehen, das man eigentlich empfindet und das einen, wenn man es nicht in den Alltag nehmen könnte, zu überwältigen droht. Zwar ein häßlicher, seelisch trüber und gar nicht ungefährlicher Vorgang, der auch zu Denk- und Empfindungsverdrängungen und Entfremdungen führen kann. Aber Antisemitismus oder verkappter Nazismus ist derlei noch lange nicht.

Gefährlicher sind schon die Hakenkreuze, die Rocker zur Schau stellen; da ist oft der Übergang von der bloßen Provokation und vom Bürgerschreck zum Neonazismus sehr fließend. Allerdings beruht die Provokation des guten Bürgers bei Rockern und auch bei manchen jungen Neonazis zum Teil auf der Überlegung: »Diese Schlappschwänze haben ja in Wirklichkeit gar nicht so viel dagegen, wie sie tun. Sie trauen sich bloß nicht. Die sind eigentlich ganz geil drauf.« Und an dieser Annahme, die ich bei Gesprächen mit solchen Jugendlichen mehr als einmal gehört habe, ist leider Gottes oft irgendetwas Wahres dran!

Wir sollten auch nicht vergessen, daß selbst die sogenannte *Auschwitzlüge*-Behauptung, also die Behauptung, in Auschwitz seien gar keine Juden vergast worden, ihre vorsichtigeren Vorläufer hatte. Da hat man noch nicht gesagt, es seien keine vergast worden, sondern man hat nur versucht, die Zahl von sechs Millionen toten Juden herunterzuhandeln.

Ich habe damals, 1963, ein Gedicht geschrieben und in meinem Band *Warngedichte* veröffentlicht, das heißt:

Die Händler

Sie sind nicht feilschende Juden
und das ist leicht zu erkennen
denn sie leben
und sechs Millionen feilschende Juden sind tot

Sie leben und protestieren:
Man tut uns Unrecht
Es waren nicht sechs Millionen
es waren nur fünfeinhalb

Sie leben und wehren sich
gegen das bittere Unrecht:
Es waren nicht fünfeinhalb
es waren nur fünf

Nur fünf Millionen –
man tut uns millionenfach Unrecht
nur fünf Millionen –
Wer bietet weniger?

Elf Jahre später, als ich das Gedicht in meinem Gedichtband *Höre, Israel!* wieder veröffentlichte, konnte ich einen, der weniger geboten hatte, namhaft machen! Nämlich einen zufälligen Namensvetter, Fregattenkapitän Fried, Referent für Öffentlichkeitsarbeit im Bundesverteidigungsministerium, Bonn, der wörtlich erklärte, zur Schaffung *eines neuen Verteidigungsbewußtseins im deutschen Volk* sei es dringend erforderlich, die deutsche Geschichte neu zu interpretieren, denn *wir können stolz sein auf unsere Geschichte, ohne die drei Millionen vergasten Juden zu verniedlichen*. Er meinte vermutlich, er wolle die Vergasung der Juden nicht verniedlichen. Die Zahl der Opfer hatte er tatsächlich auf drei Millionen heruntergehandelt. Seine Fehlleistung, daß er statt dessen sagte, er wolle die Juden nicht verniedlichen, ist auch interessant. Dieser ehemalige Fregattenkapitän Fried arbeitet jetzt übrigens nicht mehr in Bonn, sondern hat, nach seiner Pensionierung, umgesattelt. Er ist jetzt Pastor in Bremerhaven. Ich habe ihn dort getroffen. Gar kein böswilliger oder hassenswerter Mensch. Aber man muß gegen derlei politisch ankämpfen, nicht weil man diese Menschen für Ungeheuer hält, sondern nur, weil sie solchen Schaden anrichten.

Schließlich möchte ich, bevor ich am Schluß die schon erwähnte Erklärung Berliner Juden und Auszüge aus einem Brief vorlese, doch noch auf ein Thema zu sprechen kommen, nämlich die Tendenz mancher Juden, alle antizionistischen Äußerungen, besonders aber auch diejenigen deutschen Linken, die mit Palästinensern solidarisch sind, einfach für antisemitisch zu erklären. Ich halte das gewissermaßen für das Gegenstück oder Spiegelbild dessen, was ich vorhin über den Philosemitismus ausgeführt habe.

So wie ich meinte, die Gleichsetzung Philosemitismus – Antisemitismus könne mir als Linkem ja politisch in den Kram passen, dürfe aber nicht so erfolgen, weil sie, obwohl gelegentlich ein Körnchen Wahrheit dran ist, eine Verleumdung ist – genauso verstehe ich, daß Zionisten die Gleichsetzung Antizionismus – Antisemitismus verführerisch und nützlich finden können, ja daß in manchen Fällen ein Körnchen Wahrheit dran ist. Aber ich möchte mit großem Nachdruck erklären: So, wie diese Behauptung immerzu aufgestellt wird, ist sie eine Verleumdung!

Gewiß, wenn die *National- und Soldaten-Zeitung* Antizionismus betreibt oder wenn Mitglieder der Wehrsportgruppe Hofmann sich auf diese Weise bei politisch ungenügend informierten Arabern einschleichen, so ist das ein klarer Fall. Und natürlich gibt es auch in allen linken Gruppen und Parteien, auch in der SPD, auch bei den Grünen, Wirrköpfe, die mitmachen und in deren Köpfen alles durcheinandergeht. Dafür sind die betreffenden Gruppen, Parteien, Organisationen nicht verantwortlich. Etwas ganz anderes waren judenfeindliche Maßnahmen etwa bei den polnischen oder russischen Kommunisten unter Losungen wie *gegen Zionisten, gegen wurzellose Kosmopoliten usw.* Da waren die Parteien, bzw. ihre Führung, durchaus dafür verantwortlich, und wir wissen ja, welches Blutbad z. B. unter Stalin unter den Juden in der Sowjetunion angerichtet wurde. Aber die deutsche Linke oder die sogenannte Neue Linke zu Antisemiten zu erklären, ist eine Verleumdung. Außerdem ist es kurzsichtig, denn man dient sich damit der Rechten an, und dort sind zwar beileibe nicht alle Antisemiten, die antisemitische Gefahr in Deutschland aber kommt dennoch von rechts, nicht von links.

Natürlich kommt es auch unter Linken vor, und ich habe es selbst schon gehört und bin mit bestem Erfolg dazwischengefahren: daß einer hergeht und sagt: »Die Juden haben in Israel oder im Libanon jetzt wieder das und das gemacht...«, statt zu sagen: »Begin« oder »Rabbi Kahane« oder »Sharon und Schlomo Baum« oder »Der Likud«. Das ist unpräzise, das ist unter Umständen auch gefährlich, weil es mißverständlich ist. Aber das ist nicht antisemitisch! Wir haben seinerzeit, im Vietnamkrieg, auch leider oft gesagt: »Die Amerikaner«, statt zu sagen »Johnson«, oder »Nixon«, oder »Kissinger« oder »General Westmoreland«. Aber deswegen haben wir doch nicht alle Amerikaner gehaßt! Und jeden Amerikaner, der gegen den Vietnamkrieg war, haben wir gefeiert und als Zeugen für einen besseren Geist des amerikanischen Volkes betrachtet. – Genau so, wie deutsche Linke die vierhunderttausend Israelis, die gegen das Massaker von Sabra und Schatila demonstriert haben, und den Fallschirmjäger Anatol Grinberg, der bei einer Demonstration gegen Begin von einer Handgranate zerrissen wurde, geehrt haben, und übrigens, ich war selbst dabei, als deutsche Linke, Juden und Palästinenser auch das Andenken von Nahum Goldmann geehrt haben.

Wohlgemerkt, ich selbst bin zwar bekanntlich keineswegs ein Anhänger derer, die heute in den verschiedenen Parteien des israelischen Zionismus Führungspositionen innehaben. Aber ich will hier *kein* antizionistisches Argument geltend machen. Von Zionisten zu verlangen, sie sollen alle ihre Hoffnungen aufgeben und ihren Glauben einzig darein setzen, daß ausgerechnet die arabische Revolution unter allen Revolutionen unserer Zeit ihr Ziel rein verwirklichen werde und von allen Entartungen und Entfremdungen frei bleibe, die die russische und chinesische Revolution zu blutigen Karikaturen verzerrt haben und in der Sowjetunion und in Polen, um nur zwei zu nennen, der Judenfeindschaft auch innerhalb der Partei mehrmals freie Bahn gelassen haben – von Zionisten das zu verlangen, wäre tatsächlich Schwachsinn! Die Auswege aus der Konfrontation sind langsamer und pragmatischer, und sind durch keinerlei Fanatismus zu finden. – Ich für meinen Teil bin überzeugt, daß man mit Yassir Arafat und seinen Anhängern in der PLO verhandeln müßte und daß die Siedlungen von Gusch Emunim gestoppt werden müßten; aber das gehört alles nicht hierher. Was ich hier sagen will, das ist, daß auch jeder ehrliche Zionist, gleichgültig, ob es ein linker oder ein rechter Zionist ist, nicht sagen dürfte, daß die Linken in Deutschland Antisemiten sind. Aus dem einfachen Grund, daß es nicht stimmt. Genauso, wie es nicht gestimmt hat, wenn zuweilen Linke behauptet haben, Springer oder Strauß seien in Wirklichkeit Antisemiten und seien Nazis gewesen. Ich habe gegen beide viel einzuwenden. Aber man darf auch politische Gegner nicht verleumden.

Zum Schluß lese ich Ihnen nun die Erklärung von Berliner Juden vor, die mir hier in diesem Zusammenhang doch sehr wichtig scheint, und außerdem einige Absätze aus einem Brief und ein, zwei Sätze aus einem zweiten Brief, weil ich diese Briefstellen für sehr bemerkenswert halte.

Erklärung Berliner Juden (Mai 1983)

50 Jahre nach der Erhebung des Antisemitismus zur Staatsdoktrin beobachten wir mit wachsender Sorge die erschreckende Zunahme rassistischer, ausländerfeindlicher, antisemitischer und rechtsextremistischer Vorfälle.

○ *Über Jahre sind antisemitische Exzesse bei der Polizei (zuletzt in der Schulzendorfer Polizeikaserne) zu verzeichnen, doch die politisch Verantwortlichen bagatellisieren die braune Gesinnung alter und junger Polizeibeamter.*

○ *Die beängstigenden ausländer-, vor allem türkenfeindlichen Stimmungen, Aussagen und gewalttätigen Aktionen werden von Senatoren, Polizeiführung, Justiz zu Einzelfällen heruntergespielt (Überfall auf ein türkisches Geschäft in Charlottenburg).*

○ *Wie ehemalige KZ-Mörder können neonazistische Terrororganisationen mit milder Behandlung durch Staat und Gerichte rechnen, während antifaschistische Widerstandskämpfer durch die Senatorin Laurien Redeverbot an Schulen erhalten (zuletzt am Fichteberg-Gymnasium in Steglitz).*

○ *Woche für Woche können die »Nationalzeitung« und andere Blätter ihre Hetze verbreiten. NPD, Stahlhelm und rassistische Bürgerinitiativen führen – mit staatlicher Duldung – Veranstaltungen durch. Vorhandene Gesetze werden gegen den Rechtsextremismus bestenfalls halbherzig zur Anwendung gebracht.*

Trotz vieler feierlicher Bekenntnisse zu Demokratie, Freiheit und Gleichheit anläßlich des 50. Jahrestages des 30. Januar 1933 zeigt sich in der gesellschaftlichen Praxis, daß die alte politische Sehkrankheit, nämlich auf dem rechten Augen blind zu sein und gleichzeitig antidemokratische, antikommunistische Scheuklappen zu tragen, nur allzuweit verbreitet ist:

Denn was ist von einem demokratischen Gemeinwesen zu halten, dessen oberster Schulbeamter, Landesschulrat Bath, von

»schleichender Landnahme« der türkischen Minderheit spricht? – (Eine Aussage, die ein mutiger Richter in einem Verfahren gegen einen jungen Nazi als Schreibtischtat wertete.)

Für welche Freiheit tritt Innensenator Heinrich Lummer ein, der öffentlich erklären kann: »Eine Gesellschaft kann nur ein gewisses Maß an Zuwanderern, Fremdheit ertragen.« Müssen erst wir daran erinnern, daß Hitler die Juden, die als billige Arbeitskräfte gekommen und nicht deutsche Staatsangehörige waren, als erstes zu unerwünschten Ausländern erklärte und abschob?

Für welche Gleichheit sollen Volkszähler eintreten, die für jeden aufgespürten Ausländer ein Kopfgeld erhalten? Oder wie ist die Praxis des Umgangs mit Asylsuchenden von anderen Kontinenten zu werten, die behördlicher Willkür, unmenschlicher Behandlung und lebensgefährdender Auslieferung an ihre Herkunftsländer ausgesetzt sind? Gibt es hier noch die so viel zitierte Gleichheit und Rechtsstaatlichkeit? (Nachweislich wurde bei gefolterten Personen ein Asylantrag abgelehnt, wurden Angaben der Asylbewerber vor deutschen Behörden an Strafvollzugsbehörden des Verfolgerlandes weitergegeben.)

Was Staat, Teile von Verwaltung und Justiz vorexerzieren, findet seinen primitiven Nährboden unter wirtschaftlich verunsicherten und auch deshalb orientierungslosen Jugendlichen und unter nazistischen Kräften. Das Anwachsen des Antisemitismus ist keine isolierte Angelegenheit, die Vielzahl antidemokratischer Vorkommnisse sind keine Einzelfälle! Es gibt eine verheerende Tradition in diesem Lande. Der Rechtsentwicklung mit massiven wirtschaftlichen, politischen und kulturellen Kampagnen gegen Minoritäten, mit Fremdenhaß und gewalttätigen Übergriffen muß daher entgegengewirkt werden. Längst sind es nicht mehr nur Anfänge, denen es zu wehren gilt.

Der deutsche Antisemitismus hat in der Zeit des »Wirtschaftswunders« als Philosemitismus überwintert. In der jetzigen Krise ist die philosemitische Tünche verblaßt. Der alte unverfälschte Antisemitismus steht wieder ins Haus. Wir fordern daher alle Bürger mit demokratischer Überzeugung, die Parteien, Organisationen, Gewerkschaften, konfessionelle Gemeinschaften und Initiativen auf, endlich entschieden den Rechtsextremismus zu bekämpfen. Vorrangig geht es um

- *das Verbot der Diskriminierung am Arbeitsplatz und bei der Wohnungssuche;*
- *die völlige Gleichberechtigung aller Schulkinder; für umfassende Förderung, um Analphabeten in zwei Sprachen zu verhindern;*

○ die systematische Arbeit zur Bekämpfung von Rechtsextremismus unter Jugendlichen;
○ das umfassende Verbot und die gerichtliche Verfolgung aller rassistischen, antisemitischen, ausländerfeindlichen Aktivitäten, Organisationen, Publikationen (nicht nur »Nationalzeitung«, sondern auch in der Boulevard-Presse);
○ die Wahrung der Menschenwürde im Umgang mit Asylsuchenden, wie die Verfassung es aus gutem Grunde vorsieht.

Die demokratische Öffentlichkeit muß, stärker als bisher, hier aufklärend wirken und Druck auf die staatlichen Instanzen ausüben, denn sicherlich ist der Antisemitismus keine Angelegenheit jüdischer Bürger, genauso wie der um sich greifende Türkenhaß keine Sache türkischer Bürger ist. Zugleich kann und darf es nicht die Rolle jüdischer Bürger sein, zu den beschriebenen Entwicklungen zu schweigen oder sich als opportunistische Ja-Sager mißbrauchen zu lassen. Wer schweigt, unterstützt die Rechtsentwicklung in diesem Lande.

1984

Der nicht schwieg

in memoriam Heinrich Böll

Als die Raketen erzeugt wurden
und die neuen Gesetze
zur Herstellung der Ordnung
auf Kosten der Menschen
wäre es bequemer gewesen
zu schweigen
besonders für einen
der empfindlich geblieben war
und verwundbar

Dieser hat nicht geschwiegen
und je mehr er empfand
und je tiefer er sich
verwundet fühlte
desto weniger ließ er sich
in die Stummheit drängen

Und weil nicht nur Pflichtgefühl
sondern Anteilnahme
ihm seine Worte eingab
waren die Worte nicht trocken
sondern ein Teil seiner selbst
seiner Einfälle und Geschichten
und waren am nächsten Tag
nicht verdorrt
sondern leben weiter

Er selbst hätte vielleicht
(man kann es nicht wissen)
länger gelebt
wenn er dort
wo es weh tut
geschwiegen hätte
aber sein Leben
wäre dann nicht so ganz
sein Leben gewesen
wie er es leben wollte
und wie wir es kennen.

4. 10. 1985

Chaoten an die Macht

Zeitungsartikel, August 1986

In den letzten Jahren zeigt sich ein höchst unerfreuliches Phänomen. Man könnte es nennen *Publikumsbeschimpfung von oben*. Bürger des Staates werden von Angehörigen der Regierung oder Sprechern der Regierungsparteien als Chaoten, Angstmacher, destruktive und zersetzende Elemente bezeichnet, und zwar desto mehr, je größer die Zahl dieser Mitbürger wird.

Die Beschimpfung des eigenen Volkes ist nicht ganz neu. Nicht einmal Dr. Goebbels, der den Feldzug gegen Meckerer und Miesmacher, Schwarzseher und zersetzende Elemente schon vor einem halben Jahrhundert zum Heil des Dritten Reiches in großem Stil unternommen hat, war der erste Verleumder des eigenen Volkes. Schon im Ersten Weltkrieg galt diese Beschimpfung allen Warnern, die sich von der vorgeschriebenen Begeisterung nicht mitreißen ließen, und der Schriftsteller Karl Kraus hat in seinem grandiosen Antikriegsbuch *Die letzten Tage der Menschheit* den Nörgler als den einzig verantwortlichen Menschen inmitten der Entmenschung gefeiert.

Eigentlich sollte uns die Tatsache, daß es immer die sogenannten Nörgler und zersetzenden Kritiker waren, die gegen staatliche Überheblichkeit zuletzt recht behielten, schon längst bekannt sein. Ihre allgemeine Verbreitung wurde bisher hauptsächlich dadurch behindert, daß gerade in Zeiten der Gefahr, Angst und Ratlosigkeit bei vielen Menschen die Sehnsucht nach einer starken, gleichsam väterlichen Führung besonders groß ist und man dem beamteten Beruhiger manchmal, ja zuerst meistens, weit lieber Glauben schenkt als dem Überbringer unangenehmer Informationen, der dann, oft mit Hilfe der Medien, als Unglücksprophet und übler Schreier von Kassandrarufen abgetan wird, so als hätte nicht schon die alte Kassandra in Troja als einzige recht behalten.

Es liegt vielleicht in unserer Natur, das Ja eher zu bejahen als das Nein. Schon das Kleinkind hat das Nein immer als Hindernis, als Vereitelung seiner Wünsche erlebt, oft als unnötige und ungerechte Vereitelung. Manchmal aber diente schon damals das Nein der Lebensbejahung, etwa wenn man es davon abhielt, mit einem spitzen Messer im Mund herumzulaufen oder in einem oberen Stockwerk auf ein Fensterbrett zu klettern.

Auch heute ist manches Nein ein Ja. Zum Beispiel das Nein zu Atomkraftwerken und Aufbereitungsanlagen, etwa zu Wackersdorf oder Brokdorf. Seit Tschernobyl ist dieses Nein von so vielen Menschen aufgenommen worden, die von den Behörden nie zuvor als Angstmacher oder Chaoten verleumdet wurden, daß diese Behörden sich erschreckt den Anfängen einer wirklichen Massenbewegung gegenüber sehen. Die vermehrte Abwehr gilt daher keineswegs einem *harten Kern*, wie immer behauptet wird, sondern soll die neue Tendenz abfangen, bevor sie noch festere Formen angenommen und zu vollem Bewußtsein ihrer eigenen Aufgaben und Möglichkeiten gekommen ist.

Daß diese Massenbewegung selbst von Grund auf bejahend ist, das späte, aber desto überzeugtere Eintreten für das Leben der eigenen Kinder und für das eigene Leben, versteht sich von selbst. Natürlich ist die Ungeduld mit den von den betreffenden Behörden oder Atomkraftwerken beschäftigten Wissenschaftlern, die uns jahrelang immer wieder von der Sicherheit der betreffenden Atomkraftwerke oder Aufbereitungsanlagen berichtet haben, seit Tschernobyl gewaltig gestiegen, denn *durch Schaden wird man klug*, namentlich, wenn man auf die Möglichkeit dieses Schadens von warnenden Stimmen schon seit Jahren aufmerksam gemacht wurde und nun sieht, wie wenig die Behörden eigentlich wissen, wie unsicher und unvollkommen ihre Ratschläge sind, von der Möglichkeit wirksamer praktischer Maßnahmen gar nicht zu reden.

Daß die Sorge um eine menschenwürdige Lebensqualität für den einfachen Bürger und seine Kinder überhaupt als Angstmacherei verleumdet werden kann, wird in Deutschland durch die alte Turnlehrererziehung ermöglicht, die Angst mit Feigheit gleichgesetzt hat. In Wirklichkeit ist es gerade umgekehrt. Der eingeschüchterte Untertan hat Angst, seine berechtigte Realangst zu zeigen, während für das Überleben des Einzelnen wie der Gemeinschaft das Recht auf Angst durch Überwindung ihrer wirklichen Ursachen von größter Wichtigkeit ist.

Ein anderes Phänomen, das den unentwegten Weitermachern ihre angeblich mutige, in Wirklichkeit verantwortungslose Betätigung erleichtert, ist eine unmittelbare Spätfolge der Hitlerzeit. Nicht nur in den ersten Jahren, sondern fast bis zum Ende des Dritten Reiches wurde nämlich in den einfachen Staatsbürgern eine geradezu kindische und wirklich auf frühkindheitliche Erlebnisformen zurückgehende Haltung des Allmachtglaubens ermutigt, natürlich nicht etwa der individuellen, dafür aber der kollektiven staatlichen Allmacht. Zuerst ging es ja scheinbar wirklich von Sieg zu Sieg, obwohl gerade diese ersten Siege Gegenkräfte in anderen Teilen der Welt auf den Plan riefen. Später wurden Mißerfolge verschwiegen und Erfolgsmeldungen übertrieben, und noch knapp vor Torschluß hieß es: *Wir werden siegen, weil wir siegen müssen.* Als dann der Zusammenbruch kam, bedeutete die Enttäuschung bei allen, die sich nicht tiefe Gedanken über das Geschehene machten oder die zuwenig wußten, einen Umschwung vom Glauben an die Allmacht zur Überzeugung von der eigenen politischen Ohnmacht. Man versuchte aus den Trümmern zu retten, was zu retten war, gewiß auch, sich eine neue Existenz aufzubauen, aber politisch, besonders im Weltmaßstab, meinte man: »Wir können doch nichts ausrichten, auf uns kommt's ja doch nicht an!« Schwächen der bürgerlichen Demokratie, Fraktionszwang der Parteien und einige Zeit lang eine Große Koalition, die eine wirksame parlamentarische Opposition ausschaltete, gaben diesem Gefühl weitere Nahrung: Der Staatsbürger war mehr Untertan als Citoyen.

Gerade jene, die sich nicht damit begnügen zu glauben, die Rolle eines Bürgers in der Demokratie bestehe lediglich darin, alle vier oder fünf Jahre einmal zu wählen, wurden von manchen Politikern als Feinde der Demokratie bezeichnet, namentlich als sie zur Zeit der Großen Koalition die fehlende Opposition im Bundestag zum Teil durch außerparlamentarische Opposition ersetzen wollten. Im Februar 1968 hat der Bürgermeister von Berlin, selbst Sozialdemokrat, die außerparlamentarische Opposition, die sogenannte APO, als Feinde der Demokratie angegriffen. Fast im gleichen Atemzug rühmte er den vor kurzem ermordeten amerikanischen Kämpfer um die Menschenrechte, Martin Luther King, als großen Demokraten. Er meinte das ehrlich, war sich aber nicht klar, daß Martin Luther King der wichtigste Vertreter der außerparlamentarischen Opposition in den Vereinigten Staaten gewesen war.

Trotz aller Vorwürfe, daß derartige Initiativen die Demokratie verneinen, hat sich mittlerweile die Erkenntnis durchgesetzt, daß das Gegenteil der Fall ist. Bürgerinitiativen entstanden zuerst innerhalb der Linken, wurden aber alsbald durch Bürgerinitiativen ergänzt, die der CDU, ja auch der CSU, nahestanden. In Wirklichkeit wußten Soziologen auch in den sechziger Jahren schon längst, daß gerade zum Schutz von Minderheiteninteressen das Wahlrecht auch des Drucks bedarf, der durch die Initiativen kleinerer oder größerer Gruppen von Menschen ausgeübt werden kann, der sogenannten *Lobbies* oder *Pressure-groups.* Allerdings hat es natürlich auch Lobbies gegeben, die sich unlauterer Mittel bedienten, zum Beispiel wenn Abgeordnete eines Parlaments oder Bundestages heimlich von einem anderen Land Geld oder Geldeswert erhalten, um die Interessen des Landes unauffällig zu vertreten. Aber auch Gewerkschaften und Religionsgemeinschaften fungieren vielfach als Lobbies oder Pressure-groups, ohne daß ein solches Zusammenwirken Gleichgesinnter zur Förderung ihrer Reformwünsche oder zur Bekämpfung von Ideen, die ihnen schädlich erscheinen, ein Verstoß gegen die Demokratie sein muß.

Als Verneiner der Demokratie, Nörgler und Neinsager werden natürlich von Regierungen und Parteiestablishments besonders jene angegriffen und viel zu oft verleumdet, die mit den Ansichten der betreffenden Regierung oder Partei nicht übereinstimmen. Dabei hat sich in Ländern ohne starke demokratische Tradition die merkwürdige Ansicht verbreitet, daß man eine gewählte Regierung höchstens kritisieren dürfe, daß aber jedes andere aktive Entgegenwirken undemokratisch sei, solange sie sich an der Macht befindet. Nach dieser sonderbaren Logik wäre dann nach einem Machtwechsel das Fortsetzen derselben Initiative, die zuvor demokratisch war, mit einem Mal demokratiefeindlich und umgekehrt. Das ist natürlich Unsinn, zeigt aber, daß die sogenannten Verneiner jeweils die Bejaher anderer Ziele, einer anderen Politik sind. Wie dies zu beurteilen ist, hängt, solange die betreffende Gruppe nicht mit Meuchelmord und Grausamkeit zu Werke zieht, jeweils von den Zielen selbst ab.

Damit sind natürlich die Aktivitäten gegen Atomkraft- und Atomraketengegner sowie der Gegner von B- und C-Waffen und von Kriegen und Kriegsrüstung überhaupt mit einem Schlag rehabilitiert, trotz aller Gehässigkeiten verschiedener Machthaber und behördlicher Stellen.

Warum der behördliche Widerstand gerade in letzter Zeit, als seit Tschernobyl das Anliegen dieser Atom- und Rüstungsgegner plötzlich einer viel größeren Allgemeinheit verständlich wurde, besonders intensiv und an mehr als einer Stelle grausam brutal geworden ist, könnte auf den ersten Blick rätselhaft erscheinen. Ein Hauptgrund dürfte sein, daß sich durch die Lehren von Tschernobyl, das viele durch Schaden klug werden ließ, zum ersten Mal eine einigermaßen ernsthafte Bedrohung behördlicher Lieblingsobjekte, Atomkraftwerke oder sorglich bewachter militärischer Stützpunkte, ergeben hat, ja nicht nur eine Bedrohung dieser Objekte, sondern auch des an ihnen haftenden behördlichen Prestiges. Ja, darüber hinaus sogar des staatlichen Gewaltmonopols, wenn dieses in nicht wirklich zu rechtfertigender Weise zur Verteidigung des eigentlich nicht mehr Verteidigbaren eingesetzt wird.

Es handelt sich hier in Wirklichkeit nicht um Rechtsverneinung, sondern um die Bejahung eines der wichtigsten Rechte, auf das im Grunde kein guter Demokrat verzichten kann, nämlich des Widerstandsrechtes. Wer zum Ergebnis kommt, daß nicht nur sein Leben, sondern auch das Leben seiner Kinder und Kindeskinder für die nächsten Jahrhunderte bedroht ist, dem ist das Widerstandsrecht nicht abzusprechen, auch dann nicht, wenn »betriebseigene« Wissenschaftler und Experten, die im Dienste der Behörden stehen oder dem Establishment eines Atomkraftwerkes oder einer Rüstungsfirma angehören, Gutachten vorlegen, die längst dank den Aussagen unabhängiger Wissenschaftler und Sachverständiger ihre Glaubwürdigkeit verloren haben und nicht zuletzt durch die praktische Erfahrung – wiederum Tschernobyl! – widerlegt worden sind.

Wir sind also, wenn Europa und die Menschheit überleben soll, wieder einmal darauf angewiesen, daß die angeblichen Angstmacher, Chaoten und Meckerer mehr Einfluß und Macht gewinnen.

Es wäre natürlich naiv, anzunehmen, daß es sich dabei nur um Atomkraftwerke, Atomraketen, chemische und bakterielle Kriegsführung und allenfalls noch Genmanipulation handeln soll. Jedes Kind weiß oder sollte doch wissen, wie weit solche Regierungsunterfangen und behördliche Positionen mit *politischen* Fragen, Fragen des Wirtschaftssystems, aber auch Fragen der Volkserziehung oder Volks-Fehlerziehung bzw. der psychologischen Kriegsvorbereitung (auf amerikanisch: Psychological Warfare) zusammenhängen. Bisher haben viele Neinsager, denen es um bessere Lebensqualität, um die Rettung von Menschen, Tieren und Pflanzen zu tun war, im guten Glauben, daß ihr Anliegen doch ihren Mitmenschen jenseits aller Politik einsichtig sein müsse, öfters zu vermeiden versucht, sich um Politik zu kümmern, und nur um ihrer Sache selbst dienen wollen, als sogenannte Einpunktbewegung.

Es hat sich aber immer wieder gezeigt, daß erstens Zustimmung oder Anfeindung dieser Einpunktbewegungen durchaus von politischen Ansichten, Gruppierungen und Machtverhältnissen abhängen. Außerdem hat sich gezeigt, daß Einpunktbewegungen, die unpolitisch bleiben zu können glauben, mit der Zeit nicht nur einen Teil ihres Wirklichkeitssinns verlieren, sondern auch nach Anfangserfolgen stagnieren.

Wer also angesichts der bedrohlichen Erfahrungen in unserer Zeit nicht nur sein Gewissen erleichtern will, indem er etwas tut, sondern mit seinem Tun auch wirklich etwas erreichen will, kurz gesagt, an der Rettung unserer Welt effizient mitarbeiten will, der kann es sich nicht gestatten, politischen Erwägungen naserümpfend auszuweichen. Negative Erfahrungen in der Politik unserer Zeit sind demnach nicht durch Vermeidung der Politik zu quittieren, sondern erfordern Untersuchungen, was in politischen Bewegungen wirklich geschehen ist, woran politische Bewegungen gescheitert sind oder an welchem Punkt sie ihren Unterstützern und Wählern wortbrüchig geworden sind. Zu solchen Untersuchungen muß man sich aller Erkenntnisse zu bedienen versuchen, die uns heute zur Verfügung stehen, und darf sich nicht durch Tabus und Verteufelungen abschrecken lassen.

Zum Beispiel wäre es ebenso falsch, marxistische Erkenntnisse links liegen zu lassen, wie es auch falsch wäre, an irgendeine bisherige Phase oder Richtung des Marxismus kritiklos anzuknüpfen. Daß Marxismus ebenso wie Anarchismus für die meisten Establishments in unserem Aktionsbereich ein Ekel- oder Schreckwort ist, darf uns nicht beirren. Ebensowenig aber dürfen wir übersehen, daß etwa Marx als Sohn oder Enkel der Aufklärung zum Beispiel den Anteil der Vernunft am Verhalten der Menschen in Krisensituationen überschätzt hat und wohl auch überschätzen mußte. Er glaubte, in Krisensituationen würden sich die Menschen mehr um ihre wahren Interessen scharen. Heute wissen wir, daß gerade in argen Krisen Panikreaktionen einsetzen, darunter sogenannte Regressionen, wie das Haltsuchen an einem starken Mann oder im Schoß einer streng reglementierten Gesellschaft, also ein verhängnisvoller Rückgriff auf täuschende Vater- und Mutterbilder.

1986

Ich wollte dieses Leben doppelt leben!

Gedenkrede für Ingeborg Drewitz, 11. 1. 1987, Berlin, Akademie der Künste

Es fällt mir schwer und es bedrückt mich, hier von Ingeborg Drewitz zu sprechen, denn es wäre viel besser, sie stünde hier und lebte. – Vor wenigen Monaten, als sie sich ihrer schweren Operation unterzogen hatte – derselben wie zuvor ich –, hat sie gesagt, sie wolle so weiterarbeiten, wie ich es dann getan habe. Und ich war ein klein wenig stolz, daß ich ihr durch meine Hartnäckigkeit Mut gemacht habe – noch mehr Mut, denn sehr viel Mut hatte sie von sich aus schon immer. – Und dann, am Abend des 26. November in Köln, Sekunden vor einer Lesung, erfuhr ich, daß Ingeborg Drewitz tot ist. Zuerst konnte ich gar nichts sagen, dann habe ich einige Worte über sie gesagt und habe den Abend, den wir dem Denken an sie und an das, wofür sie sich immer eingesetzt hat, gewidmet haben, mit einem Gedicht begonnen, das ich geschrieben hatte, als sie 60 Jahre alt war.

Vor dem Fremdesten

Für Ingeborg Drewitz

Leben
– sonst keine Wahl:
entfremdet oder
befremdet –
leben geblieben
trotz allem
dank allem
bisher

bis zu diesem Hierher
und wie weiter?
Und vielleicht
kann nur Trotz
der Dank sein

Leben geblieben
nicht
um zu sterben
an jenem
Fremdesten
mit dem wir
– sagt man uns –
leben
mit dem wir uns
– heißt es –
befreunden
mit dem wir
vertraut tun sollen

In diesen Versen war mit dem Fremdesten, dem wir gegenüberstehen, dem wir entgegenstehen und mit dem wir uns – heißt es infamerweise – vertraut machen sollen, nicht der Tod schlechthin gemeint, sondern der drohende Tod in einem Atomkrieg, gegen den Ingeborg Drewitz in mancher Art seit Jahren gekämpft hat. Aber nun war es plötzlich auch der Tod überhaupt geworden, von dem wir alle bisher verschont geblieben sind; die Verse schienen so furchtbar gut zu passen.

Aber nein, an Ingeborg Drewitz denken heißt auch, sie nicht nur in Gedanken an den Tod verlieren, der natürlich ohnehin das Fremdeste und schlechthin Unfaßbare für uns bleibt, sondern auch daran zu denken, wie Ingeborg Drewitz gearbeitet und gekämpft hat: gegen den Untergang in einem neuen Krieg und gegen den Untergang von Menschen in unserer Gesellschaft, gegen den Untergang von Gefangenen, gegen den Untergang von kaum geduldeten Ausländern, gegen den Untergang von allen, die durch Ausweisung oder durch Einweisung, durch Atomkrieg oder durch die Form unseres Friedens, der keiner ist, zum Untergang hingedrängt und von diesem Untergang bedroht werden. Und an Ingeborg Drewitz denken heißt: diese Arbeit, diesen Kampf, in dem sie uns jetzt bitter fehlt, fortsetzen. In diesen Kampf ist sie durch die Erfahrungen ihres eigenen Lebens hineingewachsen. Sie war zwar ein gesundes Kind, und die Schule ist ihr leichtgefallen, ebenso wie mir, so daß sie einen großen Kraftüberschuß in sich fühlte, wie sie später berichtet hat, und schon damals auf die Idee kam, später Schriftstellerin zu werden. Aber in ihrer Familie in Berlin, ebenso wie in der meinen in Wien, hat im Wirtschaftskrisenjahr 1929 die Not eingesetzt. Ihr Vater wurde arbeitslos, und ihre Familie war groß. Und noch mehr Elend hat sie um sich herum gesehen, bei anderen Kindern, bei Familien, die noch enger wohnten, in Hinterhöfen von Moabit, dann in Oberschöneweide.

Nach 1932, als die Eltern die Wohnung in Oberschöneweide nicht mehr bezahlen konnten und nach Friedenau umzogen, lernte sie dann ein Elend von anderer Art kennen: Sie hatte in Friedenau viele jüdische Mitschülerinnen, und als 1933 Hitler kam und viele die »Judenkinder« zu meiden begannen, hat Ingeborg Drewitz sich mit ihnen angefreundet und zu ihnen gehalten. Ihr Gerechtigkeitsgefühl, erweckt durch den Anblick der Not und auch etliche eigene Entbehrungen seit 1929, gewann nun, ohne daß sie das gleich merkte, auch eine politische Dimension. Sie hat das dann später auch in *Gestern war Heute* beschrieben. – Sie fühlte sich immer noch stark, ein gesundes, großes Kind, aber später wurde eine Folge ihrer Stärke, ihre Freundschaft mit den Verfolgten, auch zum ersten Erlebnis ihrer Hilflosigkeit, als das Regime mit den Verfolgungen immer blutigeren Ernst machte.

Für den Hitlerkrieg hatte sie nichts übrig, auch nicht, als es von Sieg zu Sieg zu gehen schien. Damals, mit 18, 19 Jahren, hat sie ihr erstes Theaterstück geschrieben – ein Gleichnisdrama, das sie in die Zeit der Völkerwanderung verlegte. Es handelte vom Untergang der Vandalen – die sie als das machteifrigste und am weitesten vorgedrungene Volk der Völkerwanderung bezeichnete. Als sie von Südspanien, Andalusien, eigentlich Vandalusien, machtgierig und zerstörend nach Nordafrika weiterzogen, wurden sie vernichtet. Sie hat später darüber gesagt: *»Hier sah ich eine historische Parallele zu Stalingrad, denn unmittelbar über Stalingrad konnte ich zu dieser Zeit natürlich nicht schreiben.«*

Sie hat das Stück ans Staatstheater eingereicht. Gustav Gründgens hat es gelesen – oder mindestens hat ihm sein Dramaturg genau darüber berichtet. Ingeborg Drewitz hat darüber gesagt: *Gründgens hat mich dann später ans Theater gebeten und mir erklärt, dieses Stück könnten sie natürlich nicht spielen, aber ich solle weiterschreiben.* Das hat sie auch getan, und sie hat es schwer gehabt, denn sie hat früh geheiratet und Kinder bekommen, und ihr Mann kam in Kriegsgefangenschaft, und in den ersten zehn Jahren ihrer Ehe ist es ihnen schlecht genug gegangen.

Ich wollte dieses Leben doppelt leben! hat sie einmal einer Interviewerin, Kirstine Rowe, die darüber sehr eindringlich berichtet hat, gesagt. Sie wollte ihre Laufbahn als Schriftstellerin haben, und sie wollte Hausfrau sein und Kinder haben; und sie hat die

Verbindung von beidem erstaunlich gut zuwege gebracht. Ihre praktische Lebenserfahrung wurde auch Stoff für ihr Schreiben. Dabei mußte sie eine Zeitlang auch in einer Fabrik arbeiten.

Auch diese Erfahrung habe ich – aus meiner Flüchtlingszeit – mit ihr gemeinsam. Und wenn man selbst Fabrikarbeiter war, dann sieht man manches klarer. Sie war kein wildes, trotziges, bockiges Kind mehr, aber sie war ungebrochen: Auch in der Auflehnung gegen das Unrecht, das Menschen anderen Menschen zufügen.

Gerade weil ich durch eigene Lebenserfahrungen viel Wirklichkeit kennengelernt habe, konnte ich aus dem, was ich bei Ingeborg Drewitz gelesen habe, viel Wirklichkeit, die ich sonst nicht gekannt hätte, dazulernen. – Unter anderem auch deshalb, weil Ingeborg Drewitz eine Art hatte, sich mitzuteilen, die nie aufdringlich war, nie schreiend. Sie hat auch keine Zugeständnisse an Publikumswirksamkeit gemacht.

So, wie sie für das Recht und die Emanzipation der Frau war – nicht nur für ihr eigenes Recht, sondern für das der Entrechteten, ohne geeichte Feministin zu sein, aber durch ihr Werk auch der Frauenbewegung geholfen hat, so springt der soziale und politische Protest nicht kopfschwer aus ihren Arbeiten heraus, sondern ist in ihnen enthalten – immanent, und dadurch wirksamer.

Als sie wirtschaftlich aus dem Ärgsten heraus war, fand sie mehr Zeit – *wie* sie zu all dem Zeit gefunden hat, das ist überhaupt ein Wunder! –, um sich für andere Menschen zu engagieren, auch von Anfang an im Schriftstellerverband, auch im PEN-Club – niemals verschwenderisch mit ihrer Zeit, aber immer großzügig.

Und auch diese Erfahrungen bereicherten ihr Schreiben. Nicht, daß ihr Schlüsselromane oder eine allzu unmittelbare Umsetzung des Erlebten lieb gewesen wären. Nein, sie gebrauchte immer wieder auch ihre Phantasie. Aber schon in den Zwanzigerjahren haben Untersuchungen über die Grenzen der Phantasie in der Literatur ebenso wie in der Malerei immer wieder gezeigt, daß Phantasie ohne Hervorholen und Zusammenfügen zahlloser Wirklichkeitsteile nicht auskommt, ja gar nicht möglich ist. So ist die Wirklichkeitserfahrung – ja zum großen Teil die Erfahrung einer Wirklichkeit in Berlin – in ihren Texten lebendig und für mich, der eine andere Wirklichkeit erfahren hat, lehrreich und bereichernd, und ich glaube, für Menschen, die in ähnlicher Umgebung aufgewachsen sind, wieder auf andere Weise bereichernd: bestätigend oder ihnen einen Spiegel vorhaltend.

Ich habe Ingeborg Drewitz noch gar nicht so viele Jahre lang gekannt. Ich zögere übrigens, »gekannt« zu sagen. Wie gut muß man einen Menschen kennen, um von sich zu behaupten, daß man ihn wirklich gekannt hat? – Nein, wirklich genügend gekannt habe ich sie leider nicht, aber wir waren uns von Anfang an sympathisch und waren auch immer für dieselben Dinge, meist auf dieselbe Art, und hatten auch dieselben politischen Gegner.

Wir beide wollten auch jeder die Arbeiten des anderen noch viel genauer kennenlernen. Übrigens, wenn ich sage »wir beide«, so kommt mir auch das irgendwie anmaßend vor. Denn bei aller Kollegialität, Verbundenheit, Sympathie, hatte Ingeborg Drewitz doch nichts an sich, was sie je zu Grenzüberschreitungen oder Grenzverwischungen veranlaßt hätte.

Sie hatte, ohne streng zu sein, etwas Strenges, vielleicht weil sie von sich selbst so viel verlangte. Solidarität mit anderen hieß nicht Vermischung oder Verwaschenheit. Es war etwas sehr Zartes in dieser starken, mutigen Frau. Vielleicht kam dieses Zarte auch von ihrer großen Sehnsucht nach einer Welt und einer Zeit, in der man nicht so stark und nicht so mutig sein müßte. Ingeborg Drewitz hat geholfen, diese Zeit näherzubringen, aber sie hat sie nicht erlebt – und auch wir werden sie kaum erleben, wenigstens die Älteren von uns nicht.

Aber ich weiß noch, wie sehr sie, die den Kalten Krieg nie gemocht hat, das Ende der Stalinzeit mit Hoffnung erfüllt hat, und wie verschiedene Rückschläge diese Hoffnung nie ganz zunichte gemacht haben. An den bundesdeutschen Dingen hat sie manchmal ähnlich gelitten wie Heinrich Böll, der Ingeborg Drewitz sehr zu schätzen wußte. Sie und Böll haben auch miteinander gemein, daß ihre literarische Bedeutung oft nachweislich unmittelbar aus ihrer menschlichen Anteilnahme und Größe erwächst, und aus der besonderen Beobachtungsgabe, die gerade von dieser Anteilnahme so sehr gestärkt wird. Kein Wunder, daß sie auch die Ossietzkymedaille miteinander gemein haben. Ingeborg Drewitz und Heinrich Böll haben inmitten dieser korrumpierenden Zivilisation etwas miteinander gemein, was ich nicht etwa Sauberkeit, sondern nur Reinheit nennen kann. Was natürlich auch heißt, daß man unter dem großen Unrecht in der Welt, auch unter Trägern dieses Unrechts, geradezu leidet. Unter einem Geißler oder unter einem Strauß, auch wenn man ihn als interessanten Zeitgenossen sieht, oder gar unter einem Reagan.

Ingeborg Drewitz, ebenso wie ich, hat die ersten Anzeichen von Gorbatschows Tätigkeit mit vorsichtiger Hoffnung beobachtet;

von Grund auf Skeptiker waren weder sie noch ich, auch wenn wir Skepsis lernen mußten!

Es tut mir zutiefst leid, daß Ingeborg Drewitz nicht lange genug gelebt hat, um die viel deutlicheren Hoffnungssignale jetzt, zum Beispiel die Umwälzung im Schriftstellerverband der Sowjetunion und im Pressewesen und die Heimholung von Emigranten aus dem Exil, noch zu sehen. Nein, es ist nicht eine kleinliche Abschweifung, davon zu sprechen! Aus solchen Beobachtungen, Hoffnungen, Bemühungen um derlei Entwicklungen hat ein Teil ihres Lebens bestanden, ebenso wie des meinen. Wir haben fast jedes Mal, wenn wir einander sahen oder gar auf demselben Podium saßen, miteinander davon gesprochen. Es tut mir auch zutiefst leid – auch um vieler Lebender willen –, daß Ingeborg Drewitz nicht lange genug gelebt hat, um sich an dem Kampf zu beteiligen, der heute hier not tut. Denn Ingeborg Drewitz war eine gute Berlinerin – und das heißt natürlich auch, blutige Verbrechen verhindern, die im Namen Berlins geplant sind.

Ich bin nicht sicher, daß sie Innensenator Kewenig einen Verbrecher oder einen Mörder genannt hätte, denn sie hätte auch von seiner Abschiebe-Amnestie vor Weihnachten gewußt und auch davon, daß er seither unter schwerem Druck steht, doch endlich »energisch durchzugreifen«, wie das heißt. Aber ich bin sicher, daß Ingeborg Drewitz die Ausüber dieses Drucks nicht geschont hätte und daß sie die jetzt hier geplante Abschiebung von 500 Libanesen nach dem Libanon einen Mord und ein Verbrechen genannt hätte, denn gegen solche Untaten hat sie immer wieder gekämpft – unter anderem deshalb hat sie die Ossietzkymedaille erhalten! Und ich bin sicher, daß sie, wenn nötig, auch von verbrecherischen Schreibtischmördern gesprochen hätte.

Ich bin eigentlich am Ende dessen, was ich sagen will. – Aus den Werken von Ingeborg Drewitz werden hier einige Proben gelesen werden. – Daß Ingeborg Drewitz ein volles Leben gehabt hat, das zu sagen ist fast eine Binsenweisheit. Und außerdem stimmt es nicht ganz. Sie hat, ebenso wie Böll oder Christa Wolf oder ich, in einem Sinn kein volles Leben gehabt, weil soviel von diesem Leben damit verbracht werden mußte, Unrecht abzuwehren oder doch zu mildern und den Opfern des Unrechts zu helfen, statt einfach das Leben und Dichten zu genießen.

In einer glücklicheren Zeit hätte man mehr Zeit zum Schreiben gehabt und hätte seinen Themenkreis erweitern können, mit Erfahrungen in aller Welt, die die technischen Möglichkeiten von heute uns so nahebringen, die uns aber durch die Unmenschlichkeit der gesellschaftlichen Verhältnisse immer wieder vorenthalten werden.

Bertolt Brechts Gedicht *An die Nachgeborenen,* das ihr wie mir etwas bedeutet hat, beginnt: *Wirklich, ich lebe in finsteren Zeiten.* Und in diesem Gedicht heißt es: *Die Kräfte waren gering. Das Ziel/ Lag in großer Ferne./ Es war deutlich sichtbar, wenn auch für mich/ Kaum zu erreichen./ So verging meine Zeit,/ Die auf Erden mir gegeben war.*

Ingeborg Drewitz hat Brecht um dreißig Jahre überlebt. Aber die Verse, die er unmittelbar vor Ausbruch des Zweiten Weltkriegs geschrieben hat, gelten für uns, dreißig Jahre nach seinem Tod, immer noch, und wir können sie an unsere Nachgeborenen weitersagen. Auch Ingeborg Drewitz hat wirklich in finsteren Zeiten gelebt und hat als anteilnehmender solidarischer Mensch, als Frau und als Schriftstellerin gegen diese Finsternis angekämpft.

1987

Die Wiederkünftigen

Zum Streit um die deutsche Geschichte

Hörfunkfeature, 27. 2. 1987, Radio Bremen

Dies ist teils eine Kritik an den Ausführungen einiger deutscher Historiker zur neueren deutschen Geschichte, teils aber auch ein Versuch, mir zu erklären, wie es zu diesen Ausführungen überhaupt kommen konnte.

Von einer sogenannten Historikerdebatte um die deutsche Vergangenheit, genauer gesagt um die Bewertung der Hitlerzeit in der bundesdeutschen Selbsteinschätzung, hatte ich schon gehört und einige Zitate gelesen. Aber mit einem Kernstück dieser Debatte kam ich erst sozusagen in direkten Kontakt, als die *Frankfurter Allgemeine Zeitung* vom 29. August 1986 in ihrem Feuilleton, auf derselben Seite wie ein kleines Gedicht von mir, das ebenfalls Fragen über Vergangenheit und Gegenwart anschneidet, einen großen Beitrag von Joachim Fest, *Die geschuldete Erinnerung*, veröffentlichte, der im wesentlichen die Massenmorde des Hitler-Faschismus mit den Verbrechen des Stalinismus einigermaßen gleichsetzt und sie sogar auf die Verbrechen des Stalinismus zurückführen will.

Bemerkenswert fand ich auch die Aggressivität gegen Jürgen Habermas. Daß er ihm *elende Praxis* vorwirft, ist noch das mindeste. Auch der ironische, stellenweise hämische Ton störte mich. Außerdem gab es mit größter Selbstverständlichkeit hingeschriebene Absätze, die offenbar nicht stimmten, z. B. wenn Fest über die marxistische Linke schreibt:

Aber der parareligiöse Anspruch, mit dem sie ihre Parolen auflud, die manichäische Unversöhnlichkeit, mit der sie die Welt wieder schroff in Gut und Böse, die Menschen in Gerechte und Verworfene unterteilte, verwischte zwangsläufig die Grenzen, die noch dem geschworenen Feind das Recht zu leben gewährleisten...

Sonderbar, sagte ich mir: Gerade der Marxismus ist doch gegen die moralisierende Einseitigkeit etwa von der Art *Eigentum ist Diebstahl* aufgetreten, und es gibt doch ein berühmtes Marx-Zitat: *In der gesellschaftlichen Produktion ihres Lebens gehen die Men-*

schen bestimmte, notwendige, von ihrem Willen unabhängige Verhältnisse ein, Produktionsverhältnisse, die einer bestimmten Entwicklungsstufe ihrer materiellen Produktivkräfte entsprechen.

Das zeigt doch eindeutig, daß es dem Marxismus um Kampf gegen Systeme und deren Sachzwänge geht und eben nicht um eine manichäische Einstufung in Gute und zu vernichtende Böse.

Fests Ausführungen sind in der FAZ von einem Bild illustriert: einem furchtbaren Berg von Knochen und Schädeln mit der Bildunterschrift *Genozid vor aller Augen, und doch nicht im Bewußtsein der Welt: Kambodscha heute.* Da wird also gegen den hitlerfaschistischen Völkermord der Völkermord der Anhänger Pol Pots aufgerechnet, die sich Kommunisten nennen. Nicht erwähnt wird, daß diese Pol-Pot-Leute, die *Roten Khmer,* die einzigen Kommunisten in der Welt sind, die von den Vereinigten Staaten im Kampfe *gegen* den Kommunismus unterstützt wurden und werden. Also ein nicht ganz klarer Aufrechnungsposten in den durchweg intensiv antikommunistischen Ausführungen Joachim Fests und der von ihm verteidigten Kollegen. Diese Kollegen las ich dann nämlich auch.

Ich versuchte, mich rückgreifend in die ganze Polemik einzulesen, angefangen bei Ernst Noltes Beitrag in der FAZ vom 6. Juni 1986, *Vergangenheit, die nicht vergehen will.* Aber bevor ich auf die ganze Polemik eingehe, will ich noch Fest zitieren, weil mich seine Sprache stutzig gemacht hat. Joachim Fest schreibt über die russische Revolution in der Phase 1919: *Die Berichte über das Deportieren, Morden und Austilgen ganzer Bevölkerungsgruppen waren sicherlich übertrieben. Doch enthielten sie einen zutreffenden Kern, der durch das Pathos der nahenden Weltrevolution zusätzlich an Glaubwürdigkeit gewann. In aller Verzerrung gaben sie Hitlers Ausrottungskomplexen einen realen Hintergrund. Und daß unter denen, die der schon bald in Chaos und Schrecken auslaufenden Münchener Räterepublik vorgestanden hatten, nicht wenige Juden gewesen waren, verschaffte überdies seinen antisemitischen Obsessionen eine scheinbare und jedenfalls agitatorisch nutzbare Bestätigung. Er ebenso wie die verängstigten Massen mochten glauben, daß eine Rettung, wenn überhaupt, nur durch den Entschluß möglich sei, in der Gegenwehr genauso zu verfahren, wenn auch »zehnmal« terroristischer.*

Ich war starr. Nicht nur, weil ich selbst als Kind jüdischer Eltern seinerzeit Flüchtling vor Hitler war und Angehörige von mir in Gaskammern starben, sondern weil Joachim Fests hochtrabende und vorsichtig verklausulierte Sprache hier eigentlich ein Versteck für eine ganze Ansammlung von Ungeheuerlichkeiten ist. Denn die Menschen, die damals in Rußland tatsächlich als ganze Bevölkerungsgruppen vertilgt wurden, waren nicht Opfer der Revolution, sondern der weißen Konterrevolution, allen voran Zehntausende und Aberzehntausende von Juden, die in den Interventionskriegen, vor allem von den Banden des Kosakenhetmans Petljura, ermordet wurden.

Und es stimmt zwar auch, daß die Münchener Räterepublik *schon bald in Chaos und Schrecken auslief*, wie Fest schreibt, aber das war Chaos und Schrecken der weißen Konterrevolution! Überhaupt lohnt es sich für den Historiker, die Zahl der Todesopfer der Revolutionen mit denen der dazugehörigen Konterrevolutionen zu vergleichen, angefangen von der Pariser Kommune bis zur ungarischen Revolution von 1919, weil ja Fest von diesem Jahr spricht! Die Opfer der Konterrevolution, auch genannt Wiederherstellung der Ruhe und Ordnung, sind immer ein Vielfaches der Opfer der Revolution selbst gewesen.

Fest betreibt sprachlich eine Art Rückversicherung. Er sagt zwar von den Darstellungen, auf die Hitler sich stützte: *Sie waren sicherlich übertrieben.* Aber dann spricht er – in etwas merkwürdigem Deutsch – von einem *dennoch zutreffenden Kern, der zusätzlich an Glaubwürdigkeit gewann.* Wie kann ein Kern zutreffen und zusätzlich an Glaubwürdigkeit gewinnen? Doch das nur nebenbei. Auch bleibt es eine Frage, wessen Tendenzmeldungen denn die Massen so verängstigt haben, daß die Judenvernichtung durch zehnmal terroristischere Gegenwehr als einziger Ausweg erschien? Das Wort *zehnmal terroristischer* bringt Fest als Hitlerzitat. Also Hitlerterror, weil unter den Männern der Münchener Räterepublik nicht wenige Juden gewesen waren?!

Wer diese ganze Argumentationsweise nicht überzeugend findet, der wird von Joachim Fest belehrt: *Es kann nicht unzulässig sein, diese Überlegung vorzutragen und einen Zusammenhang herzustellen zwischen den Greuelmeldungen vom Osten und Hitlers Bereitschaft zum Exzeß. Wenn das aber so ist, fragt man sich doch nach den wirklichen Gründen für die Ungehaltenheit, die Noltes Bemerkung ausgelöst hat, die Ereignisse in Rußland seien »das logische und faktische Prius« zu Auschwitz, und zwischen beidem sei ein »kausaler Nexus wahrscheinlich«.*

Dieses Nolte-Zitat Joachim Fests hat, wie gesagt, meine Neugier auf, wenn auch nicht gerade meine Sympathie für Noltes Originaltext erweckt. Auch Noltes vornehm professorales *Prius* statt des deutschen Wortes *vorher* oder *zuerst* war mir stilpsychologisch verdächtig. Aber bevor wir zu Nolte kommen, doch noch Fest-Argumente. Joachim Fest versucht etwas zu widerlegen, was er einen *verbreiteten Einwand gegen die gedankliche Verknüpfung der russischen Revolution mit Hitlers Auschwitz* nennt. Er sagt: *Der Kommunismus, so wird behauptet oder stillschweigend vorausgesetzt, reiche selbst in der sowjetrussischen Ausprägung, sofern man sich der Ursprünge erinnert, auf einen großen humanitären Ideenbestand zurück. Ein unverbrauchbarer Rest davon bleibe ihm immer erhalten... Demgegenüber entstamme der Nationalsozialismus dem inferioren Gedankenmüll völkischer Sektierer...*

Dieser Hinweis ist nicht ohne Gewicht, Joachim Fest versucht ihm aber in seinen langen folgenden Ausführungen dieses Gewicht zu nehmen. Ich finde dies ein völlig hoffnungsloses Beginnen. Schon deshalb, weil selbst zur ärgsten Zeit des Stalinismus jeder junge Kommunist, dem vor der Stalinschen Praxis zu grauen begann, bei Marx und Engels und Lenin, von Rosa Luxemburg ganz zu schweigen, massenweise Material für eine Rebellion gegen solche Praxis fand, während ein junger Nazi, dem es vor der Nazipraxis zu grauen begann, in der nationalsozialistischen Lehre so gut wie gar keine Rebellionshilfe fand. Daher kommt es auch wohl, daß in Deutschland Kommunisten unter den Rebellen des 17. Juni 1953 waren, ganz zu schweigen von den Unruhen von Posen und von Julian Hochfeld und Kolakowski, ganz zu schweigen auch vom Petöfikreis in Ungarn. Von den Lukács-Schülern und erst recht vom Prager Frühling. Und schließlich: Man sollte nicht ganz vergessen, daß die Sowjetunion sich unter Chruschtschow, und nun gar unter Gorbatschow, aus eigener Kraft vom Stalinismus befreit hat, während Deutschland den Hitler-Faschismus erst durch seine militärische Niederlage los wurde und sein Gedankengut zum Teil noch oder wieder in einigen Teilnehmern dieser Diskussion nachgeistert.

Damit bin ich bei den anderen Diskussionsteilnehmern angelangt, bei Ernst Nolte, bei dem Erlanger Geschichtswissenschaftler Michael Stürmer und bei Andreas Hillgruber aus Köln.

Hillgruber sind seine Gedanken und seine furchtbaren, unmittelbar auf die Sprache der Nazis zurückgehenden Sprachentgleisungen vorzuwerfen, etwa wenn er vom *Ringen des deutschen Heeres im Osten* spricht, vom *verzweifelten Abwehrkampf um die Bewahrung der Eigenständigkeit der Großmachtstellung des deutschen Reiches*, das nach dem Willen der Alliierten zertrümmert werden sollte. Er sagt weiter: *Das deutsche Ostheer bot einen Schutzschirm vor einem jahrhundertealten deutschen Siedlungs-*

raum, vor der Heimat von Millionen, die in einem Kernland des deutschen Reiches... wohnten.

Nicht umsonst zitiert Habermas, der sich in höchst dankenswerter Weise gegen diese ganze Richtung gewendet hat, eine solche Stelle. Die Sprache allein entlarvt Herrn Hillgruber, und die Liste seiner Stilblüten könnte bis ins Unendliche fortgesetzt werden, auch im Beschönigen: Für die vertriebenen, heimatlos gemachten jüdischen Flüchtlinge findet er die Worte, sie seien *ins Ausland gelangt*.

Seine Auffassung von der Aufgabe des Historikers bei der Beurteilung der Hitlerzeit sagt eigentlich alles über ihn. Von der Zeit der Verschwörung des 20. Juli 1944 gegen Hitler sagt er, daß der Geschichtswissenschaftler vor dem *Problem der Identifizierung* stehe. Auf die Idee, sich mit den von Hitler überfallenen, aber nun endlich siegreichen Menschen im Osten zu identifizieren, kommt Hillgruber erst gar nicht! Die Männer des 20. Juli, die das Hitlerregime loswerden wollten, sind für ihn keine Realisten. Er tut sie mit dem Wort *gesinnungsethisch* ab; zum Unterschied von denen, die durchhielten und weitermachten.

Da erteilt er zwar der Naziführung ebenfalls eine schlechte Note, aber eine sehr milde: Er nennt sie *Sozialdarwinisten!* Aber die unter ihrem Befehl weiter mitmachenden kleineren Leute, Bürgermeister, Offiziere und Verwalter von Landkreisen, erkennt er als *Verantwortungsethiker* an. Was die Nation als solche betreffe, so sei die Aufgabe des Geschichtswissenschafters diese:

Er muß sich mit dem konkreten Schicksal der deutschen Bevölkerung im Osten und mit den verzweifelten und opferreichen Anstrengungen des deutschen Ostheeres und der deutschen Marine im Ostseebereich identifizieren, die die Bevölkerung des deutschen Ostens vor den Racheorgien der Roten Armee, den Massenvergewaltigungen, den willkürlichen Morden und den wahllosen Deportationen zu bewahren und den Fluchtweg nach Westen freizuhalten suchten.

Nun ja, wenn sich das so verhält, dann ist es nicht verwunderlich, daß ein Dregger so stolz darauf ist, bis zum letzten Augenblick gegen den Russen gekämpft zu haben! Ich weiß nur nicht, wieso sich, wenn die Bundesrepublik solche Historiker hat, noch irgendwer über die Neonazis wundert und nach deren geistiger Herkunft fragt. Ganz abgesehen davon, daß die Racheorgien der Russen bescheiden waren im Vergleich zu den Vernichtungsorgien deutscher Armee- und Waffen-SS-Verbände, die Rußland überfallen hatten. Zumal dieser Historiker Hillgruber Freunde wie Michael Stürmer hat, der nicht nur ein Berater Helmut Kohls, sondern auch am Entstehen einiger von Helmut Kohls Reden nicht unbeteiligt ist. Und solche Männer bestimmen, wer an bundesdeutschen Universitäten vorwärtskommt und Forschungsmittel bewilligt erhält!

Aber eines zeigt die eben zitierte Hillgruber-Formulierung: wie richtig, wenn auch unfreiwillig richtig, weil ganz anders gemeint, der Titel ist, den Ernst Nolte für seine Ausführungen gefunden hat, die diese Debatte vom Zaun brachen, nämlich: *Vergangenheit, die nicht vergehen will.* Bei Nolte findet sich vorsichtigere Wortwahl – er versteht anscheinend sogar etwas von Sprachpsychologie und formuliert als Philosoph vom Fach noch komplizierter als Fest oder Hillgruber. Aber gelegentlich finden sich auch bei ihm Formulierungen, die einen erstaunt aufhorchen lassen, wenn er etwa sagt: *Kein Deutscher kann Hitler rechtfertigen wollen, und wäre es nur wegen der Vernichtungsbefehle gegen das deutsche Volk vom März 1945.* Klingt das nicht, als ob andere Vernichtungsbefehle Hitlers doch nicht ganz so eindeutig abzulehnen wären? Und im selben Absatz erklärt Nolte, daß die Deutschen aus der Geschichte Lehren ziehen würden, sei garantiert durch die *vollständige Veränderung der Machtverhältnisse und durch die anschaulichen Konsequenzen von zwei großen Niederlagen.* Dagegen hätte ich nichts einzuwenden (obwohl Nolte an anderen Stellen in diesem Absatz den Einfluß der Historiker und Publizisten meines Erachtens unterschätzt). Aber im selben Atemzug schreibt Nolte weiter über die Deutschen: *Falsche Lehren können sie freilich immer noch ziehen, aber dann nur auf einem Wege, der neuartig und jedenfalls »antifaschistisch« sein dürfte.*

Daß er das Wort *antifaschistisch* in Gänsefüßchen setzt, macht diesen abscheulichen Satz nicht besser und nicht weniger unwahr. Aber das ist nicht die einzige unverantwortbare Behauptung Noltes. Er erklärt zum Beispiel: *Alle Schuldvorwürfe gegen die Deutschen sind unaufrichtig, da die Ankläger sich selbst oder die Gruppe, die sie vertreten, nicht einbeziehen.* Auch ich spreche nicht gern gegen die Deutschen im allgemeinen: aber glaubt Nolte wirklich, daß alle Gruppen der Deutschen wirklich die gleiche Schuld oder überhaupt Schuld getragen haben und sich daher einbeziehen müssen? Eine solche Meinung wäre ungeheuerlich.

Und noch eine Stelle, wo Nolte von einem aktuellen Ereignis spricht, möchte ich hier zitieren: *Zwar rief der Besuch des amerikanischen Präsidenten auf dem Soldatenfriedhof Bitburg eine sehr emotionale Diskussion hervor, aber die Furcht vor der Anklage der »Aufrechnung« und vor Vergleichen überhaupt ließ die einfache Frage nicht zu, was es bedeutet haben würde, wenn der damalige Bundeskanzler sich 1953 geweigert hätte, den Soldatenfriedhof von Arlington zu besuchen, und zwar mit der Begründung, dort seien auch Männer begraben, die an den Terrorangriffen gegen die deutsche Zivilbevölkerung teilgenommen hätten.* Soweit das Nolte-Zitat. Daß auf dem Soldatenfriedhof Bitburg SS-Männer begraben liegen, erwähnt Nolte nicht. Und obwohl ich, ebenso wie viele Angehörige der englischen Luftstreitkräfte, schon damals, in England im Krieg, Worte gegen die Angriffe auf Hamburg und Dresden gefunden und dagegen auch geschrieben habe, finde ich es nicht gestattet, das Wort Terrorangriffe glatt von den Nazis zu übernehmen, nota bene wenn man davon absieht, wer in diesem Zweiten Weltkrieg mit dem Morden angefangen hat.

Noch ärger als die meisten dieser verräterischen Stellen ist aber Noltes Grundthese, in der er sich mit seinen anderen aufrechnenden Kollegen einig ist, daß nämlich *die asiatische Tat* (wie sie das Tun der Bolschewiki nannten und nennen) die eigentliche Ursache von Auschwitz gewesen sei. *Seien Hitlers geheimste Handlungen nicht gerade auch dadurch zu erklären?* Dies eine Verniedlichung von Auschwitz zu nennen, wäre noch viel zu freundlich. Und ein letztes Zitat von Ernst Nolte, meines Erachtens das ärgste von allen. Nolte schreibt: *Die sogenannte Vernichtung der Juden während des Dritten Reiches war eine Reaktion oder eine verzerrte Kopie, aber nicht ein erstmaliger Vorgang oder ein Original.*

Als ich das las, wurde ich wütend. Was zum Teufel heißt *die sogenannte Vernichtung der Juden?* Wurden sie denn nicht wirklich vernichtet? Zum Beispiel meine vergasten Angehörigen, oder zwei vor den Augen ihrer Mutter, meiner Kusine, erschossene Kinder! Wie kann ein gebildeter Mensch dieses Wort *sogenannt* schreiben? Wenn das möglich ist, dann wundert es mich auch nicht, daß sogenannte gebildete Menschen diese Vernichtung durchgeführt haben! Natürlich hat es schon vorher Völkermord gegeben, z. B. den von Nolte zitierten Völkermord der Türken an den Armeniern, aber der ist in keiner Weise relevant für den Völkermord des Pol-Pot-Regimes im eigenen Land, mehrere Jahrzehnte nach Hitlers Judenmord.

Ich war so zornig, daß ich zunächst gar nicht versuchte, mich auf ein Argument mit dieser Kumpanei von neokonservativen deutschen Historikern und sonstigen Aufrechnern einzulassen, sondern mir zuerst einmal Luft machte, indem ich einige polemische Verse schrieb, die ich hier einfügen will, bevor ich dazu übergehe, eine andere Seite des Problems zu beleuchten, daß nämlich durch die Schäbigkeit solcher Argumente für mich für den Augenblick etwas viel Wichtigeres verschüttet wurde; nämlich die Frage: Durch welche Motivierungen kommen Menschen überhaupt dazu, daran Gefallen zu finden? Aber bevor ich darauf eingehe, hier meine Verse, in denen ich mir Luft zu machen versuchte:

Die Wiederkünftigen

Zum Streit um die deutsche Geschichte

Wenn diese Noltes und Stürmer
und wer immer die jetzt wieder sind
die Verbrechen des alten Stalinismus
und die Verbrechen Englands an seinen Kolonien
und die alten Verbrechen Amerikas an den Indianern
und die gar nicht so alten Verbrechen in Vietnam
aufrechnen wollen gegen die Verbrechen des Hitlerfaschismus
so wäre das noch zu verstehen
denn auch all diese anderen
haben wirklich vor Zeiten Blutschuld auf sich geladen
Und Gorbatschow tut heute, was er kann
um die Reste der Stalinzeit
in der Sowjetunion zu bekämpfen

Und ich hoffe die Labour Party
wird England befrein von Frau Thatcher
und jetzt werden Reagans Verbrechen
von Amerika selbst entdeckt
und natürlich bin ich auch gegen einen antideutschen Rassismus
Und jeder deutsche Antifaschist hat das Recht
wenn er ankämpft gegen das heutige Unheil in Deutschland
auch in anderen Ländern Verbrechen der Herrschenden anzuklagen
die meist Bundesgenossen der Herrschenden Deutschlands sind

Aber wenn diese Noltes und Stürmer
– diese habermaslosen Gesellen –
jetzt wieder der Hafer sticht
das alles aufzurechnen
damit der Hitlerfaschismus desto weniger einmalig scheint
weil alles doch relativ sei

dann will ich abrechnen mit ihnen
im Namen meiner Toten
und im Namen der Lebenden

Denn die wollen der deutschen Geschichtsbetrachtung helfen
– oder helfen ihr doch, auch wenn sie es nicht bewußt wollen
nicht auszugleiten im gestern von Hitler vergossenen Blut
sondern sich für die Zukunft wieder die Hand frei zu machen zu Taten
wie sie angeblich ja alle Völker begehen

Solche Aufrechner die nie
Antifaschisten waren
und saubere Hände aber keine saubere Denkweise haben
sind eine Gefahr, nicht nur für Deutschlands Zukunft
sondern machen es Deutschland auch heute
schon leicht sich mit Schuld zu beladen
durch Behandlung von Ausländern als Menschen zweiter Klasse
und durch Ausweisung von Zufluchtsuchenden in ihren Tod
im Libanon und im Iran und in der Türkei

Darum muß man abrechnen
mit diesen Geschichtsklitterern
mit diesen Aufrechnern und menschlichen Rechenmaschinen
die heutigen Friedensverbrechern
und künftigen Kriegsverbrechern
Vorschub leisten
mit ihrer heillosen Suche nach Rechtschaffenheit

Nach diesem Gedicht sollte ich vielleicht mitteilen, daß ich in London, im Kriegsjahr 1944, im Verlag des exilierten österreichischen Pen-Klubs in meinem ersten Gedichtband *Deutschland* gegen den Deutschenhaß polemisiert habe und mich um Verständnis für die bemüht habe, die auf den Nationalsozialismus hereingefallen waren; ferner daß ich in meinem ersten Gedichtband nach dem Krieg der Opfer des Feuersturms in Hamburg gedacht habe, mich in meinem ersten Prosaband gegen die Hinrichtung einer KZ-Wärterin ausgesprochen habe und in letzter Zeit gegen die lange Haft für einen prominenten jungen deutschen Neonazi, dessen subjektive Ehrlichkeit ich betont habe, womit ich mir eine Menge Feinde zuzog. Ich bin also alles andere als ein blindwütiger Deutschenhasser oder Verfechter einer bedingungslosen Feindseligkeit gegen politische Gegner. Woher also meine empörte Abneigung gegen diese Geschichtsklitterungen und ihre teils verschleiernde, zugleich aber verräterische Sprache?

Einfach deshalb, weil diese Historiker, statt Deutschland zu wichtigen Erkenntnissen zu verhelfen, aufgrund ihrer eigenen Unbewußtheit solche Erkenntnisse verhindern helfen. »Wir sind wieder wer«, heißt es seit der Tendenzwende, und sie und die von ihnen bedienten Politiker wollen, daß Deutsche wieder stolz darauf sein können, Deutsche zu sein. Diesen Wunsch danach, stolz sein können, kenne ich aus eigener Erfahrung:

Als man mir als Kind in Österreich, noch vor Hitler, zuerst sagte »Saujude« und »dreckiger Jude«, da antwortete ich, dem der Begriff Jude bisher so gut wie nichts bedeutet hatte: »Ja, ich bin Jude, und ich bin stolz, ein Jude zu sein!« In Anbetracht der erlittenen Beschimpfung finde ich meine Antwort sehr verständlich. Aber sie ist natürlich Unsinn. Stolz kann man auf seine Arbeit sein oder auf die Hilfe für benachteiligte Mitmenschen. Aber stolz darauf zu sein, daß man als Jude oder als Deutscher oder als Russe geboren ist, wäre ebenso dumm, wie sich dessen zu schämen. Dies oder jenes zu sein, ist weder eine Leistung noch ein Verbrechen. Nur wer eine ganz tiefe Identitätsstörung erlitten hat, kann als denkender Mensch solche nationalistischen Reaktionen, die erfahrungsgemäß immer in Chauvinismus ausarten, mitmachen. Deutschland aber hatte, dank Hitler, eine Niederlage erlitten, desto traumatischer, weil in den Jahren zuvor eine Siegessträhne ein infantiles Allmachtgefühl erzeugt hatte, auch bei nicht sonderlich politischen kleinen Leuten.

Nun führte die *Unfähigkeit, zu trauern* und sich gründlich Rechenschaft über das Getane und Geschehene zu geben, zu einer Identifizierung mit der – offenbar stärkeren – Magie der Sieger, in diesem Fall vor allem der Amerikaner. Auch Amerikas Antikommunismus wurde im unmittelbar folgenden Kalten Krieg übernommen; er bot zugleich eine willkommene Kontinuität: Man hatte nicht in allem unrecht behalten! Daran war auch – halbbewußt – befriedigend, daß man nun doch zur Spaltung der Mächte beitrug, die Deutschland besiegt hatten. Trotzdem blieb – weitgehend unbewußt – irgendwo ein schlechtes Gewissen wegen der Anpassung an die Magie des Siegers. Reste der alten Magie, die versagt hatte, blieben unter der Oberfläche erhalten. – Ich spreche von der psychischen Situation vieler Deutscher, nicht von bewußter Politik; und mit dem Gefühl »Wir sind wieder wer« und mit Ende des Wirtschaftswunders erstarkte diese alte Magie, so daß kleine, fast harmlose Leute heute noch ausrufen: »Adolf, wo bist du? Dein Land braucht dich!«

Es ist ja in Wirklichkeit nicht so, daß diese Nolte und Stürmer und Hillgruber im Grunde ihres Herzens Nationalsozialisten wären oder einem neuen Nationalsozialismus helfen wollten, obwohl sie das natürlich in Mehrheit, wider Willen und Wissen, doch tun, weil ihr aufrechnerischer Antikommunismus eine der Grundlagen des Neonazitums ist. Ein Neonazi hat mir vor wenigen Jahren wörtlich gesagt: *Diese CDU und CSU und Junge Union und NDP sind doch in Wirklichkeit alle ganz geil darauf, was wir tun. Sie trauen sich das nur nicht öffentlich und ehrlich zu sagen.* So einfach stimmt das natürlich nicht, aber es ist mehr als ein Körnchen Wahrheit dran. Wenn einer von den aufrechnenden Historikern sich soweit vergessen konnte, Chaim Weizmanns Erklärung nach Anfang des Zweiten Weltkriegs als Kriegserklärung *der Juden* an Hitler zu betrachten und daher *die Juden* als Kriegsgefangene zu sehen, dann ist er doch gar nicht so weit von den Nazis entfernt, wie er selber glaubt.

Dabei sind diese selben Aufrechner in einem anderen Teil ihrer Alltagspraxis keineswegs Judenfeinde. Nein, sie befürworten es, wenn an verschiedenen Orten der Bundesrepublik jüdische Synagogen und verwüstete Gemeindebauten saniert werden sollen, manchmal für eine Judengemeinde, die jetzt viel zu klein ist, um so große Bauten wirklich zu benötigen. Hier gibt es eine Spaltung des eigenen Bewußtseins, die mich darin erinnert, daß z. B. der Philosemitismus Axel Springers ganz ehrlich war. Die Behauptung Fassbinders, Philosemitismus und Antisemitismus seien ein und dasselbe, stimmt ja nicht. Der Philosemitismus hat viel edlere Beweggründe: darunter ein ehrliches Wiedergutmachungsbedürfnis. Nur etwas Entscheidendes hat er wirklich mit dem Antisemitismus gemein, daß nämlich die Juden als Andersartige gesetzt werden, daß man von den Leiden des jüdischen Volkes spricht, als ob Juden wirklich allein ein Volk wären; auch die, die nie in Palästina waren, die nicht hebräisch sprechen können und vielleicht auch gar nicht religiös sind! Diese zwangsweise Einstufung zu einem Volk leugnet dadurch, daß Juden Deutsche, Österreicher, Franzosen waren und sind und sein können. Dadurch wird der Ausgrenzung aus dem deutschen Volkskörper, oder aus dem österreichischen, polnischen usw., Vorschub geleistet, ob man will oder nicht. Und das ist, auch wenn man das Nazi-Adjektivum nie gehört hat, – völkisches Denken.

Und völkisches Denken erleichtert heute die Angriffe auf die

Freizügigkeit von Ausländern, z. B. die scheußliche Praxis, daß Asylsuchende, die heute in einem Wohnbezirk Stuttgarts untergebracht sind, wenn sie in einem anderen Stadtteil Stuttgarts gefaßt werden, eine Strafe von 50 bis 5.000 Mark riskieren und schließlich ihre Nichtanerkennung und Abschiebung. Einige dieser Abschiebungen, z. B. von Libanesen nach dem Libanon in die Hände ihrer Todfeinde, haben schon die Ermordung von Abgeschobenen zur Folge gehabt und sind in dieser Hinsicht, wenn auch technisch ganz anders durchgeführt als der Transport der Juden in die Vernichtungslager des Ostens, für die Betroffenen nicht weniger tödlich! Da wurden z. B. Anhänger Dschumblats an die Regierung Gemayel ausgeliefert, dessen Partei sich ganz offen *Falangisten* nennt, also Faschisten, und die Massaker von Sabra und Chatila auf dem Gewissen hat. Und an solche Leute liefern wir Menschen aus! Man sage nicht, daß diese Erscheinungen nichts mit dem Geist oder Ungeist des Hitlerfaschismus zu tun haben! Auch sie kommen in Deutschland von rechts und sind Wahlgeschenke an Wähler, die sich bewußt oder unbewußt vom alten völkischen Ungeist nicht freigemacht haben. Und gerade eine solche Freimachung wird durch aufrechnende Geschichtsdarstellungen wie die von Nolte, Stürmer usw. erschwert, ja sabotiert. Solange man andere, z. B. die asiatische Tat, die Russen, als Sündenböcke für das Geschehen in der eigenen Vergangenheit sucht, ist man ein legitimer Erbe des alten Ungeists, auch wenn man selbst sich vor dieser Erkenntnis versteckt. Als der Kalte Krieg begann, zur Zeit Stalins und seiner Greuel, war das alles noch etwas verständlicher. Heute, da Gorbatschow sich um die Beseitigung des alten Unrechts noch mehr bemüht, als es seinerzeit schon Chruschtschow tat, ist es eine für die Weiterentwicklung unserer Welt gefährliche Infamie, diese Veränderung zu übersehen, weil man zur Relativierung dessen, was einen drückt, ein klares Feindbild zu brauchen glaubt.

Natürlich war es eine Schlechtigkeit gegenüber jungen Deutschen, wenn Menschen im Ausland den Begriff Kollektivschuld gegen Deutschland gebraucht haben, als sei dies eine juridische Kategorie, sozusagen etwas, wofür man Rechtens bestraft werden könnte und sollte. Nein, Kollektivschuldgefühle sind ein psychisches Syndrom. Wir können sie durch eine wirkliche Analyse unserer Kultur, ihrer Vergangenheit und Gegenwart und ihrer Beziehungen zu den Nachbarn auflösen, uns von ihnen befreien. Wie voll von Kollektivschuldgefühlen aber müssen Menschen stecken, um so unsinnige Geschichtsklitterungen zu betreiben wie diese Historiker und um an einem zumindest längst veralteten Feindbild von den Russen festzuhalten, die doch außerdem immer, schon seit der deutschen Ostkolonisation, die Angegriffenen und nicht die Angreifer waren?!

Aber nicht nur Kollektivschuldgefühle werden verdrängt und abreagiert durch Errichtung eines Feindbildes und stures Festhalten an ihm. Nein, auch die Ängste, die sich aus Schuldgefühlen, aus allerlei Konflikten oder Konfliktvermeidungen in der engeren eigenen Umgebung oder im ganzen »eigenen« Land ergeben, auch die Angst vor Arbeitslosigkeit, vor Krankheit, Alter und Tod, ja groteskerweise sogar die Angst vor einem Krieg, also alle Zukunftsängste, können glücklich – oder gelegentlich weniger glücklich! – auf einen äußeren Feind verschoben werden. Manchmal kann es auch ein »innerer äußerer Feind« sein, wie die Juden, die Terroristen, die Zigeuner, kurz: der jeweilige Sündenbock.

Diese Tendenz ist natürlich nicht eine negative deutsche Rasseneigenschaft, auch wenn sie in Deutschland gefährlich stark ist, sondern sie ist ein Ergebnis schiefer Erziehungsformen und Erziehungszielsetzungen, die älter sind als der Hitlerfaschismus selbst, diesem aber schon seinerzeit Vorschub geleistet haben. Es ist auch nicht uninteressant, daß auch deutsche Juden, die ähnlich erzogen worden waren wie ihre nationalsozialistischen *Volksgenossen* – ich gebrauche das Reizwort *Volksgenossen* absichtlich in diesem Zusammenhang! –, später gegenüber Palästinensern gar nicht so unähnliche Feindbilder als geschichtliche Rechtfertigungsversuche, Verhaltensmuster und Aufrechnungsmethoden entwickelt haben. Und natürlich will ich auch nicht leugnen, daß am Aufstieg Hitlers auch andere Länder, die ebenfalls ihre eigenen Erziehungssünden und Manipulationen an ihren eigenen Staatsbürgern auf dem Gewissen haben, mitschuldig waren und daß auch in solchen Ländern das Sündenbockdenken und entsprechende geschichtliche Fehlinterpretationen blühen. Das Land, in dem ich einen großen Teil meiner Zeit verbringe und in das ich einst als Flüchtling vor Hitler kam, England, ist da besonders zu erwähnen. Trotz seines großen Machtverlustes sind die Geschichts- und Moralauffassungen, für die Frau Thatcher steht, denen des Premierministers Chamberlain vor dem Krieg gar nicht so fern. Nein, nicht eine Rasse, nicht eine Nation ist für Geschichtslügen und Geschichtsklitterungen zu tadeln, sondern z. B. ein verkrampfter, unbelehrbarer Konservatismus, der dadurch in immer gefährlichere Nachbarschaften gerät, nicht nur auf dem Gebiet der Politik, sondern auch der autoritären Kindererziehung. Das Verstehen und Bekämpfen politischer Antagonismen ist viel wichtiger zur Überwindung dieser seelischen und geistigen Seuchen als nationale Fragen oder gar als chauvinistischer Hochmut! Wer die Soziologie, die Ökonomie, die Kritik unserer Gesellschaftssysteme und die weiterentwickelte Psychoanalyse aus dem Spiel läßt, der wird diesen Teufelskreisen nie entgehen.

Die Wirklichkeit von heute aber sieht in vielen Weltteilen trotz mancher drohender Gefahren doch auch hoffnungsvoller und weniger aussichtslos aus, als es aus deutscher Sicht vorerst scheinen mag. Diese Sicht ist getrübt davon, daß Deutschland und andere europäische Mächte, besonders die alten ehemaligen Kolonialmächte und damit auch die Westeuropäer überhaupt, viel von ihrer Macht und ihrem Einfluß verloren haben.

Goethe läßt im Faust, in der Walpurgisnacht auf dem Blocksberg, einen alten Emporkömmling sagen:

Wir waren, weiß Gott, auch nicht dumm,
und taten oft, was wir nicht sollten.
Doch jetzo kehrt sich alles um,
und grade, als wir's fest erhalten wollten.

Daraufhin macht sich Mephisto den Spaß, auf einmal sehr alt zu erscheinen und völlig kulturpessimistisch zu antworten:

Zum Jüngsten Tag fühl ich das Volk gereift,
da ich zum letzten Mal den Hügelberg ersteige.
Und weil mein Fäßlein trübe läuft,
So ist die Welt auch auf der Neige.

Nun, besonders in Deutschland war ein etwas nebelhafter Kulturpessimismus schon lange weit verbreitet, besonders bei konservativen Kulturträgern. Derselbe Jürgen Habermas, der sich um die Widerlegung der Ausführungen Noltes und Stürmers besonders verdient gemacht hat, hat vor einigen Jahren auch erklärt, warum gerade konservative Kulturträger in Gefahr geraten, an Pessimismus und an einer Verkrampfung ihrer Sicht zu leiden. Weil nämlich die Wirklichkeit der von ihnen geförderten Marktwirtschaft mit den traditionellen Kulturwerten, an denen sie hängen, unvereinbar ist.

Multinationale Firmen und Monopole treten an die Stelle des individuellen freien Unternehmergeistes. Die Reste des Kleingewerbes und Handwerks werden immer geringer, die klassischen Bildungsideale werden von einem mitleidlosen Utilitarismus bekämpft. Die Versuchung für konservative Geister liegt nahe, die auf ein bestimmtes System, die bürgerliche Gesellschaftsordnung, beschränkten Sachzwänge zu überschätzen, zu verallgemeinern und für unabwendbar zu halten; daher Geschichtspessimismus.

Die Sowjetunion der Stalinzeit bot wirklich wenig Anlaß zu positiven Ausblicken. Aber daß sich dort seit Chruschtschow – und besonders seit Gorbatschow seine Reformen, um nicht zu sagen eine Umwälzung und zweite Revolution, begann – vieles weniger bedrohlich ausnimmt, ja wirklich hoffnungsvoll, das bedeutet zumindest auch weniger bedrohlich für Deutschland. Dies heute nicht sehen zu wollen, ist ein stures Festhalten an alten antikommunistischen Gedankenmustern, das dann seinerseits natürlich alle möglichen düsteren Folgen hat. Das ist natürlich nicht unabhängig von den politischen und wirtschaftlichen Machtverhältnissen in der Bundesrepublik, die ihrerseits den angeblich freien historischen Wissenschaftsbetrieb auf dem Weg über Karrieremöglichkeiten und Forschungsfinanzierung gar nicht wenig beeinflussen. Das sollte man zumindest erkennen, um sich notfalls dagegen wehren zu können und nicht jener Geschichtsblindheit zu verfallen, von der das alte Sprichwort gilt: *Es ist keiner so blind wie der, der nicht sehen will.*

Vielleicht ist es aber auch zu streng, diese Formulierung hier anzuwenden. Ich habe die Historiker, gegen deren Ausführungen ich mich wehre, sehr scharf kritisiert, weil ich glaube, daß sie wirklich, wenn sie von sinnstiftender Geschichtsschreibung reden, oft Unsinn stiften und falsche und gefährliche Ansichten fördern, noch dazu, weil sie im Wissenschaftsbetrieb Machtstellungen innehaben. Aber so notwendig es ist, sie scharf zu kritisieren, so wenig darf man doch vergessen, daß es sich bei diesen entschiedenen Gegnern nicht um Teufel in Menschengestalt handelt, sondern um Mitmenschen mit falschem Bewußtsein und unbewußten Ängsten.

Der Ethnoanalytiker Paul Parin aus Zürich, einer der bedeutenderen Köpfe unserer Zeit, hat Ende 1986 auf einem Kongreß internationaler Wissenschaftler in Hamburg gegen das Wettrüsten (ein Thema, das mit dem unseren in Wirklichkeit sehr eng zusammenhängt, weil es auch da um Geschichtsauffassung und Feindbilder geht) Theodor Adorno zitiert, der gesagt hat: »Normal ist das *falsche* Bewußtsein.« Das stimmt in unserer Zeit und in unserer Kultur zweifellos. Dieses falsche Bewußtsein von Historikern kann zwar einen bescheidenen Beitrag zum Untergang unserer Welt und auch zu ihrem eigenen Untergang leisten und muß deshalb bekämpft werden, aber man darf doch nicht allzu leichtfertig annehmen, dieses falsche Bewußtsein sei nur ihre eigene Schuld. Wer das selbstgerecht behauptet, der hätte selbst ein falsches Bewußtsein. Nein, diese Gegner, auch wenn ich glaube, gewisse konservative Kulturträger mit Recht als Reaktionäre bezeichnen zu dürfen, sind doch selbst Opfer ihrer Vorurteile, die wieder in ihrem eigenen Werdegang, nicht zuletzt auch in ihrer Kindheitserziehung wurzeln.

Um rational denken und handeln zu können, muß man sehr viel lernen: Und ähnlich wie eine von inneren Widersprüchen geplagte Gesellschaft versucht, allerlei in ihr Unbewältigtes durch den Angriff auf einen äußeren Feind abwälzen und bereinigen zu können, ergeht es oft auch den einzelnen Menschen: Widersprüche, die sie in sich nicht aufzuheben vermögen, sollen durch die Errichtung eines möglichst argen Feindbildes, das dann allen Haß, alle Aggressionen, auch alle eigenen Frustrationen auf sich zieht, verschleiert, harmlos gemacht werden. Und, natürlich, wenn ein solches Konzept zusammenbricht, wie bei der Niederlage des Dritten Reiches, dann ist die Frustration besonders groß. Dann fühlt man sich von einer Horde von plötzlich aufgetauchten Menschen umringt, die vorher nichts und jetzt alles zu sagen haben. Wie soll man in denen kein Element der Zerstörung sehen, wie sie nicht hassen und gegen sie Zeugnis ablegen, wo immer man kann?!

Solchen Gedankengängen sind offenbar auch die Historiker zum Opfer gefallen. Sie zu widerlegen und ihre Politik wirksam als gefährliches falsches Bewußtsein erkennbar zu machen, liegt zuletzt auch in ihrem eigenen wahren und von ihnen nur nicht erkannten Interesse. Es ist eine praktische Art, Feindesliebe an solchen Gegnern zu erweisen, indem man sie besiegt! Auf die Dauer zu ihrem und unser aller Besten, nicht zuletzt auch zum Besten ihrer Kinder und Kindeskinder, denen falsche Feindbilder und irrational aufgeheizte kalte und heiße Kriege erspart bleiben sollen.

1987

Brief nach Moskau

für Michael Gorbatschow

Nach sechzig Jahren Zuversicht, Zweifel, Enttäuschung,
in denen die Ohren sich nicht vor der Lüge im Namen der Wahrheit
verschließen konnten, die Augen nicht vor dem Unrecht,
kann ich jetzt doch noch zwischen mein Alter und meinen Tod
diesen neuen Lichtblick stellen, der alles verändert,
diese von Nachricht zu Nachricht deutlicher werdende Hoffnung,
daß unsere Kinder glücklicher leben könnten, weil endlich
Wahrheit aufsteht aus verkümmerten Halbwahrheiten
und dasteht in Menschengestalt, und will Menschliches bringen und wagt es,
zum Sollen das Dürfen zu fügen, zur Frage die offene Auskunft,
und rückt der Freiheit wieder den Stuhl an den Tisch.
Dies besingen? – Von tiefen Narben gezeichnet,
kann die alte Lust an Liedern für große Genossen
noch keine Worte finden, die unbeschädigt genug
und gut genug wären für das Aufatmen und die Freude.

1987

Lion Feuchtwanger und Oskar Maria Graf

Begegnungen mit dem Werk von Schicksalsgenossen

Rede, Frühjahr 1987

Mehr als einmal, während ich mich auf dieses Thema vorbereitete, sagte ich mir: Ich bin ein Schriftsteller, kein Germanist, und ich weiß eigentlich zu wenig, sowohl von Lion Feuchtwanger als auch von Oskar Maria Graf, verglichen mit denen, die jahrelang über das Leben und Schreiben dieser beiden Schriftsteller gearbeitet haben.

Meine einzige Rechtfertigung ist vielleicht die, daß ich die beiden Schriftsteller – persönlich habe ich leider keinen von ihnen gekannt – in mancher Hinsicht anders erlebt habe als viele andere, besonders die, die erst kurz vor oder erst nach ihrem Tod mit ihren Werken in Berührung gekommen sind.

Obwohl ich 37 Jahre jünger bin als Feuchtwanger und 27 Jahre jünger als Oskar Maria Graf, war ich doch noch ihr Zeitgenosse und in mancher Hinsicht – als vom Hitlerfaschismus aus seiner Heimat Vertriebener, der nach den Wurzeln dieses Übels suchte und etwas gegen es zu tun versuchte – auch ihr Schicksalsgenosse.

Ich bin 1921 in Wien geboren und habe relativ früh angefangen, ernste Bücher zu lesen, die mein Vater mir gab. 1934, ein Jahr nach Hitlers Machterhebung in Deutschland, kannte ich von Feuchtwanger den historischen Roman *Die häßliche Herzogin, Jud Süß* und *Erfolg*. Von der häßlichen Herzogin Margarete Maultasch hatte ich, weil sie ja sozusagen zur österreichischen Geschichte gehört, schon in der Schule ein ganz klein wenig gelernt, und der Roman machte mir deutlich, was an menschlichem Leben hinter solchen dürftigen Geschichtsbrocken stecken kann. Von dem Hofjuden Süß wußte ich nichts, dennoch bedeutete er mir mehr als die häßliche Herzogin. Das war keine literarische Wertung. Ich weiß noch genau, wie ich das las. Nämlich so, daß ich dabei immer die Stimmen im Ohr hatte, die zu uns in Wien auf der Straße sagten: »Wartets nur: Bis der Hitler kommt, hängt er euch alle auf!« Erst viel später wußte ich, daß Feuchtwanger mit seinen historischen Romanen den Menschen auch ganz bewußt die Augen für ihr eigenes Lebensgefühl und ihre eigenen Zeitzusammenhänge öffnen wollte. Die Wirkung aber blieb auch ohne dieses Wissen nicht aus. Noch viel stärker allerdings beeindruckte mich in dieser Hinsicht *Erfolg*. Die Ähnlichkeiten zwischen den bayerischen und österreichischen Verhältnissen waren unübersehbar groß, und die Gefahren, die in der biederen Hinterhältigkeit oder in der klerikalen Verstocktheit, in der rachsüchtigen Schlauheit lagen, waren für mich auch eine Spiegelung der Gefahren meiner unmittelbaren Umgebung und eine Warnung vor ihnen. Um diese Zeit (ich las *Erfolg* wahrscheinlich um die Jahreswende 1932/1933) hatte bei uns der Vorstoß der ganz Rechten (Dollfuß im Verein mit den Heimwehrleuten) schon deutlich begonnen, und vieles in dem Buch konnte man nicht nur verstehen, sondern auch spüren. Ich erinnere mich aber auch, daß ich den Stil des Buches, zum Beispiel das gelegentliche Vorziehen des Verbums, ungewöhnlich und sehr eindrucksvoll fand.

Von Oskar Maria Graf hatte ich vor 1933 eigentlich nur bayerische Bauerngeschichten gelesen, hatte sie spannend gefunden, auch Anteil daran genommen. Im Buch *Dorfbanditen* war mir die Kindheit von Jungen unter mir recht fremden Lebensbedingungen nähergerückt worden, und auch ein Buch, das *Bayerisches Lesebücherl* hieß, hatte mich interessiert und zum Teil auch amüsiert, aber als Stadtkind in Wien war mir das Leben auf dem Land nur in den Ferien von ferne begegnet, und bei der damaligen politischen Lage in Österreich fühlte ich mich dem »Ländlichen« gegenüber ein wenig unsicher und wußte damals – zu meiner Schande muß ich es gestehen – noch nicht ganz sicher, wohin dieser Oskar Maria Graf eigentlich gehörte. Er gefiel mir, aber ich hatte auch von den »Bodenständigen« gehört und war noch nicht soweit, damals schon den Unterschied zwischen ihm und ihnen deutlich zu erkennen. Daß Graf und Feuchtwanger einander auch persönlich kannten und schon in den zwanziger Jahren im *Neutralen Komitee für die Befreiung von Max Hölz* zusammengearbeitet hatten, erfuhr ich erst viel später im Exil in England.

Und dann kam die Machterhebung Hitlers in Deutschland – auch in Österreich von uns als furchtbarer Schlag empfunden –, und Feuchtwangers Bücher wurden verbrannt, und von Oskar Maria Grafs Büchern wollten die neuen Herren die meisten als echt bodenständig empfehlen, und da brachte in Wien die *Arbeiter-Zeitung*, wenige Tage nach meinem 12. Geburtstag, die Worte Grafs, in denen er die Nazis verdammte und mitverbrannt zu werden forderte:

Das Dritte Reich hat fast das ganze deutsche Schrifttum von Bedeutung ausgestoßen, hat sich losgesagt von der wirklichen deutschen Dichtung, hat die größte Zahl ihrer wesentlichsten Schriftsteller ins Exil gejagt und das Erscheinen ihrer Werke in Deutschland unmöglich gemacht. Die Ahnungslosigkeit einiger wichtigtuerischer Konjunkturschreiber und der hemmungslose Vandalismus der augenblicklich herrschenden Gewalthaber versuchen all das, was von unserer Dichtung und Kunst Weltgeltung hat, auszurotten und den Begriff »deutsch« durch engstirnigen Nationalismus zu ersetzen. Ein Nationalismus, auf dessen Eingebung selbst die geringste freiheitliche Regung unterdrückt wird (schrieb Graf in seinem offenen Brief), *ein Nationalismus, auf dessen Befehl alle meine aufrechten sozialistischen Genossen verfolgt, eingekerkert, gefoltert, ermordet oder aus Verzweiflung in den Freitod getrieben werden!*

Und die Vertreter dieses barbarischen Nationalismus, der mit Deutschsein nichts, aber auch schon gar nichts zu tun hat, unterstehen sich, mich als einen ihrer »Geistigen« zu beanspruchen, mich auf die sogenannte weiße Liste zu setzen, die vor dem Weltgewissen nur eine schwarze Liste sein kann!

Diese Unehre habe ich nicht verdient!

Nach meinem ganzen Leben und nach meinem ganzen Schreiben habe ich das Recht, zu verlangen, daß meine Bücher der reinen Flamme des Scheiterhaufens überantwortet werden und nicht in die blutigen Hände und die verdorbenen Hirne der braunen Mordbanden gelangen!

Verbrennt die Werke deutschen Geistes! Er selber wird unauslöschlich sein wie eure Schmach!

(Alle anständigen Zeitungen werden um Abdruck dieses Protestes ersucht. Oskar Maria Graf)

Die *Arbeiter-Zeitung,* die im Februar 1934, noch nicht einmal ein ganzes Jahr später, selbst Opfer des österreichischen Faschismus wurde, druckte das am 12. Mai 1933 ab; ein verspätetes Geburtstagsgeschenk für mich. Oskar Maria Graf war für mich mit einem Schlag ein Held geworden. Natürlich verstand ich auch den Einwand: Wenn seine Bücher, die daraufhin ebenfalls verbrannt wurden, länger unverbrannt geblieben wären, wäre das nicht nur für ihn vielleicht noch von persönlichem Vorteil gewesen, sondern dann wären von diesen Büchern auf ihre Leser, denen sie nun entzogen wurden, noch gute Wirkungen ausgegangen, im Gegensatz zur Blut-und-Boden-Ideologie der Nazis, mit der ich ihn nun nie mehr verwechselte. Aber das Farbe-Bekennen Grafs schien mir damals und scheint mir auch heute noch viel wichtiger. Und viel später, als ich das lange Zögern und Zaudern Thomas Manns kannte und die zweifelhaften Eintragungen, die er in seine Tagebücher machte, fand ich auch Grafs scharfe Kritik an Thomas Mann völlig gerecht.

In den Jahren zwischen Hitlers Machtantritt in Deutschland und der Gleichschaltung Österreichs las ich auch Feuchtwangers *Geschwister Oppenheim,* heute wieder mit ihrem ursprünglichen Titel *Geschwister Oppermann* genannt. Natürlich identifizierte ich mich vor allem mit dem Gymnasiasten, der Selbstmord begeht. In diesem Buch begegnete ich auch zum ersten Mal – und mit Entsetzen! – Kleists Gedicht *Germania an ihre Kinder.* Mit Entsetzen, weil dieser Geist offenbar immer noch weiterlebte! In *Geschwister Oppenheim* sah ich deutlich, was auch meiner Familie bevorstand, falls Hitler nach Österreich kommen sollte – und was dann meine Familie auch wirklich vernichtet hat.

Aber das andere, was mich in diesem Buch ungemein beeindruckte, war die Gestalt des Schriftstellers – eigentlich eines unpolitischen Schriftstellers, der sich aber doch dazu bringt, gegen die Nazis zu wirken. – Natürlich hatte sich auch schon im Roman *Erfolg,* bei dem Schriftsteller Tüverlin, eine Entwicklung in vergleichbarer Richtung gezeigt. Den *Erfolg* las ich jetzt nochmals und schrieb mir einen Absatz in mein Tagebuch. Den nahm ich dann 1938 mit, als ich aus dem von Hitler besetzten Österreich nach England ins Exil ging. Der Text ist der Johanna Krain in den Mund gelegt:

»Man hat mir gesagt«, sprach sie, »daß es Fälle krasseren Unrechts gibt und daß Männer zu Unrecht in den Gefängnissen sitzen, wichtiger für das Gemeinwohl als dieser Martin Krüger, der nun tot ist. Aber ich will das nicht begreifen, mir ist dieser Martin Krüger wichtiger als alles auf der Welt. Sagen Sie mir nicht, dem Mann ist nicht mehr zu helfen. Ich will ihm nicht helfen, ich will mir helfen. Ich hab' gesehen, daß Unrecht geschah. Ich hab' gesehen, und seitdem ich es sah, ist mir das Essen verekelt und das Schlafen und meine Arbeit und das Land, in dem ich lebe und immer gelebt habe. Das Unrecht, das ich sah, ist nicht gestorben mit dem Mann, es ist immer da, es ist rings um mich, es ist am meisten da von allem Unrecht in der Welt. Ich muß davon reden, Gerechtigkeit beginnt zu Hause.«

Diese Sätze haben für mich ihre Gültigkeit behalten, auch heute, auch in der Bundesrepublik. Daß Feuchtwanger überhaupt im Grunde ein vernunftgläubiger Moralist war, eine Geisteshaltung, die vielleicht auch aus seiner Herkunft aus dem jüdischen Bürgertum seiner Zeit, aus seiner Rebellion gegen dessen religiöse Orthodoxie zu erklären ist, wurde mir damals noch nicht klar. Auch heute ist es vielen unklar. Er wird oft für einen Kommunisten oder gar Mitläufer des Stalinismus gehalten, was er nicht war. Solchen Mißverständnissen leistet gelegentlich die Verstümmelung seiner Texte in der DDR Vorschub, wenn z. B. in dem Roman *Erfolg* eine Stelle, wo Feuchtwanger Leo Trotzki als den bedeutendsten marxistischen Historiographen bezeichnet, glatt gestrichen wird, ebenso wie die Erwähnung der Tatsache, daß manche Kommunisten zu den Nazis übergelaufen sind. Dafür wird an anderer Stelle, dort, wo Feuchtwanger von einem *sowjetischen Agenten* schrieb, ein *iranischer Agent* daraus gemacht. Nicht nur in der DDR, sondern leider auch in heutigen bundesdeutschen Feuchtwanger-Ausgaben, die nämlich Lizenzausgaben des DDR-Verlages sind. Ein Verzeichnis solcher Auslassungen und Textänderungen wäre ein verdienstvolles Unterfangen.

Doch zurück zu den Worten der Johanna Krain: Am 25. Mai 1938, als die Nazis meinen Vater umgebracht hatten und ich nicht einschlafen konnte, aber wußte, daß ich mich nicht gehen lassen durfte, wenn ich meiner verhafteten Mutter, meiner Großmutter und mir selbst helfen wollte, versuchte ich erst, irgendein beruhigendes Buch zu lesen, um mich abzulenken. Das endete mit einem Wut- und Verzweiflungsausbruch. Dann las ich wieder diese Worte der Johanna Krain aus dem Buch *Erfolg,* die ich mir abgeschrieben hatte, und meinen Ausschnitt aus der *Arbeiter-Zeitung* vom 12. Mai 1933 mit Oskar Maria Grafs Forderung, auch seine Bücher zu verbrennen, und das half mir. Diese beiden Texte bestärkten mich auch in meinem Entschluß, selbst Schriftsteller zu werden, wenn ich den Nazis lebend entkomme. Auch im Herbst 1938, nach meiner Ankunft in England, als man im Jüdischen Flüchtlingskomitee in London nach meinen Berufsabsichten gefragt hatte und auf meine Antwort hin: »Ich will ein deutscher Dichter werden«, verächtlich gesagt: »Junger Mann, je schneller Sie sich diese Wahnsinnsidee aus dem Kopf schlagen, desto besser wird es für Sie sein«, fand ich bei diesen beiden Texten von Graf und Feuchtwanger Bestärkung, die ich dringend brauchen konnte. Bei ihnen und auch bei Brecht, Feuchtwangers Freund, von dem ich aber erst einige Gedichte und die *Dreigroschenoper* kannte.

Im Londoner Exil war ich unter anderem längere Zeit Bibliothekar in einer der linken Flüchtlingsorganisationen, dem *Austrian Centre.* Die Leihbibliothek war nicht ungeheuer stark besucht, und ich hatte viel Zeit zum Lesen. Unter den ersten Büchern, die ich las, waren Oskar Maria Grafs Roman *Der Abgrund* und Feuchtwangers politischer Reisebericht *Moskau 1937,* der später ein Hauptgrund seiner zwiespältigen und meines Erachtens ganz und gar ungenügenden Rezeption in der Bundesrepublik wurde. Beide Bücher waren für mich von großer Wichtigkeit. *Der Abgrund* – nach dem Krieg in einer von Graf leicht redigierten und ergänzten Ausgabe unter dem Titel *Die gezählten Jahre* wiedererschienen – hatte damals, in der alten Malik-Verlag-Ausgabe, auf dem Umschlag die vielleicht schönste aller Photomontagen von Johnny Heartfield, den ich im englischen Exil gerade kennengelernt hatte, mit dem ich gut Freund wurde und der auch einer der ersten war, der mir von Graf und Feuchtwanger etwas erzählen konnte. *Der Abgrund* handelte nicht nur vom Beginn der Antifaschisten und vom schrittweisen Machtgewinn des Faschismus in Österreich, sondern er ergänzte dann auch mein Wissen um Vorgänge und um Menschengruppen in meiner eigenen Heimat, ja in meiner Geburtsstadt Wien, von denen ich zu wenig gewußt hatte. Er behandelte aber auch das andere für mich ungemein wichtig gewordene Problem, die Auseinandersetzung zwischen den Sozialdemokraten (mit ihren Schwächen, selbst im sogenannten Austromarxismus Otto Bauers) und dem anscheinend entschlosseneren und tatkräftigeren Antifaschismus der Kommunisten, der aber wieder durch allzuviel Disziplin und Parteigläubigkeit seine tiefen Schattenseiten zeigte. Diese Auseinandersetzung, ja der erbitterte Streit der beiden Seiten, gehörte auch damals schon zu unseren Exilproblemen und ist aus einer Diskussion über Oskar Maria Graf und Feuchtwanger auch heute nicht wirklich wegzudenken.

Im Lexikon deutschsprachiger Schriftsteller, das in der DDR in Grafs Todesjahr 1967 erschienen ist, steht freilich nur Freundliches. Etwa:

> *Leben und Werk Grafs sind erfüllt von einem echten und starken Gefühl für unzerstörbare Menschlichkeit, das in seiner tiefen Liebe zum Volk begründet ist. Eigene Erlebnisse und autodidaktische Studien brachten Graf der sozialistischen Bewegung nahe. Seine (oft autobiographischen) Bücher zeichnen sich durch Anschaulichkeit und eine volkstümliche sprachliche Gestaltung aus.*

Nun ja. Ganz schön, bis auf den salbungsvollen und fast gönnerhaften Ton dieser Belobigung und auf die Tatsache, daß Oskar Maria Graf das Wort *volkstümlich* ebensowenig leiden konnte wie Bertolt Brecht. Aber noch ein Bedenken: Was sollen die Worte heißen: *brachte Graf der sozialistischen Bewegung nahe?* Wirklich nur nahe? Das hängt vielleicht davon ab, was man unter sozialistischer Bewegung versteht. Zu Grafs Lebzeiten, obwohl er immer ein Gegner der verschiedenen Bruderkriege innerhalb der Linken war, sah die Sache weniger einfach aus. Jean Améry, selbst ein Opfer des Hitlerfaschismus, berichtet, im Nachwort *Ein deutscher Realist* zur Neuausgabe des Buches, über den *Abgrund:*

> *Graf hatte es mit diesem Buch nicht leicht. Heinrich Mann trat dafür ein und schrieb an den Autor, er sei nach Herkunft, Körperbau und geistigem Wuchs »einer der Glücksfälle der deutschen Opposition«. Aber die Russen machten Schwierigkeiten bei der Herausgabe im Malik-Verlag: Grafs Haltung der KPD gegenüber sei teils falsch, teils gehässig. Und die Sozialdemokraten ihrerseits monierten die »kommunistische Tendenz«. In Zürich zirkulierte in den sozialdemokratischen Parteibuchhandlungen ein Brief an den Malik-Verlag, er solle gefälligst die schon ausgelieferten Bücher wieder zurücknehmen...*
>
> *»Gesang zwischen den Stühlen« hieß ein noch vor Ausbruch des Dritten Reiches herausgekommener Lyrikband von Erich Kästner. Zwischen den Stühlen, allen Stühlen, saß schließlich auch der Provinzschriftsteller und Realist Oskar Maria Graf. Er war nach dem Krieg politisch in der Bundesrepublik so wenig erwünscht wie literarisch.*

Soweit Jean Améry. Aber ich will noch nicht allzuweit vorgreifen. – Zum Buch *Der Abgrund* hier nur noch die Ergänzung, daß das einzige Buch, das mir damals Ende der dreißiger Jahre ebensoviel über die Hintergründe des Untergangs meiner Heimat Österreich beibrachte, ein Sachbuch war, nämlich G.E.R. Gedye, *Fallen Bastions, Gefallene Bastionen,* das ich ebenfalls in der Bibliothek des Austrian Centre in der englischen Ausgabe des Left Book Club las, ebenso wie ich Feuchtwangers *Moskau 1937* zuerst in der englischen Left-Book-Club-Ausgabe und erst dann in der deutschen Ausgabe des Querido Verlags, Amsterdam 1937, in die Hand bekam.

Die 1976 in der DDR bei Reclam erschienene Feuchtwanger-Biographie von Josef Pischel widmet diesem Buch *Moskau 1937* ein ganzes Kapitel, voll des Lobes. Ein wesentlicher Absatz sagt von Feuchtwanger:

Er übersieht nicht die tausend Mißlichkeiten und Sorgen des Alltags jener Zeit; er verschweigt nicht seine Vorbehalte gegen bestimmte Praktiken in der Kulturpolitik, noch sein Befremden über den Kult um die Person Stalins, noch seine Skepsis gegenüber der Beweisführung in den Prozessen gegen Radek und Pjatakow. Aber Feuchtwanger stellt um dieser für ihn offenen Fragen willen die welthistorische Leistung der Sowjetmacht überhaupt nicht in Frage.

Dieser Absatz ist zwar ein kleines diplomatisches Meisterwerk – ähnlich wie zuvor eines anderen Autors Worte über die bloße *Nähe* Oskar Maria Grafs zur sozialistischen Bewegung, aber bei dieser Beschreibung kann ich es unmöglich bewenden lassen.

Es ging uns damals im Londoner Exil bei Feuchtwangers Buch ja nicht so sehr um den Stalinkult, obgleich auch dieser uns nicht wenig störte, sondern um die sogenannten *Säuberungsaktionen,* um die Trotzkistenprozesse, um die Massenverhaftungen und um die Hinrichtungen. Trotz der von seinem Biographen erwähnten *Skepsis gegenüber der Beweisführung in den Prozessen gegen Radek und Pjatakow* schreibt das Buch *Moskau 1937* all dies natürlich klein im Verhältnis zur grimmigen russischen Wirklichkeit dieser Jahre, die die welthistorische Leistung der Sowjetmacht von innen heraus aushöhlte und durchaus in Frage stellte, auch wenn Feuchtwangers Buch dies nicht zeigt. Daß das Buch es nicht zeigt und daß Feuchtwanger nicht nur gegen André Gide, der schließlich auch nicht gerade ein wilder Antikommunist war, ungerecht war, ist für den heutigen Leser schwer zu verstehen oder zu rechtfertigen.

Ich finde, daß diese Feuchtwanger-Biographie mit ihrem Umgehen des Problems dem Dichter keinen guten Dienst erweist, zumal gerade *Moskau 1937* immer wieder als Beweis für Feuchtwangers Kritiklosigkeit gegenüber der Sowjetunion angeführt wird.

Auch meine Freunde und ich in London taten uns mit dem Buch nicht leicht. Trotzdem wendeten sich damals, ich spreche von der ersten Hälfte des Jahres 1939, sehr wenige von uns gegen das Buch oder gegen die Sowjetunion, oder griffen Stalin und den Stalinismus offen an. Das hat mehrere Gründe. Einer war natürlich, daß wir die wirklichen Ausmaße der Verfolgungen und Greuel ebensowenig kannten wie Feuchtwanger oder sein Freund Brecht. Ein weiterer Grund war der ständige Vormarsch Hitlers, den die Politik Englands und seit München 1938 auch wieder Frankreichs, in der Hoffnung, Hitler werde für sie in einem Hakenkreuzzug die Sowjetunion vernichten, de facto ermutigt hatte. Angesichts all dessen versuchten viele von uns, alle Kritik hinunterzuschlucken, was dann allerdings, je mehr Informationen durchsickerten, desto schwerer wurde.

Ein Hauptgrund aber war das Buch *Moskau 1937* selbst. Es hatte für mich, aber auch für einen erfahreneren Freund, den großen österreichischen sozialistischen Dichter Theodor Kramer, der es um die gleiche Zeit wie ich las und mit mir diskutierte, eine Art Ventilfunktion. Von den üblen Vereinfachungen und den Phrasen, die die kommunistische Propaganda jener Zeit so unattraktiv machten, enthielt *Moskau 1937* so gut wie nichts. Hier war ein offensichtlich ehrlich bemühter, auch wohltuend kritischer Bericht zu lesen, sogar Negatives über Stalin war darin zu entdecken. Und das Ganze wirkte trotzdem so, daß wir glauben konnten, an dem, was uns Halt gab, nicht nur gegen die Nazis, sondern was uns Hoffnung für eine bessere Zukunft verlieh, nicht verzweifeln zu müssen. So hatte das Buch für uns, vielleicht wie für Feuchtwanger selbst, eine Art Sicherheitsventilfunktion. Wer das las, mußte keine plumpe Propaganda mehr nachbeten, konnte aber manches Beunruhigende noch leichter als Unvollkommenheit, als Kinderkrankheit der Geschichte tolerieren, ohne zu verzweifeln.

Ich war damals erst knapp 18 Jahre alt, ließ mich von der größeren Erfahrung der erfahreneren Genossen beeindrucken, etwa bis zu meinem 22. Jahr, 1943. Ich verstehe aber auch heute noch gut, daß auch nach 1937, auch nach Anfang des Krieges, als in England in Kreisen der Chamberlain-Regierung erwogen wurde, ob man den Finnlandfeldzug der Sowjetunion nicht zum Anlaß nehmen sollte, *to switch the war,* den Krieg umzudrehen und mit Hitler als natürlichem Verbündeten gegen die Sowjetunion zu ziehen, Antifaschisten nicht unbedingt Lust hatten, ihr wachsendes Entsetzen über Stalin an die große Glocke zu hängen. Brecht, dem vor dem Stalinismus graute, der unter anderem seine Freundin Carola Neher und seinen Freund Tretjakow auf dem Gewissen hatte (der übrigens auch Grafs Freund war), gab dies lange Zeit auch nur in Andeutungen zu erkennen, die nicht für das Verständnis oder den Konsum von kalten Kriegen gedacht, für Freunde aber desto deutlicher zu verstehen waren.

Oskar Maria Graf, der kein *Moskau 1937* geschrieben hat und sich in seinem eigenen Werk nie um allzu sorgfältige politische Diplomatie bemüht hat, wovon z. B. *Der Abgrund – Die gezählten Jahre,* aber vor allem auch seine Briefe Zeugnis ablegen, hat Feuchtwanger dennoch zeitlebens bewundert, ebenso wie Brecht (der übrigens von Feuchtwanger mehr als von irgendeinem anderen einzelnen Menschen »entdeckt« worden war, soweit man einen solchen Ausdruck gebrauchen kann). Jeder Versuch, Graf gegen Feuchtwanger auszuspielen, wäre gegen den Sinn beider Schriftsteller.

Als Feuchtwanger im Juli 1957 den Kultur- und Literaturpreis der Stadt München erhielt, nicht ohne Widerstände im Stadtrat, und als er dann im Herbst desselben Jahres ein Glückwunschtelegramm in die Sowjetunion sandte, zum 40. Jahrestag der Oktoberrevolution, zu einer Zeit, als Chruschtschow den Stalinterror weltweit hörbar verurteilt hatte und die Rehabilitierung der Opfer im Gang war, hielt der Münchner Stadtrat offenbar einen solchen Glückwunsch für unerlaubt für einen seiner Kultur- und Literaturpreisträger und verfaßte die Resolution:

Der Stadtrat stellt fest, daß er bei der Verleihung des Kulturpreises der Stadt München nur die künstlerische Leistung, nicht die politische Haltung des Geehrten anerkennt, von der er sich ausdrücklich distanziert.

Schon vor dieser Distanzierung, unmittelbar nach der Preisverleihung, als Oskar Maria Graf seinem bayerischen Landsmann Feuchtwanger zum Preis gratulierte, schrieb er ihm am 30. Juli 1957 unter anderem:

Großhut berichtete mir auch, was hinter den Kulissen vor der Preisverteilung alles vorging – mein Gott, wie schmählich das ist von dieser »Kunststadt«.

Einst haben sie dort Rilke vertrieben, nach dem jetzigen Krieg schickten sie – nachdem sie ihn feierlich empfangen hatten! – Thomas Mann in die Schweiz eine Rechnung für die Aufräumungsarbeiten seiner zerstörten Bogenhauser Villa!

Oft hat man das Gefühl, man sollte, wie ich es in einem bayerischen Dorfbild einmal formuliert habe, diesem »verbrunzten Mittelstand« noch viel gröber das Licht aufsetzen.

Soweit Oskar Maria Grafs Brief zu Feuchtwangers Preis.

Warum ich heute so ausführlich auf diese Fragen eingehe, möchte ich hier klarmachen: weil für mich Feuchtwanger und

Graf Schriftsteller waren, die mir halfen, menschliche Verhaltenszusammenhänge zu sehen, gegen Entfremdung, gegen Unmenschlichkeit zu kämpfen. Sicher auch sie – wie wir alle – nicht ohne vereinzelte Schwächen. Bei Feuchtwanger habe ich das am Beispiel *Moskau 1937* gezeigt, bei Oskar Maria Graf könnte man vielleicht die Schilderung der Verführung Josephs in den *Gezählten Jahren* durch Babette Hochegger und überhaupt die Schilderung Babettes als allzu böse, zu wenig verständnisvoll für die alternde Frau, bemängeln. Das wäre wieder Feuchtwanger nicht so leicht widerfahren. Doch viele solcher Schwächen wird man auch bei Graf nicht finden. – Was aber diese beiden Schriftsteller, von denen hier die Rede ist, der breit erzählende, ungemein wahrheitsliebende Graf und der fast überbewußt konstruierende Feuchtwanger, gemeinsam hatten, das ist ihr immer wieder neuer Wille, für Menschlichkeit und gegen Unrecht zu schreiben. Das hatte ich damals als junger Emigrant und auch noch später, als Zeitgenosse des Kalten Krieges, so bitter nötig, als Vorbild, als Beispiel, als Ermutigung. Und das ging nicht nur mir so, sondern auch zum Beispiel dem Lyriker Theodor Kramer, mit dem ich im englischen Exil befreundet war. Kramer, ein Landkind wie der drei Jahre ältere Oskar Maria Graf, nannte Graf und Feuchtwanger, wenn er von ihnen sprach, fast immer seine großen Brüder. – Lange, ehe das Wort *der große Bruder* durch Orwell eine ganz andere Bedeutung hatte! Übrigens hatte ich damals im englischen Exil, als ich Not litt und aus dem Beispiel Feuchtwangers und Grafs Mut schöpfte, keine Ahnung, wie elend schlecht es Graf viele Jahre lang in Amerika ging. Für mich war er einfach ein großer Schriftsteller. Hätte ich von seinen Sorgen gewußt, so hätte mich das vielleicht nur traurig gemacht, vielleicht aber mir auch noch mehr Mut gemacht.

Heute, da sie beide tot sind, da aber noch nicht alles tot ist, was aus demselben Schoß kroch wie das, wogegen sie gekämpft haben, denke ich darüber nach, warum diese beiden Menschen im Exil steckengeblieben sind, ja warum Oskar Maria Graf bei Kriegsende zu seiner Frau gesagt hat: »Jetzt beginnt das Exil erst eigentlich.«

Ich bin Jahrzehnte jünger und nicht ganz so im Exil steckengeblieben wie Feuchtwanger und Graf. Ich verbringe seit vielen Jahren fast das halbe Jahr wieder im deutschen Sprachgebiet, auch viel in meiner engeren Heimat, Österreich. Aber ich glaube zu verstehen, was beiden die Beziehungen zu ihrem eigenen Land auch nach dem Krieg schwergemacht hat. Ein Hinweis: Graf beendet sein Buch *Der Abgrund* in der nach dem Krieg kurz ergänzten Neufassung *Die gezählten Jahre* wie folgt:

Alsbald wurden auch die Gründungen politischer Parteien wieder genehmigt und Joseph als betont fortschrittlicher »Linker« und bester Redner in den sozialdemokratischen Parteivorstand gewählt.

Einmal in den chaotischen Nachkriegsjahren hielt er eine vielbeachtete Rede auf einer Massenversammlung, in welcher er in flammenden Worten den unseligen deutschen Militarismus verdammte, der im »demokratischen Deutschland der Zukunft mit Stumpf und Stiel ausgerottet würde«. Doch, um das schließlich zu erreichen, meinte er, dazu sei nötig, daß das »deutsche Volk endlich zu einem politischen Bewußtsein erwache«.

Unter frenetischem Beifall endigte er mit den pathetischen Worten: »Denn schon Napoleon der Erste hat gesagt ›Politik ist Schicksal‹... Ja, Genossen und Genossinnen, jeder muß endlich erkennen, daß sie unser aller Schicksal ist!«

Später, als sich der Saal leerte, ging ein älterer Genosse auf ihn zu, drückte ihm unter vielen Lobworten die Hand und zwinkerte beifällig: »Ganz recht hast du gehabt, Genosse Hochegger, politisch müssen wir uns durchgebissen haben... Abwarten heißt's jetzt. In etlichen Jahren ist alles ganz anders, da wett' ich!... Anders und vielleicht viel besser! Bloß der Unterschied zwischen denen, die sich politisch betätigen, und denen, die sie dann doch anders bestimmen, muß radikal aufhören, radikal!«

Man weiß, wie unverdrossen sich die deutschen Massen aus dem Grauen und Elend hochgearbeitet haben. Bei diesem Werkeln und Rackern verwischte sich der überstandene Schrecken mehr und mehr, und schließlich wurde er vergessen wie nie gewesen. Zu essen, zu trinken, zu rauchen und zu wohnen haben die Menschen wieder, gut angezogen gehen sie lachend durch die Straßen der neuaufgebauten Städte mit ihren modernen Hochhäusern, ihrem heftigen Verkehr, ihren technisch vollendet funktionierenden Fabriken. Regierungen, Parlamente, Gesetze, Gerichte und eine Polizei gibt es wieder und – nicht zu vergessen – auch wieder eine exakt funktionierende Armee mit den modernsten Waffensystemen. Politik? Wen interessiert sie schon noch? Höchstenfalls die Leute, die davon leben.

Auch da hat sich nichts geändert. Der Unterschied zwischen denjenigen, die sich politisch betätigen, und jenen, die sie bestimmen, besteht wie seit eh und je.

Damit ist eigentlich schon viel über Grafs und Feuchtwangers Verhältnis zum Deutschland jener Nachkriegsjahre gesagt. Ihre

Heimatliebe, auch Sehnsucht nach Wiedersehen dieser Heimat, war deshalb nicht geringer. Graf kam zu Besuch, ist aber schließlich als amerikanischer Staatsbürger drüben gestorben. Feuchtwanger hätte Deutschland gerne wiedergesehen, konnte aber nicht fort, weil er nicht wußte, ob ihn die Vereinigten Staaten wieder einlassen würden. Feuchtwanger war, so gesehen, ein Opfer des *Kalten Krieges,* und auch seine Rezeption in der Bundesrepublik hat unter dem *Kalten Krieg* gelitten. Weil er in der DDR hochgeschätzt wurde, war er hier, in der westlichen Demokratie, als Sympathisant des Kommunismus verschrien. Ich möchte wissen, wie viele von den Mitgliedern des Münchner Stadtrats, die 1957 die Distanzierung von Feuchtwanger ausgesprochen haben, sich selber in ihrer Vergangenheit, zumal in den Hitlerjahren, nicht das geringste vorzuwerfen hatten, daß sie glaubten, ideologische Steine werfen zu dürfen?!

Ich will nicht, daß meine Gedanken an Feuchtwanger und Graf so nivellierend versöhnlich entschärfend wirken, daß dadurch der Blick auf das verschleiert wird, wofür und wogegen beide waren.

Denn sie waren beide nicht entschärft durch ihre Zeit, sondern sehr scharf; man lese etwa die Bemerkungen gegen das Zaudern von 1933 und die spätere Selbstgerechtigkeit Thomas Manns in einem Schreiben Grafs vom 10. Juni 1940. Es ist zu lang, um es hier zu zitieren, aber es zeigt Dinge sehr klar; viele Jahre, bevor wir Thomas Manns Tagebücher kannten. Allerdings ist dieser Brief nur Entwurf, wurde nicht abgeschickt. Graf war niemals skandalhungrig oder skandalfreudig und schätzte anderes an Thomas Mann doch sehr.

Oder Graf am 14. Juli 1963 in einem Brief an Kurt Desch über Franz Josef Strauß:

> *Geärgert hat mich, daß man über eine so anrüchige politische Figur, über so ein aufgeblähtes bundesdeutsches Karl-May-Männchen mit hitlerischen Ambitionen derart dicke, geradezu tierisch ernst aussehende, repräsentativ wirkende Bücher auf den Markt bringt und den sauberen Herrn immer wieder zu einer Wirklichkeit macht, die nur mehr ganz ordinär belacht werden kann.*

Soweit das Zitat. Graf schreibt noch lange weiter über ihn. Es kann leicht sein, daß Graf aus der Ferne die Intelligenz und das Format von Franz Josef Strauß unterschätzt hat. Auch das mit den hitlerischen Ambitionen ist meines Erachtens vereinfacht.

Aber wenn man liest, was Strauß gerade fünfzig Jahre nach Hitlers Machteinsetzung in Bayern, im März 1983, über Kultur und Kunst und Erziehung gesagt hat, lange nach Grafs Tod, dann kann man dem Oskar Maria Graf auch in dieser Richtung einen gewissen Weitblick nicht absprechen.

Und um nicht die privaten Gedanken eines anderen Alten, von Hitler Vertriebenen, bei dieser Gelegenheit ganz und gar totzuschweigen – nämlich meine eigenen! –, will ich doch auch nicht vergessen und vergeben, daß hier im Lande Bayern auf Befehl des Kultus- und Erziehungsministers Gedichte von Wolf Biermann und Walraff und Erich Fried – und die Friedgedichte, um die es ging, waren sogar ganz unpolitisch! – aus einem Schulbuchwerk entfernt wurden. Das könnte man auch noch an Feuchtwangers Roman *Erfolg,* etwa des Anwalts Geyer *Geschichte des Unrechts im Lande Bayern* anreihen. Ich will das nicht breittreten, und ich will auch nicht Streit suchen, sondern ich will lieber nochmals an beider Werk und Leben denken, an Feuchtwanger und an Graf, an ihre Verschiedenheiten und an ihre Gemeinsamkeit. Wenn ein Schriftsteller, der auch einen politischen Aspekt hat, tot ist, kommt es öfter vor, daß die verschiedensten Gruppen versuchen, sich ihn, wie Graf gesagt hätte, »unter den Nagel zu reißen«. Das ist auch bei Graf und bei Feuchtwanger der Fall gewesen.

Eigentlich sei er für die Sozialdemokraten gewesen, eigentlich sei er für die Kommunisten gewesen, oder eigentlich sei er ein volksverbundener, volkstümlicher Bayer gewesen und habe sich nur nach links verirrt... Da hilft vielleicht ein Zitat aus einem Brief Grafs an Rolf Recknagel vom 14. Januar 1967.

> *Sie dürfen, lieber Rolf Recknagel, meinen kleinen spöttischen Einwand gegen die fortwährende Bezeichnung »volksverbundener Schriftsteller« nicht so ernst nehmen. Mir hängt jedenfalls so ein schulmäßiges oder gar parteipolitisches Klassifizieren stets zum Hals heraus. Ich bin seit eh und je auf seiten der ausgebeuteten Kleinen gegen die macht- und raffgierigen Großen, bin nie Mitglied irgendeiner Partei gewesen, weder der SPD noch der KPD, weil ich gegen die Bonzen und für die Arbeiter bin und war. Ich bin seit vor dem Ersten Weltkrieg etwas wie ein religiöser Sozialist und selbstverständlich Pazifist, wie ich das ja immer bewiesen habe... Also paßt so ziemlich gar keine Bezeichnung auf mich, am ehesten noch »linksradikal«.*

Nicht zufällig hatte Graf sich mit Mühsam und Feuchtwanger

für den Anarchisten Max Hölz eingesetzt. Vielleicht sehnte er sich nach etwas wie einer Synthese zwischen sozialistischen und nicht-terroristisch-anarchistischen Ideen. Wahrscheinlich hätte er auch an den Grünen vieles sympathisch gefunden. Vom Religiösen lag ihm mehr an ursprünglicher christlicher Ethik und Liebe als an kirchlichen Institutionen.

Ansonsten wissen wir, daß Graf es in der Tschechoslowakei ablehnte, Vorsitzender des Volksfront-Komitees zu werden, und daß er viele Jahre später sogar seinem alten Freund und Verleger Wieland Herzfelde in einem Brief vom 19. Oktober 1963 die Freundschaft aufkündigte, weil er dessen Huldigung zu Walter Ulbrichts 70. Geburtstag und die anderen Huldigungen im damaligen Heft von *Sinn und Form* – ich zitiere – *tief verlogen und ekelhaft kriecherisch* fand. Ich kannte Wieland Herzfelde, den Bruder meines Freundes Johnny Heartfield und Mitbegründer des Malik-Verlages, persönlich, und so gut ich Oskar Maria Grafs Ärger und Bitternis verstehe, bedauere ich es doch, daß er ihm nicht verziehen hat. Herzfelde hatte doch sehr große Verdienste, literarisch und menschlich. Aber die Zeit und das Exil konnten einen schon bitter machen, und der Personenkult unseligen Andenkens war wirklich arg, auch wenn Ulbricht kein Stalin war. Daß Graf gleichzeitig, ebenso wie Feuchtwanger bis zu seinem Tode, den McCarthyismus, den Kalten Krieg gegen die Sowjetunion und die DDR und den Alleinvertretungsanspruch der Bundesregierung für Deutschland gehaßt hat, ganz zu schweigen vom Vietnamkrieg der USA, versteht sich von selbst.

Beide, Feuchtwanger und Graf, wurden in der Bundesrepublik nicht zuletzt wegen ihrer »Linksradikalität« nicht nur unverhohlen angegriffen, sondern auch angeblich »objektiv« kritisiert. Dabei geschah es schon einmal, daß ein und derselbe Kritiker, solange er noch im Osten war, Feuchtwangers Werke fast überschwenglich gelobt und dann, im Westen angelangt, diese selben Werke als literarisch nicht mehr wertvoll abgetan hat. So deutlich ging's nur selten her, aber gelegentlich kann man schon den Kopf schütteln, wenn man die Rezeptionsgeschichte von Graf und Feuchtwanger in der damaligen Bundesrepublik – und manchmal wohl bis auf den heutigen Tag – näher betrachtet. Feuchtwangers Methode und Methodik beim Schreiben ist nicht die meine. Aber was in der Bundesrepublik gegen ihn an Kritik laut wurde, weil er dem Konstruieren einen zu großen Raum gebe, das geht doch zum Teil allzu naiv von der Voraussetzung aus, daß der Kritiker über das einzig richtige Mischverhältnis von Bewußtsein und Inspiration theoretisch und praktisch genau Bescheid wisse! Ich finde das nicht nur lächerlich, sondern manchmal steckt der alte Vorwurf gegen die Intelligenzbestie dahinter. Sehr arg! Die umfassende Bildung, Feuchtwangers Spannweite als Vertreter einer vielleicht manchmal spezifisch jüdisch-liberalen deutschen Kultur mit ihrem Optimismus des Geistigen wird dabei übersehen oder mißachtet.

Feuchtwanger und Graf haben auch nach dem Krieg noch große Werke veröffentlicht und geschrieben, beide sind zwar auch in der Bundesrepublik verlegt worden, aber noch lange nicht zu ihrem Recht gekommen. Grafs Roman *Unruhe um einen Friedfertigen,* der schon 1947 erschien, gehört zu den ganz wenigen ganz großen und ganz wahrhaftigen Darstellungen deutscher dörflicher Wirklichkeit. Sein anderes Buch, von dem das auch gilt und das ebenfalls 1947 erschien, ist ein ungemein wichtiges autobiographisches, darüber aber weit hinausgehendes Werk, *Das Leben meiner Mutter.* Die Ausgabe des Deutschen Taschenbuchverlages enthält auch ein Nachwort von Hans-Albert Walter, einem der relativ wenigen Menschen in Deutschland, die wirklich über Exilliteratur Bescheid wissen. Die Arbeit an dem Buch hat Graf schon vor dem Zweiten Weltkrieg in der Emigration begonnen und konnte sie in Amerika dank der finanziellen Hilfe durch Hubertus Prinz zu Löwenstein fortsetzen. Ich möchte die Verdienste von Hubertus Prinz zu Löwenstein hier ganz besonders betonen, im Krieg und auch in der ersten Zeit nach dem Krieg, auch weil Graf ihn und sein Wirken über alle Grenzen politischer Meinungsverschiedenheit so hoch geschätzt hat. Das tue auch ich, auch wenn ich vor einigen Jahren ein von ihm unterstütztes Buch, *Weißbuch zur Rettung der Sprache,* sachlich angreifen mußte.

Feuchtwangers Werke nach dem Krieg sind, wie die Grafs, zahlreich. Mir waren besonders sein *Goya* und die *Jüdin von Toledo* wichtig. Er hat im Exil einige Spracheigentümlichkeiten abgestreift, aber daß seine Sprache leblos wurde, glaube ich nicht.

Nun möchte ich aber zum Andenken an Graf und an Feuchtwanger mit einem Gedicht schließen, mit einem Gedicht eines anderen toten Dichters, den zumindest Graf auch persönlich gekannt und gern gemocht hat und der seinerseits Graf und Feuchtwanger geliebt hat. Nämlich Theodor Kramer, den ich schon vorhin erwähnt habe.

Kramer ist 1958, also wenige Monate vor Feuchtwanger und neun Jahre vor Graf, gestorben, ein halbes Jahr nach seiner Heimkehr nach Österreich. Das Gedicht ist eines aus dem Nachlaß:

Uns, die wie Spreu über Länder und Meere es weht...

Uns, die wie Spreu über Länder und Meere es weht,
denen der Tod auf der Stirne geschrieben schon steht,
uns ist gemeinsam kein Weg, doch gemeinsam ein Ziel;
unstet Vertriebene, wollen wir alle noch viel.

Brot von dem Brot, das sie buken, indessen wir fern,
Fleisch von dem Fleisch, das sie aßen (wie aßen wir gern!)
Raum von dem Raum, die wir liegen am äußersten Rand,
Macht von der Macht, die entfällt der geschlagenen Hand.

Die wir das Recht wollten, Unrecht nur ward uns zuteil.
Die wir das Heil wollten, wenig an uns ist noch heil.
Uns ward das Auge zu Salz und das Herz ward zu Stein.
Uns blieb die Zeit nicht, um gütig und weise zu sein.

Nehmt unsre Bitternis; Lehre aus ihr läßt sich ziehn,
die ihr nach uns kommt... Wir schwinden auch bald schon dahin.
Gönnt Brot und Wein uns, solange wir wandeln im Licht.
Geht nicht zu streng mit uns, ruft es uns ab, ins Gericht.

1987

Jugendwahn und Altersangst

Rede, Mai 1987, Römerberggespräche, Frankfurt/Main

Als Kind kannte ich ein Spiel, da ging es darum, ein Wort zu erraten oder einen versteckten Gegenstand. Wenn der Suchende herumtappte, riefen die Eingeweihten ihm, je nachdem, zu: »Wasser, Wasser«, und wenn er dem Versteck näher kam: »Es brandelt, es brandelt!«, und wenn er endlich draufgekommen war: »Feuer, Feuer!« Sie mußten ihm hilfreiche Andeutungen machen, aber ungenaue, so daß er möglichst lange herumsuchen mußte. – Ich glaube, ein Thema wie *Jugendwahn und Altersangst* oder, vielleicht etwas weniger wäßrig und etwas brandelnder formuliert, *Lebenssehnsucht und Todesangst* ist, wenn man den Zustand unserer Welt bedenkt, auch so ein freundlicher Versuch, uns zum gedanklichen Herumtappen anzuregen, aber vom Brennpunkt noch ein wenig fernzuhalten.

Jetzt bin ich aber schon alt und habe vielleicht gar nicht soviel Zeit, und vielleicht hat auch unsre Welt nicht so sehr viel Zeit zum Herumtappen. Drum will ich mich beeilen, zum Brennpunkt zu kommen. – Nun, ich wurde eingeladen, als Dichter auch von der Haltung des schöpferischen Schriftstellers, des Dichters, zu Jugendwahn und Altersangst, beziehungsweise Lebenssehnsucht und Todesangst, zu sprechen. Das mache ich aber kurz! – Max Frisch hat mit seinen Betrachtungen über den vom Alter schon Gezeichneten und über den noch nicht ganz Gezeichneten, aber schon Vorgezeichneten sehr viel Kluges geschrieben. Oder wer denkt nicht an Goethes Verse:

O Lieb, o Liebe, so golden schön,
Wie Morgenleuchten auf jenen Höhn!
Du segnest herrlich das frische Feld,
Im Blütenglanze die volle Welt.

O Mädchen, Mädchen, wie lieb ich dich,
Wie glänzt dein Auge, wie liebst du mich…

Und dann sagte er zu ihr:

Wie du mir Jugend und Freud und Mut
Zu neuen Liedern und Tänzen gibst:
Sei ewig glücklich, wie du mich liebst!

Nun, wenn da nicht etwas Jugendwahn und Lebenssehnsucht mit im Spiele war?! – Ob, wenn wir doch den Gleichnischarakter dieser Worte erkennen, das Feld wirklich noch so frisch und die Welt wirklich noch im Blütenglanz prangte? Und ob das Mädchen ihm wirklich noch Jugend geben konnte oder nur ihren Abglanz, und ob die Liebe dann ewig währte, das alles dürfen wir vielleicht fragen. Goethes letzte große Liebe, Ulrike, hat später gesagt: »Keine Liebschaft war es nicht.«

Und dennoch habe auch ich mich noch geschmeichelt und gelegentlich um Jahrzehnte jünger gefühlt, wenn so um mein fünfundsechzigstes Jahr herum noch ein Mädchen oder eine junge Frau sich in mich verliebt hat, und ich habe auch die entsprechenden Verse geschrieben. Wenn man sich nicht genötigt fühlt, deshalb an seiner schon mehrere Jahrzehnte langen Liebe Verrat zu begehen, dann schadet dieses Quentchen Jugendwahn ja vielleicht weiter nichts. Aber im Ernst: Ich würde solche Verse natürlich nie schreiben, ohne wirklich Liebe zu empfinden. Wer nicht erstarrt ist oder nicht zuviel Spießertum, Heuchelei, Routine und ähnliche Giftstoffe in sich gespeichert hat, kann in jedem Alter noch Liebe empfinden. Wer das nicht mehr kann, ist nicht alt, sondern tot.

Und Altersangst? Angst, daß einen alles verläßt, daß einem alle wegsterben, daß auch in einem alles erstirbt, Angst vor dem Alleinsein als Teil des Sterbens; Todesangst... Ja, unsere Zivilisation versucht das alles zu verdrängen, besonders, solange die Alten noch Geld, noch Kaufkraft haben. Dann zählt man noch lange zu den Jüngeren, die Frauen sind in USA noch mit 60 Jahren *girls.* Dann ist es zuletzt nur verlängertes *middle-age,* man ist ein *senior citizen.* Die alten Kinderreime wie:

70 Jahr ein Greis,
80 Jahr schneeweiß,
90 Jahr der Kinder Spott,
100 Jahr behüt uns Gott!

scheinen unserem so humanen Zeitalter für den wohlhabenden *senior citizen* doch viel zu brutal, obwohl in Wirklichkeit der immer raschere Wandel der Technik und (da, wie Marx gesagt hat, die Bourgeoisie nur von der ständigen Revolutionierung ihrer Produktionsweise leben kann) auch der verschiedensten gesellschaftlichen Strukturen den alten Menschen etwas wegnimmt, was sie in früheren Zeiten mindestens zum Teil für ihr Alterselend entschädigen konnte: ihren und ihrer Mitbürger Glauben an ihre Erfahrung, an wertvolle Altersweisheit, der sie in den Rat der Alten, in die Gerusia, den Senat brachte – lauter Aldermänner, lauter Ältestenräte! Statt dessen fürchtet heute schon der Mittelalte zu oft, auf Ja und Nein zum alten Eisen zu gehören, nicht mehr *with it* zu sein, nicht mehr mitzuzählen. Besonders ältere Arbeiter versuchen oft gar nicht mehr, sogar schon, bevor sie Rentner sind, ihren Kindern ihre Erfahrungen weiterzugeben, auch nicht die Erfahrungen, die vielleicht wirklich noch wichtig wären, sondern sie sitzen mürrisch-resigniert vor dem Bildschirm, und so geht noch mehr Kontinuität und zum Beispiel noch mehr Arbeiterkampferfahrung verloren als ohnehin durch die eingebauten Diskontinuitätsmechanismen unserer Zivilisation.

Ich, als europäischer Schriftsteller mit Bildungsprivileg, habe mich schon seit Jahren und besonders, seit ich vor fünf Jahren, wie so viele, an Krebs erkrankte, mit Altern und Tod, mit Altersangst und Todesangst befaßt. Dann macht man sich vielleicht weniger Illusionen, kann ehrlicher und genauer denken. Das gehört sich ja auch so, nicht wahr.

Aber nur, solange ich darüber nicht vergesse, daß es auf unserer Welt Millionen Menschen gibt, die gar keine Zeit haben, sich mit Jugendwahn und Altersangst zu befassen, weil sie dank der schändlichen Verteilung von Reichtum und Armut entweder schon als Kinder verhungern – was natürlich nicht heißt, daß nicht auch Alte oder Menschen in allen Altersstufen ebenfalls Hungers sterben oder an durch Unterernährung bedingten Krankheiten zugrunde gehen, wie auch bei uns alte Leute an Unterkühlung, Hypothermie! – oder weil sie durch die Art, wie wir unser Zusammenleben auf Erden regeln, umgebracht werden, durch Kriege und kriegsbedingte Seuchen, durch Attentate, Putsche, Todeskommandos, faschistische Freischärler usw. Auch der Armeniermord und Kurdenmord der Türken, der Juden- und Zigeunermord, aber auch der Kommunistenmord, Polen- und Russenmord Hitlers gehört hierher, ebenso wie der totale Völkermord der Engländer an den Tasmaniern im 19. Jahrhundert; und vom 19. Jahrhundert bis heute der Völkermord an den Indianern, zuerst in Nordamerika und jetzt im Amazonasbecken.

Dazu kommt die blutige Unterdrückung der Schwarzen in Südafrika und so weiter, endlos fortsetzbar... In all diesen Fällen wurde vielen Menschen Jugendwahn und Altersangst auf kürzestem Wege erspart.

Was hat das mit unserem Thema zu tun? Nun, ich glaube, gerade das ist der Punkt, wo man nicht mehr »Wasser, Wasser« schreien soll und auch nicht »Es brandelt, es brandelt«, sondern eben »Feuer« schreien muß oder doch sollte.

Hier wäre vielleicht auch zu erwähnen, daß nicht nur ein einzelner Mensch Erscheinungen wie Jugendwahn oder Altersangst aufweisen kann, sondern daß man in gar nicht so grundverschiedener Art von beiden auch sprechen könnte, wenn es sich um ganze Menschengruppen, um Nationen, Gesellschaftsordnungen, ja um unsere europäische oder euro-amerikanische oder abendländische Zivilisation handelt. Auch da kommt man, obwohl natürlich direkte Schlüsse von der psychischen Verfassung einzelner Menschen auf eine ganze Zivilisation nicht ohne weiteres erlaubt sind, nur schwer umhin, solche Betrachtungen anzustellen.

Schon Goethe hat im Alter, vielleicht ermutigt durch das Fehlen von verfallenen Schlössern und Basalten in den Vereinigten Staaten, optimistisch verallgemeinernd gedichtet:

Amerika, du hast es besser,/ Als unser Europa, das alte,/
Hast keine verfallenen Schlösser/ Und keine Basalte./
Dich plagt nicht im Innern/ Zu lebendiger Zeit/
Unnützes Erinnern/ An vergeblichen Streit.

Die Basalte kommen wahrscheinlich vor allem um des Reimes willen vor. Ich weiß nicht, ob sich das heute noch ganz so richtig anhört wie damals, aber auch hier hatten wir eindeutig den Vergleich junger mit alten Zivilisationen. Und dann fand sich in den jungen Vereinigten Staaten zuerst das Streben der Jungen, für voll genommen zu werden – und später der Wahn, immer noch so herrlich jung zu sein! Und noch später empfand man in Europa Unbehagen, von den Amerikanern zwar noch kulturell geschätzt, aber als veraltet empfunden zu werden, etwa wie das alte Griechenland vom mächtig gewordenen Rom. Und zugleich trafen sich Europa und die USA in der Annahme, die Weißen oder die westlichen oder auch die christlichen Nationen hätten doch der Dritten Welt gegenüber eine *Kulturmission;* daher vielleicht sogar auch eine *Vorherrschafts-Mission,* um diese Kulturmission zu erfüllen. (Nebenbei: auch *Dritte Welt* ist ein unmöglicher und irreführender Sammelbegriff!)

Welche Folgen solche Annahmen und die Konstellationen, denen sie als Rechtfertigung dienen, haben können, haben wir alle mehrmals erlebt.

Man kann da historisch vielleicht bis auf die Kreuzzüge zurückgehen und jedenfalls auf die spanische und portugiesische Eroberung Lateinamerikas, um den Umfang von Unheil und Unrecht auch nur zu ahnen.

Und in unserem Jahrhundert haben wir die Interventionskriege des christlichen und bürgerlichen Abendlandes gegen die Sowjetunion, später den großen Kreuzzug Hitlers für das Abendland – wieder ein Interventionskrieg! – und nach dessen kläglichem Ende immer wieder die Kreuzzugsstimmung (zur Verschleierung ganz anderer Interessen) im Kalten Krieg.

Immer Kampf der guten alten, bewährten Kräfte (man frage nur nicht, wie sie sich bewährt haben!) gegen »neue Hirngespinste«, gegen »unerprobte Utopien!«. Der Kampf der alten Gesellschafts- und Herrschaftsformen gegen neue oder gar gegen die Idee der Herrschaftsfreiheit, die als *Anarchie* verleumdet wird, indem man sie dem Chaos gleichsetzt.

Doch darf nicht verschwiegen werden, daß auch die neuen Herrschafts- und Gesellschaftsformen, wenn sie ins Hintertreffen gerieten, nicht immun waren gegen die Verfälschung durch ihre Machthaber, die – zum Teil aufgrund ihrer eigenen altmodischen Erziehung – im Namen des Neuen furchtbar alte Verhaltensmuster zur Geltung brachten und damit das Neue und Junge in aller Welt diskreditieren halfen und ihm unendlich schadeten. Manchmal denke ich da an die alttestamentarische Legende, daß vierzig Jahre in der Wüste verbracht werden und die Alten erst sterben mußten, damit aus den Kindern und Enkeln der Sklaven freie Menschen werden konnten... Doch dies nur nebenbei. Jedenfalls, die großen Revolutionäre, Lenin, Stalin, Mao, Tschu En-lai, waren alle selbst noch von ihrer Kindheit in der alten Zeit geprägt, motiviert und beschädigt.

Auch darüber wäre lange zu sprechen. Fortschritt entsteht in der Spannung zwischen Alt und Neu, zwischen kultureller Kontinuität und notwendiger Verwerfung dessen, was vom Althergebrachten oder von dem, was aus ihm hervorging wie der Monopolkapitalismus aus dem Freien Wettbewerb, schädlich wurde.

Ursprünglich wurde mir ja vorgeschlagen, über Jugendwahn und Altersangst auch anhand literarischer Erfahrungen zu sprechen. Gestatten Sie mir deshalb, Ihnen ganz kurz von einem Plan für ein Drama zu erzählen, das ich wahrscheinlich nie mehr schreiben werde.

Ein alter Ministerpräsident oder Kanzler, ich dachte vielleicht an Konrad Adenauer, hat ein angeblich mustergültiges Altersheim besichtigt und hält eben eine kurze, freundlich-salbungsvolle Lobes- und Abschiedsrede. Da wird er von einem der alten Männer unterbrochen und erkennt in ihm gerührt einen ehemaligen Schulkameraden.

Der aber macht dem mächtigen alten Freund Vorwürfe, daß er an sich selbst und an den Interessen seiner Altersklasse Verrat begehe. Überall, sagt er, warten in Wirklichkeit Jüngere schon auf seinen und seiner älteren Minister Platz und spotten heimlich über seine altmodischen Ansichten. Ein Mann seines Alters, der nicht wie er zufällig an der Macht sei, werde schon längst zum alten Eisen geworfen, wie etwa hier in diesem Altersheim.

Der Kanzler läßt seinen alten Schulfreund ausreden, ist zutiefst erschüttert, macht ihn zu seinem Berater, und von da an wird bewußt von den Alten zur Niederhaltung der Jungen und ihrer »unreifen Ideen« regiert. Die Leute mittleren Alters werden gewonnen, indem man ihnen predigt, sie müßten schon jetzt »die Interessen ihrer künftigen Altersklasse« vertreten. Volljährig wird man erst mit 50 Jahren, die Autorität des Alters wird unantastbar usw. – Genug von dieser Groteske.

Warum spreche ich davon zu Ihnen?

Weil sich in unserer, nicht nur in Medizin und Technologie schnell wandelbaren, spätkapitalistischen Zivilisation die Verhaltensmuster der Wegwerfgesellschaft auch gegenüber unzähligen Menschen mehr und mehr durchzusetzen drohen. Wer wird noch wo angestellt, wenn er schon älter als soundso viele Jahre ist? Wie viele Bewerber färben sich die Haare oder versuchen sich auf andere Weise krampfhaft jünger zu stellen, als sie sind? Von Frauen, auch hier deutlich benachteiligt, gilt das natürlich erst recht.

Der Schulfreund des Kanzlers im Altersheim hat aber mindestens eines ganz richtig erkannt: Solange einer an der Macht ist, darf er das Rentner- und Pensionierungsalter ungestraft überschreiten! So hat schon im Ersten Weltkrieg der englische Dichter Siegfried Sassoon von den Alten gedichtet, die, von ihren sicheren Kommandostellen aus, Hekatomben von jungen Menschen in den Tod geschickt haben.

Man könnte sagen, für den modernen Krieg, für den Atomkrieg mit seiner alle umfassenden Vernichtung, stimme auch das nicht mehr. Gewiß, der Einwand ist richtig.

Aber wenn Marx und Engels auch richtig gesagt hatten, daß es das gesellschaftliche Sein ist, das unser Bewußtsein bestimmt, so haben doch auch sie schon geahnt, und einige ihrer Schüler, zum Beispiel Ernst Bloch in seinem Buch *Erbschaft dieser Zeit,* haben gezeigt, daß dieses gesellschaftliche Sein nicht logisch-geradlinig und vor allem oft genug nur mit beträchtlichen Verzögerungen das Bewußtsein verändert, auf dem Weg über Kindererziehung und Fehlerziehung vielleicht mehr als durch unmittelbare Erfahrungen des Erwachsenen; auf dem Weg über das Unbewußte gründlicher als durch aktuelle, richtig ausgewertete Beobachtungen. Ich möchte hier Mario Erdheims Werk *Die gesellschaftliche Produktion von Unbewußtheit* als wichtig erwähnen und natürlich auch immer wieder zahlreiche Stellen in den Werken von Paul Parin.

Die alten und alternden Machthaber, selbst dann (oder besonders dann), wenn sie sich noch dank der Gnade einer späten Geburt für geradezu jung halten, Staatsmänner, Generalstäbler, Unterrichtsminister, Päpste und protestantische Evangelisten, könnten ihre Rolle oft unmöglich weiterspielen, wenn sie sich nicht in althergebrachten und veralteten Gedankengängen wiegten und sich von ihren Beratern, die ihnen oft auch ihre Reden schreiben, diesen alten Kohl nur zu gerne vorkauen ließen, zumal dieser oft durch stürmischen, um nicht zu sagen stürmerischen Schwung populistische Popularität erlangen kann.

Das gilt besonders heute auch von jenen überalterten Haltungen zu Atomkrieg und atomarer Rüstung oder gar Abrüstung, die wir bei mittel- oder westeuropäischen Staatsmännern erleben müssen, staunend, sofern uns nicht schon alles Staunen vergangen ist.

Das Verhalten vieler (vorwiegend, aber nicht nur) konservativer Politiker des Westens seit den Abrüstungsvorschlägen, die wir mit dem Namen Gorbatschow verbinden, liest sich oft geradezu wie aus einem schlechten, viel zu dick aufgetragenen stalinistischen Roman! – Und doch ist es die reine – oder, besser gesagt, die sehr unreine – Wahrheit!

Im eben über die Bühne gegangenen englischen Wahlkampf hat Frau Thatcher allen Ernstes erklärt, wenn Mr. Kinnocks nukleare Abrüstung, also das Programm der Labour Party, verwirklicht werde, dann müßten unsere Söhne Russisch lernen, denn dann werde die Sowjetunion England besetzen.

Und, wohlgemerkt, durch nichts hat die Labour Party so viele Stimmen verloren wie durch ihr wirklich absolut nicht radikales Abrüstungsprogramm! Ja, Mr. Kinnock war vielleicht sogar gezwungen, auf diese blödsinnige Diskussion einzugehen, und hat gesagt, England könne auch mit konventionellen Waffen verteidigt werden. In Wirklichkeit kann man sich natürlich gegen Atomwaffen weder mit Atomwaffen noch mit sogenannten konventionellen Waffen verteidigen, sondern überhaupt nicht! Denn erstens ist ein Krieg zwischen modernen, hochindustrialisierten Staaten kein Krieg mehr wie alle bisherigen Kriege, und zweitens ist die Annahme, daß die Russen England oder Frankreich besetzen wollen, schwachsinnig.

Wenn Kinnock das aber so gesagt hätte, dann hätte er, soweit wir aus Meinungsumfragen wissen, fast die Hälfte seiner Wähler automatisch verloren. Oder irren wir uns und gilt die Bibelmahnung: *Sei warm oder kalt, aber die Lauen werde ich ausspeien aus meinem Mund, spricht der Herr*??

Auch wenn der englische Wahlkampf jetzt vorbei ist, dieses Beispiel ist für uns wichtig, denn diese Tollheit hat nicht nur Methode, sondern auch ihre »guten« Gründe.

Auch wenn Gorbatschow keineswegs England oder Frankreich oder die Bundesrepublik besetzen will, so gehört es noch seit Urgroßväterzeiten, ja, seit es Generalstäbe überhaupt gibt, zu deren festen Aufgaben, für den Fall eines Angriffes durch jedes irgendwie mögliche andere Land, das nicht gerade ein Zwergstaat ist, Verteidigungs- und Gegenschlagspläne zu schmieden. Diese alte Tradition lebt weiter (und gerade bei den alten Machthabern!), obwohl sie so sinnlos geworden ist wie die Planung der ärztlichen Versorgung in oder nach einem Atomkrieg.

Daß man sich, entgegen allem besseren Wissen, den Atomkrieg aber immer noch unter dem auf ihn nicht mehr zutreffenden Begriffsbereich Krieg, Kriegstaktik, Kriegsmaßnahmen, Kriegswirtschaft, Kriegsziele usw. vorstellt, hängt wieder mit unserem Thema Altersangst zusammen, hinter der sich ja die Todesangst verbirgt. Die früh- oder spätgeborenen begnadeten Herren Staatsmänner, Generalstäbler, Innen- und Propagandaminister usw. sind ja zum großen Teil ältere Herren oder solche, die alte Gedanken hochhalten. So auch einstmals bewährte Begriffe, wie daß Krieg die Fortsetzung der Politik des Friedens mit anderen Mitteln sei.

Diese Gedanken unter den heutigen Bedingungen als Irrtum zu erkennen, hieße für sie, die bisherige eigene Denkweise aufgeben, das, wofür man stand, sich also selbst als überlebt und überflüssig erkennen. Das wäre aber gleichbedeutend mit dem eigenen politischen Tod und vielleicht mit Existenz- und Machtverlust überhaupt. Und das ist zuviel verlangt an Verunsicherung! Namentlich, da der verunsicherte Mensch – und verunsichert sind wir in unserer Zeit und durch unsere Zeit alle! – ja dazu neigt, allem

Neuen gegenüber mißtrauisch zu sein: »Bisher habe ich immer irgendwie gelebt, aber ich weiß, wenn ich es auch nicht wissen will: In Zukunft muß ich einmal sterben. Deswegen will ich eigentlich von der Zukunft und dem, was sie Neues bringt, möglichst wenig wissen.« So ungefähr sieht so ein Gedankengang aus. Dazu gehören Redensarten wie: »Das darf doch wohl nicht wahr sein! Wohin kämen wir denn da?«

Und, wohlgemerkt, das sind keineswegs nur Gedankengänge politischer Machthaber, sondern auch unendlich vieler ihrer Untertanen und Wähler. Karl Marx hat noch gehofft, in Krisen würden sich die Menschen mehr und mehr um ihre wahren Interessen scharen. Aber darin war er noch ein echter Sohn der Aufklärung und konnte als solcher gar nicht anders hoffen. Wir wissen heute mehr von Panikdenken und Regression, und wir können die Menschen für Denkfehler, die ihnen oft systematisch nahegelegt und vorgekaut wurden, nicht einmal so recht tadeln, beziehungsweise wir müssen vor allem die Vorkauer und Naheleger tadeln und entlarven, und die sind meistens auch Opfer ihrer Erziehung.

Aber ohne die (teils uneingestandene!) Angst vor Alter, Altersschwäche, Hilflosigkeit und Tod wären wir solchem falschen Denken viel weniger ausgeliefert. Ja, ohne diese selbe Angst würden manche Machthaber sich vielleicht rationaler verhalten können, besonders wenn sie jetzt, wie in der atomaren Rüstungspolitik, im Grunde auch gegen die eigenen Interessen und die ihrer Kinder arbeiten.

Objektiv gesehen sind natürlich alle, die atomare Abrüstung und Entspannung verhindern oder auch nur verzögern, Verbrecher und Massenmörder. Wenn wir bedenken, daß in dieser Welt, in der jede Stunde Millionen Dollar auf Atomrüstung verschwendet werden, gleichzeitig alle zweieinhalb Sekunden ein Kind unter 5 Jahren durch Hunger stirbt, dann müßte jeder Staatsmann, der die atomare Abrüstung auch nur um drei Tage verzögert, als Verbrecher gegen die Menschheit ebenso gehängt werden, wie seinerzeit in Nürnberg Ribbentrop gehängt wurde; auch Frau Thatcher, Chirac, Mitterand, ja auch ein so wenig blutdürstiger Mann wie Bundeskanzler Kohl. – Keine Angst! Ich trachte ihm und den andern nicht wirklich nach dem Leben; nein, ich war schon zur Zeit der Nürnberger Kriegsverbrecherprozesse gegen die Todesstrafe für ihre damaligen Kollegen und habe mir nur etwas wie dichterische Freiheit gestattet. Unsere Zivilisation kennt ja noch Reste von Freiheit, z. B. auch intellektuelle Narrenfreiheit! Aber, im Ernst, die wahren Narren sind jene, die ihre Altersangst durch Machtausübung übertäuben wollen und dadurch verhängnisvoll werden können. Ja, ich bin mir nicht einmal ganz sicher, ob nicht auch die widersinnige Aufrechterhaltung feststehender Feindbilder zur Altersangst in einer ähnlichen Beziehung steht wie die bekannte Wahnvorstellung vieler alter Menschen, daß man ihnen alles stehlen will, hinter der sich ihre Angst vor Hilflosigkeit und Tod versteckt.

Und vor solchen Versuchungen und Gefahren sind auch die Opponenten der alten Machthaber und der alten Gesellschaftsordnungen, wir alle, nie ganz sicher. Am wenigsten, wenn man, wie es diese Alten und Alternden tun, am Ende der eigenen *Weisheit* auf die eigene *Autorität* pocht.

Der deutsche Dichter Richard Dehmel hat um die Jahrhundertwende, gegen Ende eines Gedichtes an seinen kleinen Sohn, geschrieben:

Und wenn dir einst von Sohnespflicht
Mein Sohn, dein alter Vater spricht:
Gehorch ihm nicht! Gehorch ihm nicht!

Das habe ich als Kind gelesen und nie mehr vergessen. Und das möchte ich Ihnen am Ende über die Beziehungen zwischen Jugend und Alter noch mitgeben.

Ganz gefeit gegen die Verführungen durch Jugendwahn und Altersangst, besonders wenn sie sich mit Machtausübung und Machtstreben paaren, ist man nie so leicht. Aber die Verbindung von Gesellschaftswissenschaften, Psychoanalyse, Einsicht in die eigene Lebenslage, politischer Betätigung und Phantasie (hier wieder die Rolle der Kunst im Kampf gegen die Entfremdung!!), diese Verbindung kann viel helfen.

1987

Von der Nachfolge dieses jungen Menschen, der nie mehr alt wird

Rede, Oktober 1987, anläßlich der Verleihung des Georg-Büchner-Preises, Darmstadt

Lieber Herbert Heckmann! Meine Damen und Herren, liebe Freundinnen, Freunde und Gegner!

Vor genau zwanzig Jahren hat Heinrich Böll, der mir hier in diesem Raum, wie auch sonst, schmerzlich fehlt, seine Rede *Georg Büchners Gegenwärtigkeit* mit den Worten begonnen: *Mein Dank ist herzlich, meine Rede nicht ohne Bitterkeit, notwendigerweise, weil der Preis den Namen Georg-Büchner-Preis trägt.*

Diese Worte gelten natürlich auch für mich. Ebenso wie Heinrich Böll und ich hätte sicher auch Büchner selbst einen Aspekt dieser seiner Gegenwärtigkeit bedauert. Nämlich, daß es noch heute, 150 Jahre nach Büchners Tod, so viele grimmige Vergleichsmöglichkeiten mit seiner Zeit gibt. Gewiß, Analogien stimmen nie ganz, aber wo ein *tertium comparationis* überhaupt vorhanden ist, dort sollte man nachdenken und seine Gedanken nicht verschweigen. Böll war nicht der einzige, der das empfand. Fast jeder, der hier an dieser Stelle stand, fühlte sich in ähnlicher Lage.

Hans Mayer schreibt in seinem bedeutenden Buch *Georg Büchner und seine Zeit: Jedes Jahr im Oktober ein Autor von heute, der sich mit diesem jungen Menschen aus Goddelau auseinandersetzt... Bemerkenswert jedes Mal, welche Elemente in dem Œvre der neue Büchnerpreisträger zum eigenen Schaffen in Beziehung setzt.*

Einer von diesen Preisträgern, Peter Weiss, der mir ebenso fehlt wie Böll, war im Mai 1982, gar nicht so lang, nachdem er erfuhr, daß ihm der Preis zuerkannt worden war, gestorben, und seine Witwe, Gunilla Palmstjerna-Weiss, hat hier für ihn gesprochen. Sie hat erwähnt, daß er gegenüber einem solchen Preis anfänglich zögerte. Dann sagte sie: *Aber eine Rede zu halten, seine Gedanken öffentlich zu machen, weiter ganz klar und deutlich seinen Standpunkt zu vertreten, das würde seinen Vorstellungen am nächsten kommen: Die Gelegenheit wahrnehmen und dann weitergehen!*

Peter Weiss hatte nämlich gewisse Bedenken, einen Preis anzunehmen, der im Namen eines Revolutionärs von einer Institution und aus der Hand von Menschen verliehen wurde, von denen die meisten den Preis einem der Rebellion verdächtigen blutjungen Gesellen wie Georg Büchner selbst doch kaum verliehen hätten. Gunilla Palmstjerna-Weiss berichtete weiter: *Peter hat noch Zeit gehabt, in Büchners Werken und Briefen Notizen zu machen, Textpassagen anzustreichen. Jede angezeichnete Stelle deutet darauf hin, daß es sich in seiner Rede um Kunst und Politik, um Revolution und Tod handeln sollte.*

Liebe Freunde und Feinde, diesen Themen von Peter Weiss will auch ich folgen. Vielleicht sogar in dieser Reihenfolge, soweit sie sich voneinander trennen lassen, was natürlich nur zum kleinen Teil möglich ist. Georg Büchner selbst blieb gar nicht die Zeit, sie wirklich zu trennen!

Also zuerst die Dichtungen: Natürlich kann man den Dichter, den Revolutionär und den Wissenschaftler Büchner nicht wie drei Menschen oder wie zeitlich getrennte Phasen eines Menschen auffassen, etwa als hätte Büchner sich von der naiven Rebellion seiner Jünglingszeit abgewandt und sei zum ruhigeren Dichter und zuletzt zum Wissenschaftler geworden. Nein, jedes Element bedingt und durchdringt jedes andere. Hans Mayer spricht von *Büchners Aktivität und seiner aus der Aktion entspringenden dichterischen Produktion.* Und er sagt: *Problematik, Stoffwahl und Leitideen des «Danton» sind aus den Erfahrungen und dem politischen Schicksal des revolutionären Theoretikers und Praktikers Büchner, und nur aus ihnen, zu verstehen. Die unheimliche Kraft aber, die solches Erleben in dichterische Kraft umsetzt, die nicht nur zum künstlerischen Ausdruck hindrängt, sondern ihn auch findet – und wie großartig gar findet –, das alles bleibt im letzten unentschleierbar, wie jede große Schöpferkraft es bleibt.*

Und auch der Wissenschaftler ist in den hintergründigen Dichtungen Büchners immer wieder enthalten. In *Leonce und Lena,* jenem Lustspiel der furchtbaren Unlust und Entfremdung, sagt Prinz Leonce, von dem Hans Mayer bemerkt, daß er gezwungen ist, ein sinnloses Leben zu führen, dieser selbe Leonce, dessen Name vielleicht nicht ganz zufällig an den des zuletzt so dahinlebenden Lenz anklingt, im zweiten Akt zu Valerio: *Komm, wir wollen Ameisen zergliedern, Staubfäden zählen.* Und am Ende des Stückes: *Oder wollen wir ihnen Fräcke anziehen und sie infusorische Politik und Diplomatie treiben lassen und uns mit dem Mikroskop daneben setzen?*

Und Büchners Danton ist gleich zu Anfang ein verhinderter Anatom. Er sagt zu seiner Frau, die meint, daß er sie kennt: *Ja, was man so kennen heißt. Du hast dunkle Augen und lockiges Haar und einen feinen Teint und sagst immer zu mir: Lieb Georg. Aber (er deutet ihr auf Stirn und Augen) da, da, was liegt hinter dem? Geh, wir haben grobe Sinne. Einander kennen? Wir müßten uns die Schädeldecken aufbrechen und die Gedanken einander aus den Hirnfasern zerren.*

Und auch im *Woyzeck* findet sich ein unentwegter Wissenschaftler, nämlich der Doktor, der Woyzeck zu Versuchszwecken nur mit Erbsen füttert. Allerdings soll in der nächsten Woche das Hammelfleisch drankommen, aber diese Zubesserung erlebt der arme Woyzeck nicht mehr. Dieser Doktor ist auch ein Philosoph. Er erklärt seinem Versuchsobjekt: *Er auf die Straß gepißt hat wie ein Hund. Geb ich Ihm dafür alle Tag 3 Groschen und Kost? Die Welt wird schlecht, sehr schlecht, schlecht, sag ich. O! Woyzeck das ist schlecht.*

Woyzeck: *Aber, Herr Doktor, wenn man nit anders kann.* Doktor: *Nit anders kann, nit anders kann. Aberglaube, abscheulicher Aberglaube! Hab ich nit nachgewiese, daß der musculus constrictor vesicae dem Willen unterworfen ist? Woyzeck, der Mensch ist frei, im Menschen verklärt sich die Individualität zur Freiheit – seinen Harn nicht halten können! Es ist Betrug, Woyzeck. schon seine Erbsen gegessen? Nichts als Erbsen, nichts als Hülsenfrüchte, cruiferae, merk Er sich's. Die nächste Woche fangen wir dann mit Hammelfleisch an. Muß er nicht aufs Secret? Mach Er. Ich sag's Ihm. Es gibt eine Revolution in der Wissenschaft. Eine Revolution. Ich sprenge sie in die Luft! Nach gestrigem Bericht 0,10 Harnstoff, und salzsaures Ammonium...*

Nicht nur als Versuchsobjekt, nein, auch als wissenschaftliche Hilfskraft muß der arme Woyzeck herhalten. Der Doktor fragt ihn weiter: *Hat Er mir Frösch gefange? Hat er Laich? Kein Süßwasserpolyp? Kein Hydra? Vestillen? Christatellen? Stoß Er mir nicht ans Mikroskop, ich hab eben den linken Backzahn von einem Infusionstier darunter...*

Und so weiter. Es scheint, daß Büchner in der revolutionsabgewandten Tätigkeit des Wissenschaftlers – dem wissenschaftsrevolutionierenden Doktor zum Trotz – nicht die absolute Erfüllung findet. Die Anspielungen auf die Wissenschaft sind weder im *Danton* noch in *Leonce und Lena* noch im *Woyzeck* gar zu schmeichelhaft, obwohl Büchner auch als Wissenschaftler bahnbrechend zu werden begann. Allerdings läßt sich in des Doktors hohem Lied auf die Willensfreiheit auch erkennen, daß Büchner vom idealistischen Glauben an die Willensfreiheit in Wirklichkeit schon längst zum Determinismus übergegangen ist, zum grimmigen Materialismus der Geschichtsbetrachtung.

In einem Brief an die Braut nach dem 10. März 1834 klagt er: *Ich studierte die Geschichte der Revolution. Ich fühlte mich wie zernichtet unter dem gräßlichen Fatalismus der Geschichte. Ich finde in der Menschennatur eine entsetzliche Gleichheit, in den menschlichen Verhältnissen eine unabwendbare Gewalt, allen und keinem verliehen. Der einzelne nur Schaum auf der Welle, die Größe ein bloßer Zufall, die Herrschaft des Genies ein Puppenspiel, ein lächerliches Ringen gegen ein ehernes Gesetz. Es zu erkennen das Höchste, es zu beherrschen unmöglich. Es fällt mir nicht mehr ein, vor den Paradegäulen und Eckstehern der Geschichte mich zu bücken...*

Büchner ist dennoch Revolutionär geblieben, allerdings ein äußerst skeptischer Revolutionär. Daher auch das Leitmotiv der verzweifelten Langeweile bei seinem Danton, bei seinem Leonce und auch bei Lenz, der zu Oberlin sagt: *Ja, Herr Pfarrer, sehen Sie, die Langeweile, die Langeweile! o! so langweilig, ich weiß gar nicht mehr, was ich sagen soll, ich habe schon alle Figuren an die Wand gezeichnet.* Oberlin sagt ihm, er möge sich zu Gott wenden; da lachte er und sagte: *Ja wenn ich so glücklich wäre wie Sie, einen so behaglichen Zeitvertreib aufzufinden, ja man könnte sich die Zeit schon so ausfüllen. Alles aus Müßiggang. Denn die meisten beten aus Langeweile; die andern verlieben sich aus Langeweile; die dritten sind tugendhaft, die vierten lasterhaft und ich gar nichts, gar nichts, ich mag mich nicht einmal umbringen, es ist zu langweilig.*

Und Büchners Danton sagt (zum Unterschied vom historischen Danton, der den Fatalismus der Geschichte nicht so deutlich erkannt hat, wie Büchner ihn zu erkennen glaubte): *Ich bin eine Reliquie, und Reliquien wirft man auf die Gasse.* Und als Lacroix ihn fragt: *Warum hast du es dazu kommen lassen?* erwidert Danton: *Dazu? Ja wahrhaftig, es war mir zuletzt langweilig. Immer im nämlichen Rock herumzulaufen und die nämlichen Falten zu ziehen! Das ist erbärmlich. So ein armseliges Instrument zu sein, auf dem eine Saite immer nur einen Ton angibt, – 's ist nicht zum Aushalten. Ich wollte mir's bequem machen. Ich habe es erreicht. Die Revolution setzt mich in Ruhe, aber auf andere Weise, als ich dachte.*

Diese Langeweile ist *taedium vitae,* Ekel und Lebensüberdruß des durch seine Erkenntnisse Vereinsamten. Sogar sich zu verlieben kann noch ein Anlaß für einen allerdings auch nicht ganz ernst gemeinten Selbstmordversuch sein. Leonce schwärmt von dem

Mädchen, in das er sich verliebt hat, das aber gerade weggegangen ist. Er ruft: *Zu viel! zu viel! Mein ganzes Sein ist in dem einen Augenblick. Jetzt stirb'. Mehr ist unmöglich. Wie frischatmend, schönheitglänzend ringt die Schöpfung sich aus dem Chaos mir entgegen. Die Erde ist eine Schale von dunklem Gold: wie schäumt das Licht in ihr und flutet über ihren Rand, und hellauf perlen daraus die Sterne. Meine Lippen saugen sich daran: Dieser eine Tropfen Seligkeit macht mich zu einem köstlichen Gefäß. Hinab heiliger Becher!*

Er will sich in den Fluß stürzen, aber Valerio hält ihn fest und fragt: *Ist denn Eure Hoheit noch nicht über die Lieutenantsromantik hinaus, das Glas zum Fenster hinaus zu werfen, womit man die Gesundheit seiner Geliebten getrunken?* Und Leonce erwidert ernüchtert: *Ich glaube halbwegs, du hast recht.*

Das alles ist natürlich vielschichtig. Selbst in der Verzweiflung ist Büchner nie dem tierischen Ernst erlegen wie so viele Revolutionäre. Erstens die Überschwenglichkeit dieser Szene ist schon ihre eigene Parodie und zugleich eine auf den Sturm und Drang, eine freundliche Parodie, natürlich. Keine renegatenhafte Abkehr wie bei Goethe, den Büchner hier übrigens ungeachtet aller Verehrung zugleich auch ein wenig parodiert, denn wenn sich Leonce bei seinem unernsten Selbstmordversuch zuruft, *Hinab heiliger Becher,* so klingt das natürlich an den König in Thule an, gar treu bis an das Grab, dem sterbend seine Buhle den goldenen Becher gab, und von dem es dann weiter heißt: *Er warf den heiligen Becher hinunter in die Flut.*

Büchner ist eben niemals nur ein Agit-prop-Schreiber, sondern ein Dichter, dem es um vieles zugleich geht.

Übrigens auch, wenn er politische Agitation betreibt. Er wußte und hat es selbst gesagt, daß auch sein *Hessischer Landbote* gewissermaßen nur ein Experiment war, Fanal und Experiment zugleich, wie Hans Mayer erklärt. Wilhelm Schulz berichtet Büchners eigene Worte: *Zwar lassen sich Revolutionen nicht machen, am wenigsten durch Flugschriften, selbst wenn diese die Notzustände noch so treffend schildern. Ist aber die Volksbewegung einmal da, so muß sie mit denselben Triebfedern der materiellen Interessen, die sie erzeugt haben, auch im Gange erhalten werden.*

Büchners Anteilnahme am Kampf gegen das Unrecht, gegen die Privilegierten, deren Stand und Verhalten er haßte, hat nie aufgehört. Auch aus der Emigration fragt er immer wieder nach dem Schicksal seiner Mitstreiter. Nach Pfarrer Weidig, der im Arresthaus zu Darmstadt unter der Anleitung des Hof- und Universitätsrichters Konrad Georgi zu Tode gequält wurde; nach seinem Freund August Becker und seinem anderen Freund Minnigerode, der nach furchtbarer Haft und Mißhandlung des Würgegriff Georgis dank seiner Familienverbindung im letzten Augenblick entrissen wurde. Immer wieder hatte Büchner zur Intervention angeregt, um diese politischen Gefangenen zu retten.

Büchner, der die Losung ausgegeben hatte, *Friede den Hütten, Krieg den Palästen!*, war kein Apostel der Gewaltlosigkeit. Hundertvierzig Jahre vor der Zuwendung eines Teiles der Studentenbewegung zur Gewalt hat er geschrieben: *Meine Meinung ist die: Wenn in unserer Zeit etwas helfen soll, so ist es Gewalt. Wir wissen, was wir von unseren Fürsten zu erwarten haben. Alles, was sie bewilligten, wurde ihnen durch die Notwendigkeit abgezwungen. Man wirft den jungen Leuten den Gebrauch der Gewalt vor. Sind wir denn aber nicht in einem ewigen Gewaltzustand?*

Büchner meint damit die Gewalt der Herrschenden. Er faßt die Gewalt der Revolutionäre als Gegengewalt auf. Diese Worte Büchners über die Gewalt zitiert auch Heinrich Böll in seiner Büchnerrede und sagt im selben Atemzug, daß er sich nicht entschließen kann, Büchners äthetische Gegenwärtigkeit von seiner politischen zu trennen.

Es ist wahrscheinlich, daß dieser Zwanzigjährige sich in unserer Zeit zur ersten Generation der Baader-Meinhof-Gruppe geschlagen hätte – wenn auch keineswegs sicher, daß er sich nicht wieder abgewendet hätte! – und daß er heute im Gefängnis säße oder vor genau zehn Jahren, am 17. Oktober 1977, an einer ähnlichen Art Selbstmord gestorben wäre, wie es Baader, Ensslin und Raspe an diesem Tag widerfahren ist – und 17 Monate zuvor Ulrike Meinhof! Falls Büchner nicht schon bei der Verhaftung polizeilich erschossen worden wäre, natürlich nur in Notwehr oder in putativer Notwehr!

Büchner hatte das Glück, zu einer Zeit, in der es noch ein barmherzigeres Asylrecht gab als heute, fliehen zu können und zu sehen, daß man mit dem bewaffneten Kampf in einer nichtrevolutionären Situation nicht weit kommt, so wie das in unserer Zeit Peter-Jürgen Boock eingesehen hat, dem aber seine mutige Wendung gegen den individuellen Terror wenig genützt hat, trotz der schönen Worte der Justiz, wie gut man jene behandeln könne, die dem Terror entsagen. Die geheime Bedingung der Bundesanwaltschaft aber war offenbar, daß Boock seine ehemaligen Kameraden verraten solle, und das wollte er ebensowenig, wie Büchner dies getan hätte. Was soll man da von Hilfsangeboten für Aussteiger halten, solange Peter-Jürgen Boock so behandelt wird? – Büchner hat, lange nach seiner Erklärung für die Gewalt, gesagt: *Ich glaube, man muß in sozialen Dingen von einem absoluten Rechtsgrundsatz ausgehen, die Bildung eines neuen geistigen Lebens im Volke suchen und die abgelebte moderne Gesellschaft zum Teufel gehen lassen. Zu was soll ein Ding wie diese zwischen Himmel und Erde herumlaufen? Das ganze Leben derselben besteht nur in Versuchen, sich die entsetzlichste Langeweile zu vertreiben. Sie mag aussterben, das ist das einzig Neue, was sie noch erleben kann.*

Dem jungen Büchner war es nicht vergönnt, wenigstens noch das Revolutionsjahr 1848 zu erleben. Er wäre erst 34 Jahre alt gewesen, aber da war er schon 11 Jahre tot. Wenn ich daran denke, dann tut es mir weh, genauso weh, wie es mir tut, daß Menschen, die ich gekannt und geliebt habe, Ernst Bloch, Ernst Fischer, Heinar Kipphardt, Heinrich Böll, Peter Weiss, Herbert Marcuse, Rudi Dutschke, Hans Jürgen Krahl und viele andere, besonders auch Ulrike Meinhof, die dann sicher nicht mehr verzweifelt hätte, nicht mehr das deutliche Hervortreten Michail Gorbatschows und seine Tendenzwende erleben durften. Freilich haben sie auch nicht erlebt, daß, wie vorherzusehen war, Staatsmänner der westlichen Welt sich, mit wenigen rühmlichen Ausnahmen, zum Beispiel Außenminister Genscher, verhalten wie viel zu dick aufgetragene Karikaturen, nicht aus *Leonce und Lena,* sondern aus einem schlechten stalinistischen Roman, der die bösen Kapitalisten zeigen will! Diesen meinen Toten, noch vielen mehr, als ich nennen konnte, möchte ich diese Betrachtungen hier widmen, ebenso wie dem Schatten Georg Büchners.

Ich Alter sehe mich selbst und die alten und alternden Schriftsteller, die hier jedes Jahr den Schatten dieses jungen Menschen beschwören, der nie mehr alt wird, von Büchners Schatten in den Schatten gestellt. Weil dieser Schatten hier ist, in dessen Namen wir uns versammeln, vielleicht auch zur Sühne dafür, daß man ihn weggetrieben hat, den Jungen aus Darmstadt, in die Fremde und in die Einsamkeit und in seine Todeskrankheit, den Typhus, der ihn in der Fremde fand – und vielleicht auch, weil wahrscheinlich auch ich in nicht allzu ferner Zukunft ein Schatten sein werde wie meine Vorbilder und Kollegen und Freunde, die ich eben erwähnt habe –, will ich ein wenig mithelfen, daß Georg Büchners Schatten ein helles Licht wirft auf einiges Dunkel unserer von den ersten Atomexplosionen so herrlich erleuchteten Zeit.

Wenn wir hier nicht nur ein gewissenloses unverbindliches Schattenspiel veranstalten wollen, dann kommen wir um die Frage nicht herum, was Büchner heute sagen und schreiben und tun würde. Wie würde er sich zur heutigen Bundesrepublik stellen? Würde er diesem Staat trauen oder mißtrauen? Wofür und wogegen würde er heute kämpfen? – Es geht hier nicht darum, seinen Namen zu ehren, denn, weiß Gott, Georg Büchner bedarf unserer Ehrungen nicht!

Aber wenn wir schweigen, wo er gesprochen hätte, dann machen wir unserem Namen Schande und nennen seinen Namen zum Falschen und Nichtigen! Unbeantwortbar, aber zugleich unwiderstehlich die Frage: Wie hätte Georg Büchner heute geschrieben? In diesem Land, das sich zur Freiheit bekennt, aber gewaltlose Demonstranten mißhandelt und einsperrt? Das immer von Demokratie spricht, aber hinter den Kulissen einen Pinochet, einen Botha, einen Mobutu und die Contras Reagans unterstützt? – Hätte Büchner vielleicht einige Figuren seiner Dramen heute verändert? Nehmen wir zum Beispiel *Leonce und Lena.* Ingeborg Bachmann, auch eine Büchnerpreisträgerin und eine, deren Todestag heute ist, hat von Shakespeares Komödien gesagt, daß sie lachen machen und zum Weinen sind. Das gilt auch von *Leonce und Lena,* denn es ist eine einzige grimmige Kritik an der Entfremdung und gähnenden Lebensleere der Herrschenden. Da gibt es Leonces Papa, König Peter vom Reich Popo, diesen alten Schwachkopf, der sich einen Knoten ins Taschentuch macht, um sich an sein Volk zu erinnern, und sich dann doch kaum erinnert. – Hätte ein Büchner ihn in unserer Zeit vielleicht nicht zum Herrscher von Gottes Gnaden über einen mikroskopischen Zwergstaat gemacht, sondern zum demokratisch gewählten Oberhaupt einer Supermacht, das aber gleichfalls von vielem nichts weiß oder nichts wissen will und sich an nichts erinnert; zu einem Herrscher, der vor allem nicht weiß, was er tut! Und vielleicht hätte Büchner sich auch den köstlichen Witz nicht entgehen lassen, er habe soeben das Kommando zur Vernichtung des Feindes gegeben, und die Bomben hätten schon vor 5 Minuten hinzufliegen begonnen! Natürlich nur ein Scherz: König Peter von Popo war ja eine gutmütige Theaterfigur!

Büchner hätte die Kleinstaaterei seines Deutschlands sicher durch das große Supermächtetheater von heute ersetzt. Wenn er heute lebte, dann könnte man mit Goethe von ihm sagen:

Denn was er, so artig, im Kleinen gesehn,
Erfuhr er, genoß er, im Großen.

Vielleicht, obwohl Büchner, wie in seinem *Danton,* auch große dramatische Gemälde entwerfen konnte, hätte er nicht immer nur große Männer gestaltet. Einen Vergleich Gorbatschows mit Goebbels zum Beispiel, genüßlich gestützt auf die Pelzmäntel der beiden Gattinnen, hätte Büchner schon aus Gründen des guten Geschmacks sicher nicht einem führenden Staatsmann in den Mund gelegt, sondern wahrscheinlich nur irgendeinem ganz kleinkarierten, subalternen, selbstgerechten Höfling. Sogar ein geschwätziger Polonius wäre ihm noch zu gut dazu gewesen!

Aber, Spaß beiseite, jener Büchner, der in seinem *Hessischen Landboten* als eine Grundlage seiner Gesellschaftskritik als erster in Deutschland die Statistik angewendet hat, wie hätte er die Milliarden und Milliarden, verschwendet auf sinnlose Kriegsausrüstungen auf Erden und gar im Weltraum, mit der Zahl der alljährlich verhungernden Kinder in Verbindung gebracht? Hätte er sich die Anprangerung dieses Verbrechens gegen die Menschheit (wie man das in Nürnberg nannte und mit dem Tode bestrafte! –) und derer, die das mitmachen und dulden und den Mund halten, entgehen lassen? Hätte er nicht statistisch berechnet, daß allein schon die Ausgaben für die Weltraumrüstung soviel Menschheitsvermögen vergeuden, daß bei Einsparung eines kleinen Bruchteils davon kein Kind, überhaupt kein Mensch, verhungern müßte? Hätte er nicht berechnet, daß die Zahl der Menschen, die, wegen der nun jahrzehntelangen Verschwendung unserer Hilfsmittel auf diese Rüstung, gestorben sind, schon längst weit größer ist als selbst die Zahl derer, die der große Stalin, der Meister aus Rußland, auf dem Gewissen hatte?

Und hätte er nicht andere Dinge unserer Zeit aufs Korn genommen? Zum Beispiel den noch halbverschämten Antisemitismus, der sich wieder in der Bundesrepublik regt, ebenso wie in Frankreich, und den unverschämten Antisemitismus in Österreich, in Saudi-Arabien oder (noch vor zwanzig Jahren) in Polen, und die wahnwitzigen Verallgemeinerungen einem Khomeini, die in dieselbe Kerbe schlagen? Hätte er das nicht genauso treffsicher analysiert und angegriffen wie das blutige Zerrbild, das die heutigen Machthaber in Israel, die Menschenräuber eines Mordechai Vanunnu, aus dem unschuldigeren Zionismus eines Martin Buber, eines Baer Borochow oder eines Nahum Goldmann gemacht haben? Oder, ganz nahe hier bei uns: Was hätte Büchner zur offiziellen Umbenennung des gezielten polizeilichen Todesschusses in *finaler Rettungsschuß* gesagt und zur ewigen *polizeilichen Notwehr* oder *putativen Notwehr?* Oder zu den schon durchgeführten und den in Vorbereitung befindlichen Verstümmelungen des Asylrechtes in der Bundesrepublik und in anderen NATO-Ländern? Hätte der Emigrant Büchner dazu schweigen können?

Und heute, da es 150 Jahre her sind, daß Büchners Bundesgenosse Pfarrer Weidig im Arresthaus zu Darmstadt, nach jahrelanger Haft und nachdem man ihn noch an seinem letzten Lebenstag mit dem Ochsenziemer gepeitscht hatte und ihn am nächsten Morgen verbluten ließ, *Selbstmord* begangen haben soll, genau drei Tage nach Büchners Tod. Wenigstens verkündete sein unerbittlicher Quälgeist, Hof- und Universitätsrichter Georgi, es als Selbstmord. Aber sogar die medizinische Untersuchungskommission der Universität Zürich war ehrlich genug, dieses Selbstmordverdikt gründlich zu bezweifeln. Ich erwähne das besonders, weil es heute auf den Tag genau 10 Jahre sind, seit Gudrun Ensslin, Andreas Baader und Jan Carl Raspe in Stammheim jenen Selbstmord begingen, der außerhalb der Grenzen der Bundesrepublik und auch hier im Lande bei einer Reihe von Menschen, die – wie ich – gar nicht Anhänger der Baader-Meinhof-Taktiken sind oder waren, keineswegs mit solcher Selbstverständlichkeit als Selbstmord gilt! Was würde ein wiedergekehrter Georg Büchner, eingedenk des blutigen Schicksals seiner eigenen Freunde, dazu sagen? Und auch dazu, daß die große und gewissenhafte Tatsachenmaterialsammlung über Stammheim des bekannten holländischen Anwalts und Rechtslehrers Pieter Bakker-Schut bei uns systematisch totgeschwiegen wird? In Holland ist das Buch ausführlich rezensiert worden. Hier ist die deutsche Übersetzung voriges Jahr im neuen MALIK-Verlag erschienen.

Das Buch zerpflückt gründlich die Selbstmordbehauptungen, auch nach Ansicht führender Gerichtsmediziner, konnte aber bisher hierzulande gegen etwas, was ganz nach einer Verschwörung des Schweigens aussieht, nicht aufkommen, und der dokumentarische Ergänzungsband *Das Info,* den Pieter Bakker-Schut jetzt veröffentlicht hat, wurde in der BRD verboten! Hätte Büchner gegen dieses Schweigen und gegen dieses Verbot nicht angekämpft, ganz gleich welche Kritik er – wie auch ich – an der Methode und Taktik der Baader-Meinhof-Gruppe gehabt hätte? Oder ein anderer Fall: Vor einiger Zeit haben Mitglieder der dritten Generation der RAF den sinnlosen Mord an Gerold Braunmühl begangen. Seine Brüder aber haben es über sich gebracht, den Mördern ihres Bruders in einem menschlichen offenen Brief ins Gewissen zu reden, einer der wenigen Lichtpunkte der Geschichte der letzten Jahre in der Bundesrepublik! Damit nicht genug, haben sie den Gustav-Heinemann-Preis, den sie für ihre humane Haltung erhielten, für die Verteidigung des Justizopfers Peter-Jürgen Boock gespendet. Das nächste, was man hörte, war, daß der sonst nicht gerade allzu souveräne Generalbundesanwalt Rebmann die Stirne hatte, den Braunmühlbrüdern für ihr Verhalten eine öffentliche Rüge zu erteilen: Meines Erachtens eine taktlose und unrühmliche Reaktion auf eine wirklich rühmenswerte Tat der trauernden Brüder des Ermordeten.

Aber die Meinungen sind verschieden: Hofgerichtsrat und Universitätsrichter Konrad Georgi zum Beispiel, der Verfolger Büchners und erbarmungslose Quälgeist Pfarrer Weidigs und Minnigerodes, hätte diesen Schritt eines hochgestellten Kollegen sicher begrüßt! Und auch die Justizminister Heinz Eyrich und Walter Remmer sind sicher für Rebmann.

Die Liste der großen und kleinen Schändlichkeiten von der Art, die Büchner bis aufs Blut gepeinigt haben, ließe sich ins Endlose fortsetzen. Da sind die Versuche, Günter Wallraff durch ein Kesseltreiben von Hetze und Verleumdungen zu ruinieren, seit er gezeigt hat, wie es ganz unten zugeht, oder die gerichtlichen und anderen Aktionen, zum Teil von Zuhältern, dem Enthüllungsfotografen Günter Zint das Leben in der Bundesrepublik unmöglich zu machen. Oder das Urteil gegen den Arzt Peter Augst, der zu sagen gewagt hat, *Jeder Soldat ist auf Grund seines Trainings ein potentieller Mörder,* und dafür 10.500,– DM bezahlen soll! Nur noch einen Fall zu erwähnen komme ich nicht umhin, weil er sich hier in Darmstadt ereignet hat. Daß einige von Ihnen davon wissen, kann kein Grund sein, davon zu schweigen.

Die Evangelische Landeskirche hatte 1979 Zigeuner zu einem Zigeunerfestival eingeladen, und Oberbürgermeister Sabais hatte ihnen einen Standplatz in Darmstadt angeboten. Es kamen etwa 50 Roma. Aber vielen Bürgern waren sie nicht willkommen. Es kam zu keinem Miteinander, sondern zu einem unsicheren Nebeneinander, das schließlich ein Gegeneinander wurde. In den Jahren seither wurden sie delogiert, ausgewiesen, auf einstweiligen *Geduldeten*-Status gesetzt, abgeschoben: Das Wegziehen wurde ihnen auf verschiedene Arten nahegelegt. Heute ist nicht ein einziger von ihnen mehr hier. Darmstadt ist *roma-rein.* Das Wort ist dem Wort *judenrein* nachgebildet. Obwohl solche Vergleiche immer hinken. Zum Beispiel: Während Juden nach 1945 immerhin Wiedergutmachung bekamen, erhielten die Angehörigen von ebenfalls vergasten Roma nichts dergleichen. Die Hinterbliebenen zu Tode geplagter, nach Deutschland verschickter Fremdarbeiter auch nichts!

Als vier Roma-Familien von ihrem Urlaub zurückkamen, fanden sie, daß das Haus, in dem sie gewohnt hatten, niedergerissen war. Samt ihren Möbeln, Geschirr, Wäsche, Büchern, Bildern und Andenken an vergaste Roma-Angehörige und Freunde. Es hieß unter anderem, Zigeuner seien ja fahrende Leute, so habe man eben angenommen, daß sie weitergefahren seien. Dabei hatte ihnen Darmstadt zum Ankauf ihrer Werkzeuge – sie waren Kupferschmiede – sogar 10.000 Mark vorgestreckt. Allerdings, kaum daß sie die Werkzeuge hatten, wurde ihre Sozialhilfe gestrichen, und die 10.000 Mark wurden durch Einbehalten von Kindergeld wieder eingezogen. Auch wurde ihnen verboten, ihre Kupferwaren außerhalb Darmstadts zu verkaufen. – Das alles geschah rechtens, wie man das nennt. Natürlich gab es in diesen Jahren auch gelegentlich Diebstahl durch Romas oder Roma-Kinder. Keinen Sozialarbeiter würde das wundern. Aber soll das vielleicht Grund genug sein?!

Georg Büchner hätte allen, die Darmstadt von Romas befreien halfen, vermutlich ein viel dauerhafteres Denkmal gesetzt, als ich es hier vermag. Georg Büchner hätte sicher auch viele Verhaltensweisen – gar nicht nur in Deutschland – kritisiert, die heute gang und gäbe sind, zum Beispiel das ehrerbietige Stillschweigen vor jedem aufgeblasenen Popanz, der eine Machtposition innehat und den man sonst nur bemitleidet oder verspottet hätte. Und Büchner, den schon die *abscheuliche Kunstsprache* – wie er sie nannte – einiger Philosophen seiner Zeit empört hat, hätte an einem geistreich geschriebenen Teil der heute modernsten französischen Philosophie genausoviel auszusetzen wie an den beschönigenden deutschtümelnden Geschichtsklitterungen der letzten ein, zwei Jahre. Schon die Deutschtümelei der Studenten nach den sogenannten Freiheitskriegen war ihm ja verhaßt.

Das alles sind leider nur Mutmaßungen, was Büchner heute für uns getan hätte. Er hat es, weil er mit 23 Jahren gestorben ist, nicht einmal für seine eigene Zeit tun können, und Georg Herwegh – den Heine *die eiserne Lerche der Revolution* nannte – hat um ihn mit den Worten geklagt: *Doch hätt' er uns ein Leitstern sollen sein in dieser halben, irrgewordenen Zeit!*

So ein Leitstern sollte er uns immer noch sein. Jedem von uns. Denn er war für die Freiheit. Nicht nur für seine, sondern vor allem auch für die Freiheit anderer. Für die Freiheit der Unterdrückten, der Manipulierten, der Armen. Er war nicht für die Freiheit der Herrschenden, der Despoten und ihrer Bürokraten, ungehindert ihr Wesen zu treiben! Er war für die Freiheit des Denkens, der

Rede und der Kritik, für die Freiheit, diese Welt nicht nur zu diskutieren, sondern sie tätig zu erkennen und zum Besseren zu verändern!

Er hat in der finsteren Zeit Metternichs gelebt und ist in ihr gestorben. Er hat das Aufbäumen der Verzweiflung geschildert, wenn das Unrecht die Menschen zum Wahnsinn und zum Tod treibt, wie es sein Woyzeck sagt: *Wenn die Welt so finster wird, daß man mit den Händen an ihr herumtappen muß, daß man meint, sie verrinnt zu Spinnweb. Das ist, so wenn etwas ist und doch nicht ist. Wenn alles dunkel ist, und nur noch ein roter Schein im Westen, wie von einer Esse... Wenn die Sonn im hellen Mittag steht und es ist als müsse die Welt auflodern. Hören Sie nichts? Ich meine dann als die Welt spricht, sehen Sie, die langen Linien, und ist als ob es einen mit fürchterlicher Stimme anredete.*

Diese verzweifelte Wirrnis hätte Büchner, der Wissenschaftler, der Dichter, der Rebell und Weltverbesserer, entwirren wollen. Und wir Heutigen müssen immer noch versuchen, die verzweifelten Wirrnisse unserer Zeit zu entwirren und die Auswege wirklich zu bahnen und zu gehen, die sich zum Teil schon deutlich zeigen, auch wenn sie schwer zu gehen sind.

Die von uns, die Schriftsteller sind, können das – nicht nur, aber doch zum großen Teil – durch das versuchen, was sie schreiben. Auch dann, wenn die Establishments und die offizielle Kritik darüber ungehalten sind. Georg Büchner hat in einem Brief aus dem Exil, in Straßburg, am 28. Juli 1835 dies dazu gesagt:

Daß übrigens noch die ungünstigsten Kritiken erscheinen werden, versteht sich von selbst; denn die Regierungen müssen doch durch ihre bezahlten Schreiber beweisen lassen, daß ihre Gegner Dummköpfe oder unsittliche Menschen sind.

Damit möchte ich schließen. Ich danke Ihnen.

1987

Zeittafel

1953

UdSSR: Tod Josef Stalins. Erste Rehabilitierungen.
DDR: Aufstand des 17. Juni.
Streiks in ganz Ostdeutschland.
Guatemala: Zerstörung der Demokratie unter Mithilfe der USA.

Erich Fried reist zum erstenmal nach dem Krieg nach Deutschland.

1954

Vietnam: Vietminh erobern Dien Bien Phu.
Manila: Acht Staaten unterzeichnen Vertrag über Verteidigung Südostasiens gegen den Kommunismus.

1955

Mittelosteuropäische Staaten: Unterzeichnung des Warschauer Pakts.
Wien: Unterzeichnung des Österreichischen Staatsvertrags.
USA: verkünden „Politik der Stärke“ und rüsten auf Atomwaffen um.

1956

UdSSR: Parteichef Chruschtschow verurteilt Stalinismus.
Naher Osten: Suez-Krise. (England/Frankreich/Israel greifen Ägypten an.) Israel besetzt Sinai-Halbinsel. Massaker an Palästinensern in Kafr Kassem.
Ungarn: Aufstand. Intervention der UdSSR.
Polen: Aufstand in Posen.
BRD: Verbot der KPD und FDJ.

1957

Naher Osten: Syrien-Krise, USA werden des Umsturzversuchs beschuldigt.
UdSSR: Start des ersten Erdsatelliten (Sputnik).
NATO: Mittelstreckenraketen für Mitteleuropa.
USA/UdSSR: weiteres atomares Aufrüsten.

1958

Naher Osten: Gründung der VAR (Vereinigte Arabische Republik). Bürgerkrieg im Libanon.
Vietnam: Wachsende Einmischung der USA.

1959

USA: Treffen Eisenhower – Chruschtschow („Der Geist von Camp David“: Möglichkeit der friedlichen Koexistenz).
Kuba: Revolution siegt unter Fidel Castro.

1960

Frankreich: Zündung der ersten französischen Atombombe.
USA: John F. Kennedy wird Präsident.

1961

Wien: Treffen Chruschtschow – Kennedy.
Berlin: Bau der Berliner Mauer.
Kuba: Exilkubaner versuchen mit Hilfe der USA Invasion (Schweinebucht-Debakel).

1962

USA/UdSSR: Kuba-Krise.
Vietnam: US-Militärpersonal wird auf 4.000 Mann erhöht/vorher etwa 800 Militärberater.

1963

Vietnam: Schwere Kämpfe. Ministerpräsident Diem wird getötet.
USA: Bürgerrechtsbewegung / Kennedy legt Rassenintegrationsprogramm vor.
Kennedy wird ermordet.

Erich Fried wird Mitglied der Gruppe 47.

1964

Vietnam: Seegefecht von Tonking (später durch Pentagon-Papiere als Machination der USA entlarvt). Direktes militärisches Eingreifen der USA. Bombardierung von Nordvietnam. US-Truppen werden mit 25.000 Mann angegeben.

1965

Vietnam: weitere Eskalation. Verstärktes Bombardement von Nordvietnam. Einsatz von US-Bodentruppen. 54.000 US-Soldaten im Einsatz.

Erich Fried mitunterzeichnet die „Erklärung namhafter Künstler und Wissenschaftler über den Krieg in Vietnam“.

China: Kulturrevolution.
Naher Osten: Blutige Grenzzwischenfälle Israel/Jordanien.
USA: Verschärfte Rassenunruhen.

1966

Vietnam: Bereits 128.500 US-Soldaten im Einsatz. Strategie der verbrannten Erde. Verwendung von Napalm- und Phosphorbomben und Giftgasen.
Weltweite Proteste gegen Vietnamkrieg.
BRD: Bildung einer Großen Koalition (CDU/CSU – SPD).

Erich Frieds „und Vietnam und“ löst Diskussionen aus.

USA: Zunehmende Radikalisierung der Bürgerrechtsbewegung.

USA/New Jersey: 28. Tagung der Gruppe 47. Erich Fried protestiert dort gegen Vietnamkrieg und tritt für Peter Weiss ein.

1967

Griechenland: Militärputsch führt zu Diktatur.
Naher Osten: Sechstagekrieg (Israel – arabische Nachbarstaaten). Nach dem Waffenstillstand bleiben die von Israel eroberten Gebiete besetzt.
BRD: Bildung der Außerparlamentarischen Opposition (APO). Der Student Benno Ohnesorg wird bei Anti-Schah-Demonstration von einem Polizisten in Berlin erschossen (2. Juni).
Bolivien: Ernesto „Che“ Guevara wird im Auftrag des CIA erschossen.

Erich Fried protestiert gegen die Erschießung Ohnesorgs und Guevaras und nimmt an Vietnamdemonstration in Berlin teil. Bei der letzten Tagung der Gruppe 47 erreicht er bei den Mitgliedern einen Publikationsboykott des Springer Verlages.

1968

Vietnam: „Tet“-Offensive. Massaker von My Lai. Verstärktes US-Bombardement in Nordvietnam. In Südvietnam militärische Operationen gegen Zivilbevölkerung zur „Neutralisierung des Vietcong“.
BRD: Vietnamkongreß in Berlin. *Erich Fried einer der Redner.* Antifaschistische Woche in München. *Erich Fried nimmt teil.*

Verabschiedung der Notstandsgesetze. Gegenkundgebung in Bonn. *Erich Fried einer der Redner.*

Kaufhausbrandstiftung als Aktion gegen den „Konsumterror“ (Andreas Baader, Gudrun Ensslin u. a.).

Attentat auf Rudi Dutschke. Er überlebt schwer verletzt *und wohnt während seiner Rekonvaleszenz bei Fried in London.*

ČSSR: Einmarsch der sowjetischen Truppen beendet„Prager Frühling“.
USA: Bürgerrechtskämpfer und Friedensnobelpreisträger Martin Luther King wird ermordet.

Richard Nixon wird Präsident.

1969

Vietnam: Bombardierung von Südvietnam und Kambodscha.

Nixon einigt sich mit Thieu auf „Vietnamisierung“ des Krieges.
BRD: Beginn des Prozesses gegen den Rechtsanwalt Horst Mahler wegen „Landfriedensbruchs“.

Nach Ablehnung der Berufung gegen ihre Freiheitsstrafe von 3 Jahren Gefängnis gehen Andreas Baader und Gudrun Ensslin in den Untergrund.

1970

Wien: Beginn der SALT-Konferenz (USA – UdSSR, zur Begrenzung der strategischen Waffen).

Polen/BRD: Deutsch-polnischer Vertrag (faktische Anerkennung der Oder-Neiße-Grenze).

Vietnam: Erneutes US-Bombardement von Nordvietnam.

BRD: Neuerliche Verhaftung von Andreas Baader. Befreiung durch Gruppe, der Ulrike Meinhof und Horst Mahler angehören. In der Folge Entwicklung eines Stadtguerillakonzeptes. Mehrere Banküberfälle, Autodiebstähle und Einbrüche zur Beschaffung von Ausweispapieren. Festnahme einiger Mitglieder

der sogenannten „Baader-Meinhof-Bande“, darunter Horst Mahler.

1971

USA: Veröffentlichung der Pentagon-Papiere (über den Vietnamkrieg).

UNO: Aufnahme der Volksrepublik China.

Indochina: Luftangriffe auf Laos und Kambodscha. Zu Jahresende schwerste Bombenangriffe auf Nordvietnam seit 1988.

BRD: Bundesweite Großfahndung nach der „Baader-Meinhof-Bande“. Diese gibt als RAF (Rote Armee Fraktion) die Schrift „Das Konzept Stadtguerilla“ heraus, in der u. a. politischer Mord abgelehnt wird.

Erschießung Georg von Rauchs durch Berliner Polizisten (4. 12.).

1972

Vietnam: Vietcong-Offensive. Verstärktes US-Bombardement in Nordvietnam. Seeblockade.

USA/UdSSR: Vertrag über Rüstungsbegrenzung (SALT I).

USA: Staatsbesuch Präsident Nixons in der UdSSR und in der Volksrepublik China.

BRD/DDR: Grundvertrag.

BRD: *Erich Fried schreibt Leserbrief an „Spiegel“, in dem er Erschießung Georg von Rauchs als „Vorbeugemord“ bezeichnet.*

Suspendierung des Universitätsprofessors Peter Brückner vom Dienst, nachdem er in einem „Schauprozeß“ von einem ehemaligen RAF-Mitglied belastet wurde.

Erschießung von Thomas Weißbecker in Augsburg durch die Exekutive (2. 3.).

Erich Fried protestiert gegen polizeiliche Todesschüsse.

„Mai-Offensive“ der RAF: Anschläge auf US-Militäreinrichtungen, lokale Polizeibehörden, den Axel-Springer-Konzern.

Verhaftung der RAF-Mitglieder: Jan Carl Raspe, Holger Meins, Andreas Baader, Gudrun Ensslin, Ulrike Meinhof und Irmgard Möller (Juni).

1973

Vietnam: Waffenstillstand. Vietnamkonferenz in Paris.
Chile: Militärputsch Pinochets beendet demokratische Regierung Allende.
USA: Watergate-Affäre.
Naher Osten: Yom-Kippur-Krieg (4. israel.-arab. Krieg).
BRD: Beschluß der Ministerpräsidentenkonferenz über „Grundsätze zur Frage der verfassungsfeindlichen Kräfte im öffentlichen Dienst" („Berufsverbot").

Erich Fried protestiert gegen Verfassungsfeindlichkeit des Ministerbeschlusses und Berufsverbot.

1974

Beginn einer weltweiten Rezession (1. Ölkrise).
Vietnam: Kapitulation von Südvietnam.
USA: Präsident Nixon tritt zurück, Gerald Ford wird sein Nachfolger.
Griechenland: Ende der Militärdiktatur.
Portugal: Ende der faschistischen Diktatur nach vierzig Jahren.
Grenada: unabhängig.
BRD: Holger Meins stirbt im Gefängnis (Stammheim) an ungenügender künstlicher Ernährung bei einem Hungerstreik.
Horst Mahler wird zu 14 Jahren Gefängnis verurteilt.

Prozeß gegen Erich Fried, weil er die Erschießung Georg von Rauchs als „Vorbeugemord" bezeichnet hatte. Freispruch.
Erich Fried Sachverständiger im Prozeß gegen den Verleger Klaus Wagenbach. Freispruch in erster Instanz.
Erich Fried tritt in „Höre Israel" für die Rechte der Palästinenser ein und wird Mitglied des deutschen PEN.

1975

Spanien: Franco stirbt. Ende der faschistischen Militärdiktatur.
Portugal: Kolonien werden unabhängig.
BRD: Entführung des CDU-Politikers Peter Lorenz. Freilassung im Austausch gegen vier RAF-Häftlinge (ohne „harten Kern").
Horst Mahler lehnt Freilassung ab.
Beginn des „Stammheimer Prozesses" gegen führende Mitglieder der RAF.

Ausschließung von Rechtsanwalt Kurt Groenewold als Verteidiger von RAF-Häftlingen.
RAF-Häftlinge Siegfried Hausner und Katharina Hammerschmidt sterben wegen unzureichender ärztlicher Versorgung im Gefängnis.

1976

Vietnam: Gründung der Sozialistischen Republik Vietnam.
China: Tod Mao Zedongs.
Naher Osten: Entführung einer israelischen Maschine durch die PLO nach Entebbe (Uganda).
BRD: Tod Ulrike Meinhofs in Stammheim unter fragwürdigen Umständen.

Erich Fried bezeichnet Ulrike Meinhof anläßlich ihrer Beisetzung als „größte deutsche Frau seit Rosa Luxemburg".

1977

USA: Jimmy Carter wird Präsident.
UdSSR: Parteichef Breschnew wird auch Staatsoberhaupt.
Israel: Begin wird Ministerpräsident.
BRD: Erschießung des Generalbundesanwaltes Siegfried Buback und des Bankiers Jürgen Ponto durch die RAF.
Entführung des Arbeitgeberpräsidenten Hanns-Martin Schleyer (5. 9.) und später der Lufthansa-Maschine „Landshut" nach Mogadischu (13. 10.), um die Freilassung der „Baader-Meinhof-Gruppe" zu erpressen.
Tod der RAF-Häftlinge Andreas Baader, Gudrun Ensslin und Jan Carl Raspe unter ungeklärten Umständen (18. 10.).
„Radikalenerlaß" (11. 11.)

Erich Fried protestiert gegen Radikalenerlaß, gegen die offizielle These vom Selbstmord der Stammheimhäftlinge und gegen die behördliche Verfolgung Kurt Groenewolds und tritt für die Vorbereitung des 3. Russell-Tribunals über die Wahrung der Menschenrechte in der BRD ein. Er nimmt an zahlreichen Protestveranstaltungen teil und hält eine Rede anläßlich des 10. Jahrestags der Ermordung von Benno Ohnesorg.
Er wird von Zeitungen und CDU-Politikern heftig wegen seiner Texte, besonders wegen des Gedichtes „Auf den Tod des Generalbundesanwalts Siegfried Buback", angegriffen. Die Herausnahme seiner Gedichte aus Schulbüchern wird verlangt.

Er veröffentlicht „So kam ich unter die Deutschen".
Auf der Frankfurter Buchmesse wird ihm der internationale Verlegerpreis der Sieben verliehen.

1978

Naher Osten: Militärische Besetzung des südlichen Libanons durch Israel.
BRD: Prozesse gegen die Rechtsanwälte Klaus Croissant und Kurt Groenewold.
3. Russell-Tribunal tagt in Frankfurt.

Erich Fried protestiert gegen den Libanonkrieg.

1979

UNO: Rede Bruno Kreiskys für Anerkennung der PLO. *Erich Fried unterstützt Kreisky.*
Naher Osten: Friedensvertrag Israel – Ägypten, *wird von Erich Fried scharf kritisiert.*
Iran: Sturz des Schahregimes führt zur „Islamischen Republik".
Afghanistan: Einmarsch sowjetischer Truppen.
Nicaragua: Sturz des Somoza-Regimes.
Österreich: SALT-II-Abkommen unterzeichnet. Kernkraftwerk Zwentendorf durch Volksabstimmung abgelehnt.
NATO: Nachrüstungsbeschluß.
BRD: Rudi Dutschke stirbt an den Spätfolgen des Attentats.

Erich Fried hält eine Totenrede in der FU Berlin.

1980

Weltweite „Friedensbewegung" gegen Rüstungsspirale.
Polen: Gründung der unabhängigen Gewerkschaft „Solidarność".
Türkei: Militär übernimmt die Macht.
Iran/Irak: Ausbruch des Golfkriegs.
BRD: Proteste *(auch von Erich Fried)* gegen Nachrüstungsbeschluß (Stationierung der Pershing-II-Raketen).

1981

Polen: Ausnahmezustand. Todesstrafe für Streik in Schlüsselbetrieben.
USA: Ronald Reagan wird Präsident.
Genf: Beginn der Abrüstungsgespräche USA/UdSSR.

BRD: Größte Demonstration in der Geschichte der BRD für Frieden und Abrüstung in Bonn.

Zahlreiche Würdigungen zum 60. Geburtstag Erich Frieds. Teilnahme an der Berliner Begegnung zur Friedensförderung.

1982

Polen: Proteste gegen Kriegsrecht.

Naher Osten: Bürgerkrieg im Libanon. Einmarsch israelischer Truppen. Die PLO kapituliert. 6.000 aktive Kämpfer werden evakuiert. Frauen und Kinder kommen in Flüchtlingslager. Nach der Ermordung des libanesischen Präsidenten Beschir Gemayel ermorden christliche Milizen in den Lagern Sabra und Schatila 1.000 Flüchtlinge (18. 9.). *Erich Fried protestiert gegen das von Israel geduldete Massaker.*

Chile: Militärdiktatur vor wirtschaftlichem Bankrott.

UdSSR: Staats- und Parteichef Leonid Breshnew stirbt. Juri Andropow wird sein Nachfolger.

BRD: „Grüne" ziehen in den Bundestag ein.

1983

Naher Osten: Libanon bleibt von Israel besetzt. Nach Bombenattentat auf das israelische Hauptquartier im Libanon israelische Luftangriffe auf den von Syrien besetzten Teil Libanons.

Grenada: Militärische Besetzung durch die USA.

Nicaragua: USA unterstützen „Contras". Manöver vor der Küste Nicaraguas. US-Invasion wird befürchtet.

USA: Widerstand gegen Erhöhung der Verteidigungsausgaben. Erhöhung der Zölle.

UdSSR: Andropow fordert Reformen.
Abschuß einer südkoreanischen, vom Kurs abgewichenen Verkehrsmaschine über sowjetischem Militärsperrgebiet.

BRD: Massenprotest gegen Rüstung.
Demonstrationsrecht wird verschärft.
Bundestag billigt Raketenstationierung. Erste Lieferungen der Pershing-II-Raketen treffen ein. *Erich Fried protestiert.*

Erich Fried wird der Bremer Literaturpreis verliehen.

1984

UdSSR: Juri Andropow stirbt. Konstantin Tschernenko ist sein Nachfolger.

USA: Reagan gewinnt wieder Präsidentschaftswahl.
Naher Osten: Scheitern der US-Politik im Libanon. Abzug der multinationalen Friedenstruppe.
Nicaragua: wendet sich an den Internationalen Gerichtshof in Den Haag.
BRD: Stimmengewinne der „Grünen“ bei Regionalwahlen.

1985

Naher Osten: Israel bombardiert PLO-Hauptquartier in Tunis. Israel lehnt nach wie vor Gespräche mit PLO ab.
UdSSR: Nach dem Tod Tschernenkos wird Michail Gorbatschow sein Nachfolger.
Brüssel: 38 Tote bei Fußballmatch.
Genf: Gipfeltreffen Reagan – Gorbatschow.
BRD: Bei RAF-Attentat wird der Vorsitzende der MTU, Ernst Zimmermann, erschossen. Die MTU hat sich auf Triebwerke für militärische Zwecke spezialisiert.
Pershing-II-Rakete gerät in Brand. 3 US-Soldaten kommen dabei ums Leben.
Bei Protestdemonstration gegen NPD-Veranstaltung wird der Demonstrant Günter Sare von einem Wasserwerfer der Polizei überrollt und dabei getötet.
Reagan besucht BRD.

1986

UdSSR: Gorbatschow kündigt auf 27. Parteitag Reformkurs an. Katastrophe im Kernkraftwerk Tschernobyl.
Libyen: Bombardierung von Tripolis und Bengasi durch US-Bomber. (Vergeltungsschlag für angeblich von Libyen gesteuerten Bombenanschlag auf Berliner Diskothek.)
USA: Raumfähre „Challenger“ explodiert kurz nach dem Start.
US-Bevölkerung befürwortet (angeblich 64%) Aktionen gegen Libyen, aber wachsender Widerstand gegen Militärhilfe für „Contras“.
Iran-Waffenaffäre wird bekannt (aus dem Erlös von Waffengeschäften mit dem Iran werden „Contras“ zusätzlich finanziert).
BRD: Anti-AKW-Bewegung wird durch Tschernobyl verstärkt.
Protestaktionen vor allem gegen Wackersdorf.
Bei Anti-AKW-Demonstration in Hamburg werden Demonstranten 30 Stunden lang von Polizei eingekesselt.

Gegen die Stimmen der SPD und der „Grünen“ wird Antiterrorgesetz beschlossen.

Erich Frieds erste Lesereise durch die DDR.
Er erhält den österreichischen Staatspreis für Literatur in Wien und die Carl-von-Ossietzky-Medaille in Berlin.
Teilnahme an Solidaritätsveranstaltung für den Maler D. Kappeler in Hannover (Skandal um die Darstellung Peter Brückners).

1987

Naher Osten: Luftangriffe Israels auf Palästinenserstellungen im Libanon.
Von der schiitischen Amal-Miliz seit Monaten belagertes palästinensisches Flüchtlingslager Burdsch el Baradschneh erhält Lebensmittel und Medikamente vom Roten Kreuz. Syrische Truppen befreien das Lager.
Abkommen zwischen Libanon und PLO wird gekündigt.
„Lagerkrieg“ zwischen Schiiten und PLO flammt wieder auf.
Iran/Irak: Golfkrieg eskaliert. UNO-Friedensmission erfolglos abgebrochen.
UdSSR: Gorbatschow setzt Reformkurs fort.
USA: Reagan hat an Popularität verloren.
Sturz des Dollarkurses.
Abrüstungsverhandlungen mit UdSSR erfolgreich. INF-Vertrag wird in Washington unterzeichnet.
BRD: Proteste gegen Volkszählung. Schwere Auseinandersetzungen zwischen Jugendlichen und Polizei in Berlin-Kreuzberg.
Großdemonstration in Wackersdorf.
Bei Demonstration in Frankfurt werden zwei Polizisten getötet.
Verschärfung des Demonstrationsstrafrechts wird diskutiert.
Konflikt um Häuserbesetzung in Hamburg friedlich gelöst.
BRD will auf Pershing-II-Raketen nicht verzichten.

Erich Fried wird am 10. Jahrestag der angeblichen Selbstmorde von Stammheim in Darmstadt der Georg-Büchner-Preis verliehen. Seine Dankrede wird von Oberbürgermeister Metzger angegriffen. Dieser muß sich öffentlich entschuldigen.
Erich Fried wird in Osnabrück Ehrendoktorat verliehen.

Bibliografische Hinweise

Schriftsteller, Erfolg und Wohlstandsgesellschaft.
Rede anläßlich der 28. Tagung der Gruppe 47, 22. – 24. 4. 1966 an der Universität Princeton, New Jersey, USA.
In: Erich Fried: Und nicht taub und stumpf werden.
Multi Media Verlag, Dorsten 1984

In diesem besseren Land.
Gedichte der Deutschen Demokratischen Republik seit 1945.
In: kürbiskern, 1/1967, S. 94 ff

Abschied von der BBC.
Engl. Version in: The Listener, Nr. 2026, 25. 1. 1968
In: Kürbiskern, 2/1968, S 233 ff

Unsere Opposition in den großen Städten.
Rede anläßlich des Berliner Vietnam-Kongresses am 17. 2. 1968.
In: Erich Fried. Und nicht taub und stumpf werden. Multi Media Verlag Dorsten, 1984

Widerstand gegen Faschismus.
Auszüge aus der Rede zur Antifaschistischen Woche an der Universität München am 21. 2. 1968.
In: Die Andere Zeitung (Hamburg) v. 14. 3. 1968

Bemerkungen zu einem Kult.
Über Ernst Jünger.
In: Streit-Zeit-Schrift, Heft VI, 2, Sept. 1968, S. 65

Ja, aber... und...
Der Warencharakter der Kunst ist kein Grund zur Verzweiflung.
In: Die Zeit Nr. 3 v. 17. 1. 1969, S. 13

Konflikte und Widersprüche.
Überlegungen zum Antisemitismus Ezra Pounds.
In: Frankfurter Rundschau Nr. 269 v. 18. 11. 1972

Die Halbwahrheiten über Hitler.
Zur Hitlernostalgie der westlichen Welt.
In: Deutsche Volkszeitung Nr. 32 v. 9. 8. 1973

Pablo Neruda.
Nachruf anläßlich seines Todes am 23. 9. 1973.
In: Konkret Nr. 39 v. 4. 10. 1973

Nichts gelernt seit Hitler.
Sturmzeichen der deutschen Demokratie.
In: Neues Forum Wien, Mai/Juni 1975

Vorbeugemord. Erklärung zur Person und Die Schneibarkeit.
In: Fast alles Mögliche, Wagenbach 1975
In: Und nicht taub und stumpf werden, Multi Media Verlag, Dorsten 1984

Ist Antizionismus Antisemitismus?
In: Merkur, 30. Jg. 1976, S. 547–552

Der Tod von Ulrike Meinhof.
In: Die Tat Nr. 36 v. 3. 9. 1976

Der Fall Kurt Groenewold und die BRD.
Rede, gehalten am 28. 3. 1977, Uni-Hamburg
In: So kam ich unter die Deutschen, Hamburg 1977, Multi Media Verlag, Dorsten 1984

Zur Verleihung des Preises der Sieben 1978.
Rede anläßlich der Verleihung des »Internationalen Verlegerpreises der Sieben« auf der Frankfurter Buchmesse am 12. 10. 1977.
In: Und nicht taub und stumpf werden. Multi Media Verlag, Dorsten 1984

Die Anfrage.
Rede anläßlich der Demonstration am 2. 12. 1977,
Bremen, anläßlich der öffentlichen Reaktion auf das Gedicht »Die Anfrage«.
In: Delmenhorster Rundschau. Dokumente Nr. 1 1978. Tonbandprotokolle von Radio Bremen.

Wie sah der antifaschistische Kampf aus und wie sollte er heute aussehen?
Rede, gehalten am 29. 12. 1978 in der FU Berlin, anläßlich Helmut Gollwitzers 70. Geburtstag.
In: Vorabdruck aus den ESG-Nachrichten Nr. 99

Nachruf auf Rudi Dutschke.
Rede anläßlich des Todes von Rudi Dutschke an der FU Berlin, 1980
In: Und nicht taub und stumpf werden. Multi Media Verlag, Dorsten 1984

Der Flüchtling und die Furcht vor der Heimkehr.
In: Karl Corino: Autoren im Exil, Fischer Taschenbuchverlag GmbH, Frankfurt am Main 1981

Eine reaktionäre Todesfalle auch für Juden.
Rede anläßlich einer Protestkundgebung zur Israelischen Aggression im Libanon vom 3. 7. 1982
In: TAZ, Freitag, 16. 7. 1982

Nachruf auf Robert Havemann.
In: Europäische Ideen, Heft 53/1982

Persönliche Erinnerungen an Peter Weiss.
London, 12. 5. 1982
In: Das Argument, Berlin 24. Jg. 1982

Ich soll mich nicht gewöhnen.
Rede anläßlich der Verleihung des »Bremer Literaturpreises« am 26. 1. 1983 im Bremer Rathaus.
Hg. vom Senator für Wissenschaft und Kunst und von der Rudolf-Alexander-Schröder-Stiftung. Bremen Jänner 1983
In: Und nicht taub und stumpf werden. Multi Media Verlag, Dorsten 1984.

Mein Gedächtnis ist mein Körper.
Rezension von: Anne Dudens Erzählungen, Übergang, Berlin.
In: Die Zeit, Nr. 20 v. 13. 5. 1983

Warum und zu welchem Ende betreiben wir Kulturzerstörung?
Rede, gehalten bei den 10. Römerberggesprächen im Mai 1983 in Frankfurt/M.
In: »Kultur-Zerstörung?«, 10. Römerberggespräche in Frankfurt/M.
Hg. von Hilmar Hoffmann, Athenäum 1983

Irrtum schafft Kälte/Kälte ruft Feuer.
Rezension über Anne-Marie Salome Brenner: Isolde im Winter.
In: Die Zeit, 11. 11. 1983

Als deutschsprachiger Jude Deutschland heute sehen.
Rede, gehalten am 16. 9. 1984 an der Ostfriesischen Hochschule Potshausen anläßlich der Tagung der deutsch-israelischen Gesellschaft.
Erstveröffentlichung.

Der nicht schwieg.
In memoriam Heinrich Böll.
Gedicht, 4. 10. 1985
In: L'80. Zeitschrift für Literatur und Politik, Heft 36 (Dez. 1985), Bund Verlag, Köln.

Chaoten an die Macht.
In: Wiener, München, August 1986

Ich wollte dieses Leben doppelt leben!
Gedenkrede – Ingeborg Drewitz zu Ehren, gehalten am 11. 1. 1987: Literarische Matinee zum Gedenken Ingeborg Drewitz, Berlin, Akademie der Künste.
In: die horen 145/87

Die Wiederkünftigen. Zum Streit um die deutsche Geschichte.
In: Basler Magazin Nr. 14 v. 4. 4. 1987
Erstmals: Radio Bremen, Feature-Redaktion vom 27. 2. 1987

Lion Feuchtwanger und Oskar Maria Graf.
Begegnungen mit dem Werk von Schicksalsgenossen, Rede.
In: Jahrmarkt der Gerechtigkeit, Studien zu Lion Feuchtwangers zeitgeschichtlichem Werk, S. 19–31.
Hg. v. Wolfgang Müller-Funk, Stauffenburg Verlag, Tübingen 1987

Jugendwahn und Altersangst.
Rede anläßlich der Römerberggespräche im Mai 1987, Frankfurt/M.
Erstveröffentlichung.

Von der Nachfolge dieses jungen Menschen, der nie mehr alt wird. Rede anläßlich der Verleihung des Georg-Büchner-Preises, Oktober 1987, in Darmstadt.
In: Die Welt, 20. 10. 1987

Vom Autor zitierte ausgewählte Literatur

Bertolt Brecht: *Gesammelte Werke.* Suhrkamp Verlag, Frankfurt am Main 1967.

Anne-Marie Salome Brenner: *Isolde im Winter.* Selbstverlag, Tübingen 1983.

Lion Feuchtwanger: *Erfolg.* (c) Albert Langen Georg Müller Verlag GmbH München.

Erich Fried:

Soldaten der Freiheit. Claassen Verlag, Hamburg 1960.

Warngedichte. Carl Hanser Verlag, München 1964.

Anfechtungen. Verlag Klaus Wagenbach, Berlin 1967.

Unter Nebenfeinden. Verlag Klaus Wagenbach, Berlin 1970.

Die Freiheit, den Mund aufzumachen. Verlag Klaus Wagenbach, Berlin 1972.

Zur Zeit und zur Unzeit. Verlag Klaus Wagenbach, Berlin 1981.

Es ist was es ist. Verlag Klaus Wagenbach, Berlin 1983.

Um Klarheit. Verlag Klaus Wagenbach, Berlin 1985.

*Frühe Gedichte.*Claassen Verlag, Hamburg 1986.

Wächst das Rettende auch? Bund Verlag, Köln 1986.

Am Rand unseres Lebens. Verlag Klaus Wagenbach, Berlin 1987.

Oskar Maria Graf: *Der Abgrund.* Süddeutscher Verlag, München.

Die gezählten Jahre. Süddeutscher Verlag, München.

In diesem besseren Land. Gedichte der DDR, hrsg. von Adolf Endler und Karl Mickel. Mitteldeutscher Verlag, Halle/Saale 1966.

Buchausgaben (ohne Übersetzungen)

1 *They fight in the dark.* The story of Austrian's youth. London: Young Austria in Great Britain 1944. (16seitige Broschüre in Englisch.).

2 *Deutschland.* Gedichte. London: Austrian P.E.N. 1944. [NA: zusammen mit Österreich (➡ 3) unter dem Titel *Frühe Gedichte.* Mit einem Vorwort des Autors. Düsseldorf: claassen 1986].

3 *Österreich.* Gedichte. Zürich: Atrium Verlag 1946. [Vordatiert: erschienen im Spätherbst 1945. Vertrieb: Atrium Press London; ➡ 2].

4 *Gedichte.* Hamburg: claassen 1958.

5 *Ein Soldat und ein Mädchen.* Roman. Hamburg: claassen 1960 [NA: Mit einem zusätzlichen Nachwort (*London, Oktober 1981).* Düsseldorf: claassen 1982. Davon NA TB: Frankfurt/M.: Fischer Taschenbuch Verlag 1984 (=FTB 5432)].

6 *Reich der Steine.* Zyklische Gedichte. Hamburg: claassen 1963. [NA: Düsseldorf: claassen 1984. Davon NA TB: Frankfurt/M.: Fischer Taschenbuch Verlag 1986 (=FTB 5959)].

7 *Warngedichte.* München: Hanser 1964. [NA TB: Frankfurt/M.: Fischer Taschenbuch Verlag 1980 (=FTB 2225)].

8 *Überlegungen.* (Gedichtzyklus mit Widmung für Ernst Fischer). München: Hanser 1964 (➡ 13).

9 *Kinder und Narren.* (Kurzprosa). München: Hanser 1965. [NA TB: Berlin: Wagenbach 1981 (=WAT 83)].

10 *und Vietnam und.* Einundvierzig Gedichte. Mit einer Chronik. Berlin: Wagenbach 1966 (=Quartheft 14).

11 *Anfechtungen.* Fünfzig Gedichte. Berlin: Wagenbach 1967 (=Quartheft 22).

12 *Arden muß sterben.* Eine Oper zum Tod des reichen Arden von Faversham in zwei Akten – sieben Szenen. Text von Erich Fried. London: Schott & Co. 1967.

13 *Zeitfragen.* Gedichte. München: Hanser 1968 (=Reihe Hanser 5). [NA TB: zusammen mit dem Zyklus *Überlegungen (*➡ 8). Berlin: Wagenbach 1984 (WAT 114)].

14 *Befreiung von der Flucht.* Gedichte und Gegengedichte. Hamburg/Düsseldorf: claassen 1968 (=claassen poetica). [NA: Mit einem zusätzlichen Nachwort *(London 1982).* Düsseldorf: claassen 1983. Davon NA TB: Frankfurt/M.: Fischer Taschenbuch Verlag 1984 (=FTB 5864)].

15 (Mitautor) Paul A. Baran/Erich Fried/Gaston Salvatore: *Intellektuelle und Sozialismus.* Berlin: Wagenbach 1968 (=Rotbücher 2). (Darin S. 25–87 der im Juli/August 1968 entstandene Beitrag: *Anmerkungen zu Verhaltensmustern.).*
16 *Die Beine der größeren Lügen.* Einundfünfzig Gedichte. Berlin: Wagenbach 1969 (=Quartheft 35). [➡ 25].
17 [Gedichte. Ausgewählt von Bernd Jentzsch]. Berlin/DDR: Verlag Neues Leben 1969 (= Poesiealbum 22).
18 *Unter Nebenfeinden.* Fünfzig Gedichte. Berlin: Wagenbach 1970 (= Quartheft 44). [➡ 25].
19 *Aufforderung zur Unruhe.* Ausgewählte Gedichte. München: Deutscher Taschenbuch Verlag 1972 (= Sonderreihe dtv 103).
20 *Die Freiheit den Mund aufzumachen.* Achtundvierzig Gedichte. Berlin: Wagenbach 1972 (= Quartheft 58).
21 *Höre, Israel!* Gedichte und Fußnoten. Mit Dokumenten und Fotos. Hamburg: Verlag Association 1974. [Erweiterte NA TB: Frankfurt/M.: Syndikat Autoren- und Verlagsgesellschaft 1983 (= Taschenbücher Syndikat/EVA Bd. 19)].
22 *Gegengift.* Neunundvierzig Gedichte und ein Zyklus. Berlin: Wagenbach 1974 (= Quartheft 65). [➡ 25].
23 *Fast alles Mögliche.* Wahre Geschichten und gültige Lügen. Berlin: Wagenbach 1975 (= Quartheft 75/76).
24 *Kampf ohne Engel.* [Hg. und mit einem Nachwort versehen von Frank Beer]. Berlin/DDR: Verlag Volk und Welt 1976.
25 *Die Beine der größeren Lügen/Unter Nebenfeinden/Gegengift.* [NA in einem Band]. Berlin: Wagenbach 1976 (= Quartheft 83).
26 *So kam ich unter die Deutschen.* Gedichte. Hamburg: Verlag Association 1977.
27 *Die bunten Getüme.* Siebzig Gedichte. Berlin: Wagenbach 1977 (= Quartheft 90).
28 *100 Gedichte ohne Vaterland.* Berlin: Wagenbach 1978 (= WAT 44).
29 *Liebesgedichte.* Berlin: Wagenbach 1979 (= Quartheft 103).
30 *Lebensschatten.* Gedichte. Berlin: Wagenbach 1979 (= Quartheft 111).
31 *Zur Zeit und zur Unzeit.* Gedichte. Köln: Bund-Verlag 1981 (= Internationale Literaturfabrik im Bund-Verlag).
32 *Das Unmaß aller Dinge.* Erzählungen. Berlin: Wagenbach 1982 (= Quartheft 116).
33 *Das Nahe suchen.* Gedichte. Berlin: Wagenbach 1982 (= Quartheft 119).

34 *Das Mißverständnis.* [Erzählung; mit Zeichnungen von Rainer Hoffmann. Leicht veränderte Fassung des Textes aus ➡ 32]. Frankfurt/M.: Ali Baba Verlag 1982.

35 *Ich grenz noch an ein Wort und an ein andres Land.* Über Ingeborg Bachmann – Erinnerung, einige Anmerkungen zu ihrem Gedicht »Böhmen liegt am Meer« und ein Nachruf. Berlin: Friedenauer Presse 1983.

36 *Angst und Trost.* Erzählungen und Gedichte über Juden und Nazis. Grafiken von David Fried. Frankfurt/M.: Ali Baba Verlag 1983.

37 *Es ist was es ist.* Gedichte. Berlin: Wagenbach 1983 (= Quartheft 124).

38 *Kalender für den Frieden 1985.* [Mit Illustrationen von David Fried und einem Kalendarium von Pavel Uttitz]. Köln: Bund-Verlag 1984 (= bund-bibliophil).

39 *Und nicht taub und stumpf werden.* Unrecht, Widerstand und Protest. Reden, Polemiken, Gedichte. Dorsten: Multi Media Verlag 1984 (= Internationale Literaturfabrik im Multi Media Verlag).

40 *Beunruhigungen.* Gedichte. Berlin: Wagenbach 1984 (= Quartheft 129).

41 . . . *und alle seine Mörder*. . . Ein Schauspiel. Wien: promedia 1984.

42 *In die Sinne einradiert.* Texte zu Radierungen von Catherine Fried. Köln: Bund-Verlag 1985 (= bund-bibliophil). [Vordatiert: erschienen Ende 1984].

43 *Um Klarheit.* Gedichte gegen das Vergessen. Berlin: Wagenbach 1985 (= Quartheft 139).

44 *Von Bis nach Seit.* Gedichte aus den Jahren 1945 – 1958. Wien: promedia 1985.

45 *Fall ins Wort.* Ausgewählte Gedichte 1944 bis 1983. Herausgegeben und mit einer Einführung von Bernd Jentzsch. Frankfurt/M.: Büchergilde Gutenberg 1985.

46 [Mitautor] Erich Fried/Alfred Hrdlicka/Erwin Ringel: *Die da reden gegen Vernichtung.* Psychologie, bildende Kunst und Dichtung gegen den Krieg. Hg. v. Alexander Klauser, Judith Klauser, Michael Lewin. Wien: Europaverlag 1986. [Mit folgenden Fried-Beiträgen: Vierundfünfzig Gedichte (teils als Erstdruck), zwei Prosastücke *(Der Präventivschlag* aus ➡ 32; *Abwehr der Kriegsangst – ein Trost?* aus ➡ 38), der gemeinsam mit Erwin Ringel gehaltene Vortrag *Tiefenpsychologie und Friede* (Wien, 23. 4. 1985), *Zwei Gespräche mit Erich Fried*

und der Text *Querverbindungen. Anstelle eines Nachworts].*
47 *Wächst das Rettende auch?* Gedichte für den Frieden. [Mit 28 Grafiken von David Fried und einem Vorwort von Claudia Hahm]. Köln: Bund-Verlag 1986 (= bund-bibliophil).
48 *Mitunter sogar Lachen.* Zwischenfälle und Erinnerungen. [Erzählungen]. Berlin: Wagenbach 1986 (= Quartheft 151).
49 *Die Umrisse meiner Liebe.* Lyrik. Erzählung. Essay. [Auswahlband]. Berlin/DDR: Verlag Volk und Welt 1986.
50 *Vorübungen für ein Wunder.* Gedichte vom Zorn und von der Liebe. [Auswahlband]. Berlin: Wagenbach 1987 (= WAT 143).
51 *Am Rand unserer Lebenszeit.* Gedichte. Berlin: Wagenbach 1987.
52 *Gegen das Vergessen.* Köln. Bund-Verlag 1987.
53 *Nicht verdrängen – nicht gewöhnen.* Wien. Europaverlag 1987.

Der Autor

Erich Fried, geboren 1921 in Wien, floh 1938 nach der Besetzung Österreichs durch die Nazi-Truppen nach England. Lebt in London. Seit 1946 freier Schriftsteller. Übersetzungen aus dem Englischen, Griechischen, Hebräischen (Shakespeare, John Ford, Dylan Thomas, T. S. Eliot, Sylvia Plath, Aristophanes u. v. a.). Zahlreiche Literaturpreise; einer der am meisten gelesenen lebenden deutschsprachigen Lyriker. Fried ist eine Integrationsfigur der deutschen Linken. Büchner-Preisträger 1987.

Der Herausgeber

Michael Lewin, geboren 1958 in Chicago, aufgewachsen in Wien, Musik- und Schauspielstudium, musikalischer Assistent bzw. Regieassistent, seit 1981 Künstlermanagement (Erich Fried, Alfred Hrdlicka, Helmut Qualtinger, Erwin Ringel u. a.). Herausgeber des Gesamtwerkes von Alfred Hrdlicka.

Foto: Heidi Heide

Umschlag von Gerd Tiefner

Lektorat Karin Jahn

Medieninhaber Europaverlag GesmbH Wien

Hersteller Elbemühl Graphische Industrie GesmbH Wien
Verlags- und Herstellungsort Wien
Printed in Austria
ISBN 3-203-51023-5

CIP-Titelaufnahme der Deutschen Bibliothek

Fried, Erich
Gedanken in und an Deutschland : Essays und Reden / Erich Fried
Herausgegeben von Michael Lewin.
Wien · Zürich : Europaverlag, 1988
ISBN 3-203-51023-5